JN409852

평신도가 쓰고 읽는

성경 이야기

평신도가 쓰고 읽는

성경 이야기

정영섭 저

쿠북

평신도가 쓰고 읽는
성경 이야기 ㊤

1판 1쇄 찍은날 2016년 2월 15일
1판 1쇄 펴낸날 2016년 2월 20일
지은이 정영섭
펴낸이 송희영
펴낸곳 **쿠북**(건국대학교출판부의 패밀리 브랜드입니다.)
등록 / 제4-3호(1971. 6. 21)
주소 / 143-701, 서울시 광진구 능동로 120 건국대학교 출판부
전화 / (02)450-3891~3
팩스 / (02)457-7202
홈페이지 / http://press.konkuk.ac.kr
e-Mail / press@konkuk.ac.kr

책임편집 박명희
찍은곳 ㈜동화인쇄공사

정가 18,000원

ISBN 978-89-7107-596-8 04230
ISBN 978-89-7107-595-1 (전2권)

이 도서의 국립중앙도서관 출판예정도서목록(CIP)은 서지정보유통지원시스템 홈페이지 (http://seoji.nl.go.kr)와 국가자료공동목록시스템(http://www.nl.go.kr/kolisnet)에서 이용하실 수 있습니다.(CIP제어번호: CIP2016002246)

머리말

I. 평신도의 성경 쓰기

과거 2천 년 동서양의 기독교 역사에서 평신도가 성경을 소개하는 예는 흔치 않았다. 성경에 대하여 '프로'인 종교인과 '아마추어'인 평신도 사이에는 신분과 인식의 차이도 있었다. 그러므로 현재 종교인의 역할이 많지만 평신도의 성경 소개에도 장점이 있다고 감히 말할 수 있다.

우선 ① 평신도가 성경 말씀의 실수요자라는 것이다. 시장상품의 최종 소비자가 물건의 실용성을 주목하는 것같이 성경 말씀의 본질과 실제가치가 관심대상이 된다. ② 평신도는 기존의 특정 종파나 학파 또는 특정한 종교인의 영향으로부터 자유롭다. 상품판매원에 대한 소비자, 또는 선거 입후보자들에 대한 투표권자의 입장과도 같다. ③ 평신도는 타인에게 말씀을 전하는 직업적인 종교인이 아니므로 종교직업적인 속박과 압박, 또는 재물의 유혹으로부터 자유롭다. ④ 평신도는 무엇보다 종교인들이 기피하고 간과하는 말씀들을 보완하여 보다 온전하고 완전한 말씀을 소개할 수 있다. ⑤ 동시에 일방적인 훈시나 종교적인 수사가 없는 평신도의 진솔한 이야기가 동일한 양羊이라는 동병상련의 평신도들에게 그리고 불신자들에게 더욱 공감이 되어 전도의 효과가 클 수 있다.

II. 평신도의 성경 읽기

평신도가 성경을 직접 읽어야 함은 새삼 강조에 강조를 거듭해야 한다. 과거 성경책이 없을 때나 문맹 시대에는 전해 주는 사람이 반드시 있어야 했다. 루터의 종교개혁 전에는 제도권이 평신도의 성경 소유 자체를 불허했다. 현재는 그렇지 않다. 그러나 예수님 당시처럼 제도권이 관官, 평신도는 민民의 위치에 있다. 그러므로 동일한 평신도의 입장에서 하나님의 말씀을 직접 듣고 함께 나눔이 매우 유익하고 필요하다. 특히 현재 남북의 교회가 위기에 처한 한반도에서 평신도의 성경 읽기는 민족과 각 개인의 생사를 가르는 기준이기도 하다.

III. 남북한의 교회

1945년 해방 후 북한은 공산화되며 3천에 달했다는 교회들은 '돌 위에 돌 하나 남지 않고' 무너졌다. 남한의 교회는 인구 20%에 해당하는 천만 성도와 6만 교회를 자랑하다가 역시 무너지고 있다. 과거 유럽에서는 교회 전성기 때 인구 95% 이상이 기독교인이었고, 20세기 초에도 70%였다. 그러나 한국에서는 인구 20% 근처에 정점을 찍고, 한 세대도 가기 전에 쇠락하고 있다.

쇠락의 이유는 한국 교회의 타락에 있다. 자기중심주의에 따른 교회 분열과 반목, 물량주의와 교회 세습, 부정부패와 사기횡령, 도덕적 불감과 그 관행적 일탈 등등이 그 원인으로 꼽히고 있다. 교회의 타락이 교회 자체뿐 아니라 사회와 국가 전체의 몰락으로 이어지기 때문에 결코 좌시해서는 안 된다. 북한 교회의 붕괴와 그 후 전개된 북한 사회의 현실도 그 한 예이다. 이런 일이 남한에서 또다시 되풀이되어서는 안 된다.

교회 타락에 대한 일차적 책임은 종교인과 교회 중진들에게 있다고 할 수 있겠으나 평신도라고 해서 자유로울 수 없다. 오히려 지금까지 평신도가 신도의 책무를 방기함으로 오늘의 사태가 초래되었다고 할 수 있다. 직접 말씀하시는 하나님의 음성에는 귀를 닫고, 종교인들의 음성만 청종聽從하는 신앙의 타성이 그것이다.

현재 한국의 기독교인들은 이미 무너진 북한 교회와 현재 무너지는 남한 교회에 대하여 책임 의식을 가져야 한다. 그리고 아직 복음에 소원한 나머지 남한 인구 80%의 불신에 대해서도 책임을 통감해야 한다. 그리고 남북한 사회의 회복과 발전을 위한 참다운 지혜를 구해야 한다. 이때 평신도가 직접 성경을 읽으며 자기 자신과 우리 사회를 향하신 하나님의 말씀을 직접 들을 필요가 있다. '오늘도' 우리의 목자는 말씀하신다.

"내 양은 내 음성을 들으며 나는 그들을 알고, 그들은 나를 따르느니라."

_ 요10:27

IV. 이 책의 내용

이 책은 성경에 자주 나오는 식물, 동물, 사람에 관한 이야기로서 각각 17, 22, 27개로 총 66개의 주제를 다루고 있다. 이 중에서 식물과 동물의 39개 항목을 상권으로, 나머지 사람의 27개 항목은 하권으로 나누었다.

66 개 주제

【상권】

제1부 식물 (17개)

Ⅰ. 식물의 지체
1. 꽃 / 2. 씨 / 3. 뿌리 / 4. 가지 / 5. 열매

Ⅱ. 식물의 전체
1. 백향목 / 2. 잣나무 / 3. 조각목 / 4. 종려나무
5. 감람나무 / 6. 포도나무 / 7. 무화과나무
8. 뽕나무 / 9. 상수리나무 / 10. 가시나무
11. 풀 / 12. 가라지

제2부 동물 (22개)

Ⅰ. 조류
1. 독수리 / 2. 닭 / 3. 비둘기 / 4. 참새 / 5. 까마귀

Ⅱ-1. 포유류: 초식
1. 소 / 2. 양 / 3. 염소 / 4. 말 / 5. 사슴

Ⅱ-2. 포유류 : 육식
1. 사자 / 2. 표범 / 3. 이리 / 4. 여우
5. 개 / 6. 돼지

Ⅲ. 어류, 곤충, 파충류
1. 물고기 / 2. 벌레 / 3. 메뚜기 / 4. 뱀
5. 용 / 6. 짐승

【하권】

제3부 사람 (27개)

Ⅰ. 사람의 지체
1. 머리 / 2. 마음 / 3. 피 / 4. 뼈 / 5. 얼굴
6. 눈 / 7. 귀 / 8. 입 / 9. 손 / 10. 발

Ⅱ. 가정적 지위
1. 아버지 / 2. 어머니 / 3. 아들 / 4. 자녀
5. 신랑-신부

Ⅲ. 사회적 지위
1. 왕 / 2. 목자 / 3. 농부 / 4. 어부 / 5. 토기장이
6. 재판관 / 7. 파수꾼 / 8. 일꾼 / 9. 관원
10. 창기 / 11. 부자 / 12. 아이

각 항목에는 먼저 간단한 상식 설명이 나오고, 그 후 각 주제에 관련된 주요 성경 구절들이 원칙적으로 모두 소개되어 있다. 그러나 많은 구절들의 단순 나열이 아니라 당시의 사회적·심리적인 배경을 조명하며 개념에 따른 체계를 이루고 있다. 신학적 교리나 진부한 설교가 아니라 생활인의 이야기이므로 일반인들이 재미있게 읽을 수 있을 것이다.

소개된 주제들은 성경에 자주 등장하여 선별되었기 때문에 성경의 주요 개념, 인물, 사건 대부분이 망라되어 있다. 따라서 이 책은 소재의 충분한 양을 포함한다고 할 수 있다. 또한 내용의 충실성과 표현 등 질적인 면을 위해서도 동료 교수, 신학자의 검토와 기독 및 비기독 학생들의 세심한 교정이 있었다.

읽는 눈의 즐거움과 마음의 여유를 위해서는 김선인, 최한님 모녀 화백님이 삽화 그리기에 수고해 주셨다. 또 바쁘신 중에도 이 책을 위해 추천의 글을 써 주신 분들, 그리고 출판을 기꺼이 맡아 주신 건국대학교출판부 관계자 여러분께 깊은 고마움을 표한다.

그러나 저자의 입장에서는 저자의 부족함으로 인한 책의 부족함에 대하여 무한책임을 느끼고 있다. 앞으로 온전함을 향하여 부단히 노력할 것이다. 그럼에도 불구하고 이 책을 통해 '책 중의 책'이며 '하나님의 말씀'인 성경이 신信·불신不信을 막론하고 모든 '사람'들에게 더욱 친근해지기를 기대하고 있다.

2016년 2월

저자 정영섭

추천의 글 1

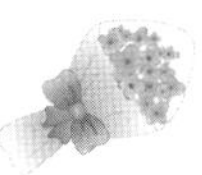

처음엔 저자인 정 교수의 청탁을 받고 의아했었다. 신학자도 아닌 '평신도가 감히 성경 소개서를 쓸 수 있는가!?' 하는 것이다. 더구나 시중에 성경 관련 책들의 범람을 감안하면 당장 포기할 것을 권하고 싶었다. 그러나 정말 그렇게 모질게 말하지 못했다. 또 부탁하는 태도도 매우 진지했다. 그래서 나 자신이 여러 일들로 분주했으나 원고를 받아들었다. 처음엔 솔직히 말해서 진부한 내용으로 여겨 실눈으로 대충 훑었다. 그러나 읽어 나가며 나의 눈이 점점 커졌다.

이 책은 성경의 다양하고 광범위한 내용을 자연의 분류법칙에 따라 자연스럽게 나누어 설명하고 있다. 계속 읽어감에 따라 완전하신 하나님의 말씀이 역시 완벽하고 다양한 자연 속에서 얼마나 적절하게 비유적으로 표현되어 있는지를 절절히 느끼게 되었다. 자연과학 분야에는 문외한인 저자가 생물학적인 설명을 위해 엄청난 노력을 기울인 것도 알 수 있다.

예수님께서는 많은 비유로 말씀을 하셨다. 이 비유의 대상들을 우리가 충분히 이해한다면 성경 말씀을 더 잘 이해하고 더 큰 은혜도 받을 수 있을 것이다. 이 책은 많은 이야기들을 아주 재미있게 설명하며 많은 유익한 내용을 전하고 있다. 나 자신이 자연과학을 연구하는 사람으로서 이 책은 읽을수록 우리가 잘 몰랐던 자연의 신비로움을 배우면서 동시에 신자와 불신자를 막론하고 읽는 사람들로 하여금 대단한 흥미를 불러일으킬 것이라 확신한다.

이 책을 통하여 영원하신 하나님과 광활한 우주와 유한한 인간과의 관계가 성경 말씀에 의해 더욱 분명해지고 신앙이 부쩍 성장하는 계기가 되기를 바란다. 특히 혼란스런 한국 사회에서 방황하는 평신도들이 자기의 주관으로 성경의 옳은 길을 찾고, 나아가 우리 국민 전체가 화합과 통일의 새 시대를 여는 계기가 되었으면 좋겠다.

건국대학교 서울캠퍼스 신우회

김수영

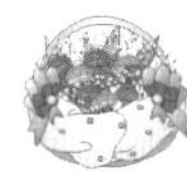

추천의 글 2

여름이 오기 전 정영섭 교수로부터 한 통의 전화를 받았습니다. 저술하고 있는 책을 위해 추천의 글을 써 달라는 부탁이었습니다. 부족한 제가 쓸 수 없다고 누차 사양했음에도 강권하여 승낙하고 말았습니다.

정 교수는 퇴임하기 전 사회대 4층에서 밤낮으로 볼 수 있었습니다. 불같은 여름에도 창문이 모두 동향이라 매우 더운 연구실을 홀로 작은 선풍기 하나로 지켰습니다. 특히 무거운 안경이 흘러내리지 않도록 머리에 쓴 특수한 안경지지 장치가 좀 우스꽝스러웠으나 인상적이었습니다. 당시는 모든 것이 좀 불편했어도 사람간의 정감은 지금보다 더 두터웠던 것 같아서 지금도 가끔 그립습니다.

정 교수가 보내준 1차 집필 원고를 보고는 놀라지 않을 수 없었습니다. 처음 제목이 『평신도의 성경 이야기』(가제)라 해서 말 그대로 '평신도 수준'의 가벼운 이야기로 생각했는데, 분량의 풍성함과 각 내용이 담고 있는 성경 내외의 깊고 높은 신앙 식견에 놀란 것입니다. 이미 나이도 적지 않은 정 교수가 많은 분량의 원고를 완성한 것 하나만으로도 후학들에게는 좋은 귀감이 될 것입니다.

더구나 책의 내용이 깊은 통찰에서 비롯되어 평생 신앙생활을 하는 사람에게도 마치 성경의 지평이 새로 열리는 신선한 충격을 받습니다. 주제들의 상황 설명이 현실 생활 속에 살아 움직이는 성경 말씀을 역동적으로 소개합니다. 각 주제들이 숨을 쉬고 손을 흔들며 다가와 부활하신 예수님이 각 사람의 마음에, 그리고 한국의 교회 안에 우리와 함께 계심을 보여 줍니다. 이 책을 읽는 사람들에게는 책의 곳곳에 스며 있는 그리스도의 향기가 새로워지는 즐거움이 넘칠 것을 확신합니다.

건국대학교 글로컬캠퍼스 신우회

박기범

추천의 글 3

복음이 우리나라에 전파되고 100여 년을 지나며 한국 교회는 급속히 발전하였고, 현재 세계에서 두 번째로 많은 선교사를 파송하고 있습니다. 그러나 교계가 여러 가지 이유로 사회적인 불신을 받고 있음은 심히 근심스러운 일입니다.

이와 같은 현상은 평신도들이 성경 말씀의 세계로 깊이 들어가지 못하고, 그래서 성경 말씀대로 살아가지 못하는 결과라 할 수 있습니다. 신구약 66권의 성경을 일사불란하게 통독하는 것은 결단과 인내를 요구하는 것으로 결코 쉬운 일이 아닙니다. 또 읽는다 해도 난해한 부분이 많음은 부인할 수 없습니다.

이런 상황에서 『평신도가 쓰고 읽는 성경 이야기』를 접하여 그 내용을 살펴보고 너무 반갑고 가슴 후련했습니다. 하나님이 말씀으로 창조하신 내용을 식물과 동물 그리고 사람으로 분류하고, 사람의 경우는 신체 각 부분으로 나누어 성경에 접목하여 풀이했습니다. 넓은 관찰과 심도 있는 연구가 선행되었으나 신도뿐 아니라 불신자도 이해할 수 있도록 쉽게 서술되었음을 높이 평가합니다. 이렇게 누구라도 성경을 쉽게 알게 하는 길라잡이로서의 역할이 충분하다고 생각되어집니다.

아무쪼록 이 책을 통해 많은 사람이 성경 말씀과 친숙해지고 한국 교회가 다시 부흥의 길로 나아가게 되기를 소망합니다.

두레교회 제 1 안수집사회
양재희

추천의 글 4

'나의 자녀들아, 너희 속에 그리스도의 형상이 이루어지기까지
하나님의 모든 충만하신 것으로 너희에게 충만하게 하사
오직 사랑 안에서 참된 것을 하여 범사에 그에게까지 자랄지라!'

_ 갈4:19; 엡3:19; 4:15

500년 전의 종교개혁은 만인제사장의 진리를 회복시켰으나 이것을 구현하는 구조를 회복하는 데에는 실패했다. 현재도 이것을 평신도의 입장에서 구현하려는 노력이 미흡한 것이 사실이다. 신도들은 성경을 배우며 예수님이라면 어떻게 하셨을까 고민하면서 충만하신 그리스도의 형상까지 자랄 필요가 있다. 차제에 이를 실천하려는 저자의 노력에 찬사를 보낸다.

보통 평신도는 일상생활에서 하나님의 자녀로 살아가는 것이 쉽지 않고 성경을 통독하거나 필사하는 시간도 내기가 어렵다. 그럼에도 평신도인 저자는 각 영역과 주제별로 성경을 현대적 의미로 서술함으로써 평신도의 본보기가 될 수 있다고 생각한다. 다만 성경의 해석은 그렇게 간단하지 않다. 평생 성경만 연구하는 전문가 외에 설교자도 많고, 이단으로 간주되는 사람들도 많다. 이러한 상황에서도 신도는 하나님 말씀에 이끌리어 살아가기 때문에 이 책의 저자 역시 이 시대를 향하신 말씀의 의미를 확인하고 있다. 더구나 같은 평신도, 또 불신자의 입장에서도 쉽게 공감하도록 평이하게 서술한 노력이 값지다고 할 수 있다.

한 가지 조금 우려하는 바는 교역자들을 통틀어 같은 반열에서 논하는 것이다. 교역자는 강단에서 말씀을 대언하고 선포하여 평신도로 하여금 실천하게 한다. 이 말씀의 실천을 위하여 많은 사람들의 다양한 연구와 나눔은 우리를 하나님 앞에 더 가까이 나아가게 할 것이다. 평소 마음속의 성실과 진실은 어떤 경우와 상황이든 몸 밖으로 나타나게 마련이다. 상대방은 그것을 보고 느낄 수가 있고, 그 느낌은 마음 깊은 곳에서 속히 사라지지 않는다. 성어중 형어외誠於中 形於外란 한자에서 저자의 모습을 발견한다.

한국 CBMC(기독실업인회)

NBI 방기석

추천의 글 5

"모든 성경은 하나님의 감동으로 된 것으로
교훈과 책망과 바르게 함과 의로 교육하기 유익하니"

_ 딤후3:16

성경은 인간의 지성과 학식으로 쓰인 것이 아닙니다. 2천 년 신약의 역사에도 수많은 학자들이 출현하고 많은 종파들이 줄지어 파생하며 각각 해석하고 설파해 왔습니다. 그리고 이러한 환경이 오히려 우리 평신도들을 혼란스럽게 하고 있습니다. 그러므로 이제는 신도들도 성경을 반드시 이해하려는 의욕보다는 무조건 읽고 봄으로 만족하려는 것이 대세처럼 되었습니다.

그런데 정영섭 박사의 이 책은 하나님의 창조세계를, 성경 66권과도 같이, 66개 주제로 나누어 해박한 지식과 깊은 연구로 우리 생활 주변의 사례들을 소개하며 평이하게 서술되었습니다. 그래서 성경을 이해하는 데 교인뿐 아니라 일반인 '누구나 쉽고 재미있게 읽을 수 있는 책'으로 모두가 공감할 것이라 확신합니다.

이어령 박사는 『지성에서 영성으로』라는 책에서 본인이 지성인으로서 평생 분주한 저술 활동에 몰두해 왔지만 나이 70을 넘어서야 하나님의 존재를 인식했다고 합니다. 뿐만 아니라 지금까지 하나님에 대한 무지를 회개하면서 창조의 세계를 경탄과 감동으로 받아들이고, 이제는 지성의 문지방을 넘어 영성의 빛을 향해 더 높은 곳으로 나아갈 것이라 합니다. 그리고 아직 예수님을 영접하지 못하고 그 영광의 문 앞에서 서성거리는 사람들에게 책을 바친다고 합니다. 정 박사의 이 책도 많은 사람들이 성경을 이해하고 이성과 지성의 차원을 넘어 하나님의 은혜의 세계, 영원한 영성의 세계로 나아가는 데 도움 되는 책으로 권합니다.

ROTC 중앙회 기독군인회연합회
이두일

【일러두기】

성경 책명 약자

구약				신약	
창:	창세기	전:	전도서	마:	마태복음
출:	출애굽기	아:	아가	막:	마가복음
레:	레위기	말:	말라기	눅:	누가복음
민:	민수기	사:	이사	요:	요한복음
신:	신명기	야렘:	예레미야	행:	사도행전
수:	여호수아	애:	예레미야애가	롬:	로마서
삿:	사사기	겔:	에스겔	고전:	고린도전서
룻:	룻기	단:	다니엘	고후:	고린도후서
삼상:	사무엘상	호:	호세아	갈:	갈라디아서
삼하:	사무엘하	욜:	요엘	엡:	에베소서
왕상:	열왕기상	암:	아모스	빌:	빌립보서
왕하:	열왕기하	옵:	오바다	골:	골로세서
대상:	역대상	욘:	요나	살전:	데살로니가전서
대하:	역대하	미:	미가	살후:	데살로니가후서
라:	에스라	나:	나훔	딤전:	디모데전서
느:	느헤미야	합:	하박국	딤후:	디모데후서
에:	에스더	습:	스바냐	딛:	디도서
욥:	욥기	학:	학개	몬:	빌레몬서
시:	시편	슥:	스가랴	히:	히브리서
잠:	잠언			약:	야고보서
				벧전:	베드로전서
				벧후:	베드로후서
				요일:	요한1서
				요이:	요한2서
				요삼:	요한3서
				유:	유다서
				계:	요한계시록

평신도가 쓰고 읽는 성경 이야기
_상권

차 례

II. 식물의 전체

제2부
동물
(22개)

Ⅰ. 조류

II-1. 포유류: 초식

Ⅱ-2. 포유류: 육식

Ⅲ. 어류, 곤충, 파충류

제 1 부

식물

땅이 풀과 각기 종류대로 씨 맺는 채소와
각기 종류대로 씨 가진 열매 맺는 나무를 내니
하나님이 보시기에 좋았더라.

_ 창1:12

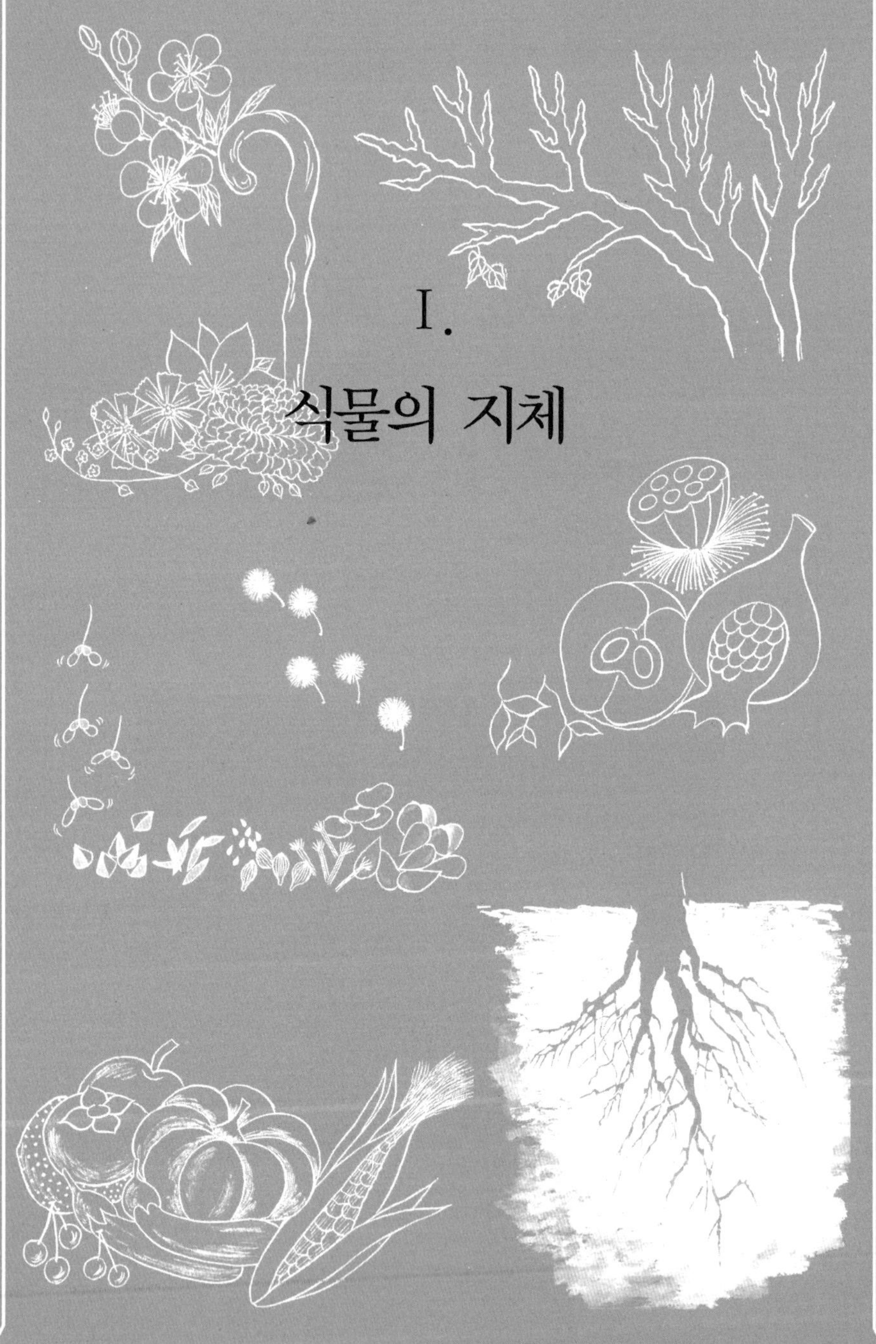

I.

식물의 지체

1.

꽃 사랑과 희망의 상징

꽃은 원래 식물의 씨를 만들어 번식 기능을 수행하는 생식기관이다. 꽃의 종류는 수만 종에 이르고 형태와 색채가 매우 다양하다. 일반적으로는 암술, 수술, 꽃잎, 꽃받침으로 이루어져 있다. 수술은 꽃가루를 내고, 암술은 이 꽃가루를 받아 씨방에서 씨와 열매를 맺는다. 꽃잎은 암술과 수술을 외부로부터 보호하고, 꽃받침은 꽃 전체를 받치고 있다. 꽃은 그러니까 사람으로 말하면 남녀의 성기가 함께 들어 있는 비밀스럽고 신비스런 장소이다. 그리고 신랑 신부가 첫날 정결하게 만나는 화려한 결혼식장과 같고, 첫날밤 설레는 마음으로 들어가는 은밀한 신방과도 같다.

프랑스의 베르나르 베르베르(1961~)란 작가는 미래에 남자가 정액을 가루로 공기 중에 분사하고 나비가 이것을 여자에게 옮겨 주는 이른바 '꽃 섹스'를 그의 소설 속에 활용했다. 이에 대해 어떤 사람은 꽃의 이 고상함이 인간의 '불행스런' 육체적 사랑보다 훨씬 낫다며 이를 칭송하고, 정말 그렇게 되기를 열망하는 것 같다. 그러나 꽃이 꽃다운 이유는 고귀한 향기를 은은하게 풍기며 여러 고운 색으로 기묘하고도 세련된 자태를 뽐내는 데 있다. 본래 꽃의 자연적 섭리가 곤충을 유인하는 것일지라도, 그것은 인간에게 다른 차원의 미적 감동을 선사한다. 꽃은 아름답고 신비스럽다. 꽃의 생리적 의미도 크지만 사람에게 주는 감동도 과소평가될 수 없다.

꽃의 아름다움은 보는 사람 누구나 느낀다. 마음의 안정과 위안도 느낀다. 새봄에 피어나는 꽃은 사랑과 희망의 상징이기도 하다. 젊은 여인을 꽃에 비유한다. 젊은 날은 '꽃 같은 시절'이라 한다. 활짝 핀 꽃을 보고 '꽃이 웃고 있다'라고 한다. 기뻐하는 사람을 보고 '웃음꽃이 피었다'고 하고, 한 나라가 평화와 발전을 누려도 '번영의 꽃이 피었다'고 한다. 꽃은 그래서 축하나 기념의 의미로 사용되고 있다. 혼인식장은 물론이고, 장례식장에서도 흰꽃은 생을 마감한 고인의 개선凱旋을 맑은 마음으로 축하하며 유족을 위로한다.

세계 각 나라들은 자기 나라를 상징하는 꽃을 가지고 있다. 우리나라의 꽃은 무궁화다. 도시나 지역 향토의 특징을, 또는 어느 가문의 문장을 꽃으로 나타내기도 한다. 가정의 날, 스승의 날 등 일정한 절기에, 특히 총각이 처녀에게 사랑을 고백할 때도 꽃이 등장한다. 이러한 특별한 시기가 아니더라도 산야에, 정원에, 화분에, 우리 주위에 항상 있는 꽃들은 참으로 귀한 존재들이다. 누구에게나 위로와 평안을 주기 때문이다. 그래서 사람들은 옷감에도 가구에도 꽃의 무늬를 즐겨 사용하고 있다.

1 꽃 모양의 등잔대

사람들이 일상생활에 꽃무늬를 사용하기 전에 하나님께서는 이미 모세에게 꽃 모양으로 성막의 등잔대를 만들라고 명하셨다.

> "너는 순금으로 등잔대를 쳐 만들되
> 그 밑판과 줄기와 잔과 꽃받침과 꽃을 한 덩이로 연결하고,
> 가지 여섯을 등잔대 좌우 곁에서 나오게 하되

살구꽃 형상의 잔 셋과 꽃받침과 꽃이 있게 하라!"(출25:31-32; 37:17-18; 민8:4)

이 명령은 기원전 1446년경 이스라엘 백성이 애굽이집트을 탈출하고 시내 광야에 머물 때 내려졌다. 하나님은 모세에게 십계명을 주시며 하나님이 거하실 성막聖幕, Tabernacle을 만들라 하셨다. 이곳에 안치될 법궤와 상과 함께 일곱 갈래의 등잔대메노라menorah를 만들라 하신 것이다. 법궤(언약궤, 증거궤, Ark of the Covenant) 안에는 두 개의 돌판에 쓰인 십계명이 들어 있고, 상床 위에는 이스라엘 12지파를 상징하는 12개의 빵인 진설병陳設餠, Showbred이 놓여 있다.

여기에 꽃 모양의 등잔대는 저녁부터 아침까지 성막 안을 밝히는 것이다. 이후에 이것을 모방한 일곱 갈래의 촛대는 이스라엘의 상징이 되었다. 촛불은 7일간의 천지창조를 뜻하는 빛이고, 또 호렙 산에서 모세에게 나타난 하나님의 떨기나무 불꽃을 상징한다. 유대교의 여러 축제에도 반드시 의식용으로 사용되고 있다. 신약 시대에는 사도 요한이 이미 늙어서 밧모 섬에 유배되었을 때 천국의 일곱 금 촛대 사이에 계신 부활의 예수님을 소개하고 있다.

2 지팡이에 핀 꽃

이스라엘 백성의 광야 생활은 고달팠다. 낮엔 불볕이 내리쬐고, 밤엔 냉기가 뼛속까지 스며든다. 의식주의 모든 여건이 열악한 중에 특히 마실 물도 없다. 게다가 돌 틈, 모래밭에는 전갈과 불뱀들이 도사리고 있고, 포악한 짐승들도 위협하고 있다. 백성들의 원성은 높아졌다. 설상가상으로 12명 정탐꾼의 실망스러운 보고와 이렇게 힘든 광야 생활이 앞으로 '40년이나 더 연장된다'(민14:34)는 하나님의 예고에 백성들은 이성을 잃었다. 그래서 모세의 만류를 무시한 무모한 전쟁을 일으키고, 또 참패했다. 진중에는 짙은 절망감이 드리웠고, 이제는 지도부에 대한 거센 반역이 싹트기 시작했다.

고라를 비롯한 250명의 원로가 모세와 아론을 대적한 것이다. 고라는 야곱의 12 아들 중 장남인 르우벤의 후손이고, 모세와 아론의 친사촌으로서 성막 봉사와 종교교육을 담당하는 최고 지도자였다. 반역의 결과는 참혹했다. 땅이 갈라지며 그 입을 벌려 반역의 무리를 그들의 재물과 함께 삼켜 버린 것이다. 그러나 백성들은 하나님의 심판을 인정하지 않고, 이제는 모세와 아론을 원망했다. 반역자들의 죽음이 모세와 아론 때문이라는 것이다. 하나님의 심판은 곧 다시 시작되었다. 이미 백성들이 염병으로 죽어가고 있었다. 모세와 아론의 신속한 중재기도로 염병은 그쳤으나 이미 '죽은 사람이 14,700명'(민16:49)이나 되었다.

이제 새로운 시작을 위하여 무엇보다 지도부에 대한 확고한 재신임이 필요하게 되었다. 그러므로 하나님께서는 각 지파의 지팡이를 거둬 성막 안 증거궤 앞에 두게 했다. 하나님이 택하신 사람의 지팡이에는 싹이 난다는 것이다. 이에 따라 족장들은 각각 종족대로 지팡이 하나씩을 모세에게 주었고, 모세는 이 12개의 지팡이를 장막 안 하나님의 궤 앞에 놓았다. 지팡이들은 모두 바짝 마르고 오랜 손때가 묻어 반질반질해진 것들이다. 그러나 다음날 아침 아론의 지팡이는 놀라운 광경을 보여주고 있었다.

> "이튿날 모세가 증거의 장막에 들어가 본즉
> 레위 집을 위하여 낸 아론의 지팡이에 움이 돋고 순이 나고
> 꽃이 피어서 살구 열매가 열렸더라."(민17:8)

혹독한 광야 생활, 무너진 소망, 패전과 반역, 그리고 반역에 따른 무서운 징벌로 백성들의 마음은 막대기처럼 메말라 있었다. 그러나 마른 막대기에 피어난 새순과 꽃과 열매는 백성들의 마음에 새로운 은총이요 소망이었다. 하나님의 자녀에게는 절망이란 절대 있을 수가 없기 때문이다.

"야곱의 뿌리가 박히며 이스라엘의 움이 돋고 꽃이 필 것이라.
그들이 그 결실로 지면을 채우리로다.(사27:6)
광야와 황무지가 기뻐하며 사막이 장미꽃같이 피어 즐거워하리라.
그들이 무성하게 피어 기쁜 노래로 즐거워하며
여호와의 영광, 곧 우리 하나님의 아름다움을 볼 것이라."(사35:1-2)

3 인생은 지는 꽃

성경에서 꽃은 또 인생에 비유되고 있다. 꽃이 아무리 아름답다 해도 잠깐 지나면 곧 시들어 추한 꼴이 된다. 이것이 청춘, 아니 인생 자체와 너무도 흡사하다. 젊다고, 힘과 돈 있다고 까불다 보면 어느새 초라한 늙다리로 변해 있다. 이뿐 아니다. 잠깐 지나는 인생길에는 아픔과 슬픔이 가득하다. 그래서 고난 받는 욥도 하나님께 처절한 눈물의 기도를 드린다.

"나의 죄악이 도대체 얼마나 많습니까? 나의 죄와 허물을 알게 해 주세요!
여인에서 태어난 사람은 사는 날이 짧고 괴로움이 가득합니다.
꽃처럼 자라 시들어 떨어지고, 그림자처럼 속히 가며 머물지 않습니다.
그런데 주님은 이런 자를 주목하고, 주 앞에 끌어내 재판하시려는 것입니까!?"
(욥13:23-25; 14:1-3)

세계 최강국 애굽의 왕을 제압하고 이스라엘을 탈출시킨, 희대의 영웅 모세 역시 인생의 덧없음을 알고 그의 본질적인 의미를 구하고 있다.

"주여, 우리는 하수같이 흘러가고, 아침에 돋는 풀과도 같습니다.
풀은 아침에 꽃이 피어 자라다가 저녁에 시들어 마릅니다.
우리의 수명이 칠십이고 강건하면 팔십이라도 수고와 슬픔뿐입니다.

그러하오니 누가 주의 진노와 그 두려움을 알 수 있겠습니까!?
우리에게 수명의 짧음을 알게 하시어 지혜의 마음을 얻게 하옵소서!"(시90:5-12)

이에 대해 하나님은 지혜의 마음이 무엇인지를 말씀하신다. 첫째, 인간이 풀과 풀의 꽃처럼 허망하다는 것. 그리고 둘째, 시들지 않는, 영원한 것이 있다는 것을 아는 마음이다. 이것을 선지자 이사야에게 외치라 명하신다.

"너는 외치라! 무엇을 외칩니까?
모든 육체는 풀이고, 그 모든 아름다움은 들의 꽃과 같으니라.
풀은 마르고 꽃은 시듦은 여호와의 기운이 그 위에 붊이라.
이 백성은 실로 풀이니라.
풀은 마르고 꽃은 시드나 하나님의 말씀은 영영히 서리라."(사40:6-8; 벧전1:24-25)

4 야고보의 들꽃

초대교회의 지도자였던 야고보는 혈통으로 예수님의 친동생이기도 하다. 야고보도 부활하신 예수님을 만나기 전에는 그가 설마 그리스도인 것을 꿈에도 알지 못했다. 형이 좀 특이하고, 그저 성경을 좀 잘 아는, 한 설교자쯤 될 것이라고만 생각했다. 아버지가 일찍 돌아가셔서 형제들이 생계를 꾸려가야 하는데 장남인 형은 남의 일 대하듯 덤덤했다. 생업에 매달려 아등바등하기보다는, 두루마리 성서에 몰두하거나 먼 산을 응시하거나, 또 자주 집을 비우고 광야로 나가기 일쑤였다. 어머니 역시 그런 형에게 살림살이에 대해서는 아무 말씀도 안 하시고 차남인 자기에게만 모든 일을 맡기셨다.

그래서 야고보가 실질적으로 생계를 책임져야 했다. 원래 성격이 적극적이고 치밀한 그는 가계를 떠맡는 일이 그리 어렵지는 않았다. 그러나 고달픈 현실은 무시할 수 없다. 특히 관리들의 부정과 종교인들의 위선이 그의 분통을 터트리게 했다. 그럴 때면 종종 부친의 말씀이 생각나서 그의 입에서는 헛기침과 헛웃음만 터져 나왔다.

'아버지는 우리 집안이 다윗의 적통 왕손이라 하셨지만,
왕손은, 제기랄, 무슨 얼어 죽을 왕손이란 말인가!?
대대로 이렇게 억눌리고 쨰지게 가난한 터에, 왕손이라니!?
허허헛. 지나가는 개가 웃다 배꼽 빠지겠다!'

그리고 형한테 곧잘 빈정거리기도 했다.

'거, 설교자가 되려면 수도권의 큰 도시, 물 좋은 곳으로 나가야지,
이 촌구석에서 뭘 하자는 겁니까!?(요7:3-5)
아, 한국의 큰 교회 목사들을 좀 보세요!
그들은 왕손도 아닌데 모두 왕가를 이루었습니다. 큰 기업체들도 거느리고,
가족뿐 아니라 문중도 먹여 살리고, 가문의 부귀권세가 대단합니다.
형도 좀 그런 큰 꿈을 가져보세요! 큰 꿈을!!!'

얼마 후 형은 정말 전업 설교자가 되어 아주 가출을 했다. 그리고 제자랍시고 모두 그렇고 그런 떨거지들을 몰고 다니면서, 들리는 말로는 사람들이 제법 모인다고는 한다. 그런 이제 헌금수입으로 집안에 도움도 좀 주려니 생각했으나 집에는 한 푼도 보태지 않고 있다.

그런데 엉뚱한 소문이 들려왔다. 형이 귀신을 쫓아내다가 오히려 귀신이 붙어 '미쳤다'(막3:21)는 것이다. 이 말을 들은 모친은 안절부절못하며 함께 가보자고 했다. 야고보는 이 기회에 집안형편을 알리고 생활비를 좀 받아올 참이었다. 야고보는 걱정하시는 어머니를 나귀에 태우고, 함께 가겠다고 떼거지를 쓰는, 조무래기 동생들 요셉, 시몬, 유다 또 누이들과 함께 형을 찾아 나섰다.

가버나움의 갈릴리 바닷가 베드로의 집에 형이 있다는 것은 어렵지 않게 알았다. 그러나 사람들이 꽉 들어차 안으로 들어갈 수가 없었다. 그렇다고 이대로 그냥 돌아갈 수도 없었다. 그래서 주위 사람들에게 '예수님의 모친이 동생들과 함께 오셨다'고 큰 소리로 전하게 했다. 그러나 돌아온 형의 반응에 야고보는 매우 실망했다. 직접 나와 보지도 않고, '하나님의 뜻을 행하는 자가 나의 어머니고, 동생이다.(마12:50; 막3:35; 눅8:21) 그래서 다른 가족은 없다'는 것이다.

야고보 일행은 문전박대를 당하고 빈손으로 근 백 리 길을 다시 걸어 돌아가야만 했다. 야고보는 분통이 터졌다. '씨바랄!' 그러나 어머니는 형이 미치지 않은 것만도 다행이라며 안도의 숨을 내쉬셨다.

그 후 민족의 큰 명절인 유월절이 임박해 형은 수도 예루살렘으로 갔다. 그래서 야고보는 이제야 형이 당장 대박은 터트리지 못해도 받는 헌금으로 살림에 도움 줄 것을 기대했다. 아, 그런데 돕기는커녕 곧바로 십자가 형틀에 처참히 못 박혀 죽은 것이다. 그것도 신성모독과 국가반역이라는 천지간의 최대 죄목이다. 이 중 하나만 적용돼도 살아남지 못하는 터에 두 개 모두 해당되었으니 죽음은 명백한 것이다.

'쯧쯧쯧, 형이 참 재수도 없네. 그냥 촌에 처박혀 있었더라면
그런 끔찍한 화는 안 당했을 터인데…
내가 공연히 형한테 도시로 나가라고 했나!?
아, 설교를 해도 관리들의 눈치를 보았어야지, 지금이 어떤 시국인데…
특히 원로목사나 대표 종교인들의 안색도 살피며 좀 요령껏 했어야지! 요령껏!!!
쯧쯧쯧, 평소에 그렇게 온화하던 형이,
아, 어떻게 그런 극형을 당하게 되었는지!? 거 참 알 수가 없네.
아, 그런데 그 반역죄에 연루되어 동생인 나까지 잡아가지 않으려나?
어차피 이 지역 관리와 종교인들과도 까칠한 관계가 아닌가!?
죄를 만들어 씌우려면 얼마든지 가능해. 하여간 나도 어디로 잠수 타야겠다.'

그래서 야고보는 한동안 광야 어느 동굴에 숨어 지냈다. 분주하고 복잡한 생활로부터 빈 들 광야로 나오니 우선 가슴이 확 트인다. 광야에서 떠오르는 해, 불어오는 바람, 들의 풀들과 풀들의 꽃들, 비록 저녁에 시들건만 바람에 춤을 추는 풀들과 풀들의 꽃들, 졸졸졸 흐르는 실개천의 청아한 노랫소리, 지저귀는 새소리, 붉은 노을 속에 저무는 태양…, 야고보에겐 이것들을 생전 처음 보는 양 신기하고 신비롭게 느껴졌다. 비로소 그의 눈과 귀가 열린 것이다. 그리고 알았다.

"값비싼 화초는 사람이 키우고, 값없는 들꽃은 하나님이 키우시는 것을,
그래서 들꽃 향기는 하늘의 향기인 것을(유안진, 1941~)
솔로몬 왕의 모든 영광으로 입은 것이 이 꽃 하나만 같지 못한 것을"(마6:29)

야고보는 마음속으로 다짐했다.

'한 송이 이름 없는 들꽃으로 피었다가 지리라.
끝내 이름 없는 들꽃으로 지리라!'(이현주, 1944~)

밤이면 밤하늘 가득히, 막 쏟아져 내리려는, 영롱히 빛나는 무수한 별, 그 별들의 장엄한 오케스트라가 그의 가슴속에 쿵쾅쿵쾅 울릴 때, 드디어 그는 영원부터 영원까지, 해 뜨는 곳부터 해 지는 곳까지, 온 광활한 우주에 울려 퍼지는 천상의 찬미소리를 들었다.

"하늘의 별, 울려 퍼지는 뇌성, 주님의 권능 우주에 찼네.
숲속이나 험한 산골짝에서 지저귀는 저 새소리들과
고요하게 흐르는 시냇물은 주님의 솜씨를 노래하네.
주님의 높고 위대하심을 내 영혼이 찬양하네."(찬송가 79장)

'아, 이 땅의 부귀권세가 얼마나 헛된가!?
내가 지금까지 무엇을 위해 싸워왔던가!? 누구에게 불평을 마구 해댔던가!?
우리 조상의 하나님, 영원하신 아버지가
크신 팔로 나를 품안에 안고 계심을 내가 까맣게 몰랐었구나!'

광야에서 떠오른 해는 야고보의 얼굴을 힘차게 비추었다. 그 빛 속에 그는 풀꽃같이 덧없는 자기 인생을, 그리고 그것을 부지하고자 헐레벌떡거리며 온갖 못된 일도 하고, 지금은 벌레처럼 숨어 있는, 초라한 자신의 부끄러움을 보았다. 그리고 형의 의로운 죽음이 저 태양보다 더욱 빛남을 보았다.

바로 그때 그 빛 속에서 어른거리며 형이 나타났다.(고전15:7) 형은 그에게 못 자국 난 손을 들어 보이며 부드러운 미소로 말했다. "그동안 힘들었지?" "형!" 야고보가 놀란 눈으로 다가가자 형, 아니 그리스도께서는 더욱 밝게 웃는 얼굴로 그의 어깨를 정답게 감싸 안았다. 품속의 야고보는 말로 형언할 수 없는, 하늘의 평안과 기쁨에 잠겼다. 형 그리스도는 사랑하는 동생, 홀로 살아오느라 넘어지고 깨진 동생의 등을 몇 번 더 두드렸다. 아무런 말이 필요 없다. 형은 다시 태양빛으로 떠났다.

야고보는 곧 예루살렘을 향했다. 도주할 때와는 걸음걸이가 사뭇 다르다. 사람 자체도 부귀와 권세를 쫓던 야고보가 아니다. 그는 새 생명과 새 동력이 내재된, 한 불굴의 사명자 터미네이터terminator가 된 것이다. 그는 자신의 체험을 이야기하고 제자들과 합류했다. 그의 적극성과 확신에 따라 자연스럽게 예루살렘 교회의 중심 역할도 수행하였다. 교인들은 그의 화통하고 화끈한 성격도 좋아했고, 또 그의 용모가 자기 형을 닮아서 얼핏 보면 마치 예수님이 다시 오신 것 같기도 했다. 그는 기도에 힘썼고, 사람들은 그를 '의인'이라 불렀다.

그 후 그는 형처럼, 아니 그리스도처럼 당시의 종교인들에 의해 죽임을 당했다. 죄목은 역시 신성모독이다. 지금 하늘에서 형, 아니 그리스도와 함께 밝게 웃고 있는 그는 우리들에게 간곡하게 매우 현실적인 당부를 하고 있다.

"낮은 형제는 자기의 높음을 자랑하시오!
부한 형제는 자기의 낮음을 자랑하시오!
왜냐하면 그가 풀의 꽃처럼 지나가기 때문이오.
해가 돋고 뜨거운 바람이 불면
풀이 마르고 꽃이 떨어져 그 아름다움이 없어지오."(약1:9-11)

"교만하여 스스로 지혜롭게 여기고,
뇌물을 받으며 악인을 의롭다 하고
의인의 공의를 빼앗는 자는 화가 있을 것이오.
마른 풀이 불속에 떨어짐같이 꽃이 티끌처럼 날릴 것이오."(사5:21-24; 28:1)

"인생은 그 날이 풀과 같고, 그 영화가 들의 꽃과 같소.
그것은 바람이 지나면 없어지고, 그 있던 자리도 다시 알지 못하오.
그러나 여호와의 자비는 자기를 경외하는 자에게 영원부터 영원까지 이르오."

(시103:15-17)

2.

씨 새 세대의 주역

씨는 식물의 열매 속에 들어 있으며 장차 자라서 새로운 식물이 된다. 새 세대의 주역으로서 내일의 영광을 위해 일종의 휴면 상태에 든 생명체다. 씨는 종자種子라고도 하며 보통 배아胚芽, 배젖胚乳 그리고 종피種皮로 구성되어 있다. 배아가 바로 씨의 핵으로, 자라서 새로운 세대를 전개한다. 배젖은 배아가 자라는 데 필요한 영양분이고, 종피는 씨를 단단하게 싸서 외부로부터 보호하는 껍질이다. 때가 오면 배젖과 종피의 아낌없는 희생으로 배아는 하나의 어엿한 식물로 성장하게 된다.

식물들은 동종번식을 위해 큰 씨를 조금 만들기보다는 작은 씨를 많이 만든다. 그리고 동물, 바람, 물 등에 의해 멀리까지 운반될 수 있도록 매우 정교하게 구성한다. 씨의 수명 역시 다양해서 몇 주일 사는 것도 있지만 수백 년 또는 수천 년이 지난 뒤에 싹을 내는 것도 있다. 씨의 크기, 무게, 모양 등도 다양하다. 야자 씨처럼 배구공만 한 크기에 무게가 27kg이나 되는 것도 있다. 하지만 대부분은 크기가 작고 무게가 1g도 안 된다. 이렇게 작은 씨에는 자체의 양분이 없고 다른 생물이나 외부에서 조달한다.

씨가 원래는 자신의 번식을 위한 수단이지만 동시에 많은 동물들의 주된 먹이가 된다. 동물들이 열매를 먹고 다른 곳에서 배설할 때 땅에 떨어져 새로운 식물로 출현하게 된다. 그러므로 씨는 강한 위액에도 분해되지 않는 단단한 껍질로 쌓여 있다. 또는 동물의 털에 달라붙어서 함께 긴 여행을 하기도 한다. 동물들이 씨의 분산을 위한 이동수단인 셈이다.

민들레의 씨는 털이 달려 있고, 또 어떤 것은 날개가 장착되어 바람을 타고 가볍게 공중여행을 한다. 바닷가나 호숫가의 식물은 장기간 물의 흐름에 따라 여행할 수 있도록 씨에게 공기를 주입하거나 물에 뜨는 특수재질을 입혀 준다. 이것저것 여의치 않으면 봉선화처럼 독자적인 힘으로 씨를 발사해 튀어나가게도 한다.

이러한 씨가 생명의 결정체로서 결국 모든 동물의 생존도 가능케 한다. 식물들이 일 년 내내 치열하게 경쟁하며 번성하는 것도 결국 가을에 씨를 맺기 위함이다. 이 역할이 단지 자기생존과 종족번식뿐 아니라 아름다운 환경을 조성하며 동물들에게 풍성한 양식을 제공하기 위한 것이다.

1 먹을거리가 되리라!

태초에 하나님은 첫째, 둘째 날에 각각 빛과 하늘을 만드시고, 셋째 날에 땅을 만드신 후 곧 씨 맺는 채소와 나무들을 만드셨다. 넷째 날에는 천체와 계절을 만드시고, 다섯째 날에는 물고기와 새, 여섯째 날에는 사람을 포함한 모든 동물을 만드시고 그리고 씨 맺는 식물을 이들의 양식으로 주셨다. 그러니까 해와 달이 있기 전, 계절이 구분되기 전 식물들은 돋아나 씨와 열매를 먼저 준비해 놓고 동물, 특히 만물의 영장이라 하는 인간의 출현을 고대했다.

"하나님이 이르시되 '땅은 풀과 씨 맺는 채소와 각기 종류대로 씨 가진 열매 맺는 과목을 내라!' 하시매 그대로 되어 하나님이 보시기에 좋았더라. 저녁이 되고 아침이 되니 이는 셋째 날이라."(창1:11, 13)

"하나님이 이르시되 '내가 온 지면의 씨 맺는 모든 채소와 씨 가진 열매 맺는 모든 나무를 너희에게 주노니 너희의 먹을거리가 되리라!' 하나님이 지으신 그 모든 것을 보시니 보시기에 심히 좋았더라. 저녁이 되고 아침이 되니 이는 여섯째 날이니라."(창1:29, 31)

2 썩지 않는 약속의 씨

성경에서 식물의 번식수단인 씨는 사람의 후손을 의미한다. 아브라함이 75세일 때 하나님께서는 그의 순수성과 충성됨을 보시고 고향을 떠나 보여 줄 땅으로 가라고 하셨다. 이때 아직 자식이 없던 그에게 앞으로 '큰 민족을 이루고 복을 주어 그의 이름을 창대하게'(창12:2) 하신다는 것이다.

당시 아브라함은 현재의 터키 동부에 있는 하란이란 곳에 살고 있었다. 그는 말씀에 따라 아내와 조카와 함께 그곳을 떠나 약 480km 떨어진 지금의 이스라엘 예루살렘 북쪽 50km 지점인 가나안 땅 세겜이란 곳에 도착하였다. 그러나 이 낯선 땅에는 기근과 전쟁이 끊이지 않았다. 더구나 고향을 떠난 지 10년이 지났으나 아직 자식도 없다. 아내 사라는 이미 늙어 경수도 끊어졌다. 초조해진 아브라함은 아내의 제안으로 하갈이란 여종에게서 이스마엘이란 아들을 얻었다. 아브라함은 젊은 첩과 이 아들을 끔찍이 사랑했다.

그러나 그로부터 15년 후, 그러니까 아브라함이 100세, 사라가 90세일 때 하나님의 약속대로 아내 사라는 아들 이삭을 낳았다. 부인과 첩, 그리고 적자와 서자 사이에는 당연히 대립관계가 성립하였다. 결국 서자 이스마엘은 그 어머니와 함께 충분한 양식도 받지 못하고 쫓겨났다. 사랑하는 아들과 젊은 애첩을 내쳐야 하는 아브라함의 마음은 매우 아팠다. 이런 아브라함에게 하나님의 위로의 말씀이 임했다.

"네 아이나 네 여종을 위하여 근심하지 말고 사라가 네게 이른 말을 다 들어라!
오직 이삭에게서 나는 자라야 네 씨라 칭할 것이니라.
그러나 여종의 아들도 네 씨니 내가 그로 한 민족을 이루게 하리라."(창21:12-13)

뼈아픈 우여곡절을 겪은 늙은 아브라함에게 이제 아들 이삭은 말 그대로 '눈에 넣어도 아프지 않은' 그에게 가장 귀한 존재가 되었다. 아들을 위해서라면 자기의 늙은 목숨 열 개라도 선뜻 내놓을 만했다. 그러므로 하나님은 이 집착을 보시고 그의 믿음을 시험하시려고 사랑하는 독자 이삭을 번제로 드리라 하셨다. 이 명령은 아브라함에게 청천벽력 이상의 충격이었다. 자기중심적 사랑에 빠져 있던 그의 영혼은 흑암 속에 허우적거리며 몸부림쳤다.

"지금까지 쌓아 온 나의 노력과 업적은 어떻게 하란 말입니까!?
내가 기른 부하들과 조직과 재산은 또 어떻게 합니까!?
이것이 모두 하나님 당신의 축복이 아니었습니까!?
이것을 세습하여 대대로 지키고 발전시켜야 하는 것 아닙니까!?
온전한 상속으로 당신의 뜻을 이루어야 하지 않겠느냔 말입니다.
도대체, 어떤 다른 대안이 있을 수가 있단 말입니까!?"

아브라함은 온 밤을 절망과 절규로 지새우며 자아의 한계에 도달했다. 그때 닭의 우는 소리가 들렸다. 동쪽 하늘이 희미하게 밝아 온다. '보이지 않는 하나님'의 말씀을 듣고 정처 없이 고향을 떠난 것이 근 50년 전, 이제 그는 또 눈에 '보이는 아들'을 떠나보내고 '보이지 않는 말씀'의 세계로 다시 새 출발해야 함을 알았다. 자기사랑에 빠졌던 어두운 영혼에 비로소 하늘의 빛이 비치었다. 새날과 함께 '믿음의 조상'(롬4:11)으로 거듭난 아브라함의 새 삶도 시작되었다.

"아브라함은 시험을 받을 때에 믿음으로 이삭을 드렸으니
그가 하나님이 능히 이삭을 죽은 자 가운데서 다시 살리실 줄로 생각한지라.
비유컨대 죽은 자 가운데서 도로 받은 것이니라."(히11:17-19)

아침에 그는 일찍 일어나 이삭과 함께 3일 길을 말없이 걸었다. 그들은 하나님이 지정하신 모리아 땅의 한 산에 이르렀다. 당시 그들은 바로 이곳에 2천 년 후 예루살렘 성전이 세워지고 무수히 많은 희생 제물이 드려지리라고는 알지 못했다. 더구나 하나님 아버지의 독생자가 이곳에서 실제로 죽어 희생되리라고는 더더욱 몰랐다. 아브라함이 독자를 바치자 하나님께서도 독자를 희생하여 인간에 대한 사랑을 확증하신 것이다. 아브라함은 그곳의 한 바위에 이르러 이삭을 결박하고 목을 따기 위해 칼을 들어 올렸다. 그리고 막 내려치려는 순간 하늘에서 다급한 음성이 들려왔다.

"아브라함아, 아브라함아, 그 아이에게 손을 대지 말라!
네가 네 독자까지도 아끼지 아니하였으니
이제야 네가 하나님을 경외하는 줄을 아노라.
네가 이같이 행하여 네 독자도 아끼지 아니하였으니
내가 네게 큰 복을 주고 네 씨로 크게 번성하여 하늘의 별과 같고
바닷가의 모래와 같게 하리니 네 씨가 그 대적의 문을 얻으리라.
또 네 씨로 인하여 천하 만민이 복을 얻으리니
이는 네가 나의 말을 준행하였음이라."(창22:17-18)

여기서 하나님이 말씀하시는 아브라함의 씨는 그의 자녀들 모두가 아니다. 오직 이삭으로부터 난 자들이다. 단순한 '육신의 자녀가 아니라 약속의 자녀'(롬9:7-8)인 것이다. 약속의 씨는 이삭을 통하여 그 후 다윗 왕에 이르고, 다시 다윗의 씨로 예수 그리스도가 오셨다. 이처럼 오늘도 사람들이 하나님의 자녀가 되는 것은 육체적 혈통과 세습에 의한 것이 아니다.

"너희가 거듭난 것은 썩어질 씨로 된 것이 아니요 썩지 아니할 씨로 된 것이니
살아 있고 항상 있는 하나님의 말씀으로 되었느니라."(벧전1:23)

"하나님께로 난 자마다 죄를 짓지 아니하나니
이는 하나님의 씨가 그의 속에 거함이라."(요일3:9)

3 천국 말씀인 씨

하나님 말씀의 씨는 오늘도 뿌려지고 있다. 태양이 빛을 뿌리고, 구름이 비를 뿌리는 것과 같다. 그래서 하루하루가 결코 지루하거나 범상치 않다. 예수님은 하나님 말씀을 씨에 비유하신다. 말씀을 전파하는 것이 농부가 씨를 땅에 뿌리는 것과 같다. 그 당시에는 농부들이 씨앗이 든 자루를 어깨에 메고 직접 손으로 뿌렸다. 씨앗 자루가 무거우면 가축 등에 얹고 자루에 구멍을 뚫고 가축을 몰아 그 구멍으로 씨앗이 조금씩 떨어지게도 했다. 그러나 이때 떨어지는 씨앗들은 여러 종류의 밭에 떨어지게 된다. 이처럼 말씀을 받는 마음에도 여러 종류가 있다는 것이다. 예수님은 네 가지 마음의 밭을 말씀하신다.

"씨를 뿌리는 자가 뿌리러 나가서 뿌릴 때
① 더러는 길가에 떨어져 새들이 와서 먹어버렸고,
② 더러는 흙이 얇은 돌밭에 떨어져 곧 싹이 나오나
해가 뜬 후에 뿌리가 없어 말랐고,
③ 더러는 가시떨기 위에 떨어져 가시가 자라서 기운을 막았고,
④ 더러는 좋은 땅에 떨어져 혹 백 배, 혹 육십 배,
혹 삼십 배로 결실하였느니라."(마13:1-9; 18-23; 막4:2-9; 14-20; 눅8:4-15)

① **길가 같은 마음**: 이 길은 밭고랑 사이로 사람들이 다니므로 그 발길에

의해 단단하고 반질반질하게 굳어진 것이다. 여기에 씨가 떨어지면 땅 위에 그대로 노출되어 곧 새들의 먹이가 된다. 이러한 마음은 사람이 자신의 경험과 지식만을 최고로 생각하고 여타의 것은 모두 배격하는 것과 같다. 의식적인 오만이라 할 수 있다. 또는 생존경쟁에 시달리다보니 당장 물질적 이익이 안 되는 것에는 무지하고 태만할 수 있다. 무의식적인 태만이라 할 수 있다.

영악한 새들은 농부가 씨를 뿌릴 때 이렇게 길 위에 떨어지는 씨앗들이 반드시 있다는 것을 알고 있다. 그래서 잔뜩 노리고 있다가 당장 집어삼킨다. 세상에서 귀한 천국복음이 고만 어이없이 사라지는 것이다. 이 새들은 '공중의 권세 잡은'(엡2:2) 마귀와 '하늘에 있는 악의 영들'(엡6:12)을 의미한다.

② **돌밭 같은 마음**: 이스라엘에서 흔한 지형으로 석회석 바위층 위에 얇은 지표가 형성되어 있는 곳이다. 바위의 온기로 인해 뿌리가 쉽게 나오지만 흙이 깊지 않으므로 식물이 성장하지 못한다. 이 경우는 사람들이 진리의 말씀을 단순히 피상적으로만 이해하는 것이다. 행동도 빠르나 시련이 닥치면 또 빨리 중단한다. 기계문명 속에 인간의 심성이 깊이를 상실하여 신앙 인격 역시 천박성과 경박성을 면할 수 없게 된 것이다.

예를 들어, 향토 노래자랑에 참석하여 밴드소리에 맞추어 가수와 함께 신나게 어우러져 손뼉치고 노래하며 일어나 춤을 추어도 집에 돌아오면 '상황 끝'인 것과도 같다. 비슷한 예로, 소위 스타star 부흥강사의 집회에 참석하여 그의 입담에 울고 웃고, 고래고래 소리 지르다가 일상생활로 돌아오면 역시 '상황 끝'인 것과도 같다.

③ **가시밭 같은 마음**: 팔레스타인에서는 기후가 건조하여 가시나무들이 많고 일 년 사계절 거의 다 등장한다. 이러한 가시밭에 씨앗이 떨어지면 토양은 비록 싹이 트고 자라는 것을 허락한다 하더라도 억센 가시나무들이 곡식의 성장을

막아 자랄 수 없게 한다. 실제로 이런 곳에 자란 곡식은 푸른 껍질 정도까지는 생긴다 하더라도 내용물은 전혀 없다. 그러니까 이 경우는 토양 자체보다 주위 환경이 더욱 문제가 된다고 할 수 있다.

가정에 여러 가지 내우외환이 있거나, 또는 불건전 사업이나 취미 활동에 장기간 참여하는 경우에는 복음이 순도純度와 강도强度를 잃을 수밖에 없다. 좀 구체적인 예를 든다면, 지속적인 부부싸움, 재물과 공명에 대한 지나친 집착, 불량품, 퇴폐물 등의 의도적인 제조 유통, 습관적인 사기행각, 도박행위 등등이 될 수 있다. 이런 경우에는 진리의 말씀에 항상 우유부단하여 열매를 기대할 수 없게 된다.

④ **좋은 땅 같은 마음**: 좋은 땅은 기름지고 수분이 충분할 뿐 아니라 햇볕이 잘 드는 곳이다. 또 농부가 미리 개간하여 돌들과 잡초들을 미리 제거한 그야말로 이상적인 밭이다. 좋은 교훈을 들어 마음에 명심하고, 스스로 성찰하여 나쁜 지식은 버리고 좋은 지식을 쌓으며 자신의 생활습관 역시 항상 개선하기를 힘쓰는 사람이다. 진리에 순박하고 신앙적인 주체의식이 있으며 진리와 의를 기뻐하며 이를 위해 돌진하려는 의욕도 있다.

이러한 땅에 떨어진 씨들은 각각 100배, 60배, 30배의 결실을 맺게 된다. 처음 씨앗들이 뿌려질 때 3/4이 나쁜 땅에 떨어지고, 1/4만이 좋은 땅에 떨어진다 해도 이때의 손실을 만회하고도 남는 것이다. 수확률이 최저 수준인 30배만 되어도 투자수익률이 3천%이다. 현재 은행의 1년 정기예금 이자율이 2%고, 여기서 다시 세금까지 떼는 것을 감안하면 입이 딱 벌어지지 않는가!? 우리의 하나님 아버지는 이렇게 풍성하시다.

이 세상에서도 한 사람의 의로운 행위는 얼마나 유익한가!? 이들의 투자수익률을 수치로 나타내어도 분명히 수천 % 이상 될 것이다. 예를 들어, 애국지사들의 보국 행위를 생각해 보아도 그 유익성이 어마어마하게 크다는 것을 알 수 있다.

국가적 차원뿐 아니라 사회에서, 가정에서도 마찬가지다. 속을 지지리 썩이는 자녀들 중에 부모 마음에 쏙 드는 자식이 하나라도 있다면 그의 수익률은 몇 %로 나타낼 수 있을까? 그러므로 성경은 부지런히 씨 뿌릴 것을 권고하고, 또 그로 인한 기쁨의 열매를 약속하고 있다.

"너는 아침에 씨를 뿌리고 저녁에도 손을 거두지 말라!
이것이 잘 될지, 저것이 잘 될지, 혹 둘이 다 잘 될지 알지 못함이라."(전11:6)

"눈물을 흘리며 씨를 뿌리는 자는 기쁨으로 거두리라.
울며 씨를 뿌리러 나가는 자는
정녕 기쁨으로 그 단을 가지고 돌아오리라." (시126:5-6)

"보라! 날이 이르리라. 그때에 밭 가는 자가 곡식 베는 자의 뒤를 따르고
포도를 밟는 자가 씨 뿌리는 자의 뒤를 따르리라.
산들은 단 포도주를 흘리며 작은 산들은 열매를 맺으리라."(암9:13)

4 겨자씨

예수님은 이렇게 풍성한 천국의 개념을 겨자씨mustard seed의 비유로도 설명하신다. 이 말씀을 하시는 갈릴리 호숫가에는, 마치 우리나라 유채꽃 같은 겨자풀들이 지천에 자라고 있었다. 겨자는 개자 혹은 계자芥子라고도 하는 1년생의 풀로 네 개의 꽃잎이 피어 십자화十字花과에 속한다. 그리고 작물이라기보다는 그냥 잡초라 할 수 있다. 자라면 키가 2m에 이르고, 지역에 따라 3~4m까지 올라간다. 이렇게 자라면 그 줄기가 꼭 나무기둥같이 단단하다.

이 겨자의 씨가 1~2mm 정도의 크기로 약도 되고, 우리가 냉면·냉채 등에 넣어 먹는 향신료도 된다. 그리고 이스라엘에서는 바로 '작은 것'의 대명사처럼

사용되고 있다. 우리나라 사람들이 '글자가 깨알 같아 못 읽겠네', '담배씨만 한 희망을 못 버린다'고 하는 것과 비슷하다. 겨자씨는 이렇게 작은데도 불구하고 싹이 나 자라면 큰 나무처럼 되어 공중의 많은 새들이 그 가지에 깃들고 씨앗도 쪼아 먹는다.

"천국은 마치 사람이 자기 밭에 갖다 심은 겨자씨 한 알 같으니
이는 모든 씨보다 작은 것이로되 자란 후에는 나물보다 커서 나무가 되매
공중의 새들이 와서 그 가지에 깃들이느니라."(마13:31-32; 막4:31-32; 눅13:18-19)

하나님 말씀이 작은 것의 대명사인 겨자씨 같을지라도 그의 위력은 인간의 상상을 한참 벗어난다. 영원에서 영원에 이르고, 온 우주를 덮는 것이기도 하다. 말씀뿐 아니다. 말씀을 믿는 믿음도, 그것이 진짜라면 겨자씨만 해도 지각을 변동시켜 스카이라인을 개조하는 역사를 이룬다.

"너희가 만일 믿음이 한 겨자씨만큼만 있으면
이 뽕나무더러 '뿌리가 뽑혀 바다에 심기어라!' 하였을 것이요,
그것이 너희에게 순종하였으리라."(눅17:6)

"이 산을 명하여 '여기서 저기로 옮기라!' 하여도 옮길 것이요,
또 너희가 못할 것이 없으리라."(마17:20)

3.

뿌리 식물의 근본

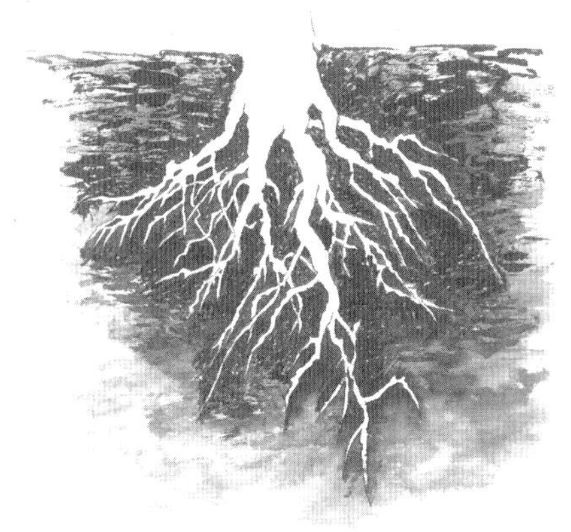

뿌리는 식물의 밑동으로서 주로 땅속에서 수분과 양분을 빨아들인다. 식물의 종류에 따라 뿌리의 길이와 모양이 다르지만 땅 위에 있는 식물보다 큰 것도 있다. 물이 적은 지역일수록 길고 그 수가 많고, 물을 찾아 수십, 수백 미터까지 뻗는다. 사막이 아니더라도 키 1m에 불과한 메귀리라는 볏과 식물은 잔뿌리까지 모두 이어 붙이면 무려 550km에 이른다고 한다. 우리나라에는 '뿌리 깊은 나무 가뭄 안 탄다'는 속담이 있다. 땅 위의 식물체가 무참히 베어지고 조각나도 뿌리는 묵묵히 뻗어 원래의 모습을 재생한다.

뿌리는 마치 지렁이가 빈 공간으로 미끄러져 들어가듯 땅속으로 뚫고 들어간다. 작은 바위 틈새도 비집고 들어가 성장하여 결국 바위를 깨트리기도 한다. 자리를 잡은 후에는 다시 많은 섬세한 뿌리털을 내어 물과 양분을 흡수한다. 뿌리가 흡수한 물은 물관을 타고 나무 끝 잎사귀까지 도달한다. 나무속의 물은 떡갈나무의 경우 1초에 1cm 이상 올라간다. 물의 일부는 잎에서 공기구멍을 통해 수증기가 되어 밖으로 뿜어 숲의 향기를 날린다.

물은 잎의 엽록체에서 햇빛과 공기와 결합하여 당류를 만든다. 이것의 일부가 다시 뿌리로 보내져 땅속의 미생물들에게 공급된다. 뿌리의 당류를 얻기 위해 박테리아와 곰팡이 등 수많은 미생물들이 뿌리로 모여든다. 흙 한 숟가락에 약 1억5천만 마리의 미생물이 산다고 한다. 이들은 햇빛으로 만들어진 당을 얻는 대신에 질산, 인, 칼슘 등 20여 가지의 무기질 영양소를 물에 녹여 뿌리에 제공한다. 땅속에서도 서로 돕는 공생관계인 것이다.

그러므로 나무뿌리가 있는 땅은 많은 생물체가 서식하는 살아 있는 땅이다. 뿌리는 이렇게 지하세계와 활발하게 교류하며 물과 양분을 흡수하는 동시에 또한 이들을 저장하기도 한다. 대표적인 것이 무·당근·감자·고구마·인삼·칡 등으로 사람을 포함한 동물들에게 양식으로, 또 귀중한 약재나 염료로도 제공되고 있다.

뿌리는 양분의 흡수저장 외에 식물 전체를 지탱해 주는 지지작용을 한다. 폭풍이 불어와도 나무들이 넘어지지 않는 것은 바로 든든한 뿌리가 대지를 움켜잡고 있기 때문이다. 동시에 뿌리는 나무 자신뿐 아니라 나무가 있는 토양을 보호해 준다. 홍수가 닥쳐와도 쓸려 내려가지 않는 토양과 수려한 경관을 유지해 주는 것이다.

뿌리는 겉으로 드러나지 않지만 식물의 근본이라 할 수 있다. 뿌리가 있어야만 가지와 잎이 나고 꽃과 열매도 맺기 때문이다. 뿌리의 상태 여하에 따라 그 나무의 운명이 결정된다. 그러므로 이 뿌리의 의미가 확대되어 인간 사회에서도 사물이나 현상의 근본을 비유적으로 나타내고 있다. '뿌리 없는 나무가 없다'는 속담이 모든 사물에 근본이 있음을 말한다. 사람의 '뿌리'라 하면 보통 그의 성씨 문중 또는 민족을 의미한다. '뿌리를 내리다'는 기초가 다져지고 정착되다, '뿌리가 깊다'는 연유하는 바가 오래다, '뿌리 뽑다'는 원인을 해결하여 근본을 깨끗하게 없애다는 뜻이다.

1 선한 뿌리 ↔ 악한 뿌리

성경에도 식물의 뿌리는 주로 비유적인 뜻으로 사용되고 있다. 크게 선한 것과 악한 것으로 나눌 수 있다. 하나님을 믿는 의인의 뿌리와 하나님을 모르는 악인의 뿌리가 그것이다.

> "악인은 밑으로 그의 뿌리가 마르고, 위로는 그의 가지가 시들 것이라."(욥18:16)
> 사람이 악으로서 굳게 서지 못하고,
> 의인의 뿌리는 움직이지 아니하느니라."(잠12:3)

A. 선한 뿌리

먼저 의인의 선한 뿌리로는 이스라엘 백성이 애굽을 탈출하여 가나안복지에 정착하는 과정을 뿌리로 묘사하고 있다.

> "주께서 한 포도나무를 애굽에서 가져다가
> 민족들을 쫓아내시고 그것을 심으셨나이다.
> 주께서 그에게 터를 마련하시므로
> 그 뿌리가 깊이 박혀서 땅에 가득하나이다."(시80:8-9)

> "내가 이스라엘에게 이슬과 같으리니 그가 백합화같이 꽃 피겠고,
> 레바논 백향목같이 뿌리가 박힐 것이라."(호14:5)

남유다의 히스기야 왕은 북이스라엘을 멸망시킨 앗수르의 대대적인 침공을 받았다. 대군을 몰고 온 적장 랍사게는 성을 에워싸고 백성들에게 큰 소리로 조롱하며 협박했다. '너희는 너희 똥을 먹고 오줌을 마시지 말고 항복하라!' 기가 막힌 히스기야는 자기 옷을 찢고 굵은 베를 동이고 성전에 나아가 적장의

협박문을 펼쳐 놓고 간절한 기도를 드렸다. 하나님의 구원의 말씀이 선지자 이사야를 통해 임했다.

"네게 보일 징조가 이러하니, 너희가 금년, 내년, 후년에 심고 그 열매를 먹으리라!
유다 족속 중에 피하고 남은 자는
다시 아래로 뿌리를 내리고 위로 열매를 맺으리라!
여호와의 열심히 이 일을 이루리라!"(왕하19:30-31; 사37:31-32)

그 밤에 여호와의 천사가 앗수르 군 18만5천 명을 쳐서 아침에 보니 모두 송장이 되어 있었다. 이러한 하나님의 도우심은 이제 이스라엘 민족에게만 국한되지 않고 예수님을 영접한 천하 만민에게 값없이 주어지고 있다.

"무릇 여호와를 의지하며 여호와께 소망을 둔 사람은 복을 받을 것이라.
그는 물가에 심어진 나무가 그 뿌리를 강변에 뻗치고 그 잎이 청청하며
가뭄에도 걱정이 없고 결실이 그치지 아니함 같으리라."(렘17:7-8)

B. 악한 뿌리

이 세상에는 유감스럽게도 의보다 악이 더 많고, 또 득세하고 있다. 성경은 악인의 뿌리와 그 종류를 소개하고 있다. 예를 들어, 하나님에 대한 무지, 우상숭배, 거짓, 교만, 욕심, 비런, 간음 등이다.

① 하나님에 대한 무지:

"하나님을 잊어버리는 자는
그 뿌리가 바위를 휘감고 돌 틈 사이에 든든히 박혀도
한번 뽑히면 그 자리도 다시 기억되지 않느니라."(욥8:13,17)

② 우상숭배:

"너희 중에 우리 하나님을 떠나 다른 민족의 신들을 섬길까 염려하며
독초와 쑥의 뿌리가 나서 저주의 말을 듣고도
나는 평안하리라 할까 하노라.(신29:18-19)
에브라임이 부끄러운 우상에게 몸을 드림으로
매를 맞아 그 뿌리가 말라 열매를 맺지 못하나니
비록 아이를 낳을지라도 내가 그 사랑하는 태의 열매를 죽이리라."(호9:10,16)

③ 거짓:

"간사한 혀여, 너는 남을 해치는 모든 말을 좋아하는도다.
그런즉 하나님이 영원히 너를 멸하여 너를 붙잡아 네 장막에서 쫓아내고
살아 있는 땅에서 네 뿌리를 뽑아버릴 것이라."(시52:4-5)

"그들은 뇌물을 받고 악인을 의롭다 하고 의인의 공의를 빼앗는도다.
이로 말미암아 마른 풀이 불에 타고 그 불꽃이 그루터기를 삼킴같이
그들의 뿌리가 썩겠고 꽃이 티끌처럼 날리리라."(사5:23-24)

④ 교만:

"교만한 자와 악을 행하는 자는 다 지푸라기 같을 것이라.
그 날에 그들을 살라 그 뿌리와 가지를 남기지 아니할 것이라."(말4:1)

⑤ 욕심:

"돈을 사랑함이 일만 악의 뿌리가 되느니라.
이것을 탐내는 자들이 미혹을 받아 믿음에서 떠나
많은 근심으로 자기를 찔렀도다."(딤전6:10)

⑥ **미련:**

"내가 미련한 자가 뿌리 내리는 것을 보고
그의 집을 당장에 저주하였노라"(욥5:3)

⑦ **간음:**

"만일 내 마음이 여인에게 유혹되어
이웃의 문을 엿보아 문에서 숨어 기다렸다면
그것은 멸망의 사르는 불이니
나의 모든 소출을 뿌리째 멸할 것이라."(욥31:9, 12)

2 종교인의 뿌리

그리스도의 길을 예비하기 위해 세례 요한은 요단강에서 회개의 세례를 베풀었다. 이때 많은 바리새인과 사두개인들이 그에게 나아왔다. '바리새인'은 거룩하게 구별되어 성별聖別된 자란 뜻으로 율법과 전통을 엄격히 지키는 경건주의자들이다. '사두개인'은 다윗 왕의 제사장 사독의 후손으로 모세 오경 이외의 초자연적인 전승은 부인하였다. 그러나 이 두 부류의 종교인들은 당시 유대인의 입법사법기관인 산헤드린의 회원으로 사회 지도자들이었다. 이들에 대한 요한의 경고는 준엄하다.

"독사의 자식들아, 누가 너희를 가르쳐 임박한 진노를 피하라 하더냐?
그러므로 회개의 합당한 열매를 맺고
속으로 아브라함이 우리 조상이라고 생각지 말라!
하나님은 능히 이 돌들로도 아브라함의 자손이 되게 하시리라.
이미 도끼가 나무뿌리에 놓였으니
좋은 열매를 맺지 아니하는 나무마다 찍혀 불에 던져지리라!"(마3:3-10; 눅3:7-9)

이 두 파벌은 서로 반목하였으나 혈통을 맹신하는 데는 일치했다. 오늘날 서로 반목하는 목사들이 교회 세습에는 일치하는 것과 같다. 그러므로 요한은 그들에게 그들의 정확한 족보를 다시 알려 주고 있다. 그들의 조상이 아브라함이 아니라 독사라는 것이다. 여기에 분노한 종교인들은 후에 요한의 처형을 내심 환영하며 침묵으로 동조했다. 예수님에게는 그의 세례가 어디로부터 온 것인지 모른다고 공개적으로 부인했다.

그럼에도 불구하고 세례 요한은 구약의 사람으로서 구약에 속한 당시 종교인들에게 기회를 주고 있다. '아브라함을 조상이라 생각하지 말고, 회개하라!' 함으로써 구원의 가능성과 방법을 알려 준 것이다. 그러나 그들은 회개하지 않았다. 그러므로 그들에게 예수님은 그들의 족보와 출생뿐 아니라 앞으로 닥칠 최후의 운명까지 말씀해 주셨다.

> "뱀들아, 독사의 새끼들아! 너희가 어떻게 지옥의 판결을 피하겠느냐!?"(마23:33)

예수님께서는 3년 사역을 마치시고 예루살렘에 입성하셨다. 그러나 예수님을 영접하는 종교인은 단 한 명도 없었다. 예수님과 제자들은 식사도 못해 몹시 시장했다. 마침 잎이 무성한 길가의 큰 무화과나무의 열매로 허기를 채우려 했다. 그러나 이 나무마저도 잎만 무성할 뿐 열매가 없었다. 예수님은 이 나무를 저주하셨다. 이튿날 아침 이곳을 지나며 제자들은 그 나무를 보고 깜짝 놀라 입을 다물지 못했다.

> "다음날 아침 그들은 길을 가다가
> 무화과나무가 뿌리째 마른 것을 보았다."(막11:20)

이 무화과나무는 바로 '뱀들과 독사의 새끼들'인 종교인들을 대변하고 있다. 그들은 예수님을 체포하여 요식적인 재판 과정을 거쳐 처형하였다. 오늘날의 교회 세습처럼 요식 절차를 밟은 것이다. 결국 예수는 죽었고, 기존의 혈통적 종교체제는 외견상 건재하였다. 그러나 이 종교인의 혈통나무는 얼마 후 철저히 찍혀 뿌리로부터 말라 전쟁의 포화 속에 그 운명을 다했다.

3 다윗의 뿌리

당시의 종교인들은 혈통 속에 갇히어 은혜의 천국을 알지 못했다. 오늘의 종교인들은 은혜의 천국을 다시 혈통 속에 가두어 버렸다. 그러나 하나님의 진정한 자녀는 혈통이나 조직에 구애됨이 없는, 바람 같은 사람들이다. 정말 강가에 널린 돌 같은, 멸시받던 돌감람나무 같은 사람들이 아브라함의 자손이 된 것이다. 사도 바울은 이렇게 은혜로 아브라함의 자손이 된 사람들에게 자중할 것을 당부하고 있다.

> "돌감람나무인 네가 접붙임을 받아
> 참감람나무 뿌리의 진액을 함께 받게 되었으니
> 그 가지들을 향하여 자랑하지 말라!
> 자랑할지라도 네가 뿌리를 보전하는 것이 아니요,
> 뿌리가 너를 보전하는 것이라."(롬11:17-18)

이 뿌리는 바로 이새의 뿌리이며 다윗의 자손이신 예수 그리스도이시다. 그러므로 믿음으로 천국 백성이 된 사람들은 새 마음으로 예수님의 사랑에 뿌리를 굳게 내려야 한다.

> "그 날에 이새의 뿌리에서 한 싹이 나서 만민의 기치로 설 것이요,
> 열방이 그에게 돌아오리니 그가 거한 곳이 영화로우리라."(사11:10; 롬15:12)

"그러므로 믿음으로 말미암아 그리스도께서 너희 마음에 계시게 하시고
너희가 사랑 가운데서 뿌리가 박히고 터가 굳어져서
하나님의 충만하신 것으로 너희에게 충만하게 하시기를 구하노라!"(엡3:17-19)

"나 예수는 교회들을 위하여 내 사자를 보내 이것들을 너희에게 증언하게 하였노라.
나는 다윗의 뿌리요 자손이니, 곧 광명한 새벽별이라."(계22:16)

4.

가지 나무의 본체

가지branch는 나무의 원줄기로부터 갈라져 나온 줄기이다. 대부분의 나무는 가지를 뻗어 여기에 잎사귀를 내고 꽃을 피우며 열매를 맺는다. 가지는 나무의 모양을 형성하고 나무의 역할을 수행케 하는 나무의 뼈대라고 할 수 있다. 물론 야자나무와 같이 원통형의 줄기에서 깃털 모양의 큰 잎들이 직접 나오는 경우도 있지만 일반적으로는 가지 없는 나무를 상상하기 쉽지 않다. 일반적으로 '나무' 하면 먼저 사슴뿔같이 수려한 가지들이 연상된다.

나뭇가지는 참 귀하고, 성스럽다고까지 할 수 있다. 가지가 꽃을 내고 열매를 만들지만 사람들은 꽃만 예쁘고 열매만 귀하다고 한다. 정작 가지에는 아무도 눈길을 주지 않고 미련 없이 꺾어 버린다. 그래도 가지는 불평 한마디 하지 않는다. 모닥불 속에서도 경쾌하고 아름다운 소리를 내며 재로 사그라진다. 그러면서 주위의 차가운 어둠에 따뜻한 불빛을 선사한다. 이러한 기능이 어쩌면 나무의 본체라고 할 수 있다.

나뭇가지는 잎과 꽃에 가려져 잘 드러나지 않는다. 하지만 가지 자체의 우아한 모습은 어느 땐가 문득 느껴본 사람만이 알 수 있다. 나뭇등걸에서 시작하는 가지는 굵기의 차례로 질서 있게, 그러나 자유로운 모습으로 각각 하늘로 뻗는다. 그것은 생명의 희망찬 분출이고, 승리의 합창이다. 이런 나뭇가지가 동녘에 떠오르는 태양을 배경으로 할 때, 푸른 하늘과 흐르는 흰 구름을 이고 있을 때 그리고 휘영청 밝은 달을 말없이 품고 있을 때 우리 인간은 숙연해진다. 한겨울 잎이 다 떨어지고 정말로 앙상한 가지만 남아 있어도 그 기품은 여전하다. 흰 눈에 쌓여 있는 가지는 우리를 즐겁게도 한다.

나뭇가지의 쓰임과 멋짐을 아는 사람들은 이것으로 여러 가지 물건을 만든다. 집과 가구, 소도구들을 비롯해서 울타리까지, 지게와 지팡이 외에도 꽂꽂이 관상용품 등등 필요성과 상상력에 따른 다양한 실용품과 예술품들이 우리 삶을 풍요롭게 해준다. 그래서 가지가 무성한 나무는 더욱 사람들의 사랑을 받는다.

사람들은 일상의 언어생활에서도 나뭇가지를 비유적으로 사용하고 있다. 일반적으로 가지는 어떤 근원에서부터 갈라져 나온 것을 비유한다. 예를 들어, '논리학은 철학의 한 가지'라고 한다. '가지 치다'는 원래의 것에서 부차적인 것을 만든다는 말이다. '가지 뻗다'는 발전한다는 의미로도 사용된다. 어느 집의 자손이 많은 것이나, 어느 기업의 지사가 많은 것도 '가지가 무성하다'고 한다. 그러나 '가지가 꺾이다'는 퇴보와 몰락을 의미한다.

1 지표로 사용된 가지

A. 얼룩양의 지표

성경에서 나뭇가지는 어떤 지표指標나 증거물로 사용되고 있다. 그 한 예가 야곱이 양떼에게 사용하여 재물을 모은 나뭇가지 작전이다. 그가 형 에서의 보복을 피해 외삼촌 라반의 집으로 도망가 빌붙어 살 때였다. 야곱은 밤낮으로 열심히 일했다. 어차피 도망자의 몸으로 갈 곳도 없다. 외삼촌의 눈에 잘 들어야 함은 물론이고, 또 그의 둘째딸 라헬이 어찌나 예쁜지 그녀를 생각만 하면 힘이 절로 나고 자다가도 벌떡 일어났다. 이 짝사랑이 외로운 사나이 야곱의 활력소이기도 했다.

그는 무려 14년의 복역으로 라헬을 아내로 맞이했다. 라헬 외에도 3명의 아내가 생겼고 11명의 자녀를 낳았다. 그러나 라반은 야곱에게 노동의 정당한 대가를 주지 않았다. 사기술詐欺術에 있어서 라반이 야곱의 한 수 위다. 야곱은 이제 고향으로 다시 돌아가기 위해서도 자신의 소유가 필요하게 되었다. 그러나 교활하고 인색한 외삼촌에게는 기대할 것이 없었다. 그러므로 앞으로 태어날 양 중에 얼룩무늬가 있는 것을 야곱의 소유로 한다는 제안을 했다. 라반은 그럴 확률이 매우 낮기 때문에 흔쾌히 동의했다. 이때 야곱의 나뭇가지 작전이 등장하였다.

그는 버드나무, 살구나무의 푸른 가지에 껍질을 벗겨 얼룩무늬를 내고 이것을 튼튼한 양들이 교미할 때면 앞에 세워 놓아 보게 하였다. 양들이 잉태하는 지표로서 나뭇가지를 세운 것이다. 작전은 성공하여 많은 얼룩무늬의 양들을 얻었고, 재산도 모을 수 있었다.

> "그 껍질 벗긴 가지를 양떼가 와서 먹는 시냇가에 세워 양떼를 향하게 하매
> 그 떼가 물을 먹으러 올 때에 새끼를 배니 가지 앞에서 새끼를 배므로
> 얼룩얼룩한 것과 점이 있고 아롱진 것을 낳은지라."(창30:38-39)

이 방법이 물론 과학적으로 증명된 바가 없고, 오늘도 통한다는 보장도 없다. 더 정확히 이야기하면, 이 나뭇가지는 양들이 아니라 오히려 야곱 자신에 대한 기도의 지표라 할 수 있다. 그는 졸지에 고아가 되어 종의 신분으로 전락하였다. 만일 아무런 대책도 세우지 않는다면 평생 이렇게 그럭저럭 살다가 죽고 자기의 후손들은 대대로 종이 될 것이 분명하다.

그러나 하나님의 자녀인 야곱이 어찌 그럴 수가 있겠는가!? 아버지와 형을 속이고 이곳으로 도망친 목적도 그 높고 찬란한 하늘 영광에 참여하려는 집념 아니었던가!? 죽으면 죽었지 이렇게 두더지 같은 인생은 계속할 수가 없다. 그러나 현실적으로 아무런 방법이 없다. 그때 그는 광야에서 돌을 베고 잘 때 열린 하늘의 큰 사다리 위에서 하나님이 약속하신 말씀을 기억하였다. 그래서 그는 하나님께 필살의 기도를 드렸다.

하늘을 향해 두 팔을 허우적거리는 사나이의 입에서는 간장에서부터 끓어오르는 사자의 울부짖음이 토해졌다. 두 눈에서는 짠물이 폭포수같이 흘러내렸다. 그 눈물은 시냇물이 되었고, 양들은 그 시냇물을 마셨다. 눈물이 단순히 짠물만이 아니란 것을 이 양들이 증명한 것이다. 오늘도 비록 나뭇가지 작전은 무효할지 몰라도, 이 짠물 작전은 언제나 유효하다.

B. 가나안복지의 지표

열매 달린 포도나무 가지가 가나안복지의 풍요를 나타내는 증거물로 사용되었다. 애굽을 탈출하여 광야 생활을 하던 이스라엘 백성에게는 가나안복지의 정복을 위하여 말로만 듣던 '젖과 꿀이 흐르는' 그 땅의 현장을 확인할 필요가 있었다. 그러므로 하나님은 각 지파에서 한 정탐꾼을 선발하게 하셨다. 열두 명의 정탐꾼은 40일간 그 땅을 탐지하고 그 증거물로 포도나무 가지를 가지고 왔다.

> "또 에스골 골짜기에 이르러 거기서 포도송이가 달린 가지를 베어
> 둘이 막대기에 꿰어 메고, 또 석류와 무화과를 따니라.
> 그들이 돌아와 모세에게 이르되 '당신이 우리를 보낸 땅에 가보니
> 과연 그 땅에 젖과 꿀이 흐르는데 이것은 그 땅의 과일입니다.'"(민13:23, 27)

이때의 포도나무 가지는 내일의 희망이었고, 백성들의 가슴 역시 희망으로

부풀었다. 그러나 그들 중의 열 명은 가나안 원주민들을 장대한 거인들이라고 과대평가하고, 자신들은 '메뚜기'처럼 볼품없다고 과소평가하였다. 정탐꾼 보고의 공식적인 결론은 '전투의 승률 제로'였다. 따라서 백성들은 절대다수의 의견에 따라 앞으로 전진하기를 포기하였다. 이로 인해 40일의 정탐 기간은 40년의 광야 생활로 연장되었다. 그리고 정탐꾼들이 어깨 위에 메고 온 '희망의 가지'는 다시 과거로 되돌아가는 백성들의 발에 무참히 짓밟히는 '절망의 가지'가 되었다.

C. 축제의 지표

나뭇가지는 축제의 상징물로 사용되었다. 40년간의 광야 생활은 행복할 수가 없다. 고달팠으나 백성들 스스로 초래한 것이어서 하루하루를 견뎌내야만 했다. 매일 하늘로부터 내리는 만나를 먹고, 바위에서 솟는 샘물을 마셨다. 그러는 중에 희망을 저버렸던 출애굽 제1세대는 그들의 희망처럼 모두 광야에 폐기되었다. 그리고 희망을 간직한 새 세대가 여호수아의 영도하에 가나안복지를 정복하기 시작하였다. 기원전 1405년경이다. 정복의 기쁨은 애굽을 탈출한 해방의 기쁨 못지않은 것이다. 해방이 출발이라면 정복은 도착에 해당한다.

그러므로 그 후 이스라엘 백성은 매년 7일간 나뭇가지로 초막草幕을 지어 기거하였다. 종려나무 잎과 무성한 나무의 가지들로 장막을 장식하여 과거 혹독했던 조상들의 광야 생활을 기억하는 것이다. 이 절기를 초막절, 혹은 장막절帳幕節이라 한다. 이 기간에는 또한 그 해의 곡식을 추수하여 창고에 거둬들인 것을 감사한다. 따라서 수장절收藏節이라고도 한다. 히브리 달력으로 7월 15일부터 시작되는데 태양력으로 10월에 해당한다.

"이스라엘 자손에게 고하여 이르라!
칠월 십오일은 초막절이니 여호와를 위하여 칠일 동안 지킬 것이라!

첫날에는 너희가 아름다운 나무 열매와
종려나무 가지와 무성한 나뭇가지와 시내 버들을 취하여
너희의 하나님 여호와 앞에서 이레 동안 즐거워할 것이라."(레23:34, 40)

D. 확신의 지표

하나님은 불안해하는 선지자 예레미야에게 살구나무 가지를 지표로 보여 주셨다. 그가 등장한 기원전 605년경엔 북이스라엘이 이미 망했고, 남유다도 멸망 직전에 있었다. 망한 이유는 당시 관리와 종교인들이 한국처럼 부패한 것이다. 이 현실에서 세상 권세에 정면으로 대항해야 하는 선지자는 외롭고 두려웠다. 그러므로 아직 찬바람 부는 봄에 가장 먼저 꽃피는 살구나무 가지는 친히 행하시는 하나님을 보여 주는 지표였다. 살구나무라는 원어의 발음도 '지켜 행한다'는 말과 비슷하다.

"'예레미야야, 네가 무엇을 보느냐?'
'내가 살구나무 가지를 보나이다.'
'네가 잘 보았다. 이는 내가 내 말을 지켜 그대로 이루려 함이라.'"(렘1:11-12)

E. 환영의 지표

기원후 33년 예루살렘의 백성들은 어린 나귀를 타고 입성하시는 예수님에게 나뭇가지를 흔들며 환영하였다. 유대 나라가 다시 멸망 직전에 있던 때였다. 국가와 종교에 억눌린 백성들은 낮은 데로 찾아오신 예수님을 크게 환영하였다. 말과 일에 능하신 예수님이 부패 권력을 청산하고 평화롭고 의로운 나라를 만들어 주실 것을 기대한 것이다.

"그 이튿날에는 큰 무리가 예수께서 예루살렘으로 오신다는 것을 듣고
종려나무 가지를 가지고 맞으러 나가 외치되
'호산나, 찬송하라! 주의 이름으로 오시는 이,
곧 이스라엘의 왕이시여.' 하더라."(요12:12-13)

F. 때의 지표

예수님은 무화과나무의 가지를 가리키시며 하나님의 때를 알라고 하신다. 구약 시대에는 선지자들이 이스라엘의 배교와 몰락을 예언하였다. 결국 기원전 586년 나라는 망하여 예루살렘 성전은 파괴되었고, 이를 목도한 예레미야는 눈물의 애가哀歌를 지었다. 70년 후 바벨론 포로에서 돌아와 성전을 재건하였다. 이 예루살렘 성전에 입성하신 예수님도 종교인들을 책망하시며 이미 돌이킬 수 없는 예루살렘의 파멸을 예언하셨다. 과연 예루살렘 성전은 로마에 의해 다시 철저히 파괴되어 없어졌고, 나라도 없어졌다.

그 후 2천 년이 지났다. 무화과나무는 이스라엘 민족을 상징한다. 이 민족이 1948년에 기적적으로 나라를 회복하여 가지를 뻗고 잎사귀를 낸 것이다. 이스라엘 국가의 재건은 예수의 메시아이심을 공식적으로 부인하는 유대 혈통의 부활이기도 하다. 동시에 혈통을 초월하여 예수님을 믿어 천국을 이루는 기독교의 공식적인 좌절이기도 하다. 실제로 현재의 기독교는 예수 초림 때의 유대교와 별반 다르지 않다.

"무화과나무의 비유를 배우라!
그 가지가 연하여지고 잎사귀를 내면 여름이 가까운 줄을 아나니,
이와 같이 너희도 이 모든 일을 보거든 인자가 가까이,
곧 문 앞에 이른 줄 알라!"(마24:32-33; 막13:28-29; 눅21:29-31)

2 무성한 가지

성경에 가지가 뻗는 것은 긍정적인 전개를 의미한다. 요셉 지파의 경우에서 그 예를 볼 수 있다. 요셉은 17세 때 이복형들의 시기를 받아 애굽의 노예로 팔려 갔다. 그를 바로 왕의 친위대장이 매입하여 자기의 집안일을 돕도록 했다. 많은 사람을 상대하는 친위대장은 요셉의 용모와 총기 그리고 신실함을 대번 알아본 것이다. 과연 그는 지혜롭고 민첩하여 주인의 마음을 흡족케 했다.

그러나 한 악재가 요셉을 덮쳤다. 주인의 부인이 노골적으로 요셉을 유혹하였다. 그가 거절하자 거꾸로 요셉이 자기를 겁탈하려 한다고 고래고래 소리를 질렀다. 잔뜩 응집됐던 사모님의 욕정이 극도의 수치와 분노로 폭발한 것이다. 요셉은 왕의 죄수들을 가두는 무지하게 무서운 감옥에 갇혔다. 친위대장은 이 뜨내기 히브리 노예를 단칼에 벨 수도 있었다. 그러나 그동안 그는 요셉의 인품과 고결함을, 그리고 자기 부인의 행실과 난잡함을 이미 간파하고 있었다. 그래서 일단 이 감옥이 요셉의 다음 거처로 결정되었다.

요셉은 노예로 팔린 것도 억울한데, 파렴치한 강간미수범으로 체포되어 감옥에 갇혔다. 그의 팔자가 더욱 억울하고 원통하게 되었다. 원망과 증오가 가슴을 태우고 하늘을 찌를 만하다. 그러나 그에겐 항상 마음에 계신 하나님이 삶의 희망이었고 활력이었다. 자신의 팔자를 원망하고 불평하기보다는 다른 죄수들의 안색을 살피며 그들을 진심으로 돕고 섬겼다.

어느 날 바로 왕의 술을 관장하는 높은 관리가 왕의 노여움을 받아 감옥에 들어왔다. 그가 앞으로 죽을지도 몰라 매우 근심하며 두려워하는 중에 한 꿈을 꾸었다. 그리고 그 꿈의 뜻이 무엇인지 몰라 또 근심하였다. 요셉은 그의 근심에 싸인 얼굴을 보고 그에게 다가가 위로하며 그의 꿈 이야기를 듣는다.

"내가 꿈에 포도나무 한 그루를 봤어. 가지가 셋인 큰 나무야.

그런데 거기서 싹이 나서 꽃이 피고 포도송이가 탐스럽게 익었더라고.
그래서 내가 포도를 따서 그 즙을 왕의 잔에 짜서 왕의 손에 올려 드렸거든.
꿈이 너무 또렷해서 난 그것이 생시인 줄 알았어.
이게 무슨 뜻인지 몰라 참 답답해 죽을 지경이라고!"(창40:9-11)

요셉은 하나님의 계시로 꿈의 내용을 풀어 주었다. 가지에 싹이 나 꽃이 피고 열매 맺은 것은 그 관리의 석방을 상징한 것이다. 과연 그는 3일 후에 복직되었다. 요셉 자신은 후에 바로 왕의 꿈을 해몽하고 애굽의 총리가 되었다. 왕의 꿈은 당시 세계를 강타한 7년 대풍년과 7년 대흉년에 관한 예고였다. 사람들은 좋은 시절을 흥청망청 놀아 버리고, 실제로 흉년이 닥치자 대책 없이 죽을 날만 기다려야 했다.

극심한 흉년은 가나안 고향 땅에 있는 요셉의 가족에게도 닥쳤다. 요셉의 형들은 죽기 전에 양식이나 구해 보자고 뜻을 모았다. 그리고 애굽의 총리 앞으로 나아가 최대한으로 공손하게 머리를 깊이 조아렸다. 그 총리가 자신들이 팔아먹은 동생인 것은 꿈에도 알지 못했다. 요셉에게는 형들의 죄악을 징벌할 권세도 이유도 있었으나 원한을 마음에 두지 않았다. 왜냐하면 인생만사가 전능자의 섭리 안에 있다는 것을 알기 때문이다. 요셉은 오히려 기쁜 마음으로 아버지와 형제들을 가난에서 구했다. 이로 인해 요셉은 국경을 넘은 가지로서 하나님의 뜻을 이룬 사람이 되었다.

"요셉은 무성한 가지, 곧 샘 곁의 무성한 가지라.
그 가지가 담을 넘었도다."(창49:22)

이것은 아버지 야곱이 죽기 전 요셉에게 유언으로 준 말이다. 그 후 요셉의 두 아들 에브라임과 므낫세는 삼촌들과 같은 지위로 이스라엘 12지파 중 각각 한 지파를 이룬다. 요셉에서 난 가지들도 아버지 덕에 야곱의 손자에서 아들로 승격하여 세대의 울타리를 넘은 것이다.

3 의로운 가지

성경은 요셉 지파뿐만 아니라 이스라엘 민족이 하나님께서 심으신 영광스런 가지로 표현하고 있다.

"네 백성이 다 의롭게 되어 영원히 땅을 차지하리라.
그들은 내가 심은 가지라.
내가 손으로 만든 것으로서 나의 영광을 나타낼 것이라.(사60:21)
너희 이스라엘 산들아,
너희는 가지를 내고 내 백성 이스라엘을 위하여 열매를 맺어라!
그들이 돌아올 때가 가까웠음이라."(겔36:8)
내가 그들의 반역을 고치고 그들을 사랑하리라!
내가 이스라엘에게 이슬과 같으리니 그의 가지는 퍼지며
그의 아름다움은 감람나무 같고 향기는 레바논 백향목 같으리라!"(호4:4-6)

이스라엘 민족이 이처럼 아름답고 향기로운 가지가 된 것은 이곳에서 인류를 구원하는 그리스도의 가지가 뻗어 나왔기 때문이다. 예수 그리스도는 유다 지파인 이새의 아들 다윗 왕의 후예로 이 세상에 오셨다.

"이새의 줄기에서 한 싹이 나며,
그 뿌리에서 한 가지가 나서 결실할 것이라.(사11:1)
보라! 때가 이르리니 내가 다윗에게 한 의로운 가지를 일으키리라.
그가 왕이 되어 지혜롭게 다스리며 세상에서 정의와 공의를 행할 것이라."(렘23:5)

오늘도 예수님이 그리스도이시고 살아계신 하나님의 아들이심을 정말로 믿는 사람들은 이 의로운 가지에 접붙임을 받게 된다. 육체적 혈통으로는 이스라엘 민족이 원가지라 할 수 있다. 그러나 원가지가 예수님을 거부하므로 그의 의로운 피가 천하 만민에게 흐르게 된 것이다. 인종과 민족, 빈부와 귀천, 지식의 유무를 막론하고 마음의 문을 열고 예수님을 맞아들이면 놀라운 체험을 하게 된다.

흑백의 암울한 것으로 알았던 세상이 채색된 밝은 세상이라는 것이다. 주위환경이 나를 옥죄어 죽이려는 줄만 알았는데 사랑과 은총으로 가득하다는 것이다. 싸우는 소리, 신음소리만 들리는 줄만 알았는데 위로의 소리, 찬양의 소리가 더 크다는 것이다. 사람은 늙고 병들어 죽어 버리는 줄만 알았는데 매일 새 생명으로 새로워지며 영생에 이른다는 것이다. 나에겐 성공의 기회가 없는 줄만 알았는데 열려 있는 하늘이 그 기회라는 것이다. 그리고 이 열린 하늘은 우리 인류 모두의 기회이고 소망이라는 것이다. 그래서 매일매일이 초등학교에 첫 등교하고, 희망하던 직장에 첫 출근하는 것 같다.

이것을 '은혜'라고밖에 달리 표현할 말이 없다. 은혜의 근원에는 한 의로운 가지가 있다. 하늘에서 내려온 이 가지는 그러나 '연한 순 같고, 마른 땅에서 나온 줄기 같아서 고운 모양도 없고, 풍채도 없어'(사53:2) 아무런 매력도 없어 보인다. 그러므로 사람들의 멸시를 받아 성 밖에 버려졌다. 그리고 이렇게 버림을 당하므로 성 밖의 많은 사람들이 참여할 수 있게 되었다. 그러므로 값없이 은혜에 참여하는 사람은 자랑하지 않는다.

"참감람나무의 가지 얼마가 꺾이었고,
돌감람나무인 여러분이 거기에 접붙여져서
참감람나무 뿌리의 양분을 함께 받는 자가 되었소.
그러므로 원가지들에 대하여 자랑하지 마시오!
하나님이 원 가지들도 아끼지 않으셨다면
여러분도 아끼지 않으실 것이요."(롬11:17-21)

가지의 역할로는 무엇보다 열매 맺는 것이 중요하다. 특히 포도나무 가지의 경우는 이 일 외에는 별 쓸모가 없다. 목재가 될 수 없음은 물론, 새들의 보금자리도 될 수 없고 땔감으로도 시원찮다. 하나님은 열매 없는 포도나무 가지를 범죄한 이스라엘 백성에 비유하신다. 그리고 예수님은 접붙인 포도나무 가지가 어떻게 열매를 맺을 수 있는지를 말씀하신다.

> "인자야, 숲속의 여러 나무 가운데 포도나무 가지가 나은 것이 무엇이냐?
> 그 나무로 무엇을 제조할 수 있겠느냐? 불에 던질 땔감이 될 뿐이라.
> 내가 포도나무를 땔감이 되게 한 것같이 예루살렘 주민도 그같이 할 것이라."
>
> (겔15:2-6)

> "내 안에 거하라! 나도 너희 안에 거하리라.
> 가지가 포도나무에 붙어 있지 아니하면 스스로 열매를 맺을 수 없음 같이
> 너희도 내 안에 있지 아니하면 그러하리라.
> 나는 포도나무요, 너희는 가지라.
> 그가 내 안에, 내가 그 안에 거하면 사람이 열매를 많이 맺나니
> 나를 떠나서는 너희가 아무것도 할 수 없음이라."(요15:4-5)

4 꺾이는 가지

성경에서 가지가 꺾이는 것은 민족의 몰락을 의미한다. 예를 들어, ① 모압은 하나님을 모르는 족속으로 광야에 있는 이스라엘 백성의 길을 막고 저주하였다. 이러한 모압이 그의 대표적 포도 산지인 헤스본과 십마의 포도에 비유되어 있다. ② 지금의 에티오피아 인 구스에 대한 심판도 포도나무 가지에, 그리고 ③ 북이스라엘을 멸망시킨 앗수르는 백향목 가지에 비유되어 있다. 이런 이방 민족뿐 아니라 ④ 아브라함의 혈통인 이스라엘 민족 역시 하나님을 떠나고 우상을 숭배할 때 하나님의 심판이 이르고 있다.

① 모압:

"헤스본의 밭과 십마의 포도나무가 말랐음이라.
전에는 그 가지가 야셀에 미쳐 광야에 이르고, 그 싹이 자라서 바다를 건넜더니
이제 열국의 주권자들이 그 좋은 가지를 꺾었도다."(사16:8; 렘48:32)

② 구스:

"슬프다, 구스의 강 건너편 날개 치는 소리 나는 땅이여,
추수하기 전에 꽃이 떨어지고 포도가 맺혀 익어갈 때에
내가 낫으로 그 연한 가지를 베며 퍼진 가지를 찍어 버려서
산의 독수리들과 땅의 들짐승들에게 던져 주리라."(사18:1, 5-6)

③ 앗수르:

"보라! 앗수르 사람은 가지가 아름답고
키가 크고 꼭대기가 구름에 닿은 레바논 백향목이었느니라.
그의 키가 크고 꼭대기가 구름에 닿아서 높이 솟아났으므로 마음이 교만하였은즉
내가 여러 나라의 능한 자의 손에 넘겨줄지라.
여러 나라의 포악한 다른 민족이 그를 찍어 버렸으므로
그 가는 가지가 산과 모든 골짜기에 떨어졌고
그 굵은 가지가 그 땅 모든 물가에 꺾어졌느니라."(겔31:3, 10-12)

④ 이스라엘:

"그러므로 여호와께서 하루 사이에 이스라엘 중에서
머리와 꼬리와 종려나무 가지와 갈대를 끊으시리니
그 머리는 곧 장로와 존귀한 자요,
꼬리는 곧 거짓말을 가르치는 선지자라."(사9:14-15)

"가지가 마르면 꺾이나니 여인들이 와서 그것을 불사를 것이라.
백성이 지각이 없으므로 그들을 조성하신 이가

은혜를 베풀지 아니하시리라."(사27:11)

"여호와께서는 그를 일컬어 좋은 열매 맺는 아름다운 푸른 감람나무라 하였었으나 큰 소동 중에 그 위에 불을 피웠고 그 가지는 꺾였도다."(렘11:16)

5.

열매 행복과 불행의 변수

열매는 식물이 수정한 뒤 씨방이 자라서 된 것, 좀 더 자세히는 꽃의 암술에 들어 있는 씨방이 수정 후 성숙한 기관이라고 정의되어 있다. 또 추상적으로는 일의 좋은 결과를 비유적으로 이르는 말이다. 그래서 '인내는 쓰지만 그 열매는 달다'라는 격언도 있다. 열매와 비슷한 말에 과일, 과실, 실과 등이 있다.

과일은 사람이 먹는 열매를 총칭하며, 일반적으로 '나무에서 나는 단맛이 포함된, 식용 가능한 열매'라 할 수 있다. 그러니까 예를 들어, 개살구같이 사람이 먹을 수 없는 열매는 과일이라 하지 않는다. 먹을 수 있는 초목의 열매를 실과實果라고도 한다. 그러나 일상에서는 과일이란 말을 더 많이 사용한다. 예를 들어, 식사가 끝난 뒤에 후식으로 '자, 우리 과일 먹자!'라고 하지 '자, 우리 실과 먹자!' 라고 하지 않는다.

과일, 과실은 또 여러 해를 사는 나무의 열매만 지칭하고, 참외·수박·딸기 같이 한 해만 사는 풀의 열매는 열매채소라고 구별하기도 한다. 토마토의 경우도 유럽에서는 과일이라 하고, 한국과 미국에서는 채소라고 한다. 그리고 곡식이나 견과류도 열매이긴 하지만 과일이라 하지 않는다. 과실果實은 더 넓은 의미로 원물元物에서 얻어지는 수익물의 개념으로도 사용된다. 천연과실은 작목이나 가축에서 얻어지는 자연의 산출물이고, 법정과실은 사회적인 물건의 대가로 얻는 금전이나 물건을 말한다.

좌우간에 열매는 원래 씨를 포함하여 식물이 자신의 종족을 번식시키는 수단이다. 그러나 사람을 비롯한 많은 동물에게는 주 먹이가 된다. 특히 사람들은 쌀·밀 등 주식으로, 사과·배 등 과일로, 후추·고추 등 조미료로, 구기자·오미자 등 약으로 먹는 것 외에 목화나 아마 등에서는 의복재를 얻고 있다. 열매는 이처럼 사람의 생존과 직결되어 있고, 또 추상적으로 일의 결과를 나타내기 때문에 성공과 실패, 행복과 불행을 가름하는 주요 변수이기도 하다.

성경에도 열매가 많이 등장한다. 에덴동산의 선악과와 생명과를 비롯하여 농사, 절기 및 헌물규례 그리고 행위의 결과로서도 사용되고 있다.

1 에덴동산의 선악과

창조의 셋째 날에 하나님은 땅과 함께 각각 씨 가진 열매 맺는 나무를 나게 하시고, 여섯째 날에 만드신 아담과 하와에게 먹을거리로 주셨다. 그러나 단 한 나무의 열매만은 먹지 말라고 하셨다. 먹으면 반드시 죽는다는 것이다. 그것이 바로 에덴동산 중앙에 있는, 선악을 알게 하는 선악과善惡果, tree of the knowledge of good and evil이다. 이것을 '금단禁斷의 열매'라고도 하는데 사람들이 고만 이 열매를 따먹고 말았다.

"동산 각종 나무의 열매는 네가 임의로 먹되
선악을 알게 하는 나무의 열매는 먹지 말라!
네가 먹는 날에는 반드시 죽으리라."(창2:16-17)

사람들은 이 선악과에 치명적인 독이 들어 있을 것이라고 생각한다. 사람 죽이는 독버섯이나 백설공주가 계모에게 속아서 먹은 '독사과'쯤 된다는 것이다. 그러나 실제로 선악과 자체에는 아무런 유해요소가 없었다. 그냥 여느 과일처럼 자기의 독특한 향기도 있고 맛도 있었을 것이다. 겉모양을 보더라도 다른 과일보다 탐스럽고 먹음직스러울 뿐 아니라 먹기만 하면 머리가 좋아지고 피부는 물론 몸매도 예뻐질 것 같은, 그런 충분한 매력이 있었다.(창3:6) 그런데 왜 '먹으면 반드시 죽는다'고 하는가?

죽기는 죽는데 그 죽는 이유가 과일의 독이 아니라 사람의 불순종이다. 불순종은 하나님과의 조화로운 관계를 단절하였다. 생명의 근원이신 하나님과의 단절은 죽음 이외 다른 것이 아니다. 바다 속의 잠수부나, 대기권 밖에 있는 우주인의 공기주입 호스가 절단된 것과도 같다. 범법 행위로 인해 사회로부터 격리되는 상태라고도 할 수 있다.

선악과를 먹은 후 사람은 스스로가 하나님 앞에 설 수 없음을 발견하였다. 자기의 벌거벗은, 추한 몸을 본 것이다. 사람들이 완전 나체로 밖에 나가기를 본능적으로 마다하는 것과도 같다. 또는 잘못을 저지른 어린아이가 어두운 표정으로 엄마 아빠의 눈치를 살피며 슬금슬금 피하는 것과도 같다. 이 아이가 무슨 독약을 마신 것이 아니라 부모의 말을 거슬렀으므로 속이 켕기기 때문이다. 그래서 우리 인류의 조상도 강제로 추방당하지 않았다 하더라도 제 발로 에덴동산을 떠났을 것이다.

여기서 문제는 당시의 사람들에게 죄의식이 없었다는 것이다. 하나님의 명령을 어기는 것이 그렇게 엄청난 일인 줄 미처 몰랐다. 단지 뱀이 먹으라고 하고, 또 제 눈에도 먹음직스럽게 보여서, 그리고 사랑하는 품속의 여자가 먹으라고 하니까 그저 먹은 것이다. 사람이 죽는다는 것도, 그리고 죽음에 이르는 동안 겪어야 하는 온갖 고통에 대해서도 아무런 정보가 없었다. 그 뒤에 길게, 깊게 얽혀지는 어마어마하게 끔찍한 일들에 대하여는 짐작도 하지 못했다. 만약에 인류의 조상이 그 당시에 잘못을 깨닫고 다음과 같이 고백했더라면 하나님은 용서해 주셨고 에덴을 안 떠나도 되었을 것이다.

'하나님, 잘못했습니다. 죽을죄를 지었습니다.
저는 제 아내가 주니까 별생각 없이 먹었습니다.
저는 저 놈의 뱀이 나를 속여 순간 정신이 나갔었습니다.(창3:12-13)
그러나 먹은 건 나고, 제가 하나님 말씀을 어겨 범죄했습니다.
제가 제 죄를 압니다. 제 죄가 제 앞에 있습니다.(시51:3-4)
제가 제 죄를 고하고 숨기지 않겠습니다.(시32:5)
저도 제 죄 때문에 제 자신이 밉고 슬픕니다.(시38:18)

하오나 하나님, 주의 크신 자비에 따라 제 죄를 용서해 주세요!(시51:1)
주의 진노로 저를 징계하지 말아 주세요!(시6:1)
하나님 앞에는 의로운 사람이 하나도 없습니다.(시143:2)
하나님, 거룩하신 이름을 위하여 저를 살려 주세요!(시143:11)
구원의 기쁨과 주님의 사랑을 회복해 주세요!"(시51:12)

그러나 그들은 애석하게도 죄를 인식도 못했고, 이렇게 자백도 안 했다. 그저 무덤덤하게 변명 같지도 않은 변명 한마디하고는 입을 꾹 다물고, 또 '나가!'라니까 비척비척 걸어 나갔다. 한마디로 죄에 대한 개념이 없었던 것이다. 인류의 조상이 이렇게 멍청했기 때문에 오늘까지 그의 후손인 우리가 억울하게 그 죗값을 톡톡히 치른다고 할 수 있다.

그런데 한 가지 지적할 것이 있다. 죄의식이 없기는 현대인도 마찬가지라는 것이다. 오늘도 사람들이 저지르는 만행들이 그것을 증명하고 있다. 만일 죄의식이 있다면 이웃을 강탈하고 모진 고통을 주고 마구 죽일 수가 없다. 더구나 그런 악행을 저지르며 공공연히 자기가 옳다고 주장할 수도 없다. 또 우리 이웃에 극빈자가 이렇게 많을 수도 없다. 그러나 이런 일이 실제로 발생하고 있다.

왜냐하면 현대의 관리와 종교인들 중에서도 죄에 대한 개념이 없는 사람들이 많기 때문이다.

만일 현대인을 에덴동산에서 인류의 조상과 동일한 조건하에 살게 한다면 과연 몇 %나 뱀의 유혹을 뿌리칠 수 있을까? 불신자는 차치하고 종교인을 자처하는 사람들만 상정한다 해도 그 비율이 0.1% 미만일 것이다. 유혹을 이기기는커녕 선악과를 자식에게까지 세습해 주고도, 안 먹었다고 오리발을 내밀 것이다. 아담이나 현대인이나 이처럼 죄에 대한 인식도 없기 때문에 죄의 용서를 구할 수도 없다. 그러나 하나님은 오래 기다리시며 지금도 사람들이 자기의 죄를 인식하여 돌아오기를 간절히 기다리신다.

"네 하나님 여호와께로 돌아오라!
나는 긍휼이 있는 자라. 노를 한없이 품지 않느니라.(렘3:12)
너는 여호와께로 돌아와서 이렇게 아뢰어라!
'하나님이여, 모든 불의를 제하시고 선을 베푸소서!
우리가 수송아지를 대신하여 입술의 열매를 주께 드리겠나이다.'"(호14:1-2)

"너희가 나의 규례와 계명을 준행하면 내가 너희에게 철따라 비를 주리니
땅은 그 산물을 내고 밭의 나무는 열매를 맺으리라!(레26:3)
내가 이렇게 행함은 너희를 위함이 아니요,
너희가 들어간 그 여러 나라에서 더럽힌 나의 거룩한 이름을 위함이라.
또 나무의 열매와 밭의 소산을 풍성케 하여 다시는 기근을 당하지 않게 하리니
그때에 너희가 너희 악한 길과 모든 죄악과 가증한 일로 인하여
너희 스스로를 밉게 보리라!"(겔36:22, 30-31)

2 에덴동산의 생명과

에덴동산의 중앙에는 선악을 알게 하는 나무 외에 '생명나무tree of life'(창2:9)도

있었다. 사람들이 이 나무의 생명과生命果를 먹으면 죽지 않고 영생할 수가 있다. 그러므로 아담과 하와가 선악과를 먹은 후 자발적으로 에덴을 떠나기 전에 하나님이 먼저 그들을 추방하셨다. 사람의 근본인 흙인 땅을 갈게 하신 것이다. 동시에 에덴동산의 입구는 그룹cherub이라 하는 천사들이 불칼로 지키게 하여 생명나무로 가는 길을 차단하였다.

> "보라! 이 사람이 선악을 아는 일에 우리 중 하나같이 되었으니
> 그가 그 손을 들어 생명나무 열매도 따먹고 영생할까 하노라."(창3:22)

여기서 또 흥미 있는 것은 하와가 생명과는 본 체도 안하고, 유독 금지된 선악과만 주목해 보고 따 먹은 것이다. 생명과는 금지되지도 않아 언제든지, 얼마든지 따 먹을 수 있었다. 물론 뱀이 유혹했던 것은 사실이지만 사람 자신도 선악과만 바라보고 생명과는 무시했던 것이다. 그런데 이것 역시 인류의 조상뿐 아니라 우리 현대인도 마찬가지다. 선악과는 멋있고 맛있게 보인 반면 생명나무는 '사람의 시선을 끌 만한 매력이 없기'(사53:2) 때문이다. 예를 들어, 선악과는 새빨갛게 잘 익어 농염한 사과나 복숭아 같다면, 생명과는 땅에 처박힌 호박이나 아무렇게나 생긴 모과 정도로 보였을 것이다.

실제적으로 사람은 '매력 없는 유익'보다 '매력 있는 무익'에 더 끌린다. 더구나 매력이 강렬하면 유해한 것도 마다하지 않는다. 남자들이 자기 마누라를 두고도 매력 있는 다른 여자를 좇는 것과도 같다. 또는 불나방이 불에 날아드는 것과도 같다. 지금도 사람들은 이름 없이 봉사하고 희생하기보다는 사치와 과시, 공명과 양명을 더욱 추구하는 것이 대세다. 한국 교회는 또 이것을 하나님의 축복이라고 전하고 있다.

따라서 사회 풍조는 정직하게 땀 흘려 일하기보다는 권력과 조직에 의존하며 권세를 부리며 놀고먹기를 더 원한다. 심지어는 일확천금을 노리고 사기, 도박

같은 해로운 일도 한다. 그러니까 인류의 조상뿐 아니라 오늘의 사람 모두가 정의감과 죄의식이 희박하고, 유익한 것보다 무익한 것을 더 추구하고 있다. 수수한 생명과를 추구하기보다는 매력적인 선악과를 향해 달려가고 있는 것이다. 이에 대해 성경은 경고하고 있다.

"너희의 수고가 헛될 것이라!
땅은 그 산물을 내지 아니하고, 땅의 나무는 열매를 맺지 아니하리라!(레26:20)
내가 그 위의 열매와 그 아래의 뿌리를 진멸하였느니라."(암2:9)

"너희는 바람을 심고 광풍을 거둘 것이라!
심은 것이 줄기가 없으며 이삭은 열매를 맺히지 못할 것이요,
설혹 맺을지라도 이방사람이 삼키리라!"(호8:7)

"내가 포도나무를 위하여 울리라! 나의 눈물로 너를 적시리니
너의 여름실과와 네 농작물에 즐거운 소리가 그쳤음이라."(사16:9)

3 열매에 관한 규례

열매는 다른 곡식들과 함께 양식이 되므로 열매의 소출이 충분해야 한다. 이를 위해 성경은 열매에 관한 제반 규례를 알려 주고 있다.

① **열매의 할례**(레19:23-25): 이방인이 살던 가나안복지에 들어가 처음 과목을 심게 되면 최초 3년간의 열매는 먹으면 안 된다. 왜냐하면 그것이 할례받지 못한 것으로 간주되기 때문이다. 네 번째 해의 모든 과실은 거룩한 것으로 여호와께 드려 찬송해야 한다. 그리고 다섯 번째 해에 비로소 백성들이 열매를 먹을 수 있다. 이 규례를 지키면 소출이 풍성하리라고 약속하고 있다.

할례割禮, circumcision는 남자의 출생 후 8일에 음경 표피를 제거하는 포경수술이다. 하나님이 아브라함에게 명하신 것으로 하나님과의 '언약의 표증'(창17:11)이다. 초대교회에서는 그리스도인도 할례를 받아야 한다는 주장이 있었으나 예루살렘 공회에서 공식적으로 부결되었다. 반면에 유대교인은 현재도 할례의식을 유지하고, 아브라함을 동일하게 조상으로 모시는 이슬람교는 남자뿐 아니라 여자에게도 음핵을 절제하는 여성할례를 실행하고 있다.

② **혼합의 금지**(신22:9): 한 포도원에 두 종자를 섞어 뿌리는 것을 금하고 있다. 그리할 경우 뿌린 씨의 열매와 포도원의 소산이 모두 빼앗기게 된다는 것이다.

③ **땅의 안식**(레25:3-5): 할례기간이 지난 후 6년 동안은 파종한 식물의 열매를 거둘 수 있다. 그러나 7년째는 안식년으로 땅을 쉬게 해야 한다. 그리고 이 해에 스스로 난 곡물이나 열매는 거두어서는 안 된다. 땅이 안식하므로 지력을 회복할 수 있게 함이다.

④ **추수감사**(레23:40): 옛날 조상들의 광야 생활을 기억하고 그해의 추수를 감사하는 초막절에 아름다운 나무 열매와 종려나무 가지와 무성한 가지와 시내 버들을 취하여 7일 동안 즐거운 절기를 지키게 했다.

⑤ **열매의 십일조**(레27:30): 토지의 십분 일, 곧 땅의 곡식이나 나무의 과일이나 그 십분 일은 하나님의 것으로 하나님께 드리는 성물이 된다.

⑥ **구제의 열매**(레19:10): 포도원의 열매를 다 따지 말고, 포도원에 떨어진 열매도 줍지 말아야 한다. 이것을 가난한 사람과 외국인을 위하여 내버려 두라는 것이다.

4 인간의 열매

인간의 행위들이 열매에 비유되고 있다. 예를 들어 어떤 말을 하느냐에 따라, 또는 어떤 행동을 하느냐에 따라 결과가 달라진다. 그러나 우리의 생명을 더욱 아름답고 풍성하게 하는 열매들도 있다.

① **입술의 열매**: 성경에는 말의 중요성을 강조하는 입술의 열매가 있다. 예를 들어 항상 찬미하는 것은 많은 복을 누리는 것이다.

"입술의 열매를 맺게 하는 나 여호와가 말하노라.(사57:19)
죽고 사는 것이 혀의 권세에 달렸나니
혀를 쓰기 좋아하는 자는 그 열매를 먹으리라."(잠18:21)

"사람은 입의 열매로 인하여 많은 복을 누리고,
그 입술에서 나는 것으로 만족하게 되느니라.(잠12:14; 13:2; 18:20)
그러므로 우리가 예수로 말미암아 항상 찬미의 제사를 하나님께 드리자!
이는 그의 이름을 증거하는 입술의 열매니라."(히13:15)

② **행위의 열매**: 행위의 결과가 어떠함을 알려 주는 열매들도 있다. 하나님은 땅 위 모든 인간 하나하나의 행위와 길을 살피시고 각각 좋은 열매와 나쁜 열매로 보응하신다.(렘32:19)

"너희는 의인에게 복이 있으리라 말하라!
그들은 그 행위의 열매를 먹을 것이라.(사3:10)
그 손의 열매가 그에게로 주어질 것이요,
그 행한 일로 인하여 성문에서 칭찬을 받으리라."(잠31:31)

"대저 너희는 여호와의 교훈을 받지 않고 그의 책망을 업신여겼노라.
그러므로 그 땅은 너희 행위의 열매로 인하여 황무하리라.(미7:13)
너희는 악을 밭 갈아 죄를 거두고 거짓 열매를 먹느니라.(호10:13)
너희는 행위의 열매를 먹으며 너희 꾀에 배부르리라."(잠1:30-31)

"그러므로 회개에 합당한 열매를 맺어라! 이미 도끼가 나무뿌리에 놓였노라.
좋은 열매를 맺지 아니하는 나무마다 찍어 불에 던지리라!"(마3:8-10; 눅3:8-9)

③ **생명의 열매**: 성경은 생명이 되는 아름다운 행위의 열매들도 알려 주고 있다. '빛의 열매', '지혜의 열매', '성령의 열매', '의의 열매'들로 그 첫 열매는 예수님이시다. 이 열매들을 읽으며 마음속에 그려만 보아도 기쁨이 되고 성령의 위안이 비둘기처럼 찾아온다. 그리고 이것을 실천하면 우리의 현실 속에 정말로 생명의 열매들이 주렁주렁 열리게 된다.

"빛의 열매는 모든 착함과 의로움과 진실함에 있느니라.
주께 기쁘시게 할 것이 무엇인가 시험하여 보라!
너희는 열매 없는 어두움의 일에 참예하지 말고 도리어 책망하라!"(엡5:9-11)

"지혜의 열매는 금이나 정금보다 좋고, 그의 소득은 순은보다 나으니라.(잠8:19)
오직 위로부터 난 지혜는 첫째 성결하고, 다음에 화평하고 관용하고 양순하며
긍휼과 선한 열매가 가득하고 편벽과 거짓이 없나니
화평케 하는 자들은 화평으로 심어 의의 열매를 거두느니라."(약3:17-18)

"성령의 열매는 사랑과 희락과 화평과
오래 참음과 자비와 양선과 충성과 온유와 절제니
이와 같은 것을 금지할 법이 없느니라."(갈5:22-23)

"무릇 징계가 당시에는 즐거워 보이지 않고 슬퍼 보이나

후에 그를 통해 연단받은 자들은 의의 평강한 열매를 맺나니(히12:11)
모든 선한 일에 열매를 맺게 하시며 하나님을 아는 것에 자라게 하시고(골1:10)
예수 그리스도로 말미암아 의의 열매가 가득하여
하나님의 영광과 찬송이 되게 하시느니라."(빌1:11)

"그리스도께서 죽은 자 가운데서 다시 살아나사 잠자는 자들의 첫 열매가 되셨도다.
사망이 한 사람으로 비롯되었으니 죽은 자의 부활도 한 사람으로 비롯되도다.
그러나 각각 자기 차례대로 되리니 먼저는 첫 열매인 그리스도요
다음에는 그리스도 강림하실 때에 그에게 속한 자라."(고전15:20-23)

"이 복음이 이미 너희에게 이르러
너희가 듣고 진리 안에서 하나님의 은혜를 깨달은 날부터
너희 중에 그리고 온 천하에서 열매를 맺어 자라는도다.(골1:6)
이는 시냇가에 심은 나무가 철을 따라 열매를 맺음과 같으니라."(시1:3)

II.

식물의 전체

1.

백향목 수목의 왕

백향목栢香木, cedar은 고산지대에서 자라는 소나무과의 식물로서 다 자라면 높이가 약 40m, 둘레가 10m를 넘는 위용을 자랑한다. 이 나무는 아주 천천히 자란다. 묘목으로 자라는 데도 40년이 걸리고, 장엄한 나무가 되기까지는 수백 년이 소요된다. 또한 곧게 자라며, 가지도 수평으로 곧게 뻗는다. 여기에 짙은 초록색 잎이 바늘 모양으로 펼쳐 있어 화려함과 웅장함의 극치를 이룬다.

나무가 천천히 자라는 만큼 단단하고 좀먹거나 잘 썩지도 않는다. 목재로서는 광택과 향기가 나며 오래 보존되는 최상품이다. 북풍한설에도 꿋꿋하게 자라고, 늙을수록 청청하여 결실을 맺어 수목 중의 왕이라고 한다. 그래서 에덴동산의 나무들도 이 나무를 시기한다.

> "하나님의 동산의 어떤 나무도 그렇게 아름답지 못하였도다.
> 내가 그 나무의 가지를 많게 하여 모양을 아름답게 하였더니
> 하나님의 에덴동산에 있는 모든 나무가 다 시기하였느니라."(겔31:8-9)

과거에는 이 나무가 레바논의 산에 제법 많았다고 하지만 그 후 수 세기

동안 남벌되고 제2차 세계대전 때에는 땔감으로, 철로 목재로 마구 찍혀 현재는 소수 제한 지역에서만 볼 수 있다. 예를 들어 베이루트 동북쪽 120km, 해발 3,000m의 브샤레 지역에는 수백 수천 년 된 백향목들이 장관을 이루고 있다. 키가 35m, 둘레가 14m나 되는 나무도 4그루 있다. 숲 주변은 겨울에 스키장이 되어 눈 덮인 백향목과 함께 환상적인 경관을 연출한다.

한마디로 백향목은 고난을 극복하는 인내와 승리를 의미하고, 나아가 힘과 위엄, 영광 그리고 영원을 상징한다. 고대 페니키아 인들은 이 나무로 배를 만들어 지중해를 누비며 교역을 했고 식민지를 건설하였다. 이 나무의 송진은 방부제 효능도 탁월하여 왕들의 미라에 발라졌다. 현재는 레바논을 대표하며 이 나라의 국기國旗 중앙에도 그려져 있다. 성경에서는 백향목이 정결 의식을 위한 제례 용품으로, 성전과 왕궁의 건축자재로 사용되었고, 왕성한 나라와 귀인을 상징하기도 한다.

1 정결과 왕성

구약 시대에 나병 환자나 가옥에 곰팡이균 등 나병 증상이 사라져 깨끗하게 되었을 때 치르는 정결 의식에서 '정결한 새 두 마리와 백향목과 홍색실과 우슬초'(레14:2-8; 49-53)를 사용하였다. 나병이 죽음을 향한 부패라 한다면 백향목은 부패를 추방하는 생명의 상징이다. 부정을 깨끗하게 하는 정결수를 만들 때도 붉은 암송이지와 백향목을 함께 불에 태웠다. 백향목의 방부 효과와 향기가 실제로 치유 작용을 하는 것이다.

백향목은 또 왕성한 나라나 귀인에 비유되고 있다. 하나님의 백성 이스라엘이 그 예다. 그들이 애굽을 탈출하여 광야에서 가나안복지로 진군할 때였다. 현실적으로는 오랜 광야 생활에 지친 백성들의 몰골은 초라하고 불평과 불만도 끊이지 않았다. 그러나 하나님의 언약이 함께하는 민족은 위대하다. 이스라엘의 진용을 바라본 선지자 발람은 찬탄해 마지않는다.

"야곱이여, 네 장막이, 이스라엘이여, 네 거처가 어찌 그리 아름다운가!?
산맥이 전개함 같고, 강가의 동산 같으며
여호와께서 심으신 침향목들 같고, 물가의 백향목들 같도다."(민24:5-6)

"주께서 터를 잡아 가꾸셨으므로 그 뿌리가 깊이 박혀 땅에 가득하며
그 그늘이 산들을 가리고 그 가지는 하나님의 백향목 같도다."(시80:9-10)

"의인은 종려나무같이 번성하며 레바논의 백향목같이 발육하리로다.
그는 늙어도 여전히 결실하며 진액이 풍족하고 빛이 청청하리로다."(시92:12-14)

2 성전의 건축 재료

다윗 왕은 수목의 왕인 백향목으로 자신의 왕궁을 지어 살았다. 그런데 정작 하나님의 법궤가 아직 장막 안에 놓여 있는 것이 못내 마음에 걸렸다. 그래서 그는 하나님의 성전을 백향목으로 건축할 것을 간절히 희망하며 선지자 나단에게 심정을 토로하였다.

"보시오! 나는 백향목 궁에 살고 있는데 하나님의 궤는 휘장 속에 있소."(삼하7:2)

왕권과 국권이 이미 굳게 안정되었으므로 나단이 듣기에도 충분히 일리가

있다. 나단은 전폭적인 지지 의사를 밝혔다. 그리고 기분 좋게 퇴청하여 잠들기 전에 이 안건을 저녁기도 제목에 올렸다. 그러나 하나님의 뜻은 달랐다. 하나님은 다윗이 피를 많이 흘린 전쟁의 사람이므로 허락지 않으시고 그의 후손을 세워 하나님의 집을 건축하게 하신다는 것이다.

"내가 언제 '너희가 왜 나를 위하여 백향목 집을 건축하지 않냐?'고 말했느냐!?
내가 네 몸에서 날 네 씨를 네 뒤에 세워 그의 나라를 견고하게 하리라!
그가 내 이름을 위하여 집을 건축할 것이라."(**삼하**7:7, 12-13; **대상**22:7-9)

하나님의 이 말씀은 원래 훗날 다윗의 후손으로 오실 메시아의 '보이지 않는 성전'을 가리킨다. 그러나 현실적으로는 다윗의 아들 솔로몬이 왕위에 오른 후 7년에 걸쳐 '보이는 성전'을 건축하였다. 성전의 서까래와 들보, 안벽과 천장 그리고 제단을 백향목으로 만든 것이다. 하나님의 집을 짓는 영광을 솔로몬이 최초로 누렸다. 그리고 이어 13년 동안은 자신의 왕궁을 역시 백향목으로 지었다. 기둥, 들보, 마루 등에 이 나무를 사용한 것이다.

이 외에 솔로몬은 전무후무한 지혜를 받았고 물질의 풍요도 누렸다. 그는 잠언箴言 3,000개와 노래 1,005개를 지었다. 초목에 대하여는 레바논의 백향목에서부터 담장에 나는 우슬초까지 거침없는 해박한 설명이 술술술 물 흐르듯 가능했다. 예루살렘에는 은이 돌같이 흔했고, 그 귀한 나무인 '백향목을 평지의 뽕나무같이 많게'(왕상10:27; 대하1:15) 하였다. 솔로몬은 사랑을 읊을 때도 백향목을 넣어 연애시를 지었다.

"내 애인아, 너는 어여쁘고 사랑스럽다.
우리의 침상은 푸르고, 우리 집은 백향목 들보, 잣나무 서까래로구나.
내 애인의 손은 황옥 물린 황금노리개, 다리는 상아기둥,
너의 자태는 레바논의 빼어난 백향목 같구나."(**아**1:16-17; 5:14-15)

이때의 솔로몬 시대가 이스라엘의 역사상 유일한 전성기였다. 그 후 솔로몬 자신부터 시작하여 이스라엘 백성이 하나님을 떠나자 왕국 역시 쇠퇴하여 기원전 586년 바벨론에게 멸망되었다. 이스라엘의 긍지와 상징이었던 백향목 성전은 처참하게 불에 타 파괴되었고, 백향목같이 고결했던 귀족들도 새끼줄의 굴비처럼 줄줄이 묶여 포로로 끌려갔다. 이것을 선지자 예레미야가 이미 눈물로 예언하였다.

"다윗의 위에 앉은 유다 왕이여,
너희가 공평과 정의를 행하고 이방인과 고아와 과부를 압제하지 말라!
너희가 이 말을 듣지 않으면 내가 너의 대적을 준비하여
그들이 손의 병기로 네 아름다운 백향목을 찍어 불에 던지리라."(렘22:2-7)

그 후 새로운 패권국 페르시아의 초대 왕 고레스가 바벨론을 무너트리고 이스라엘 포로의 귀환을 승인하였다. 그들은 고향에 돌아와 과거 솔로몬의 영광을 그리워하며 레바논의 백향목으로 성전을 다시 건축하였다. 이 성전은 그 후 증축을 거듭하여 제법 화려하고 웅장한 모습을 갖추었다. 그러나 건물만 크고 화려할 뿐 그 속에 있는 종교인들의 부패는 그때나 지금이나 마찬가지였다. 결국 눈에 보이는 대형 성전은 기원후 70년 완전히 파괴되어 아주 없어졌고, 그 자리에는 모슬렘 성전이 떡하니 들어서 있다. 이스라엘 왕국도 다시 완전히 망해 세상에서 사라졌다. 이것은 선지자들뿐 아니라 예수님이 눈물로 경고하신 것이다.

"주의 말씀이 이스라엘에 임하시니, 즉 그들이 교만한 마음으로 말하기를
'벽돌이 무너졌으나 우리는 다듬은 돌로 쌓고
뽕나무들이 찍혔으나 우리는 백향목으로 그것을 대신하리라!' 하도다.
그러므로 여호와께서 원수들을 격동시켜

그 입을 벌려 이스라엘을 삼키리라!"(사9:8-12)

"예수께서 가까이 오사 성을 보시고 우시며 이르시되,
'보라! 너희 집이 황폐하여 버려지리라.
돌 하나도 돌 위에 남지 않고 다 무너지리라!'"(마23:38; 24:2; 막13:2; 눅19:41-44)

3 백향목 우화

백향목이 수목의 왕으로 인식되기 때문에 왕권을 노리는 귀족들의 논쟁에도 자주 언급되었다. 첫 번째 경우가 ① 아직 왕국이 건설되기 전인 사사 시대의 아비멜렉 때이고, 두 번째 경우가 ② 분단왕국 시대 북쪽 왕 요아스와 남쪽 왕 아마샤가 각각 통치할 때였다.

① **요담과 아비멜렉:** 사사士師, Judge는 재판관이라는 뜻으로 여호수아가 죽은 기원전 1390년부터 왕국이 시작된 1050년까지 약 340년간 이스라엘을 다스린 지도자다. 모두 16명의 사사 중에 제6대 사사인 기드온이란 영웅이 있었다. 그는 단 300명을 이끌고 당시 그들을 억압하던 미디안 족의 대군을 물리쳤다. 백성들은 기드온에게 대대로 자신들을 다스려 달라고 간청했다. 그 후 기드온은 40년간 태평세월을 누리며 늙어 죽었다.

그런데 기드온은 호걸인 만큼 아내도 많아 아들만 70명이었다. 예루살렘 북쪽의 세겜이란 성읍에도 한 첩에게서 아비멜렉이란 아들을 두었다. 그는 서자이므로 주류세계에서 왕따를 당하며 패권의 배분에서도 제외되었다. 이런 현실을 아비멜렉은 참을 수가 없었다. 결국 그는 70명의 형제들을 한 자리에서 몰살하고 왕이 되었다. 형제살육의 이유는 70명이 모두 함께 나라를 다스릴 수 없다는 것이다. 백성들도 이렇게 화끈한 아비멜렉을 저항 없이 왕으로 인정했다. 실제로는 저항할 명분도 힘도 없었다.

그런데 70명 형제 중 요담이란 막내가 홀로 용케 살아남았다. 당시 너무 어려서 밖에서 구슬치기를 하다가 참변을 면한 것 같다. 후에 그가 세겜의 사람들에게 아비멜렉의 처사가 옳지 않다는 것을 나무의 우화로 말했다.

어떤 날 나무들이 자신들의 왕을 세우려고 했다. 그래서 평소 열매와 덕망이 있는 감람나무와 무화과나무와 포도나무를 차례로 방문하여 왕이 되어 줄 것을 요청했다. 그러나 이 나무들은 모두 자신들의 본분을 버리고 나무들 위에 우쭐댈 수 없다며 거절하였다. 그래서 나무들은 가시나무에게 부탁하였고, 가시나무는 흔쾌히 수락하며 으름장을 놓았다.

"너희가 참으로 나에게 기름을 부어 너희 위의 왕이 되기 원한다면,
자, 모두 와서 내 그늘의 보호를 받아라!
만일 안 그러면 가시나무에서 불이 나와서
레바논의 백향목을 사를 것이니라!"(삿9:14)

이 우화에서 아비멜렉은 가시나무, 세겜의 귀족들은 레바논 백향목으로 비유되어 있다. 종국에는 세겜 사람들이 아비멜렉을 배반하였고, 한 여인은 성 위에서 맷돌을 던져 그의 두개골을 깨트렸다.

② **요아스 왕과 아마샤 왕**: 이스라엘 왕국은 기원전 930년 남북으로 분단되었다. 분열 후 남과 북은 우리 남북한처럼 서로 우호적이기보다는 적대적이었다. 그때 남쪽 유다의 제9대 왕인 아마샤가 25세 젊은 나이에 왕이 되어 이웃나라들에게 위세를 떨쳤다. 그리고 북쪽 이스라엘 요아스 왕에게 도전장을 던졌다. 그러자 요아스 왕은 역시 백향목의 비유를 들어 아마샤 왕이 자중할 것을 충고하였다.

"레바논 가시나무가 레바논 백향목에게 사신을 보내어 이르기를
'네 딸을 내 아들에게 주어 아내를 삼게 하라' 하였더니
레바논 들짐승이 지나가다가 그 가시나무를 짓밟았느니라.
네가 궁에나 거하라!
왜 화를 자취해 너와 유다가 함께 망하려고 하느냐?"(왕하14:9-10; 대하25:18-19)

아마샤가 이런 충고를 받아들였다면 당초 도전도 하지 않았을 것이다. 더구나 이것은 충고가 아닌 모욕으로 작용했다. 젊은 왕의 투지는 더욱 불타 호기 있게 덤벼들었으나 패배하여 사로잡혔다. 예루살렘의 성벽도 300m나 허물어졌다. 성전과 왕궁의 금은보화도 모두 약탈당하고 사람들은 포로가 되었다. 아마샤는 무모한 도발의 결과를 톡톡히 경험한 것이다.

4 세상 권력에 대한 경고

이스라엘뿐 아니라 득세한 세상 나라와 권력자들도 백향목에 비유되어 심판을 받고 있다. 가장 지혜롭고 전통에 강하다는 유대 왕국이 망하는 터에 여타 나라들이야 말할 필요도 없다. 애굽, 앗수르, 바벨론, 레바논 등의 나라들뿐 아니라 교만한 자, 우상숭배자, 불의한 자들도 심판의 대상이 된다. 그러나 하늘에 계시는 공의의 하나님은 찬양받으시기에 합당하시다.

① 애굽:

"인자야, 너는 애굽왕 바로와 그 무리에게 이르라!
네 큰 위엄을 뉘게 비하랴!? 보라! 키가 높아 구름에 닿은 레바논 백향목이었노라.
네 키가 높아 마음이 교만하였으니
내가 열국의 능한 자의 손에 붙일 것이라."(겔31:2-11)

② 앗수르:

"여호와께서 앗수르 왕에 대하여 말씀하시기를
네가 '레바논에 이르러 높은 백향목과 아름다운 잣나무를 찍고 그 지역을 점령하리라!'는 네 교만한 말이 내 귀에 들렸도다. 그러므로 내가 갈고리로 네 코에 꿰고 자갈을 네 입에 먹여 너를 오던 길로 끌어 돌이키리라."(왕하19:23, 28)

③ 바벨론:

"너는 바벨론 왕에 대하여 이 노래를 지어 불러라!
'여호와께서 악인의 몽둥이와 패권자의 홀을 꺾으셨도다.
향나무와 레바논 백향목도 너로 인하여 기뻐하여 이르기를
네가 넘어졌으므로 올라와서 우리를 벌목할 자 없도다.'"(사14:4-11)

④ 레바논:

"레바논아, 네 문을 열고 불이 네 백향목을 사르게 하라!
너 잣나무여, 곡 할지어다!
백향목이 넘어졌고 아름다운 나무들이 쓰러졌도다.(슥11:1-2)
여호와의 소리가 힘 있음이여! 여호와의 소리가 백향목을 꺾으심이여!
여호와께서 레바논 백향목을 꺾어 부수시도다."(시29:4-5)

⑤ 교만한 자:

"대저 만군의 여호와의 날이 모든 교만한 자에게 임하여 낮아지게 하고
또 레바논의 높고 높은 모든 백향목과 바산의 모든 상수리나무에 임하리니
그 날에 교만한 자는 낮아지고 여호와께서 홀로 높임을 받으실 것이라"(사2:12-17)

⑥ 우상숭배자:

"우상을 만드는 자는 다 허망하도다.
그는 백향목을 베고 또는 상수리나무를 취하여 우상을 만들어
그 앞에 부복하는구나.

그는 허탄한 마음에 미혹되어
자기의 영혼을 구원하지 못하느니라."(사44:9, 14-15, 20)

⑦ 불의한 자:

"불의로 집을 세우며 이웃을 고용하고 노임을 안 주는 자에게 화 있을진저!
자기를 위하여 창문을 만들고, 그것에 백향목을 입히고 붉은 칠을 하도다.
그가 백향목을 많이 사용하여 왕이 될 수 있겠느냐?
그가 끌려 예루살렘 문밖에 내쳐지고 나귀같이 매장함을 당하리라."(렘22:13-19)

⑧ 찬양:

"할렐루야, 하늘에서 여호와를 찬양하며 높은데서 찬양하라!
해와 달아, 찬양하며, 광명한 별들아, 찬양하라!
산들과 모든 작은 산, 과수와 모든 백향목아, 찬양하라!"(시148:1-12)

2.

잣나무

지조의 상징

잣나무는 백향목과 함께 소나무과에 속하는 사철 푸른 침엽수이다. 백향목이 주로 레바논 산지에 국한되어 자라는 반면 잣나무는 지구 북반구 거의 모든 산악지역에 서식하고 있다. 고산지대의 한랭한 기후를 좋아하여 영하 50도의 추위에도 끄떡없고 더위도 잘 견딘다. 종에 따라 지름이 2~3m의 굵기로 높이 50m에서 90m까지 자라고, 수령은 500~700년에 이른다. 가지가 층층이 조화롭게 올라가는 나무의 자태는 장려하고 우아하다.

히브리말로 고페르라 하는 것을 영어성경에는 번역판에 따라 gopher노송나무, fir전나무, cypress침엽수, pine소나무 등으로 쓰여 있다. 한자로는 백자栢子(잣)가 열리는 백자목栢子木이다. 우리말로는 그냥 잣나무로 불린다.

잣나무의 촘촘하고 뾰족한 잎사귀들은 윤기를 내며 싱그러운 숲속의 향기를 내뿜는다. 목재는 병충해에 강하고 잘 부식하지 않아 내구성이 뛰어나다. 또 단단하고 가벼워 가공이 용이하여 고급 내부건축재로 사용되고 가구도 만든다. 종이의 생산원료, 또 화목재로도 쓰인다. 종류에 따라 비행기의 제작에도 사용되고 있다.

사람 몸에도 좋은 효능들이 있다. 열매인 잣은 어지럼증과 변비를 다스리며, 가래·기침에 효과가 있고 폐의 기능을 돕는다. 또 허약체질을 보강하고 피부에 윤기와 탄력을 주는 효과가 있다. 잣나무 잎을 끓인 차는 소화기를 튼튼하게 하고 어린이의 설사와 이질에 좋은 효과를 나타낸다. 장기간 마시면 몸이 경쾌해지고 정신이 맑아지며 동맥경화증과 고혈압, 신경통 등에 치유효과가 있다

잣나무는 잎이 항상 푸르기 때문에 영생에 대한 믿음과 부활의 신앙에 연결된다. 한 해가 저무는 12월이 되면 예수님의 탄생을 기념하는 각 교회와 가정에 어린 잣나무가 성탄목聖誕木, Christmas tree, tannenbaum으로 등장한다. 촛불을 밝히며 사람들과 함께 성탄의 기쁨을 나누는 것이다. 또 이 나무로 죽은 이의 관을 짜고 무덤을 장식하기도 한다.

동양에서는 소나무松 송와 짝을 이루어 추운 시절 어려운 시대에도 변치 않는 선비의 굳은 지조를 상징한다. '세한송백歲寒松柏'이란 고사성어가 그것이다. 또 잣나무 배의 절개라는 뜻인 '백주지조栢舟之操'란 말도 있다. 남편을 일찍 여의고도 재혼하지 않고 정조를 지키는 젊은 여인을 황하강에 떠 있는 잣나무 배에 비유하는 것이다. 이런 이유들로 인하여 우리나라의 많은 초·중등학교들은 잣나무를 교목校木으로 선정하고, 이 나무처럼 "높게! 바르게! 튼튼하게!" 자라자는 뜻을 교훈으로 삼고 있다.

1 노아의 방주

성경에도 잣나무는 먼저 배를 만드는 목재로 등장한다. 하나님이 홍수로 세상을 심판하실 때 의인을 구하기 위한 방주方舟가 그것이다. 그 당시 세상에는

사람들이 편만하였으나 하나님을 알지 못하고 죄악이 가득하였다. 바로 오늘의 세상과 같았던 것이다. 그러므로 하나님은 사람들을 지면에서 물로 쓸어버리기로 결정하시고 노아에게 분부하셨다. '의인인 노아'(겔14:14, 20)의 가족과 짐승들을 구하기 위한 조치였다.

"너는 잣나무로 너를 위하여 방주를 짓되
그 안에 간들을 막고 역청으로 그 안팎에 칠하라!"(창6:5-22)

노아는 자라면서 조상들로부터 하나님의 이야기를 많이 들었다. 인류의 조상 아담의 10대 후손인 노아가 태어날 때는 3대 에노스, 4대 게난, 5대 마할랄렐, 6대 야렛, 8대 므두셀라 그리고 물론 아버지인 9대 라멕, 이 모든 사람들이 아직 살아 있었다. 왜냐하면 그 시대에는 대부분 태초 창조의 기운으로 800~900년 이상을 살았기 때문이다. 단지 하나님과 동행하던 7대 에녹이 69년 전에 승천하였고, 2대인 셋이 불과 14년 전에 죽었을 뿐이다. 살아 있던 조상들도 하나님의 은혜와 섭리를 가르치며 하나둘 세상을 떠났다.

노아는 500세가 된 후에 세 아들 셈, 함, 야벳을 낳았다. 600세 때 홍수가 난 해가 밝아올 때 세상에서 가장 장수한 사람인 므두셀라도 969세로 죽었다. 노아의 할아버지인 므두셀라는 자기 손자를 매우 사랑했다. 저녁노을이 붉게 물들 때면 어린 손자를 무릎에 앉히고 자상하게 말해 주었다.

"인생은 결국 삼간의 호흡이고, 마치 아침에 돋는 풀과 같은 것이란다.
아침에 꽃이 피어 자라다가 저녁에 시들어 마르는, 저기 저런 풀 말이다.
그리고 인생의 날은 수고와 슬픔뿐이고, 강물처럼 흘러가는 것이다.
그러나 천지를 지으신 우리의 하나님은 영원하신 분이시지.
그분께는 천년이 지나간 어제와 같고 밤의 한순간과도 같단다."(시90:2-10)

믿고 의지하던 할아버지도 돌아가시고 홀로 남은 노아는 하나님을 더욱 앙망하며 그의 음성 듣기를 힘썼다. 그런 그에게 '하늘이 하나님의 영광을 선포하고 궁창이 그의 하신 일을 나타내는'(시19:1) 것이 뚜렷이 인식되었다. '사람의 언어가 없고 들리는 소리도 없으나 날은 날에게 말하고, 밤은 밤에게 전하는 하나님의 말씀이 온 땅에 통하는'(시19:2-4) 것을 노아는 영혼 깊이, 온몸으로 느꼈다. 그러는 중에 다가올 대홍수의 계시를 받았다. 그리고 '믿음으로'(히11:7) 세 아들과 함께 구원의 방주를 짓는 대역사에 돌입했다.

하나님이 지시하신 '고페르'라 하는 잣나무는 수지樹脂(송진)가 많아 물에 젖지 않으며 방수기능이 뛰어나다. 방주의 크기는 대략 높이 14m, 넓이 23m 그리고 길이는 137m에 이른다. 그러니까 길이는 10m인 대형 버스 14대를 줄지어 세워 놓은 것과 같다. 그러나 높이, 넓이, 길이의 비율은 1 : 1.7 : 10으로 각종 실험을 통해 전복 위험이 가장 적고, 또 가장 안정적임이 증명되었다. 결코 작지 않은 이 거대한 배를 노아의 가족은 수십 년에 걸쳐 건조하였다. 방주를 지으며 노아는 세상 사람들에게 '의를 전파하며'(벧후2:5) 하나님께 돌아오기를 호소하였다.

그러나 세상 사람들은 노아의 이 해괴한 작업을 이해할 수가 없었다. 자고이래로 큰비는 없었고, 맑은 날이 이어지며 식물들은 싱싱하게 잘 자랐다. 밤이면 안개가 지면을 적시고, 샘물은 내와 강으로 흘러 토양이 비옥하기 때문이다. 그런데 해변에서도 한참 떨어진 산악지대에서 그것도 엄청나게 큰 배를 만들고 있으니 이해할 수 없음이 당연하기도 하다. 그뿐 아니라 노아가 하는 말도 귀에 거슬려 대놓고 욕을 했다.

"뭐? 하나님이 있다고!? 그리고 우리가 죄인이라고!?
그래서 심판받을 것이라고!? 이 청청하늘에 큰비가 온다고!?
저 놈이 뭘 잘못 처먹었지, 돌아도 한참 돌았어!
아, 그리고 이놈아! 누가 너를 우리의 재판관으로 세웠냐!?
빌어먹을 놈 같으니라고!"(출2:14; 행7:35)

사람들은 자신이 이해하지 못하면 멸시하려 든다. 자신의 감지능력이 보잘것없음은 새까맣게 모른다. 단지 현재 누리고 있는 삶이 전부다. 좋은 환경에서 생활하면 더 바랄 것이 없다. 부부가 오순도순 살다가 자녀들이 자라서 짝을 찾아 새 가정을 이룰 때면 대견스럽고, 삶의 보람도 느낀다. 동시에 삶이 불행하다고 생각하는 사람은 원망과 불평 속에 살아간다. 그러면서 사람들은 노아의 시대에도 하나님께 돌아오기를 거절했다.

결국 노아의 여덟 식구와 선택된 짐승들만 잣나무 방주로 나아왔다. 방주의 선적규모는 성장한 숫양의 경우 12만5천여 마리에 해당한다. 그러므로 지구상 근 2만 종에 달하는 크고 작은 짐승들의 암수, 정결한 것 7쌍, 부정한 것 2쌍씩 모두 넉넉한 공간을 차지하기에 충분하다. 드디어 승선이 끝나고 방주의 문이 '쿵~' 소리를 내며 닫혔다.

노아 600세의 해 2월 17일 홍수가 시작되어 40일 밤낮 지속되었다. 하늘에서 물폭탄만 쏟아진 것이 아니다. 엄청난 양의 지하수가 터져 솟구쳐 올랐다. 현대를 사는 우리도 소나기가 한 시간만 쏟아져도 상황이 어떻게 되는지를 잘 안다. 그런데 하물며 40일을 그것도 밤낮 쉬지 않고 쏟아지고 지하수까지 터져 흘렀으니 상황은 상상을 초월하는 것이다.

1주일 전 방주에 들어온 가족들은 지금까지 들어보지 못한, 엄청난 천둥소리를 들었다. 방주까지 가볍게 진동하여 그들은 하늘도, 가슴도 두 쪽이 나는 줄 알았다. 그리고 세찬 폭풍과 물폭탄이 삼라만상을 강타하는 소리, 그리고 밖에서 방주 문을 두드리며 아우성치는 사람들의 처절한 비명소리를 들었다. 물이 불어 높은 산들이 잠겼고, 땅 위의 숨 쉬는 모든 생물의 숨이 멎었다. 방주는 한동안 물로만 덮인, 지구라는 혹성 위를 홀로 표류하였다. 홍수가 그치고 물이 서서히 빠지며 방주는 터키의 동쪽 아라랏 산 정상 부근에 닿았다. 이 산의 최고봉은 5,160m에 이른다.

그 다음 해 1월 1일 지면의 물이 걷혔다. 노아의 식구들은 1년간을 옆으로 난 창문도 하나 없는, 어둡고 눅눅한 배 안에서 살고 있다. 처음에는 잣나무 배의 향기도 좋았으나 지금은 온갖 짐승들의 똥오줌 냄새가 진동한다. 그동안 번식한 새들도 아무 데나 똥을 싸며 날아다녔고, 밤에는 쥐들이 소란스럽게 떼 지어 질주했다. 지천에 바퀴벌레들도 볼 수 있었다. 싱싱한 채소도 없이 거친 빵과 씁쓸한 풀죽만 매일 먹었다. 그러는 사이에 땅 위에서는 인간의 온갖 죄악이 엄청난 양의 물로 깨끗이 씻겨졌다. 땅이 미리 죄 사함의 세례를 받았다.

좌우간 방주 속 환경은 답답했기 때문에 홍수 후 물이 걷히자마자 아들들은 빨리 밖으로 나가자고 아우성이었다. 특히 다혈질인 둘째 아들 함은 늙은 아버지를 격하게 다그치기도 했다. '왜 빨리 안 나가는 겁니까!?' 그러나 노아는 미동도 없다. 2월 27일 드디어 땅이 말랐고, 하나님이 노아에게 방주에서 나올 것을 말씀하셨다. 말씀에 따라 드디어 노아의 식구들과 함께 동물들도 그 종류대로 나오기 시작하였다.

그들이 어두운 방주 속에서 밖으로 문을 나서는 순간 빛나는 태양, 찬란한 새 세상 앞에 호흡이 멎었다. 눈물이 어려 오는 시야에는 코발트색 푸른 하늘, 그 하늘 동서에 맞닿은, 일곱 색깔 큰 무지개가 뚜렷이 들어왔다. 그리로 힘차게 날아가는 새들의 날갯소리 그리고 찬미소리가 길게 넓게 울려 퍼졌다. 노아는 제단을 쌓고 번제를 드렸다. 그리고 그들이 떠나고 남겨진, 빈 잣나무 방주는 오늘도 그 높은 산 위 얼음 속에 조용히 묻혀 있다.

1860년 이래 많은 사람들이 노아의 방주를 찾아 아라랏 산을 등정했다. 러시아, 미국, 프랑스, 중국 등 많은 나라 사람들, 약 200여 명이 23회 이상 탐사했다. 이들은 자신들이 촬영한 사진과 동영상 외에 방주의 나무토막을 제시하며 방주의 객관적인 존재를 증거하고 있다. 방주 속 어디엔가는 노아와 그 식구들의 머리털도 남아 있을 것이다. 이것에서 DNA를 추출하여 노아할아버지네 식구들의 모습을 재현해 볼 수 있다면 참 재미있고, 시청각 자료로도 좋을 것 같다.

2 축복의 상징

잣나무는 솔로몬 왕이 백향목과 함께 성전 건축을 위해, 그리고 사랑하는 신부를 위한 집을 짓는 데도 사용하였다. 그는 이스라엘 북쪽 레바논 산지에서 백향목과 잣나무를 조달하여 백향목 널판으로는 성전의 안벽 전체를 입히고, 잣나무 널판으로는 성전의 천장을 만들고 마루를 깔았다. 사랑하는 신부와 함께 꾸민 집에도 들보는 백향목이고 서까래는 잣나무이다. 이런 이유로 잣나무는 백향목과 함께 축복과 풍요의 상징이기도 하다.

"내가 사막에는 잣나무와 소나무와 황양목을 함께 둘 것이니,
새들이 그 속에 깃들고, 학은 잣나무로 집을 삼는도다.(시104:17)
무리가 그것을 보고 여호와의 손이 지은 바요,
이스라엘의 거룩한 자가 창조한 바인 줄 알리라.(사41:19-20)
산들이 너희 앞에서 노래를 발하고 들의 모든 나무가 손바닥을 칠 것이며,
잣나무는 가시나무를 대신하고,
화석류는 찔레를 대신하여 날 것이라!"(사55:12-13)

"레바논의 영광, 곧 잣나무와 소나무와 황양목이 함께 네게 이르러
내 거룩한 곳을 아름답게 할 것이며
내가 나의 발 둘 곳을 영화롭게 할 것이라!(사60:13)
내가 이스라엘에게 이슬과 같으리니 그가 백합화같이 피겠고,
내가 푸른 잣나무 같으리니
그가 나로 말미암아 열매를 얻으리라!"(호13:4, 5, 8)

3.

조각목 광야의 유일한 목재

조각목皂角木은 아카시아과에 속하는 나무로 히브리어로 '시타', 복수로는 '싯딤'이라 불린다. 영어로는 아카시아acacia인데 가시를 의미하는 그리스어 akis가 어원이다. 한국과 중국에서 조각목이라고 하는 것은 가시 때문에 조각자皂角刺나무, 또는 주엽나무, 쥐엄나무라고도 하는데, 콩과의 낙엽교목이다. 조협이라 하는 열매는 거풍, 거담, 기침 등에 약효가 있다. 경북 경주시 옥산서원에는 중국에서 들여온 약 450년 된, 높이 6.5m의 주엽나무가 있다. 오래된 희귀한 나무로서 생물학적, 역사적, 문화적 보존가치가 크므로 천연기념물로 보호하고 있다.

중동 지방의 조각목은 물론 이름이 같고 가시가 있어도 한국의 것과는 성질이 다르다. 원산지가 아프리카로 알려진 이 나무는 높이 8m까지 자라며 봄과 늦여름에 두 번 황금색의 꽃이 핀다. 잎사귀가 매우 가늘고 뾰족하며 단단하고, 가시가 많다. 나무줄기는 꼬이기도 하여 볼품은 별로 없다. 시내 반도에서 흔히 볼 수 있으며 큰 나무는 광야에서 태양을 가려 줄 그늘도 제공한다.

시내 광야의 조각목은 수분이 적은 황야의 나무인 만큼 재목의 나뭇결이 치밀하고 단단하다. 그래서 광야에서 유일하게 목재가 될 수 있는 나무이기도

하다. 이스라엘 백성이 광야 생활을 할 때 하나님은 시내 산에서 모세에게 하나님이 백성 중에 거하실 성막을 지으라 하셨다.(출25:8) 그리고 '유다 지파의 브랄셀과 단 지파의 오홀리압'(출31:2-6)에게 지혜와 총명을 주어 정교한 기구들을 만들게 하셨다. 그들은 조각목으로 성막의 목재 부분을 만들었다. 그 후 이스라엘 백성은 이 나무를 신성시하여 일반 가옥이나 물건들의 재료로는 절대로 사용하지 않았다. 이집트에서도 미라의 관을 이 나무로 덧씌웠다. 이것이 견고하여 썩지 않으며 영생의 상징이라 생각했기 때문이다.

1 법궤의 제작

그들은 조각목으로 성막의 '궤櫃'(출25:10-22; 37:1-9)와 이것을 운반하기 위한 채(막대기)를 만들었다. 이 궤는 '법궤'(레16:2), '하나님의 궤'(삼상3:3), '언약궤'(민10:33) 또는 '증거궤'(출25:22)라고도 부르며 성소의 핵심으로 가장 중요한 성물이다. 왜냐하면 이 궤는 백성 중에 계시는 하나님의 임재를 나타내기 때문이다. 그 안에는 '언약의 돌판과 만나를 담은 금항아리와 아론의 싹 난 지팡이'(히9:4)가 들어 있다.

"그들은 조각목으로 궤를 짓되
장이 이 규빗 반, 광이 일 규빗 반, 고가 일 규빗 반이 되게 하고,"(출25:10)

법궤의 길이는 2.5규빗, 넓이와 높이는 모두 1.5규빗이다. 1규빗cubit은 어른의 팔꿈치에서 가운뎃손가락 끝까지의 길이에 해당한다. 시대와 지역에 따라 그 길이는 조금씩 다를 수밖에 없으나 편의상 약 45cm라 할 수 있다. 이에 따라 법궤의 길이는 112.5cm, 넓이와 높이는 동일하게 67.5cm가 된다. 이 법궤의 안팎을 순금으로 싸고, 또 이 위에 같은 면적의 순금으로 만든 덮개를 얹어 놓았다. 그러면 이것은 현재 우리가 사용하는 길이 120cm, 높이 70cm의 사무용

책상보다 약간 작다.

이 덮개를 속죄소贖罪所, atonement cover, 또는 시은좌施恩座라 하는데 바로 율법을 덮어 가려 주고 은혜를 베푸는 것이다. 대제사장은 1년에 한 번 이곳에 피를 뿌려 백성들의 죄 사함을 받았다. 그러므로 속죄소는 율법의 준엄한 심판에서 우리를 구해 주신 그리스도를 상징한다. 속죄소 위에는 두 그룹cherub 천사가 마주 꿇어앉아 경배하고 있다.

법궤는 성막의 가장 내부인 지성소에 안치되고 휘장으로 가려져 있다. 성막 주의의 동서남북에는 이스라엘 12지파가 각각 4파씩 나뉘어 진을 쳤다. 성막으로부터 2,000규빗, 약 900m 거리를 두어 공중에서 본 모양은 12지파로 구성된, 한 변 2km인 정사각형의 중앙에 성막이 위치한다. 이 안에서 레위 지파는 다시 성막 주위에 포진하였다. 여호수아의 영도하에 언약궤를 멘 제사장들이 백성 앞에 나아가 요단강의 강물을 갈랐다. 요단강을 건너 여리고 성을 함락할 때는 여호와의 궤가 7일 동안 선두에서 성을 돌았다.

야곱의 12 아들 및 지파

부인 1	레아(라헬의 언니)	[1]르우벤, [2]시므온, [3]레위, [4]유다, [5]잇사갈, [6]스블론, [7]딸 디나
부인 2	라헬	[1]요셉(두 아들 므낫세, 에브라임), [2]벤냐민
부인 3	실바(레아의 몸종)	[1]갓, [2]아셀
부인 4	빌하(라헬의 몸종)	[1]단, [2]납달리

성막을 위한 진용

제1진 → 동쪽	유다, 잇사갈, 스불론	제3진 → 서쪽	에브라임, 므낫세, 베냐민
제2진 → 남쪽	르우벤, 시므온, 갓	제4진 → 북쪽	단, 아셀, 납달리

이 성스런 법궤를 제사장 엘리 시대에 전쟁터에서 적군에게 빼앗긴 일이 있다. 엘리는 홉니와 비느하스라는 자기 '아들들을 하나님보다 더 중히 여겼다.'(삼상2:29) 이러한 아들들이 그때나 지금이나 겸손할 수 없고, 직분에도 충성할 리가 없다. 백성들을 억압하고 나라를 파멸로 이끌며 전혀 죄의식도 느끼지 않았다. 블레셋과의 전투가 불리해지자 이들은 싸움터에 법궤를 메고 나갔다. 역시 그때나 지금이나 하나님을 섬기기보다는 자신의 안위를 위한 수호신이나 바람막이로 이용하는 것이다.

블레셋 사람들은 전쟁에 이기고 이스라엘의 최고 보물인 법궤까지 노획하였다. 그들은 크게 기뻐하며 승전의 축제를 벌였다. 법궤는 자신들의 신인 다곤Dagon에게 전리품으로 바쳤다. 다곤은 풍요를 상징하는 신이다. 그런데 다음날 다곤 신당에 들어가 보니 다곤 신은 여호와의 궤 앞에 얼굴을 땅에 대고 엎드러져 있었다. 지역사람들에게는 악성 종기의 재앙이 발생하였다. 공포에 질린 블레셋 사람들은 법궤를 다시 돌려보내지 않을 수 없었다. 처음에 블레셋과의 접경지역에 있던 법궤를 다윗이 왕위에 오른 후 예루살렘으로 옮겼고, 그의 아들 솔로몬 왕은 성전을 지어 지성소 안에 안치하였다. 기원전 960년경이다.

법궤가 완전히 사라진 것은 그로부터 370여 년 후, 기원전 586년 유대 왕국이 바벨론에게 멸망당할 때이다. 예루살렘과 성전은 완전히 파괴되었고, 이때 사라진 언약궤가 지금까지 행방이 묘연하다. 법궤는 이스라엘 선민選民의 증거물로 성전의 중심이고 심장이다. 유사시에는 제일 먼저, 그리고 마지막 최후의 일인까지 목숨 걸고 끝까지 지켜야 할 것이 바로 이 궤이다. 그런데 어디로 옮겼다는 기록이 없다. 그 당시 유다 멸망을 예언하고, 또 함께 체험한 선지자 예레미야는 사람들이 '언약궤를 다시 말하지도, 생각하지도, 기억하지도, 찾지도, 다시는 만들지도 않을 것'(렘3:16)이라고만 하였다. 그러나 소문은 끊이지 않고 있다.

소문 1: 지금의 예멘지역에 해당하는 '스바의 여왕이 솔로몬의 명성을 듣고 방문 온'(왕상10:1; 대하9:1) 일이 있다. 이때 여왕은 솔로몬의 지혜도 듣고 그의 아이도 배었다. 쌍방 간 지혜자답게 한 번의 방문 기간을 밤낮으로 최대한 활용한 것이다. 그런데 여기서 태어난 아들 메네리크 1세가 또 걸출한 인물이라 왕가를 이루었고, 그의 후예가 에티오피아 흑인유대인이라 한다. 바로 이 솔로몬의 아들이 법궤를 가져갔고, 현재는 에티오피아 북부 악숨Axum이란 고대 도시의 성모마리아 시온 교회가 보관하고 있다는 것이다. 외부에는 절대로 공개는 하지 않아 본 사람이 없다. 그 이유가 또 본 사람은 죽는다는 것이다. 성궤지기 역시 죽기 전에는 밖에 나올 수 없다고 한다.

소문 2: 언약궤를 예루살렘에서 발견했다는 동영상도 있다. 이에 따르면 1982년 미국의 론 와이어트Ron Wyatt(1933~1999)라는 고고학자이며 기독교인이 예수님의 십자가가 섰던 골고다 바위 바로 아래 예레미야의 동굴에서 찾았다. 기원전 586년 예루살렘이 바벨론에 의해 함락되었을 때 선지자 예레미야가 아무도 모르게 법궤를 급히 이곳에 숨긴 것이다. 그리고 620년 후 공교롭게도 바로 이 동굴 위에 십자가가 세워졌고, 십자가에서 흘러내린 예수님의 피는 바위틈으로 흘러들어 법궤의 속죄소에 뿌려졌다. 이것으로 구약과 신약이 현실적으로 완성되었다고 한다. 이 발굴은 물론 이스라엘 정부가 허가하여 진행되었으나 공식적인 발표를 하지 않는다고 한다. 이 소문은 동영상까지 보여 주어 매우 그럴듯하지만 이것의 진실성을 부인하는 학자들도 많이 있다.

소문 3: 또 어떤 사람은 이 궤에 하나님이 '돌판에 친히 쓰신 증거판'(출31:18)이 들어있기 때문에 하나님께서 직접 하늘로 거두어 가셨다고 한다. 사도 요한이 환상 중에 하늘에 있는 궤를 보았다는 것이 바로 그 법궤라는 것이다. 이에 대해서는 요한이 본 것이 영적 세계의 환상이지 물질세계에서 사람이 손으로 제작한 조각목 법궤가 아니라는 것이다. 요한의 계시는 다음과 같다.

"이에 하늘에 있는 하나님의 성전이 열리니
성전 안에 하나님의 언약궤가 보이며"(계11:19)

2 상과 제단의 제작

조각목으로 법궤 외에 상床과 이것을 운반하기 위한 채를 만들었다. 이 상은 길이 90cm, 넓이 45cm, 높이 67.5cm의 크기로 하나님께 드리는 거룩한 빵인 진설병陳設餠 열두 개를 놓는 기물이다. 빵이라고 하지만 김이 무럭무럭 나는 찐빵이나 물렁물렁한 식빵이 아니라 둥글고 얇게 바짝 구운 마른 빵으로 6개씩 두 줄로 포개 놓았다. 이 상 역시 순금으로 싸여 성소에 안치되었다. 문을 위한 기둥 5개 그리고 성막을 칠 수 있는 기둥 4개와 널판 48개도 조각목으로 만들었다. 널판 한 개의 길이는 4.5m, 넓이는 67.5cm다.

"너는 조각목으로 상을 만들되
장이 이 규빗, 광이 일 규빗, 고가 일 규빗 반이 되게 하고,"(출25:23)

제물을 태우기 위한 제단과 이것의 채도 만들었다. 길이와 넓이는 2.25m로 동일하고, 높이는 1.35m다. 이것은 제물을 태우는 곳이므로 순금이 아니라 놋으로 입혔다. 향을 태우는 분향단과 이것의 채도 만들었다. 길이와 넓이는 45cm로 동일하고, 높이는 90cm다. 이것은 순금으로 입혔다.

"너는 조각목으로 장이 오 규빗, 광이 오 규빗의 제단을 만들되
네모반듯하게 하며 고는 삼 규빗으로 하고,"(출27:1)

척박한 땅 광야에 자라며 볼품도 없는 조각목이 이와 같이 성전의 귀중한

기물이 되었다. 이것엔 이 나무가 광야의 유일한 목재라는 현실적인 이유도 있으나 더욱 중요한 신앙적 의미도 있다. 광야는 이 세상, 조각목은 신도들에 비유된다. 사람들은 광야 같은 세상에서 생존을 위한 악전고투 속에 몸이 비비 틀리며 살아간다. 가지에는 여차하면 이웃을 찔러대는 날카로운 가시가 돋아나 있다. 이렇게 흉하고 사나운 나무라도 하나님께 나아가면 가시가 걷혀지고 다듬어져 유용한 기물이 될 수 있다는 것이다. 그리고 이것에는 순금이 입혀져 있다. 순금은 변치 않는 믿음이다.

3 싯딤의 정탐꾼과 기생

성경에는 조각나무들(싯딤)이 지명으로도 나온다. 요단강과 사해死海의 합류점에서 북동쪽 12km에는 싯딤이란 성읍이 있다. 모세가 언약의 땅인 가나안복지를 바라본 느보 산은 싯딤의 동남쪽 15km에 솟아 있다. 모세가 죽은 후 여호수아는 이스라엘 백성을 이끌고 이곳 싯딤에 진을 쳤다. 두 줄기의 작은 강이 흐르기 때문에 전략적으로도 요충지이다. 요단강 건너 10km 지점에는 가나안복지 제일의 관문인 여리고 성이 버티고 서 있다. 여호수아는 이 여리고 성을 응시하며 두 명의 정탐꾼을 파견한다. 유다 지파의 살몬이란 청년과 또 한 명의 열혈 청년이다.

> "눈의 아들 여호수아가 싯딤에서 두 사람을 정탐으로 가만히 보내며
> 그들에게 이르되 '가서 그 땅과 여리고를 엿보라!'
> 그들이 가서 라합이라 하는 기생의 집에 들어가 거기서 유숙하더니"(수2:1)

이들은 라합이라는 기생의 집에 유숙하였다. 여리고 성벽 위에 있는 이 집은 성 안팎을 오가는 여행객들이 편하게 이용하는 주막이기도 하다. 그리고 라합은

비록 뭇 남성을 상대하는 기녀지만 뜻밖에도 하나님을 믿고 이스라엘의 승리를 확신하는 여인이었다. 그래서 위험을 무릅쓰고 두 정탐꾼을 도와주었다. 정보를 입수한 여리고 왕의 특수부대가 라합의 집에 들이닥쳐 구석구석 수색할 때 그들을 지붕의 삼대 속에 숨겨 주고 이미 떠났다고 거짓보고를 했다. 정탐꾼들은 사흘 후 무사히 본진에 도착했다. 라합은 민족을 배신(?)하고 하나님의 백성을 선택한 것이다. 이 배신은 모든 천국 백성들에게 공통되는 관례이기도 하다.

그런데 당시 그 숨 막히는 순간이었음에도 불구하고 살몬과 라합 사이에는 로맨스가 꽃피었다. 어지러운 발자국소리, 고함소리가 지척에 울리는 위험 속에서 서로는 마주 바라보았다. 얼굴뿐 아니라 마음까지 깊게 보았다. 죽음이 오가는 상황에서 '죽음같이 강한 사랑'(아8:6)이 싹튼 것이다. 투박한 조각나무에도 꽃이 피어나듯 향기로운 사랑의 꽃이 피었다. 이 꽃의 열매가 보아스이다. 후에 보아스는 이방의 모압 여인 룻과 또 사랑의 꽃을 피워 다윗 왕의 고조할아버지가 되었다.

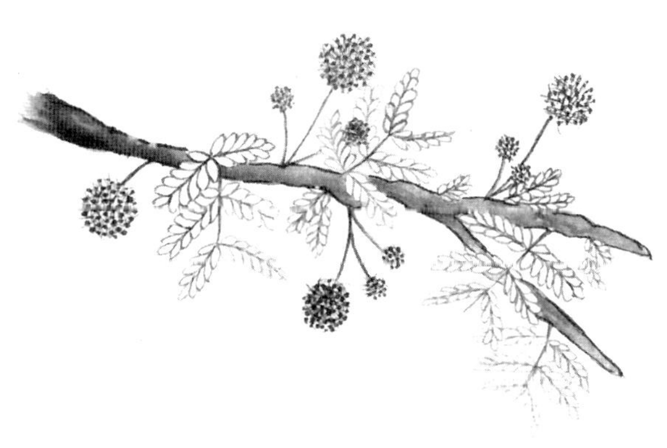

4.

종려나무 오아시스의 주역

종려棕櫚나무는 히브리말로 다말tamar, 영어는 date palm이다. 열대지방 바닷가 백사장에서 야자나무들이 푸른 하늘을 이고 운치 있게 서 있는 사진을 자주 본다. 종려나무도 이런 야자수처럼 하나의 나무줄기로 자란다. 우리나라 대추 같은 열매가 달리므로 대추야자라고 한다. 기원전 6000년 전부터 사막의 오아시스 주변에 자라며 수명은 약 200년이다. 종려나무 없는 오아시스는 생각할 수도 없다. 2005년에는 사해 근처 맛사다의 유적에서 발견된 2천 년 묵은 씨앗이 싹을 내기도 했다.

이 나무는 소금기 있는 강이나 샘 주변에 넓게 퍼져 있으며 이스라엘에도 계곡과 평지에 서식하고 있다. 뿌리는 땅 밑에서 200m까지 깊이 뻗어 사막에서도, 어떤 가뭄에도 의연하게 버티며 살아남는다. 뿌리에서 나온 나무줄기는 곧고 높게 30m까지 자란다. 그리고 어떤 태풍이나 강풍 앞에서도 잠깐 몸을 굽힐지언정 다시 일어서며 결코 쓰러지지 않는다. 오히려 나무줄기가 이렇게 휘어져 있는 고난의 순간에 뿌리는 생명의 진액을 내며 더욱 단단히 대지를 품에 안는다. 그래서 강풍을 이긴 종려나무는 더욱 튼튼하게, 우람하게 자란다.

그뿐 아니다. 나무줄기가 밑동까지 베어지고 남은 그루터기가 불길에 휩싸여도, 그 타버린 그루터기에서 다시 푸른 새싹이 돋는다. 그러므로 이 나무의 학명에는 불사조phoenix라는 말이 붙어 있고, 부활과 승리를 상징한다. 그래서 로마의 압제하의 유대 민족을 대표하는 나무이기도 하다. 실제로 기원전 142년 마카비 형제에 의해 짧은 기간 독립을 쟁취했을 때도 이를 기념하는 동전에 종려나무의 문양을 넣었다.

높고 곧고, 의연한 나무줄기의 꼭대기에 새 깃털 모양의 우아한 푸른 나뭇잎들이 사방으로 퍼져 큰 다발을 이룬다. 잎은 돌돌 접혀 마치 막대기 모양으로 매년 새로 나온다. 다 자란 잎 하나의 크기가 2~3m 된다. 봄에는 꽃이 피고, 가을에는 나뭇잎이 갈라져 나오는 지점에 열매들이 풍성하게 달린다. 열매를 맺기 시작하면 100년 이상 연간 250kg 정도나 수확한다. 그래서 다산을 상징하여 여자가 태어나면 '다말'이라는 이름을 지어 주기도 한다. 예수님의 조상 중에 있는 유다의 며느리이자 부인인 다말도 그 예이다.

열매는 꿀처럼 달고 향기로우며 귀중한 양식이 된다. 이스라엘의 꿀은 대부분이 대추야자의 꿀이다. '젖과 꿀이 흐르는 땅'의 꿀에 해당하는 것이다. 열매에는 과당과 포도당이 천연 벌꿀보다 더 많이 함유되어 있다. 혈압과 신경을 안정시키고, 나무줄기에 나오는 즙은 원기를 돋우는 음료가 된다. 나무줄기 자체는 훌륭한 목재로 쓰이고, 나뭇잎으로는 바구니 그릇 등을 만들고 지붕이나 울타리의 재료로도 사용된다.

그러나 종려나무에도 치명적인 약점이 있다. 나무줄기 꼭대기 중앙에 하늘로 곧게 뻗은 가지가 있다. 이것이 최고라는 뜻의 키파Kippah인데 이것을 꺾으면 나무가 죽는다. 유대인들은 머리 중앙에 빵떡 같은 모자를 쓰고 있다. 더 정확히는, 머리 위에 모시고 다닌다. 이것이 하나님을 상징하는 '키파'이기 때문이다. 종려나무에게도, 유대인에게도 키파를 보호하고 섬기는 일은 생존에 직결되어 있다.

종려나무는 그 자태가 우아하고 아름답다. 뜨거운 사막을 여행하는 나그네들이 이미 멀리서 푸른 종려나무를 보면 기쁨과 소망이 넘친다. 현재는 고급 정원수로도 많이 사용된다. 종려나무는 강한 생명력과 풍성함, 또 우아함을 소유하기 때문에 번성하는 의인에, 그리고 아름다운 여인에 비유되고 있다.

"의인은 종려나무같이 번성하며 레바논의 백향목같이 성장하리로다."(시92:12)

"네 몸매는 종려나무 같고, 네 유방은 포도송이 같구나.
내가 종려나무에 올라가서 그 가지를 잡으리라!
너의 호흡은 사과향기요, 너의 입은 달콤한 포도주 같구나."(아7:7-9)

1 안식과 찬미의 장소

① 엘림: 성경에는 종려나무들이 서 있는 장소들이 나온다. 이스라엘 백성이 홍해 바다를 지나 시내 광야에 도달하였다. 사람들은 바다를 가르고 지날 때만 해도 그 엄청난 기적에 크게 감동하였다. 그러나 감동은 감동이고, 현실은 현실이다. 현재 눈앞은 물도 없는 사막이다. 이를 악물고, 3일간을 낮엔 작열하는 태양, 밤엔 뼈에 스미는 냉기를 견디며 나아갔다. 드디어 물 있는 곳을 발견하였으니 '마라'라는 곳이다.

백성들은 환호성을 지르며 앞다퉈 달려갔다. 성급한 사람들은 이미 물에 들어앉아 있다. 아, 그런데 이게 웬일인가? 물이 몹시 써서 마실 수가 없다. '마라'란 말이 쓰다는 뜻이다. 백성들은 천성에 따라 익숙하게 모세를 원망하였다. 백성들의 거센 항의 앞에 모세는 할 수 있는 일이 하나님께 부르짖는 것 외에 아무것도 없다. 하나님께서는 부르짖는 그에게 한 나무를 지시하셨다. 모세가 그 나무를 물에 던져 넣으니 물이 제1급수가 되었다. 이것이 벌써 약 3500년 전의 일이지만 오늘도 사람들은 쓴 물을 달게 한 그 나무가 과연 정확히 어떤 나무인지를 찾아다닌다고 한다. 만일 찾으면 대박 날 돈벌이가 될 수 있기 때문이다.

이스라엘 백성은 이곳에서 물을 마시고, 또 마음의 상처를 씻고 '엘림'에 이른다. 이곳은 마라 남쪽 약 10km에 위치하고, 물이 솟는 샘 12개와 종려나무 70그루가 있다. '엘림'이 바로 나무라는 뜻이다. 그들은 이곳 샘물가에 장막을 쳤다. 12개의 샘은 이스라엘의 12지파, 종려나무 70그루는 이스라엘의 70장로와 그 수가 일치하여 이상적인 휴식처가 되었다.

"그들이 엘림에 이르니 거기 샘 열둘과 종려 일흔 그루가 있는지라. 거기서 그들이 그 물 곁에 장막을 치니라."(출15:27; 민33:9)

② **여리고**: 이스라엘 백성이 요단강을 건너 처음 정복한 여리고도 '종려나무의 성읍'(신34:3; 삿1:16; 3:13; 대하28:15)이라 불린다. 유명한 종려나무 산지이고 교통의 요충지로 아름답고 풍요로운 곳이다. 무엇보다 이 나무가 상징하는 '승리'의 의미가 크다. 한 폭의 그림같이 펼쳐진 이 종려수의 푸른 골짜기를 120세의 늙은 모세가 그윽이 바라보고 있다.

모세는 지금 죽음을 목전에 두고 있다. 그러나 그의 시력은 쇠하지 않았고, 비대하지도 않고, 각종 성인병도 없다. 물론 하나님이 함께 하셨으나 그의 인간 자체도 탁월하여 무모하지도 꼼수를 부리지도 않았다. 이제 죽기 전 마지막으로 사해 동북편의 느보 산에 오른 것이다. 이곳은 팔레스타인 땅 전역을 바라볼 수 있는 최적의 장소로 해발 802m이다. 구약을 대표하는 모세가 갈 길은 여기까지다. 그는 지금까지 몽매에도 잊지 못하고 불철주야로 달려온 약속의 땅을 저 멀리 보기만 해야 한다.

저기, 저 요단강 건너편, 저 가나안복지는 그가 도달할 수 없는 환영과도 같다. 그러나 벅차오른 감격은 진한 눈물이 되어 하염없이 흐른다. 오늘까지 그는 하나님의 비전을 따라 쉬지 않고 달려왔다. 혼신의 힘으로 달려왔다. 그의 세포 하나하나가 하나님을 앙망하였고, 그의 호흡 하나하나가 하나님께 대한 호소였다. 그가 처음 내버려졌던 나일강 변의 갈대밭에서부터 평생 그렇게 숨가쁘게 달려오며 몰아쉬던 호흡이 이제 이 산 위에서 멎었다.

"모세가 모압 평지에서 느보 산에 올라 여리고 맞은편에 이르매
여호와께서 길르앗 온 땅을 단까지 보이시고 서해까지의 유다 온 땅과 남방과
종려의 성읍 여리고 골짜기 평지를 보이시고,"(신34:1-3)

③ **드보라의 거처**: 에브라임 지파의 드보라는 여자 선지자이다. 당시는 이스라엘 백성이 하나님을 떠나 가나안 왕의 지배를 받고 있었다. 그의 군대 장관 시스라는 900대의 철제 병거로 이스라엘을 압박했다. 그때의 철병거는 지금 중국의 최첨단 핵 탱크에 해당한다. 이에 맞서기 위해 이스라엘은 현재 미국 같은 당시의 애굽과 동맹을 맺고 군사작전권을 이양할 수도 있었다. 그러나 그들은 그렇게 하지 않고 군사작전권을 하나님께 이양하였다. 하나님은 한 여인을 보내주셨다.

그녀는 제4대 사사士師로서 예루살렘 북쪽 약 9km 라마와 벧엘 사이의 종려나무 아래 거주하며 백성들의 송사를 담당했다. 부활과 승리를 상징하는 종려나무 아래서 드보라는 이미 이스라엘의 승리를 바라보며 백성들의 가슴에 하늘 백성의 긍지를 심어 주었다.

"그때에 랍비돗의 아내 여선지 드보라가 이스라엘의 사사가 되었는데
그녀는 에브라임 산지 라마와 벧엘 사이 드보라의 종려나무 아래 거하였고,
이스라엘 자손은 그에게 나아가 재판을 받더라."(삿4:4-5)

드보라는 납달리 지파의 바락이란 한 허우대가 멀쩡한 남자를 보았다. 그리고

그에게 군대를 거느리고 가서 가나안의 군대 장관 시스라를 물리치라고 했다. 그러나 이 남자는 물건만 컸지 마음은 좁쌀 같아 드보라의 치마폭에 휩싸여서 간다고 했다. 그녀는 그렇게 하겠으나 그 대신 이번 싸움의 영광은 여자에게 돌아갈 것이라 했다.

전투는 치열했다. 그러나 결국 이스라엘 군대가 승리하여 적장인 시스라는 홀로 쫓기는 신세가 되었다. 위용을 떨치던 900대의 핵 탱크는 모두 나무상자처럼 박살이 났다. 그는 급히 도보로 도망치던 중에 평소 우호적이던 친구의 장막으로 들어갔다. 마침 그의 부인 야엘이 친절하게 맞아주었다. 그녀의 부드러운 미소에 남자의 마음은 풀어졌고, 그녀가 주는 찬 우유로 불타는 목마름을 식힐 수 있었다. 그리고 그녀가 덮어 주는 포근한 이불 아래 달콤한 잠에 빠져들었다.

그가 잠든 것을 확인한 야엘은 한 뾰족한 장막 말뚝을 가지고 손에 방망이를 들고 그의 관자놀이에 대었다. 그리고 꽝 내려쳤다. '말뚝은 단번에 그의 머리통을 꿰뚫고 땅에 박혔다.'(삿4:21) 남자의 뻗치던 기세는 이렇게 나긋나긋한 여인의 손에 의해 땅에 깊숙이 박혔다. 그는 한때 권력에 빌붙어 호기스럽게 승승장구했다. 널려 있는 아부꾼과 표피적 친구들도 많았다. 야엘 부부도 그들 중 하나였다. 그러나 야엘이 선택한 것은 거짓된 친구가 아니라 신실하신 친구였다. 소의小義가 아니라 대의大義였다. 전쟁의 승리 후 드보라의 종려나무 숲에서는 찬미 소리가 울려 퍼졌다.

"나 드보라가 일어났고, 내가 일어나서 이스라엘의 어미가 되었도다.
드보라여, 깰지어다! 깰지어다! 너는 노래할지어다!
바락이여, 네가 사로잡은 자들을 끌고 갈지어다.
야엘은 다른 여인보다 복을 받을 것이니
장막에 거한 여인보다 더욱 복을 받을 것이로다."(삿5:7, 12, 24)

2 부활과 승리

① **구약의 성취**: 성전은 하나님의 임재이고 이스라엘의 상징이었다. 솔로몬 왕은 성전을 건축하고 천장, 사방 벽과 문짝에 종려나무와 활짝 핀 꽃을 아로새겼다. 제사장들의 결례潔禮에 사용되는 '바다'라는 큰 물대야의 받침대에도 종려나무를 새겼다.

"솔로몬이 성전 건축하기를 마치고,
내 외소 사면 벽에는 모두 그룹들과 종려와 핀 꽃 형상을 아로새겼고,"(왕상6:29)

이스라엘 민족의 절기에도 종려나무가 등장한다. 매년 7월 15일부터 1주일간 진행되는 초막절(장막절, 태양력은 10월)은 유월절, 오순절과 함께 이스라엘의 3대 절기 중 하나다. 초막절에 사람들은 열매와 종려나무 가지와 무성한 나뭇가지들을 취하여 초막을 짓고 그 안에 7일간 거주한다. 지난날 선조들의 광야 생활과 하나님의 보호하심을 대대로 기념하는 것이다. 추수감사제이기도 한 이 명절의 종려나무는 승리와 번영을 상징한다.

"첫날에는 너희가 아름다운 나무 열매와
종려나무 가지와 무성한 나뭇가지와 시내 버들을 취하여
너희의 하나님 여호와 앞에서 이레 동안 즐거워할 것이라."(레23:40)

그러나 기원전 586년 이스라엘 왕국이 바벨론에게 멸망되며 성전이 파괴되었다. 이스라엘의 귀족들이 포로로 잡혀가고, 성전의 금그릇 은그릇들도 모두 점령국으로 이송되어 술잔으로, 허드렛일로 쓰였다. 솔로몬의 영광이 사라졌고, 하나님의 언약은 실종되었다. 그러므로 자신들이 선민選民이라고 자부하던 사람들은 멘붕에 빠졌다. 그러나 절망 속에서도 소망을 절대 잃지 않은 사람이 있었다.

포로 중에 있던 에스겔이었다. 그가 포로 된 지 25년에 하나님의 권능이 그에게 임했다. 그는 이상 중에 이스라엘 땅에 이르러 예루살렘의 성전을 보았다. 성전의 통로와 내전과 외전의 사방 벽에 그리고 문지기 방들의 문 벽 위에 역시 종려나무가 새겨져 있다. 종려나무가 강풍에 잠깐 몸을 구부렸다가 펴는 것처럼 죽었던 이스라엘 왕국도 다시 부활할 것을 상징하는 것이다.

> "내가 본즉 집 바깥 사면으로 담이 있더라.
> 각 문 벽 위에는 종려나무를 새겼더라."(겔40:1-37; 41:17-26)

② **신약의 성취**: 예수님이 3년의 사역을 마치신 후 어린 나귀를 타고 예루살렘에 입성하셨다. 군중들은 겉옷과 함께 종려나무 잎을 길에 펴고, 또 가지를 흔들며 영접하였다. 메시아이신 예수님의 예루살렘 입성을 열렬하게 환영한 것이다.

> "큰 무리가 종려나무 가지를 가지고 맞으러 나가 외치되
> '호산나, 찬송하라! 주의 이름으로 오시는 이여, 이스라엘의 왕이시여,'"(요12:13)

그러나 며칠 후 예수님은 체포되어 법정에 섰다. 이번에는 군중들이 로마 총독 앞에 조용히 서 있는 예수를 십자가에 못 박으라고 소리쳤다. 그들이 알고 있는 메시아는 저렇게 무기력할 수가 없다. 천군 천사를 대동하고 로마를 박살내고 관리와 종교인들을 단칼에 쳐 죽이고, 지금 저 총독이 앉아 있는 바로 그 의자에 떡하니 버티고 앉아 호령해야 한다. 군중들은 또 하나의 거짓 종교인에게 속았다고 생각했다.

그러나 예수님은 실제로 그렇게도 할 수 있었으나 그렇게 하지 않으셨다. 그 대신 힘없이 끌려가 맨살에 쇠갈고리 채찍을 맞으시고, 십자가에 손과 발이 못 박혀 극심한 고통 속에 죽으셨다. 바로 우리의 죗값을 치르신 것이다. 그

후 예수교인들은 부활절 한 주 전 일요일을 종려주일Palm Sunday로 지켜오고 있다. 그 당시 예수님의 예루살렘 입성과 군중들이 흔들던 종려나무의 진정한 의미를 재확인하는 것이다. 그리고 그 주일은 수난주간의 시작이기도 하다. 우리를 대신해서 받으신 수난, 그의 진정한 승리를 기념하는 것이다.

그때 죽으신 예수님은 부활하시어 지금은 하나님보좌 우편에 계신다. 그의 사랑하는 제자 요한은 에게 해의 밧모라는 섬에 유배되었을 때 하늘의 계시를 받았다. 하늘 보좌에는 그 위에 앉으신 이와 어린양과 일곱 봉인된 두루마리 책이 있다. 어린양이 그 인을 떼기 시작하였다. 이때 많은 무리가 다시 종려가지를 들고 찬양하고 있다. 하늘과 땅의 주인, 만왕의 왕께 감사와 기쁨의 경배를 드리는 것이다.

> "각 나라와 족속과 백성과 방언에서 능히 셀 수 없는 큰 무리가
> 흰 옷을 입고 손에 종려가지를 들고
> 보좌 앞과 어린양 앞에 서서 큰 소리로 외치되
> '구원하심이 보좌에 앉으신 우리 하나님과 어린양에게 있도다.'"(계7:9-10)

5.

감람나무

이스라엘의 대표 나무

올리브olive 나무를 한국 성경에서 감람橄欖나무라고 한다. 중국 성경에서 그대로 옮겼기 때문이다. 이 나무도 재배 역사가 오래며 지중해 연안에서 자란다. 키가 5~6m 정도까지 자라며 버드나무 잎처럼 타원형인 잎은 앞면이 광택 나는 녹색이고 뒷면은 희다. 그래서 나무 전체가 아늑한 분위기를 자아낸다. 5월에 흰 꽃이 피고, 10월에 올리브 열매가 익는다. 성장이 느려 7년 후에야 열매를 맺고, 좋은 기름을 얻으려면 최소한 40년은 기다려야 한다. 성장이 늦는 만큼 목재가 단단하고 멋진 나뭇결이 있다. 수명은 천 년을 넘는다. 비 없는 척박한 토양에도 번식하고 본체가 잘려도 그루터기에서 새싹이 돋아 소생한다. 메뚜기 떼 등 해충이 공격하면 특수한 화학물질을 발산하여 격퇴한다.

올리브 나무는 목재용 외에도 용도가 많다. 우선 열매인 올리브는 그 자체와 기름이 모두 중요한 식품이다. 특히 올리브기름에는 성인병을 유발하는 트랜스지방은 거의 없고 불포화지방산이 많고 흡수가 잘 된다. 콜레스테롤을 분해하고 노화를 예방하는 만병통치약이다. 그래서 이스라엘의 장수 비결 중 하나로 알려져 있다. 건성피부의 보호, 상처치유, 관장 등 의료용으로도 쓰인다. 이 외에 각종 화장품·비누·윤활유 등의 제조를 위한 공업용으로, 그리고 무엇보다 종교용으로 사용되고 있다.

과거에는 올리브기름을 짜려면 먼저 올리브를 부숴 용기에 넣은 후 일정한 무게추로 누른다. 이때 무게추의 무게에 따라 용도가 달라진다. 제일 먼저 짠 최초의 것은 종교용의 가장 맑은 기름이다. 두 번째 무거운 돌에 의한 것은 식용, 세 번째 더욱 무거운 돌에 의한 것은 등잔용, 약품용 등 다양하게 이용된다. 이후에 남은 찌꺼기에서는 기름이 더 나올 것 같지 않은데 인간들은 쥐어짜기를 멈추지 않는다. 네 번째, 즉 최종적으로 가장 무거운 무게추로 남은 찌꺼기를 인정사정없이 내리누르면 마지막의 탁한 액체가 용기의 옆으로 배어 나온다. 이 기름에 잿물을 부어 비누도 만든다.

올리브 나무는 생명력과 번식력이 강하기 때문에 하나님의 축복과 번영을 상징한다. 현재 미국을 상징하는 휘장의 독수리도 오른발로 올리브 가지를 쥐고 있다. 이 나무는 그 전부터 포도나무와 함께 이스라엘의 대표적인 과실수이고 주요 소득원이다. 올리브와 올리브유를 수출하고, 이 나무로 만든 고급가구, 공예품 등이 지역특산품으로 여행객들에게도 판매되고 있다. 옛날부터 이스라엘 민족의 일상생활과 밀접한 관계에 있는 만큼 성경에도 많이 등장한다.

1 이스라엘의 생활 속에

① **노아의 비둘기**(창8:1-12): 홍수가 그친 후 노아는 물 빠지기를 기다렸다. 홍수 자체는 40일 만에 끝났으나 그 많은 물이 모두 제자리로 돌아가는 데는 근 1년 걸렸다. 드디어 산봉우리들이 보이기 시작하자 노아는 비둘기를 내놓았다. 저녁때에 비둘기는 푸른 올리브 새 잎사귀를 입에 물고 돌아왔다. 새 올리브

잎을 바라보는 노아와 그 가족들의 눈빛 역시 새롭게 빛났다. 비둘기가 그 많은 나무 중에 하필 감람나무 잎을 물고 온 것은 앞으로 이 나무가 노아의 후손과 깊은 관계가 있기 때문이다.

② **제사를 위한 용도**(왕상6:23, 31-33; 출27:20; 30:23-33; 레24:2): 올리브 나무는 먼저 성전 건축에 사용되었다. 이 나무로 예루살렘 성전의 그룹 천사들을 조각하였고 문과 문설주를 만들었다. 제일 처음 짠 가장 맑은 올리브유는 순결한 기름으로 꺼지지 않는 성전의 등불을 밝혔다. 이 기름에 몰약, 육계, 창포, 계피를 더하여 거룩한 관유灌油를 만들어 회막과 증거궤 등 성전 기물에 발라 거룩한 지성물로 구별하였다. 또 아론과 그 아들들에게 발라 거룩하게 하고, 제사장 직분을 맡도록 하였다.

예수님을 표현하는 '그리스도'와 '메시아'라는 칭호도 각각 그리스어와 히브리어로 '기름 부음 받은 자'라는 말이다. 인류 구원이라는 참으로 어마어마한 직무의 수행을 위해 예수님께서 천국의 대제사장으로 기름 부음을 받으신 것이다. 그리고 예수님은 이 직무를 십자가라는 끔찍한 나무형틀 위에서 마지막 숨을 거두시며 완성하셨다. 그의 직무는 이렇게 목숨을 희생하는 것이고, 이것은 오늘도 진정한 그리스도인들에 의해 계속 진행되고 있다.

③ **초막절**(느8:15): 매년 7월 15일부터 1주일 동안 진행되는 초막절에는 화석류 나무, 종려나무와 함께 산에 있는 감람나무와 들감람나무의 가지로 초막을 지었다. 이 절기는 한 해 수확을 감사하며 지난날의 거친 광야 생활을 기념하는 것이다. 이렇게 과거의 고난을 기억하는 토양에서 메시아가 출생하였다.

④ **양식과 구제**(신24:19-20): 올리브는 포도와 함께 중요한 양식이다. 그러므로 7년마다 돌아오는 안식년에 땅을 묵혀 두어 지력을 회복케 했다. 동시에 이 해의

소출은 수확하지 않고 가난한 사람들과 들짐승이 먹게 했다. 뿐만 아니라 평년에 수확할 때도 열매를 모두 따지 않고 나그네와 고아와 과부를 위해 남겨 두게 하셨다.

⑤ **순종과 감사**(신6:10-12): 이스라엘 백성이 언약의 땅에 들어가 그들이 심지 않는 올리브와 포도를 배불리 먹을 때 하나님을 잊지 말아야 한다. 만일 하나님께 순종하지 않으면 그들이 재배한 올리브와 포도도 먹지 못하게 된다. 그런데 안타깝게도 이스라엘 백성은 풍족해지자 하나님을 떠났다. 포로의 귀환 후에는 올리브와 포도를 배불리 먹고도 하나님을 떠난 죄를 회개하였다. 그러므로 선지자 하박국이 우리에게 알려 주는 참복의 비결이 좋다. 그는 '올리브와 포도의 소출이 없고, 우리에 양과 소가 없어도 구원의 하나님을 기뻐하고'(합3:17-18) 있다.

이것이 바로 순純복음이다. 여기에 다른 것이 추가되면 가假복음이 된다. 그런데 세상에서는 가복음이 더 득세하고 있다. 왜냐하면 순복음엔 재물이 들어 있지 않아 매력이 없기 때문이다. 그러므로 순복음에 세상 복福을 추가한 가복음이 횡행하고 있다. 처음에는 순복음에 재물이 덤으로 따라온다 하지만 실제로는 세상 복을 추구하고 있다. 세상 복 받은 경험담을 신앙 간증이라고도 부른다. 그러면서 가복음이 점차 순복음을 대체하지만 명칭은 여전히 순복음이라 하고 있다.

⑥ **삼손의 복수**(삿15:4-5): 순복음에서 출생하여 가복음에 살다가 끝에 순복음으로 죽은 사람이 있다. 천하장사로 유명한 사사士師 삼손이다. 완력이 센 만큼 그의 생활은 투박하고 이야깃거리도 많다. 우선 이방인인 블레셋 여자를 첫 아내로 맞았다. 당시 블레셋이 지배 민족이기 때문에 옛날 일제 강점기 일본 여자, 지금은 미국 여자와 결혼한 것과도 같다. 지금 영어 잘하는 사람처럼 그는 블레셋 말도 잘했다. 아, 그런데 이 아내가 여우같이 배신을 했다. 삼손의 체면은 땅에 꽂혔고, 노기는 하늘을 찔렀다. 그래서 참으로 해괴한 복수극을 벌였다. 300마리의 여우를 잡아 그 꼬리에 횃불을 붙여 그 여자 지역의 포도원과

감람나무들을 모조리 불태운 것이다.

불태워진 포도, 감람나무 주인들 역시 노기가 등등해져 그 여우같은 계집과 애비를 잡아 불태워 죽였다. 그러니까 삼손은 자기 부인과 장인을 불태워 죽였다고 또 노기가 충천했다. 그리고 그 큰 힘으로 대판 싸움을 벌려 수많은 블레셋 사람들을 시원스럽게 때려죽였다. 그 후엔 또 쭉쭉빵빵 매력 만점인 들리라란 블레셋 여자의 미색에 빠졌다.

결국 포로가 되어 자기 힘을 잃고, 두 눈이 뽑혀 지하감옥에서 맷돌 돌리는 신세로 곤두박질쳤다. 세월이 흐르고, 무거운 맷돌을 힘겹게 돌리며 생각하면 생각할수록 원통하고 허망하다. 해골같이 뻥 뚫어진 그의 검은 두 눈에서는 구정물 같은 눈물이 하수같이 흘러나왔다. 그리고 없는 눈으로 비로소 이스라엘의 하나님을 보았다. 영광의 하나님이 그를 똑바로 바라보시는데, 그분의 눈에도 연민의 눈물이 흐르고 있었다. 그는 소리쳤다, 외쳤다. 목 놓아 울었다. 삼손의 최후는 장렬했다.

2 비유의 말씀 속에

① **나무우화**: 감람나무가 이스라엘의 대표적인 나무인 만큼 비유로도 사용되고 있다. 기드온의 서자 아비멜렉이 자기 형제 70명을 모두 단번에 죽이고 왕이 되었을 때, 혼자 살아남은 막내 요담이 그 만행을 고발하는 그 나무 비유이다. 그 내용은 간단하다. 나무들이 국민총회를 열고 그들의 왕이 되어줄 나무를 결정했다. 그리고 그 나무를 예방하여 왕위에 오를 것을 정중히 요청하였다.

그들이 제일 처음 왕으로 지목한 것이 감람나무이다. 감람나무는 왕으로서 손색이 없음에도 불구하고 겸손하게 사양하였다. 난처해진 나무들은 그 후 무화과와 포도나무를 차례로 예방했으나 모두 역시 같은 이유로 사양하였다. 왕위에 오르기를 거절한 감람나무의 이유는 다음과 같다.

"나의 기름은 하나님과 사람을 영화롭게 하고 있는데
내가 어떻게 그것을 버리고 가서 나무들 위에 우쭐대겠는가!?"(삿9:9)

② **하나님의 백성과 의인:**

"내가 이스라엘에게 이슬과 같으리니 그 가지는 퍼지며
그 아름다움은 감람나무와 같고, 그 향기는 레바논 백향목 같으리라,
나 여호와가 그 이름을 일컬어
좋은 행실 맺는 아름다운 푸른 감람나무라 하였노라."(호14:5-6; 렘11:16)

"오직 나는 하나님의 집에 있는 푸른 감람나무 같음이여!
하나님의 인자하심을 영원히 의지하리라."(시52:8)

"네 집 안에 있는 너의 아내는 결실한 포도나무 같으며
네 식탁에 둘러앉은 너의 자녀들은 어린 감람나무 같으리라."(시128:3)

③ **두 증인:** 감람나무는 증인으로도 비유되어 있다. 기원전 539년 페르시아의 고레스가 바벨론을 정복하고, 그다음 해 이스라엘 포로들에게 본국으로의 귀향을 허락하였다. 이에 따라 왕족인 스룹바벨을 비롯하여 제사장, 귀족들 약 5만 명이 돌아와 성전의 기초를 놓았다. 그러나 사마리아와 주변 민족들에 의한 집요한 방해공작으로 성전 재건이 중단되었다.

이스라엘 민족은 870년 전 여호수아의 가나안 정복 때부터 이방 민족들과 적대관계에 있었다. 이방 민족의 입장에서는 이스라엘 민족이 갑자기 들이닥쳐 '우리가 하나님의 백성이고, 너희들은 사람도 아니다. 그러니 썩 꺼져라!' 하며 마구 침범해 온 것이다. 그러던 차에 유대 왕국이 쫄딱 망해 얼마나 기뻤는지 모른다. 아, 그런데 이것들이 쫄레쫄레 돌아와서는 다시 성전을 짓는다고 하니 어찌 두고 볼 수 있겠는가!? 그래서 직접 방해공작을 펴는 한편, 왕에게도 '이 패역하고 악한 성읍을 건축하는 것은 곧 왕국의 손실이다'(스4:11-24)라는 고발장을 보냈다. 이것이 유효하여 공사 중단 명령이 떨어졌다.

귀환한 유다 사람들의 사정은 매우 어려웠다. 완전 폐허 속에 숙식할 거처도 없고, 성전 재건을 위한 자재도 없고 인력도 부족했다. 결국 16년 동안 성전 건축이 중단되었다. 나라를 세우는 일은 참 어렵다. 하늘나라를 세우는 일은 더욱더 어렵다. 세상 권세들과 정면충돌하기 때문이다. 그래서 과거와 현재의 모든 종교인들이 이 충돌을 피하여 세상 권력들과 연대하며 부귀를 좇고 있다.

이런 시기에 선지자 스가랴에게 하나님의 말씀이 임했다. '여호와가 너희 조상들에게 심히 진노하였노라. 너희 조상들을 본받지 말라!'(슥1:2-4) 그리고 그는 일곱 등잔의 순금등대와 그 좌우편에 두 감람나무를 환상으로 보았다. 모세가 성막에 만들어 놓은 꽃 모양의 등잔대 메노라가 일곱 갈래였다. 두 감람나무는 기름 부음을 받은 두 사명자를 의미한다.

"내가 보니 일곱 등잔의 순금 등대가 있는데 그 등대 곁에 두 감람나무가 있더라.
하나는 그 우편에 있고 또 하나는 그 좌편에 있더라.
이는 기름 부음 받은 자 둘이니 온 세상의 주 앞에 서 있는 자니라."(슥4:3,14)

이 스가랴의 환상 후 기원후 90년경 밧모 섬에 유배된 사도 요한도 계시 속에 감람나무를 보았다. 밧모 섬은 현 터키 서해안 60km 지점에 있으며 면적 약 40km^2 정도의 바위투성이다. 로마 시대에는 종교, 정치범들의 유배지였다. 지금은 사도 요한을 기리는 순례지가 되어 있다.

열두 사도 중 가장 어렸던 요한은 다른 사도들이 모두 순교한 후 이제 홀로 남았다. 그의 삶 역시 박해 고분의 연속이었으나 세상 종말의 계시라는 특수 사명을 위해 예수님이 남겨 두셨다. 이 계시에서 요한은 역시 감람나무로 표현되는 두 증인에 대해 이야기하고 있다.

"내가 나의 두 증인에게 권세를 주리니
저희가 굵은 베옷을 입고 1,260일(42개월)을 예언하리라.
그들은 이 땅의 주 앞에 서 있는 두 감람나무와 두 촛대니

그들이 권능을 가지고 여러 가지 재앙으로 땅을 치리로다."(계11:3-6)

두 감람나무가 구체적으로 누구이며 42개월의 의미는 무엇인가에 대해서는 여러 의견이 있다. 그러나 모두 의견일 뿐이고 어느 것 하나가 진실이라고 할 수 없다. 성경 중에 이런 구절들은 궁금증을 자아낸다. 그러니까 이런 것만 골라서 자기의 설명을 붙여 사람을 미혹하는 이단異端들도 있다. 심지어 자기가 바로 이 감람나무라 하는 사람도 있다.

④ **참/돌감람나무**: 사도 바울은 유대인과 그리스도인의 관계를 참감람나무와 돌감람나무에 비유하고 있다. 하나님의 본격적인 구원 역사는 75세의 아브라함과 언약을 세우심으로 시작되었다. 그 후 아브라함의 손자 야곱이 이스라엘이란 새 이름을 얻어 그의 후손을 이스라엘 민족이라 부른다. 그런데 야곱의 열두 아들 중에 유다가 장자권을 계승하여 유다의 후손인 유대인이 소위 구약에 따른 구원의 일차적 대상이 되었다. 이들의 선민選民의식은 실로 대단하였다. 다른 민족들을 이방인이라 차별하며 짐승처럼 여기고 함께 식사는커녕 대면도 안 했다.

이렇게 이웃사랑에 대해서 개념조차 없었다. 그뿐 아니라 자신의 의를 내세우며 하나님의 의도 저버렸다. 결국 성전을 점거하고 죄 없는 예수를 처형했다. 그러나 유대인의 역할은 메시아가 강림하시는 역사적인 토대를 마련한 것에 의미가 있다. 만일 예수님이 아브라함과 거의 동시대 인물인 단군왕검의 후손이었다면 아무리 의롭게 죽었더라도 그리스도가 될 수 없다. 오직 아브라함과의 언약 위에서 구속 사업이 시작되었기 때문이다. 그러나 이제 유대인이 공식적으로 메시아를 거부하므로 구원의 대상이 인류 전체에 확대된 것이다. 누구나 예수님을 믿는 사람에게 구원이 임하고 있다. 혈통에 의한 구약 시대가 종료되고, 자유의지에 의한 신약 시대가 열린 것이다.

예수를 죽인 유대인은 현재 위선자의 대명사가 되었으나 그들 나름대로 전통을 지키기 위해 많은 노력을 기울인 것도 사실이다. '유대인 중에 유대인'으로 자처, 자부하는 사도 바울은 유대인을 참감람나무, 이방인 그리스도인을 돌감람나무에 비유하고 있다. 원래 우수한 참감람나무의 가지가 열매를 맺지 못하므로 베어지고 천박한 돌감람나무의 가지가 접붙임을 받았다는 것이다. 바울의 의도는 그러니까 이방인 그리스도인들은 자신의 출신과 주제를 알고 겸손하라라는 것이다.

> "참감람나무의 가지 몇 개가 꺾이고 돌감람나무인 네가 접붙임을 받아
> 참감람나무 뿌리의 진액을 함께 받게 되었으니
> 그 원가지들을 향하여 자랑하지 말라!
> 그들은 믿지 아니하므로 꺾이고 너는 믿으므로 섰느니라.
> 그러므로 높은 마음을 품지 말고 도리어 두려워하라!
> 하나님이 원가지들도 아끼지 아니 하셨으므로 너도 아끼지 아니하시리라.
> 너희가 만일 하나님의 인자하심에 거하지 아니하면
> 너도 찍히는바 되리라."(롬11:17-24)

3 겟세마네 동산에서

올리브 나무는 줄기와 뿌리에서 가지가 나온다. 줄기에서 나온 가지는 접촉부위가 두툼하고 매우 단단하여 목자의 호신용 무기로 사용된다. 목자가 이것을 허리에 차고 다니며 양떼를 공격하는 짐승들을 물리친다. 그러나 뿌리에서 자란 가지는 '네쩨르'라 하는데 한두 개 남기고 잘라 목자의 지팡이로 사용한다. 이것을 오른손에 잡고 양떼를 인도하고, 또 냇물, 흙탕 등의 깊이도 측정한다. 이것이 바로 권세의 상징인 홀笏에 비유된다. 홀은 옛날에 관직을 나타내는 패로 원래는 상아나 고급나무로 만들어졌다.

예수님을 출신 지역에 따라 '나사렛 사람'이라고도 한다. 이 나사렛이란 지역

명칭도 네쩨르에서 온 말이다. 예수님이 온 천지의 홀을 든 진정한 왕이라는 의미이다. 이것이 유다 지파에서 메시야가 출생할 것이라는 야곱의 예언에도 언급되었다.

"홀이 유다를 떠나지 아니하며
통치자의 (감람나무)지팡이가 그 발 사이에서 떠나지 아니하시기를
실로(메시야)가 오시기까지 이르리니
그에게 모든 백성이 복종하리로다."(창49:10)

감람나무 숲은 안식처와 묵상 장소로도 애용된다. 예수님이 성전에서 백성을 가르치신 후에는 제자들과 함께 예루살렘 동쪽의 감람산에 머무르셨다. 여기 계실 때 제자들은 세상 끝 날의 징조를 묻기도 했다. 최후의 만찬을 마친 후에도 이곳 감람산의 겟세마네 동산에서 제자들과 마지막 밤을 보내셨다. '겟세마네'란 말이 올리브의 '기름 짜는 틀'이란 뜻이다.

이 밤에 체포되어 죽을 것을 미리 예고하시며 '시험 들지 않게 깨어 기도하라!' 하셨건만, 제자들은 모두 깊은 잠에 빠졌다. 매우 피곤했기 때문이다. 예수님이 홀로 인류의 죄라는 세상의 가장 무거운 무게추를 지고 기도하실 때 마지막 땀방울이 배어 나왔다. 그 것이 핏방울같이 땅에 떨어졌다. 예수님은 같은 말씀을 세 번 하신 것으로 기록되어 있다.

"내 아버지여,
만일 할 만하시거든 이 잔을 내게서 지나가게 하옵소서!
그러나 나의 원대로 마시옵고 아버지의 원대로 하옵소서!"

(마26:39-42; 막14:36; 눅22:42)

예수님께서 이렇게 세 번 반복 기도하신 것에 대하여 사람들은 '죽음 앞에

선 인간 예수의 참모습'이라고 한다. 그러나 이런 견해는 십자가의 도에 대한 무지의 소치로 예수님을 애국 열사나 조폭 두목 정도로 보는 것이다. 왜냐하면 이들도 나라 위해 혹은 조직을 위해 자기 목숨을 선뜻 내놓는다. 예수님도 이런 수준이라는 것이다.

예수님은 죽기가 무섭고 자기 목숨 하나 살자고 세 번씩이나 구걸하신 것이 아니다. 예수님은 자신이 죽임을 당한 후 다시 사실 것을 분명히 아셨고, 제자들에게도 수차례 예고하셨다. 이런 예수님이 새삼스럽게 안 죽으려고, 죽기 싫어서 아니면 두려워서 세 번씩이나 똑같은 기도를 되풀이하신 것이 아니라는 말이다. 또 '기도할 때 중언부언하지 말라!'(마6:7)고 친히 가르치시지 않는가!?

예수님의 기도는 먼저 구약에서 신약으로 변화되는 구원의 제도와 방법에서 출발한다. 구약에서는 대속代贖을 위해 짐승들이 희생되었고, 신약에서는 예수님이 희생되셨다. 그러니까 구약에서는 짐승이 죽고 사람이 살았으나 신약에서는 짐승이 살고 사람이 직접 죽는 것이다. 이런 의미에서 구약의 구원이 더 인간적이고, 신약은 잔인하고 끔찍한 비인간적인 구원이라 할 수 있다. 이렇게 사람이 직접 죽어 이루어진 '첫 열매가 바로 예수님'(고전15:20)이다. 예수님은 바로 이 본을 따르라고 거듭거듭 말씀하신다.

> "자기 십자가를 지고 나를 따르지 않는 자는 내게 합당치 아니하니라.
> 자기 목숨을 얻는 자는 잃을 것이요,
> 나를 위하여 자기 목숨을 잃는 자는 얻으리라!"
>
> (마10:38-39; 16:24-25; 막8:34-35; 눅9:23-24; 14:27)

이에 따라 예수님의 실제 기도 내용은 그동안의 말씀과 기도 속에 이미 충분히 언급된 것들로서 이 절박한 순간에 다시 구구히 기록될 필요가 없다. 다만 동일한 결론 부분만 기록되어 있다. 왜냐하면 모든 기도에서 결론이 제일 중요하고, 또 동일하고, 또 반드시 동일해야 하기 때문이다. 그리고 반복, 또 반복되어야 하기 때문이다.

예수님의 죽음이 타인을 위한 희생이라는 사실에서는 보통의 의인들과 표면적으로 유사하다. 그러나 그 내면은 다르다. 예수님의 죽음은 예수님 자신으로 끝나는 것이 아니기 때문이다. 한 사람의 순국열사가 죽으므로 백성이 살고, 한 조직원의 희생이 그의 조직을 살리는 경우가 아니라는 것이다. 왜냐하면 죽음이 예수님으로 끝나는 것이 아니라 오히려 예수님으로부터 시작하기 때문이다.

첫째로, 유대인을 비롯하여 그리스도를 저버린 불신자들이 심판을 받게 된다. 둘째로, 예수를 믿고 따르는 신자들이 예수님처럼 이 땅에서 모두 죽어야 하는 것으로 바로 믿음의 고난과 순교이다. 이것들보다 더 심각한 셋째 문제가 있다. 그것은 무고한 독생자의 처참한 죽음으로 인한 하나님 마음의 큰 상하심이다. 그러므로 예수님은 절체절명의 이 세상 마지막 순간에 ① 동족을 비롯한 불신자들을 위하여, ② 제자들을 비롯한 성도들을 위하여 그리고 ③ 아버지의 마음을 위하여 그토록 간절하게 기도하신 것이다.

① **불신자를 위하여**: 예수님의 첫 번째 기도는 불신자, 특히 아브라함의 후예로 메시아를 기다려 온, 예수님 자신의 골육을 위한 것이다. 예수님은 앞으로 닥칠 유대 민족의 혹독한 운명을 예견하셨다.

하나님은 말씀하신다. '어려운 네 골육을 피하여 숨지 말라!'(사58:7) 모세는 자기 민족을 위하여 생명책에서 '내 이름을 지워버려 달라'(출32:32)고 했다. 예수님은 '예루살렘을 보시고 우셨고'(눅19:41), 70kg 무거운 십자가를 지고 가시면서도 동족의 여인들에게 '나를 위하여 울지 말고, 너희와 너희 자녀를 위하여 울라!'(눅23:28) 하셨다. 십자가 위에서도 기도하셨다. '저들을 용서하소서! 자기들의 하는 일을 알지 못합니다.'(눅23:34) 사도 바울도 '골육 친척을 위해서라면 자신이 저주받고 그리스도에게서 끊어져도 좋다.'(롬9:3)고 했다. 그러므로 예수님이 자신들의 파멸을 자초하는 골육을 위해 기도하시지 않을 수 없다.

② **신자를 위하여**: 두 번째의 기도는 예수님을 따르는 성도들을 위한 간구이다. 열두 제자를 비롯하여 오늘에 이르는 참그리스도인들의 눈물과 피에 동참하시는 것이다.

예수님은 죽음 앞에 무기력한 자녀들을 위해 '눈물을 흘리셨다.'(요11:35) 마지막 저녁 예수님이 제자들의 발을 씻어 주시며 고개를 숙이셨을 때도 예수님의 눈에는 눈물이 고였다. 앞으로 닥칠 그 발들의 고난을 아셨기 때문이다. 특히 베드로를 위해서 기도하셨고(눅22:32), 만찬 후에도 '내가 비는 것은 세상을 위함이 아니요 내게 주신 자들을 위해서입니다.'(요17:9)라고 친히 기도하셨다. 부활하신 후에는 공포에 떠는 제자들의 '평강을 기원하셨고'(요20:26-27), 승천하시는 마지막 순간에도 '손을 들어 그들을 축복하셨다.'(눅24:50-51)

③ **아버지의 마음을 위하여**: 세 번째 기도는 무엇보다 찢어지고 무너져 내리는 하나님 아버지의 마음을 위한 호소이다. 왜냐하면 하나님께서 예수님을 사랑하시는 그 차원은 모든 피조물의 수준을 훨씬 능가하는 것이다. 객관적으로 보아 예수님 한 분은 이 세상보다, 태초 이래 전 인류보다 더욱더 귀하신 분이시다. 그러므로 하나님께서 친히 하늘에서 유일하게 '내 사랑하는 아들'(마3:17; 막1:11; 눅3:22)이라 말씀하시고, 예수님도 '아버지의 아들 사랑'(요5:20)을 증언하신다.

이러한 하나님께서 먼저 자기의 백성에게 철저하게 배신당하시고, 급기야는 사랑하시는 자기 독생자까지 끔찍하게 희생되었다. 그리고 오늘까지 그 희생의 가치마저 먼저 종교인들에 의해 처참하게 짓밟히고 있다. 자식을 낳아 키워 본 사람은 이런 하나님의 마음을 어렴풋이나마 짐작할 수 있을 것이다.

"의로우신 아버지여,
세상이 아버지를 알지 못하여도 저는 아버지를 압니다."(요17:25)

'저는 아버지의 그 참담하게 찢어지고 무너지는 마음을 압니다.
찢어지는 것은 성전의 휘장뿐 아니라 먼저 아버지의 마음이고,
돌 위에 돌 하나 남지 않고 무너지는 것도
성전뿐 아니라 바로 아버지의 마음이란 것을 압니다.'

"아빠, 아버지,
아버지께는 모든 것이 가능하시잖아요!?
이 잔을 내게서 지나가게 해 주세요!(막14:36)
이렇게 엄청나고 끔찍한 일들이 제발, 제발 일어나지 않게 해 주세요!
제 마음이 감당할 수 없게 죽도록 죽도록, 정말 정말 아픕니다.(마26:38; 막14:34)

그러나, 그러나 아빠, 나의 원대로 마시고,
아버지의 원대로 하세요!"(마26:39-42; 막14:36; 눅22:42)

예수님이 이렇게 심장이 터지고 간장이 끊어지는, '간절한 기도를 드리실 때 하늘에서 온 천사가 힘을 더해야 했다. 땀은 핏방울같이 땅에 떨어졌다.'(눅22:43-44) 예수님은 정말로 창조주의 독생자까지 인간에게 살해되는, 창조 이래 최악의 참사가 발생하지 않기를 마지막 순간까지 바라셨다. 그러나 이 기도는 받아들여지지 않았다. 그러므로 예수님은 십자가 위에서 호흡이 막혀 오는 극심한 고통 중에도 절규하신다.

"엘리 엘리, 라마 사박다니…!?
나의 하나님, 나의 하나님, 왜 나를 버리셨어요…!?"(마27:46; 막15:34)

아-, 아빠 아버지-, 엉엉,
나의 골육이며 아버지 언약의 백성은 어찌 하시렵니까!?
나를 따르는 제자들이 정말로 십자가의 길을 갈수 있을까요!?
엉엉, 아빠, 무엇보다 아빠의 무너진 마음은 어떻게 합니까!? 엉엉, 엉엉
누가, 무엇이 아빠 마음에 위로가 될 수 있겠습니까!? 엉엉, 엉엉

예수님은 이렇게 '육체에 계실 때에 자기를 죽음에서 능히 구원하실 이에게 심한 통곡과 눈물로 간구와 소원을 올리셨다.'(히5:7) 이제 거친 십자가 위에서 마지막 숨을 몰아쉬며 울부짖는 예수님은 바로 눈앞까지 바짝 다가온 흑암을 보셨다. 그 '흑암은 태초에 땅이 혼돈하고 공허했던, 그 깊음 위에 있던'(창1:2) 것이다. 그리고 이제 '달려갈 길이 끝나고'(딤후4:7), '다 이루신 것'(요19:30)을 아셨다. 이후 '새 하늘과 새 땅의 새로운 창조'(사65:17; 66:22; 벧후3:13; 계21:1)가 이루어질 것이다. 순간 예수님은 마지막 힘을 쏟아 정말 이 세상에서 마지막 호흡으로 아빠 아버지를 크게 부르시며 숨을 거두셨다.

"아빠 아버지…, 내 영혼을 아버지 손에 부탁해요…!"(눅23:46)

만일 예수님이 보통 사람이었다면 아버지의 마음만을 위해서라도 죽음을 피했을 것이다. 왜냐하면 하나님이 도대체 어떤 존재이신가!? 사람이 아니라 창조주이시고 전능자이시다. 그분의 지극히 높으신 존엄과 심기는 천상하지의 그 무엇에 의해서도 손상됨이 절대로 없어야 한다. 그럼에도 불구하고 끔찍이 아끼시는 독생자를 처참하게 희생해야 하시는 아버지 마음의 아픔은 어느 피조물로도 진정될 수가 없는 것이다. 그럼에도, 그럼에도 불구하고 예수님은 친히 '받으신 고난으로 순종함을 배워 온전하게 되신'(히5:8-9) 것이다.

이제 독자를 잃으신 하나님에 대하여 사람의 표현을 쓴다면, 종교인을 앞세운 인간들이 절대자의 역린逆鱗을 건드린 것이다. 건드린 정도가 아니라 뒤집어 까놓았다. 앞으로 남은 것은 '새끼를 빼앗긴 곰이 격분하여 원수의 염통 꺼풀을 찢듯이'(삼하17:8; 호13:8) 악인들을 처단하는 일이다. 하나님께서는 절치부심, 와신상담하시며 독생자를 위한 복수의 날만 손꼽아 기다리신다.

다시 말해서 십자가로 인해 죽음이 끝나고 평화가 시작된 것이 아니라는 것이다. 하나님의 공의가 여지없이 짓밟혔고, 오늘도 짓밟히고 있다. 따라서 하늘에는 절대자의 엄청난 진노가 쌓이고, 땅에서는 악인과 의인 모두의 피가 강같이 흐르기를 시작한 것이다. 유대 민족과 불신자들의 피가 흐르고, 참그리스도인들의 고난의 피가 흐르고 있다. 그러므로 속죄의 피를 부인하는 자들, 특히 죽음에 동참은커녕 예수 이름 팔아 호의호식하는 거짓 종교인들은 제일 먼저, 아버지의 불같은 진노를 결단코 피할 수가 없는 것이다.

처참하게 죽임을 당하여 싸늘한 시체로 변한, 생명같이 귀한 독생자를 하늘 아버지께서는 엄청난 분노와 참담한 심정으로 종교인과 관리들이 모르게 은밀하게 일으키셔 하늘로 데려가셨다.

"내가 네 원수를 네 발판으로 삼을 때까지
너는 내 우편에 앉아 있어라!"(시110:1; 눅20:43)

하늘로 올라가신 그 장소도 역시 감람나무의 겟세마네 동산이었다. 오늘도 이 동산에는 2천 년 된, 오랜 감람나무들이 묵묵히 서 있다. 그 밑에는 붉은 빛깔이 도는 돌들이 널려 있다.

"예수께서 저희를 데리고 베다니 앞까지 나가 손을 들어 저희에게 축복하시더니
축복하실 때에 저희를 떠나 하늘로 올라가시니(눅24:50-51)
올라가실 때에 제자들이 자세히 하늘을 쳐다보고 있는데 흰옷 입은 두 사람이
저희 곁에 서서 '갈릴리 사람들아, 어찌하여 서서 하늘을 쳐다보느냐? 너희
가운데서 하늘로 올리우신 이 예수는 하늘로 가심을 본 그대로 오시리라.'
제자들이 감람원이라 하는 산으로부터 예루살렘에 돌아오니라."(행1:10-12)

이렇게 하늘로 올라가신 예수님이 다시 오시는 장소도 감람산이라고 성경은 알려 주고 있다.

"그날에 그의 발이 예루살렘 앞, 곧 동쪽 감람산에 서실 것이라."(슥14:4)

6.

포도나무 생명과 기쁨

포도는 활엽의 덩굴성 나무로 우리나라 사람에게도 친숙하다. 인류가 가장 오래 재배한 것 중의 하나로 아시아 서부 흑해 연안이 원산지로 되어 있다. 이집트에는 기원전 3000년경부터 포도주에 대한 기록이 있다. 중동 지방에서는 포도가 중요한 수분 공급원이다. 물이 적은 척박한 기후에도 잘 자라므로 옛날부터 포도주를 만들어 물 대용으로 마셨다. 이것을 가죽부대에 넣어 보관하고 휴대도 했다. 수확량은 많지만 보존이 힘들어 자연적으로 발효될 수밖에 없었고, 이것이 자연적으로 인류 최초의 술로 등장하였다. 포도는 음료와 술을 제공하여 생명과 기쁨의 상징이 되었다. 고대에는 포도 덩굴로 장식된 신전에서 포도주를 신들에게 바쳤다.

현재는 유럽, 미주 등 가능한 모든 곳에서 재배되고 있다. 포도 생산량은 전체 과일의 약 1/3로 가장 많다. 이것은 포도에 여러 종류가 있기도 하지만, 주로 세계적으로 방대한 포도주 소비량의 충족을 위한 것이기도 하다. 포도주 외에 건포도, 잼 등 보존 가능한 가공제품들도 크게 발달하였다.

우리나라에는 야생종으로 머루가 있다. 개량종은 고려 시대에 들어왔다. 포도

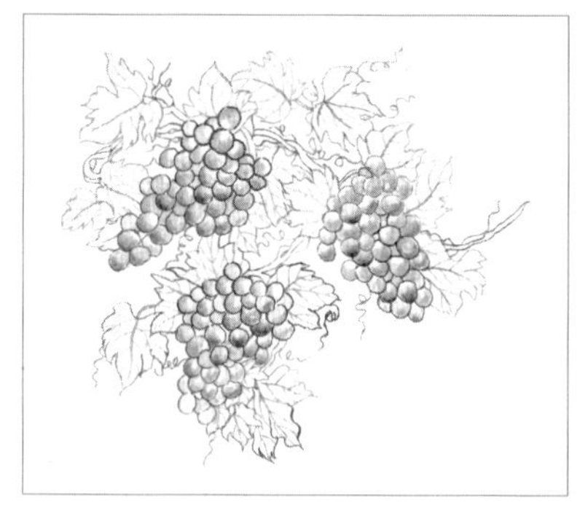

는 척박한 땅에서도 잘 자라서 한 그루에 보통 50~60송이는 기본이다. 그런데 천혜의 기후와 토양을 가진 우리나라에서는 한 그루에 3천 송이 이상이 열리고 있다. 현재 전북 고창의 한 유기농장에서는 이것을 기네스북에 등재하는 일을 추진하고 있다.

과일이 원래 우리 몸에 좋듯이 포도에도 유익한 성분들이 많다. 예를 들면, 풍부한 포도당과 비타민은 피로회복과 신진대사에 좋다. 칼슘, 인 등 무기질은 알칼리성으로 근육과 뼈를 튼튼하게 하고 새 피를 만든다. 포도의 시큼한 맛인 유기산은 소염 작용을 하고, 또 항산화 작용으로 세포의 노화를 방지한다. 레스베라트롤이라는 성분은 암을 억제하고 파킨슨병 등 퇴행성 질병을 예방한다고 한다. 하나님은 우리가 매일 먹는 평범한(?) 양식 속에 우리가 알지도 못하는, 생존과 활력의 요소들을 가득가득 채워 놓으셨다.

여하튼 인류가 가장 많이 생산하고 소비하고, 또 즐기는 과일이 포도이다. 포도가 양식과 음료수로서, 또 술로서 인간생활과 밀접한 관계에 있는 만큼 성경에도 많은 사건과 관련되어 있다. 짐승 중에서는 양이 성경의 대표적인 짐승이라 한다면 나무 중에서는 포도가 성경에 가장 많이 등장하는 대표적인 나무라 할 수 있다.

1 포도나무의 비유

하나님이 사람들에게 바라시는 단 한 가지는 그들이 하나님께로 돌아오는 것이다. 집 나간 자식이 어디서 헤매고 다니든지 그의 형편은 명백히 불행할 수밖에 없다. 학대받고 빼앗기며 종살이하다가 짐승같이 죽는 것이다. 사람 자신도 상처투성이의 몸과 마음으로 슬픔과 고통 속에서 한 줌 양식을 위해 비굴하게 아첨해야 연명할 수 있다. 그러므로 아버지는 오늘도 부르신다. '아담아, 네가 어디 있느냐?(창3:9) 내게로 돌아오라!'(사44:22; 렘3:12; 호14:1; 욜2:12) 그리고 돌아와 순종할 때의 축복과 불순종할 때의 저주를 포도에 비유하여 말씀하신다.

① **순종과 축복:**

"너희는 심지 않은 포도원과 감람나무를 차지하고(신6:11),
황폐한 성읍을 건축하고 포도원들을 가꾸어(암9:14)
포도나무를 심을 것이라.(사37:30)
무화과와 포도나무가 다 힘을 내고(욜2:22)
열매가 미리 떨어지지 않으리라.(말3:11)
포도를 밟는 자가 씨 뿌리는 자의 뒤를 이으며(암9:13)
곡식과 포도주와 기름이 풍성하여(신7:13)
산에는 단 포도주가 흐르고(암9:13)
먹을 것에 모자람이 없을 것이라.(신8 8-9)
너희는 그 열매를 배불리 먹고(신6:11; 사37:30)
포도즙의 붉은 술을 마실 것이라."(신32:14; 암9:14)

"그 날에 너희가 각각 포도나무와 무화과나무 아래 서로 초대하며(슥3:10)
나라 안 어디서나 걱정 없이 평안히 살 것이라.(왕상4:25)
너희는 포도나무같이 꽃이 피고, 그 향기는 레바논의 포도수와 같으며(호14:7)
포도주를 마심 같이 마음이 즐거울 것이라.(슥10:7)
이방 사람은 너희 농부와 포도원지기가 될 것이나
오직 너희는 여호와의 제사장이라 일컬음을 얻을 것이라."(사61:5-6)

② 불순종과 저주:

"내가 너를 귀한 포도나무로 심었거늘
악한 가지가 됨은 어찌이냐?(렘2:21)
포도나무는 소돔의 포도나무요 포도는 쓸개포도니
그 송이는 쓰며 포도주는 뱀의 독이요 독사의 악독이라.(신32:32-33)
유다 사람들도 포도주로 인하여 옆걸음 치며 독주로 인하여 비틀거리고,
제사장과 선지자도 포도주에 빠지며
환상을 잘못 풀며 재판할 때에 실수하니(사28:7)
음행과 묵은 포도주와 새 포도주가 마음을 빼앗느니라.(호4:11)
음행으로 인하여 진노의 포도주를 마시고
불과 유황으로 고난을 받으리라."(계14:8-10)

"여호와께서 진멸하여 포도나무에 포도가 없을 것이며
그 잎사귀가 마를 것이라.(렘8:13)
포도나무를 우박으로, 뽕나무를 서리로 죽이며(시78:47)
포도나무와 무화과나무를 거칠게 하여 들짐승들로 먹게 하고(호2:12)
네가 포도원을 심어도 벌레가 먹고 너희는 열매를 따지 못하리라.(신28:30, 39)
이민족이 올라와 포도나무를 멸하여(욜1:5) 불타고 베임을 당하고(시80:16)
그들이 네 자녀들의 먹을 네 포도나무와 무화과나무 열매를 먹고(렘5:17)
너는 포도원을 심으나 그 포도주를 마시지 못하리라."(습1:13)

"밭이 황무하고 토지가 처량하여 새 포도주가 말랐고 기름이 다하였도다!
포도나무가 시들었고 무화과나무가 말랐으며 밭의 모든 나무가 다 시들었으니
이러므로 인간의 희락이 말랐도다.(욜1:10-12)
새 포도즙이 슬퍼하고 포도나무가 쇠잔하며 마음이 즐겁던 자가 다 탄식하고
약탈당한 성읍이 훼파되고 집마다 닫히었고 포도주가 없으므로
모든 즐거움이 사라졌으며 땅의 기쁨이 소멸되었도다."(사24:7-11)

2 포도주에 취한 노아

사람이 제일 먼저 재배한 나무로 기록된 것이 포도이다. 홍수 후 노아와 그의 가족은 농사를 시작하며 포도나무를 심었다. 그 전에도 아담과 그 후손들이 농사를 지었겠지만 작물 이름은 언급되지 않았다. 아담의 9대손인 노아 때에 포도나무가 처음 등장한다.

이때도 포도나무 자체를 지적하기 위해서가 아니라 노아가 포도주를 마시고 취한 사건 때문이다. 이 사건으로 인해 백인종, 황인종, 흑인종으로 나뉜 인류의 운명이 결정됐다는 것이다. 사건은 간단하다. 늙은 노아가 대낮에 포도주에 취해 벌거벗은 채로 잠이 들었다. 이 모습을 제일 먼저 발견한 것이 둘째 아들 함이다. 함은 아버지의 추태를 보고 두 형제에게 알렸다. 셈과 야벳은 옷을 들고 뒷걸음으로 다가가며 얼굴을 돌이켜 보지 않고 아버지의 하체를 덮었다. 노아가 술이 깬 후 아들들이 자기에게 행한 일로 인해 셈과 야벳은 축복했고, 함은 형제들의 종이 되라고 저주하였다.

> "가나안은 저주를 받아 그 형제의 종들의 종이 되기를 원하노라.
> 셈의 하나님 여호와를 찬송하리로다.
> 하나님이 야벳을 창대케 하사 셈의 장막에 거하게 하시고,"(창9:25-27)

가나안은 함의 아들이다. 함은 '검나'는 뜻으로 그 후손이 흑인종으로 아프리카 지역에 거주한다. 야벳은 '아름다움' 또는 '확장'의 뜻으로 서양 백인종의 조상이 된다. 셈은 '명성'이란 뜻으로 아브라함과 예수의 조상이 되고 동양 황인종의 원조이다. 사건 자체는 별일 아닌 것 같은데 인류의 운명이 이처럼 크게 갈라졌다.

당시에 노아가 술 중독자이기 때문에 취했다기보다는 오히려 술에 매우 약했던 것 같다. 만일 그가 항상 취해 있는 중독자라면 그깟 일을 대수롭지 않게 넘겼을 것이다. 그러나 어쩌다 한 번 취했고, 바로 그때 발생한 실수라서 노아가 매우 과민하게 반응한 것 같다.

그는 처음 포도 농사를 지어 포도주도 처음 만들었다. 날은 덥고 목은 마르고, 또 막 숙성하기 시작한 포도즙은 향기롭고 달콤하여 한 사발쯤 크게 들이킨 것 같다. 그러니까 술을 마셨다기보다는 해갈을 위한 주스를 마신 것이다. 그에게는 홍수 후 시작한 포도 농사도 아직 서툴고 알코올농도에 대한, 또 자기 주량에 대한 지식이 없었다. 그리고 오늘날 같은 멋진 유리잔도 없었다. 그저 투박하고 큼직한 바가지로 듬뿍 떠서는 벌컥벌컥 마신 것 같다. 어? 그런데 이게 웬일인가? 그러잖아도 날씨가 더운데 몸에 열이 나고 머리는 어질거리며 땅은 빙빙 돌아 그대로 서 있을 수가 없다. 그동안 고된 일로 인해 몸도 매우 피곤하였다. 그래서 장막 안으로 들어가 옷을 풀어 헤치고 그대로 드러누운 것이다.

이때 노아의 부인은 어디 있었는지 알 수가 없다. 만일 부인이 가정에서 자기의 위치에 있었더라면 아비의 하체가 자식들에게 드러나는 추태는 막았을 것이다. 그리고 이에 따른 자식들의 실수와 불행도 미연에 방지할 수 있었을 것이다. 그러나 불행히도 늙은 아버지 혼자 술기운을 못 이겨 벌거벗은 채 누워 잠이 들었다.

이때 공교롭게도 아들 함이 무언가 상의하기 위해 아버지의 장막에 들어갔다. 그리고 취하신 아버지를 발견하고 급히 형제들에게 그 상황을 전했다. 함도 포도주에 대한 경험이 없으므로 처음 보는 취한 모습에 놀란 나머지 형제들에게 먼저 알렸을 수도 있다. 취한 모습이 존경스럽지는 않았지만 그렇다고 친숙한 가족 간에 그렇게 심각한 일이라고 생각하지도 않았다.

좌우간에 당사자가 누구이건 타인의 작은 허물이라도 용서하고 덮어 주는 것이 덕이 된다. 셈과 야벳이 아비의 허물을 보지 않고 덮어 준 것은 그러니까 의로운 행위이다. 세상의 많은 분쟁도 타인의 허물을 용서하여 덮어 주지 못하고 오히려 까발리고 응징하는 데서 발생한다. 아무튼 오늘의 유태인들도 노아의 실수를 거울삼아 술 마실 때 안 취하도록 매우 조심한다고 한다.

"허물을 덮어주는 자는 사랑을 구하는 자요,
그것을 거듭 말하는 자는 친한 벗을 이간하는 자니라.(잠17:9)
노하기를 더디 하는 것이 사람의 슬기요,
허물을 용서하는 것이 자기의 영광이니라."(잠19:11)

"자기 허물을 능히 깨달을 자 누구냐!?
나를 숨은 허물에서 벗어나게 하소서!(시19:12)
허물의 사함을 받고 자신의 죄가 가려진 자는 복이 있도다."(시32:1)

3 멜기세덱의 포도주

노아의 11대손인 아브라함의 이야기에도 포도주가 등장한다. 그가 아직 아브람이란 이름으로 가나안에 있고, 그의 조카 롯은 독립하여 소돔이란 곳에 살고 있었다. 그때 그 지방 토호들이 두 패로 나뉘어 싸웠는데 소돔 쪽 패거리가 졌다. 많은 포로들이 끌려가는 중에 롯과 그의 가족들도 있었다. 이 소식을 듣고 아브람은 그동안 집에서 기른 380명의 사병을 이끌고 북쪽으로 200km 이상을 달려갔다. 적들에 비해 턱없이 적은 수이지만 아브람은 쫄지 않았다. 이때 아브람은 이미 80을 바라보는 노인이었다.

아브람이 승리하고 돌아올 때 살렘 왕 멜기세덱은 빵과 포도주를 가지고 나아와 아브람을 축복하였다. 빵과 포도주는 멀리 가서 싸운, 또 해방되어 돌아오는 사람 모두에게 꼭 필요한 양식이다. 더구나 하나님의 축복으로 주어지는 빵과 포도주는 단순한 양식 이상의 것이다. 몸과 마음을 새롭게 하여 어떤 싸움도 승리할 수 있게 하는 하나님의 상급이기 때문이다. 깊이 감동한 아브람은 전리품에서 1/10을 멜기세덱에게 받쳤다. 이것이 십일조 헌금의 시초이다.

"살렘 왕 멜기세덱이 빵과 포도주를 가지고 나왔으니
그는 지극히 높으신 하나님의 제사장이었더라.
그가 아브람에게 축복하여 이르되
천지의 주재시요, 지극히 높으신 하나님이여, 아브람에게 복을 주옵소서!
너희 대적을 네 손에 붙이신 지극히 높으신 하나님을 찬송할지로다.
아브람이 그 얻은 것에서 십분의 일을 멜기세덱에게 주었더라."(창14:18-20)

멜기세덱은 지금 예루살렘 지역의 왕이며 제사장이었다. 그러나 그에 관한 족보나 혈통은 알려져 있지 않다. '의의 왕'이란 뜻의 멜기세덱은 자기 지역을 위해 싸워 준 아브람에게 감사를 표시한 것이겠지만 상징적 의미는 더 크다. 믿음의 조상 아브람의 개선은 모든 후손들의 개선이기도 하다. 여기에 빵과 포도주를 들어 하나님의 이름으로 축복하는 것은 메시아적인 행위이다. 그러므로 '멜기세덱은 지극히 높으신 하나님의 제사장으로 부모도 없고 시작한 날이나 생명의 끝 날도 없이'(히7:1-3) 항상 계시는 그리스도의 표상이 된다.

이 행위는 또 그 당시 일회적인 과거 일이 아니다. 예수님은 멜기세덱의 반차에 따라 오늘도 세상 싸움에서 개선하는 성도들에게 빵과 포도주를 공급하며 복을 내려 주신다. 이 빵과 포도주는 다름 아닌 그리스도의 살과 피다. 하나님 아버지가 친히 주시는 생명의 양식인 것이다. 예수님은 잡혀 죽임을 당하시기 전 최후의 저녁 식탁에서 빵과 포도주를 들어 축사하시고 곧 이별해야 하는 사랑하는 제자들에게 나누어 주셨다.

4 나봇의 포도원

포도원을 빼앗으려고 양민을 죽인 나쁜 왕도 있다. 북왕국 이스라엘의 7대 왕 아합으로 그의 부인은 악명 높은 이세벨이다. 왕궁 옆에 나봇이란 사람의 포도원이 있었다. 아합 왕은 이것이 탐나서 나봇에게 팔라고 하지만 나봇은 거절한다. 이스라엘에서 토지는 각 지파에 분배되어 대대로 상속 관리되고, 또 토지의 원소유주는 하나님으로 '영구히 팔지 못하게'(레25:23) 되어 있다.

"아합이 나봇에게 말하여 이르되
네 포도원이 내 궁 곁에 가까이 있으니 내게 주어 나물 밭을 삼게 하라!
나봇이 말하되
내 열조의 유업을 왕에게 주기를 여호와께서 금하실지로다"(왕상21:2-3)

나봇에게 거절당한 아합 왕은 입맛을 잃고 침상에 누워 버렸다. 그러자 왕후 이세벨이 다가와 속삭였다. '당신이 그래가지고도 왕이라 할 수 있어요? 쯧쯧, 그러나 염려마세요! 내가 있잖아요! 내가 그 포도원을 왕께 드릴 테니 일어나 식사나 하세요!' 그리고 그녀는 음모를 꾸몄다. 불량배들을 매수하여 거짓 증언을 하게 하여 나봇을 죽을 죄인으로 만들어 돌로 쳐 죽였다. 나봇이 죽은 후 아합 왕은 그의 포도원을 차지했다.

왕후 이세벨은 원래 이방인 시돈 왕의 딸이다. 미모도 빼어나고, 특히 남자에게 기막히게 달고 부드러운 여자다. 이 여자에 눈이 뒤집힌 아합 왕은 율법을 무시하고 정략결혼을 하였다. 이세벨은 왕후가 되자 우상 바알을 들여와 백성으로 섬기게 하였고 여호와의 선지자들을 핍박하였다. 선지자 엘리야도 그 대상이다. 그런데 이러한 수탈 행위는 오늘도 국가, 종교, 자본에 의해 조직적·합법적으로 진행되고 있다. 더구나 수탈자들은 이것을 자신들의 업적이라고 생각한다. 그러나 선지자 엘리야는 하나님의 준엄한 심판을 선포하였다.

"네가 죽이고 또 빼앗았느냐?
너의 사람들이 성읍에서 죽으면 그 시체를 개들이 먹고,
들에서 죽으면 공중의 새들이 뜯어먹을 것이다!"(왕상21:24)

5 예수님과 포도나무

① **이스라엘의 포도원 비유**: 선지자 이사야는 아브라함의 혈통적 이스라엘 민족을 포도원에 비유하고 있다. 하나님께서 매우 기름진 땅에 극상품의 포도나무를 심으셨다. 그리고 정성껏 돌보셨다. 그 후 당연히 극상품의 포도가 열릴 것을 기대하셨다. 그러나 어찌된 영문인지 죄다 몹쓸 포도만 달렸다. 하나님은 크게 실망하셨다.

"친애하는 나의 형제들이여, 내가 한 노래로 말하겠소.
사랑하는 한 친구의 포도원에 관한 것이오.
그에게 매우 기름진 언덕에 포도원이 있었소.
그래서 땅을 일구어 돌을 골라내고 가장 좋은 포도나무를 심었소.
그 가운데 망대를 세우고 포도주 틀도 놓았소.
그리고 좋은 포도가 열리기를 바랐지만 나쁜 포도가 열렸소.

자, 예루살렘 주민들과 유다 사람들이여,
이제 나와 이 포도원에 관한 일을 판단해 보시오!
내가 이제 이 포도원에 무엇을 더 할 수 있겠소!?
내가 그렇게 좋은 포도를 기대했는데 나쁜 포도만 열린 것이오.

자, 이제 내가 이 포도원을 어떻게 할지 보여 주겠소.
그 울타리를 치우고 담을 무너뜨려 짐승들이 짓밟도록 하겠소.

그것을 황폐케 하여 김을 매거나 손질도 못하게 하겠소.
그리고 거기서 찔레와 가시가 자라게 하겠소.
구름에게는 그 위에 비도 내리지 못하게 하겠소.

만군의 여호와, 그의 포도원은 이스라엘 민족이오.
유다 사람은 그가 마음으로 아끼는 포도나무요.
그들에게 정의를 바랐으나 불법을 행하고
공의를 바랐으나 압제로 인한 절규뿐이오."(사5:1-7)

② **참포도나무**: 혈통적 이스라엘이 이처럼 실패하므로 하나님은 전혀 새로운 일을 시작하셨다. 하나님의 독생자를 참포도나무로 심으신 것이다. 하나님은 주인 농부이고, 예수님은 참포도나무 그리고 그리스도인들은 포도나무의 가지가 된다. 주인은 포도나무에 못된 짐승이나 해충이 접근하지 못하게 하며 가지를 깨끗하게 한다. 포도나무 뿌리는 땅속의 수분을 흡수하여 각 가지로 보낸다. 그러므로 가지가 나무에 붙어 있으면 열매를 맺을 수 있다. 그러나 나무에 붙어 있지 않으면 열매를 맺을 수 없어 무익한 것이 된다.

"나는 참포도나무이고, 내 아버지는 주인이오.
내 안에서 열매를 맺지 못하는 가지는 아버지께서 잘라 내시고,
열매를 맺는 가지는 더 많은 열매를 맺게 하려고 깨끗하게 다듬으시오.
그대들은 내가 해 준 말에 의해 이미 깨끗하게 되었소.
내 안에 있으시오! 그러면 나도 그대들 안에 있겠소.
가지가 포도나무에 붙어 있지 않으면 가지 스스로 열매를 맺을 수 없소.

나는 포도나무이고, 그대들은 가지요.
그대들이 내 안에 있고, 내가 그대들 안에 있으면 열매를 많이 맺소.
그러나 나를 떠나서는 그대들이 아무것도 할 수 없소.

누구든지 내 안에 있지 않으면 꺾어져 말라 버리는 가지와 같소.
사람들은 그 마른 가지를 모아 불에 던져 태울 것이오."(요15:1-6)

참포도나무에 접붙여진 가지는 혈통에 의한 이스라엘이 아니고 믿음에 의한 이스라엘이다. 혈통의 자녀가 약속의 자녀로 대체된 것이다. 그런데 혈통은 눈에 보이고 확실한 반면에 믿음은 안 보이고 불확실한 데 문제가 있다. 그러므로 오늘날 혈통에 의한 교회 세습이 보편화되었다. 실제로 거짓 종교인이 매우 많고, 참종교인은 매우 적어 찾아볼 수가 없다. 예수님은 그의 열매로 거짓 종교인을 알라고 하신다.

"거짓 선지자들을 삼가라!
양의 옷을 입고 너희에게 나아오나 속에는 노략질하는 이리라.
그의 열매로 그들을 알지니 가시나무에서 포도를 따겠느냐!?"(마7:15-16)

③ **가나의 혼인잔치**: 예수님이 포도주를 직접 만들어 주신 일이 있다. 예수님이 아직 본격적인 선교 활동을 하시기 전에 모친 마리아와 제자들과 함께 갈릴리 지역 가나라는 곳의 혼인잔치에 초대되셨다.

가나는 나사렛의 북쪽 10km에 있다. 혼주는 마리아와 가까운 친척이다. 한국 농촌에서도 혼인잔치를 하면 친척들이 함께 모여 먹으며 축하해 주었다. 가나 역시 작은 시골마을인데 예수님과 제자들도 참석했으니 적지 않은 하객들이 모인 것 같다. 또 당시 유대의 혼인잔치는 보통 1~2주간 흥겹게 진행되었다. 그러므로 하객들을 위한 음식과 음료가 충분해야 한다. 그런데 잔치에 가장 중요한 포도주가 떨어졌다. 이것은 주인에게 매우 난처한 일이다. 이 위기를 마리아가 예수님께 알렸다.

당시 각 가정에 물항아리들이 있었다. 용량은 일정치 않으나 평균 95ℓ 정도이다. 이 집에는 6개 있었다. 그러니까 총량은 약 570ℓ가 된다. 이것은 현재 한국의 생수회사가 배달해 주는 18.9ℓ짜리 둥근 생수통 30개가 된다. 예수님은 이 물항아리들에 물을 가득 채우라 하시고는 그것을 떠서 잔치를 주관하는 사회자에게 갖다주라 하셨다. 그에게 도착한 물은 이미 그냥 보통 물이 아니었다. 그것은 평소 이 세상에서 맛볼 수 없는 극상품의 포도주였다. 예수님이 직접 만드신 포도주의 맛을 무슨 말로 표현할 수 있으랴!? 사회자는 깜짝 놀라 신랑에게 말했다.

"사람들은 먼저 좋은 포도주를 내고 취한 후에 낮은 것을 내는데
그대는 지금까지 좋은 포도주를 두었도다."(요2:10)

④ **최후의 만찬**: 예수님이 제자들과의 마지막 저녁식사에서 그들에게 빵과 함께 나누어준 것이 포도주이다. 그래서 술 좋아하는 사람들은 예수님의 사역이 가나 혼인집의 포도주, 술로 시작하여 최후의 만찬 포도주, 술로 끝났다고 하며 좋아한다. 반면 술을 몹시 싫어하는 사람들은 예수님이 그렇게 하지 말았어야 했다고도 한다. 또 어떤 사람들은 그건 말이 포도주고, 실제로는 알코올성분이 전혀 없는 주스라고도 한다. 좌우간에 '최후의 만찬'은 이탈리아의 화가 레오나르도 다빈치(1452~1519)가 15세기 밀라노에 있는 교회 식당의 벽면에 그린 명화와 함께 우리에게도 친숙하다.

나누어주신 빵은 대속을 위하여 희생하는 예수님 자신의 몸으로, 하늘에서 내려온 '생명의 빵'(요6:35) 이다. 포도주는 대속을 위하여 흘리신 '언약의 피'다. 그러므로 하나님의 자녀들은 오늘도 성친예식을 통하여 이 빵과 포도주를 먹고 마시며 예수님을 기념하고 있다.

"받아서 먹어라! 이것이 내 몸이다.
너희가 다 이것을 마셔라! 이것은 죄 사함을 얻게 하려고
많은 사람을 위하여 흘리는 바 나의 피, 곧 언약의 피다."

"내가 이제부터 포도나무에서 난 것을
내 아버지의 나라에서 새것으로 너희와 함께 마시는 날까지
마시지 않을 것이다!"(마26:26-29; 막14:22-25; 눅22:18-20; 고전11:23-25)

⑤ **골고다의 포도주**: 예수님이 운명하신 골고다 언덕에도 포도주가 등장한다. 십자가를 지신 예수님은 마지막으로 사형집행 장소인 골고다(=해골) 언덕으로 끌려오셨다. 그곳에는 쓸개나 몰약을 탄 독주가 있다. 이것은 매우 쓰고 시고, 몹시 독한 포도주로서 일종의 극약이다. 사형수를 단시간에 몽롱하게 마취시키는 것이다. 그래서 사형수가 고통을 덜 느끼고, 무엇보다 사형집행 중에 격렬하게 저항하는 것을 미연에 방지하려는 것이다. 이것이 사형장의 관례이고, 동시에 세상을 떠나는 사형수에게 주는 마지막 이별주이기도 하다.

예수님은 이 포도주를 거부하셨다. 포도나무에서 난 것을 다시 마시지 않겠다는 약속 때문만은 아니다. 우리의 죄를 있는 그대로, 완전히 소멸하시기 위함이다. '아버지께서 주신 잔'(요18:11)을 남김없이 마신 것이다. 그리고 이것이 마지막 이별이 아니다. 부활 후에 천국에서 하나님의 자녀들과 기쁘게 다시 만날 것이기 때문이다.

"예수를 끌고 골고다라 하는 곳에 이르러
몰약을 탄 포도주를 주었으나 예수께서 받지 아니하시니라."(마27:34; 막15:23)

7.

무화과나무

꽃이 주머니 속에

무화과나무fig는 뽕나무과에 속하는 아열대성 낙엽관목이다. 원산지는 소아시아로 지중해 전역 중동 지방 도처에 자라고 있다. 건조한 환경에서도 자라는 강인한 나무로 사막에서도 볼 수 있다. 이것이 제일 오래된 나무라 할 수 있는 것은 이미 에덴동산에 등장하기 때문이다. 이집트에서는 약 4천 년 전부터 재배한 기록이 있고, 현재는 한국에서도 재배된다.

키는 보통 6m, 큰 것은 9m까지 자라고, 가지는 8~10m 너비까지 뻗는다. 10~20cm 길이의 넓은 잎은 손바닥처럼 3~5갈래로 갈라졌다. 꽃은 수백 개의 암꽃과 수꽃이 주머니 속에 빽빽이 들어 있다. 이 주머니는 다름 아닌 꽃받침이다. 이것이 기형적으로 커져서 꽃들을 감싸 보호하는 것으로 바로 열매가 된다. 단지 주머니 아래쪽의 매우 작은 구멍으로 매우 작은 말벌들만 기어들어가 꽃들을 수정시켜 준다. 무화과와 작은

말벌이 서로 공생하고 있다.

꽃들이 이렇게 주머니 속에 숨어 안 보이고 열매만 익으므로 꽃 없는 과일 '무화과無花果'라고 불려진다. 굳이 꽃을 보고 싶은 사람은 이것을 쪼개야 한다. 열매는 유월절 기간인 4월부터 초막절의 10월까지 다섯 번 열린다. 특히 봄에 어린잎과 함께 열리는 첫 무화과는 작고 당도가 떨어지지만 그해의 첫 열매로서 가난한 사람들이 반기는 양식이 된다. 가을에 열리는 무화과는 크고 당도도 높다. 이것들을 날것으로, 또 말려서 먹고 또는 잼이나 통조림의 형태로 저장도 한다.

열매에는 단백질 분해효소가 많아 육식을 한 뒤 이것을 먹으면 소화가 잘 되고 변비도 사라진다. 항암·해독 효과도 있고, 폴리페놀이란 성분은 항산화, 노화 예방, 중성지방 제거 등의 작용을 한다. 기력 회복 효과가 탁월하여 고대 검투사들이 강장제로 많이 먹어 '검투사의 과일'이었다. 동시에 비만 제거에도 뛰어나 클레오파트라 여왕이 즐겨 먹었기 때문에 '미인의 과일'이라고도 한다.

잎과 뿌리에도 모두 혈압조절, 소화, 항암 등에 효과가 있어 옛날부터 약용으로도 쓰인다. 말린 잎을 넣은 물로 목욕하면 신경통에 효험이 있다고 한다. 병충해도 적고 아름다워 정원수로, 관상용으로도 애용된다. 현재 우리나라에서는 경기도 안성, 전남, 제주도 등지에서 지역특산물로 재배되고, 귀농을 위한 고소득 작물로도 추천되고 있다. 이스라엘에서는 옛날부터 포도, 올리브 등과 함께 일용 양식으로서 이스라엘 민족을 상징하기도 한다.

1 이스라엘 민족의 상징

하나님은 이스라엘 민족의 순종 여부에 따라 축복 또는 저주를 내리시며 다른 나무와 함께 무화과나무를 자주 언급하신다. 이스라엘 백성들이 광야에 있을 때부터 명령을 지켜 행하면 무화과와 포도와 석류와 올리브와 꿀이 있는 아름다운 땅에 이르게 하실 것이라 하셨다. 이 언약이 다윗 왕과 솔로몬 왕 때 이루어져 이스라엘 백성은 영토의 북쪽 끝의 단에서부터 남쪽 끝의 브엘세바에 이르기까지 각각 무화과나무와 포도나무 아래서 평안히 살았다. 솔로몬은 사랑을 읊는 시에도 이 나무의 첫 열매를 쓰고 있다.

"무화과나무에는 푸른 열매가 익었고,
포도나무는 꽃이 피어 향기를 토하는구나.
나의 사랑, 나의 어여쁜 자야, 일어나서 함께 가자!"(아2:13)

그러나 이스라엘 백성은 풍요로워지자 곧 하나님을 잊었다. 돈과 힘이 생기면 자기도 모르게 교만해져서 사람도, 하나님도 몰라보는 것이 우리 인간이다. 그러므로 하나님은 축복을 철회하고 저주를 내리신다. 이때 무화과의 첫 열매부터 그 상징으로 언급되어 있다.

"아, 처량한 내 신세여! 내 마음에 사모하는 처음 익은 무화과가 없구나!"(미7:1)
옛적에 내가 이스라엘을 볼 때는 무화과의 첫 열매를 보는 것 같았었는데
그들이 바알브올에 가서 부끄러운 우상에게
몸을 드림으로 가증하게 되었도다.(호9:10)
그들의 빛바랜 영광도 무화과의 첫 열매처럼
보는 자들이 빨리 잽싸게 따서 먹어버릴 것이라!"(사28:4)

"내가 너희를 진멸하리니 포도나무에 포도가 없을 것이며
무화과나무에 무화과가 없을 것이며 그 잎사귀가 마를 것이라.(렘8:13)
내가 곡식을 마르게 하는 재앙과 깜부기 재앙으로 너희를 쳤으며
벌레로 너희의 많은 동산과 포도원과 무화과나무와 감람나무를 다 먹게 하였으나
너희가 내게로 돌아오지 아니하였느니라."(암4:9)

"여호와의 말씀이니라. 이스라엘 집이여 보라!
내가 한 나라를 먼 곳에서 너희에게로 오게 하리니 곧 강하고 오랜 민족이라.
그들이 네 포도나무와 무화과나무 열매를 먹으며
네가 믿는 견고한 성들을 칼로 파멸하리라.(렘5:15-17)

다른 한 민족이 내 땅에 올라왔도다.
그들은 강하고 수가 많으며 그 이빨은 사자의 이빨 같고
암사자의 어금니 같도다.
그들이 내 포도나무를 멸하며 내 무화과나무를 긁어 말갛게 벗겨서 버리니
그 모든 가지가 하얗게 되었도다."(욜1:6-7)

결국 기원전 722년에 북왕국 이스라엘은 앗수르에게, 기원전 586년에는 남왕국 유다가 바벨론에게 모두 멸망하였다. 바벨론 포로 시대가 지나고 고향으로 귀환하는 백성들에게는 성전의 재건을 말씀하시며 다시 축복을 약속하신다.

"너희는 오늘부터 이전을 기억하라!
곧 여호와의 성전지대를 쌓던 날부터 기억하여 보라!
포도나무, 무화과나무, 석류나무, 감람나무에 열매가 맺지 못하였느니라.
그러나 오늘부터는 내가 너희에게 복을 주리라.(학2:18-19)
내가 이 땅의 죄악을 하루에 제거하리라. 만군의 여호와가 말하노라.
그날에 너희가 각각 포도나무와 무화과나무 아래로 서로 초대하리라."(슥3:9-10)

2 무화과나무의 용도

① **나뭇잎 치마**: 성경에 무화과나무가 쓰인 용도가 소개되어 있다. 제일 처음 나온 곳이 바로 에덴동산이다. 아담과 하와는 먹지 말라는 선악과를 따먹었다. 그들의 눈이 열려져 벌거벗은 몸의 수치가 눈에 들어왔다. 아이가 성인이 되면

성적 수치를 느끼게 되는 것과도 같다. 혹은 전에 무심하던 것을 갑자기 새롭게 인식한 것과도 같다. 사람이 하나님 앞에 죄인이란 사실을 모르고 있다가 갑자기 인식하게 되는 경우도 같다. 그 인식의 충격은 인간이 느끼는 가장 큰 충격이다. 그래서 우선 부끄러운 하체를 가리려 한 수단이 바로 무화과나무 잎이다. 잎사귀가 손바닥처럼 넓고 부드러워 치마를 엮기에 그럴 듯했기 때문이다.

> "이에 그들의 눈이 밝아 자기들의 몸이 벗은 줄을 알고
> 무화과나무 잎을 엮어 치마로 삼았더라."(창3:7)

그러나 아무리 그럴 듯해도 다 큰 어른 두 사람이 나뭇잎으로 간신히 몸을 가리고 엉거주춤 서 있는 몰골이 낭만적이기보다는 처량했음이 틀림없다. 이런 꼴로 인간의 가치를 논하고 존엄성을 주장할 수는 없다. 하나님은 이런 인간을 불쌍히 보시고 한 짐승의 가죽으로 옷을 지어 입히셨다. 어떤 사람은 이 가죽이 끔찍하게 잘려진 뱀의 네 다리에서 벗겨 낸 것이라고도 한다. 그러나 이때 사람을 위해 희생된 첫 짐승은 아마 양일 것이다. 우선 사이즈가 사람과 비슷하고, 또 양가죽이 부드럽기 때문이다. 정서적으로도 온순한 양이 더욱 마음에 든다. 하여간 하나님이 직접 만드신 이 최초의 가죽옷은 매우 편하고 멋지고 품위도 있었을 것이 분명하다.

② **기력의 회복**: 다윗이 왕이 되기 전 사울 왕에게 쫓길 때였다. 당시 다윗에게는 환난 당한 자, 빚진 자, 원통한 자 등 소위 체제 이탈자들 400여 명이 함께 있었다. 그들이 이리저리 도망 다니다 예루살렘 서남쪽 70km 위치한 시글락이란 지역에 머물고 있었다. 이곳은 이스라엘 영토 밖이다.

어느 날 다윗과 그의 용사들이 출타했다가 돌아와 보니 장막이 모두 불타고 다윗의 두 부인을 비롯한 부녀자와 아이들 그리고 가축들이 온데간데없다. 어떤

우라질 놈들이 와서 싹쓸이해 간 것이다. 잡혀간 사람들은 노예로 팔릴 것이 분명하다. 다윗을 따르던 사람들은 자녀들 때문에 크게 낙망하여 소리 높여 통곡하였다. 그리고 어차피 이판사판 울분에 찬 사람들이라 다윗을 돌로 쳐 죽이려고 하였다. 다윗은 매우 다급하였다. 그러나 하나님을 의지하는 그는 정신을 차리고 상황을 파악하기 시작했다.

주위를 수색하던 중 땅에 쓰러져 신음하는 한 애굽 소년을 발견했다. 병들어 거의 죽어가던 그는 바로 약탈자인 아말렉 사람의 종이었다. 3일 전 주인에게 버림받은 것이다. 그 주인은 지금까지 부리던 노예가 갑자기 풍토병에 걸려 못 움직이게 되자 순간 당황했다. 데려가기도 부담스럽고, 그렇다고 칼로 죽이는 것도 차마 못할 짓이다. 그는 '에라 모르겠다!'며 그냥 방치해 놓고 가버렸다. 다윗은 그를 치료하고 무화과 한 덩이와 건포도 두 송이를 주었다. 3일간의 금식 후 이것을 먹은 소년은 기력을 회복했다. 그리고 다윗을 아말렉의 본거지로 인도하여 식솔과 가축들을 모두 구출할 수 있었다.

> "그에게 무화과 뭉치에서 뗀 덩이 하나와 건포도 두 송이를 주었으니
> 그가 사흘 밤낮을 떡도 먹지 못하였고 물도 마시지 못하였음이라.
> 그가 먹고 정신을 차리매"(**삼상**30:12)

③ **종기의 치유**: 남왕국 히스기야 왕 때도 무화과가 등장한다. 유다의 13대 왕인 히스기야가 하나님의 도우심으로 앗수르를 물리친 후였다. 상황이 바뀌니 그의 마음도 바뀌었다. 은혜를 보답하지 않고 교만해진 것이다. 그러나 '교만은 패망의 선봉이고, 거만한 마음은 넘어짐의 앞잡이다.'(잠16:18) 그의 몸은 활력을 잃고, 식욕도 사라졌다. 더구나 힘없는 몸 여러 곳에 종기가 나고, 그 상처가 깊어지고 있었다. 몸이 썩어 가고 있는 것이다. 선지자 이사야는 앞으로 곧 죽을 것이므로 뒷정리하라는 하나님의 말씀을 전해 주었다. 그러나 아직 40세도

안 된 젊은 왕은 죽을 마음이 전혀 없다. 무엇보다 그에겐 왕위를 물려줄 자식도 아직 없다. 후사도 없이 죽는 것은 하나님의 저주라는 것이 통념이기도 했다.

침상 위의 그는 얼굴을 벽으로 향했다. 그는 넘을 수 없는 벽, 자신의 절대한계 앞에서 정면을 응시했다. 그리고 하나님께 겸손히 기도하며 심히 통곡했다. 죽음을 통보해 주고 돌아가던 이사야는 도중에 다시 하나님의 음성을 들었다. 그리고 즉시 돌아와 왕에게 그 내용을 전해 주었다. '하나님께서 당신의 기도를 듣고 당신의 눈물을 보셨다.' 그리고 그의 상처에 무화과 반죽을 놓았다. 그러자 상처는 거짓말처럼 치유되었고, 그는 3일 후에 성전에 올라가서 감사의 제사를 드릴 수 있었다.

> "이사야가 이르되 무화과 반죽을 가져오라 하매
> 무리가 가져다가 그 종처에 놓으니 나으니라."(왕하20:7)

히스기야는 그 후 건강하게 15년을 더 살았다. 건강한 아들도 낳았다. 이 아들이 히스기야가 죽고 12세에 왕위를 계승한 므낫세이다.

3 무화과나무 아래에서

무화과나무는 잎이 크고 무성하여 훌륭한 그늘을 드리우므로 교육이나 묵상을 위한 장소이기도 했다. 이날도 나다나엘이란 유다 청년은 집 앞의 큰 무화과나무 아래에서 말씀을 묵상하고 있었다. 조상들의 영광스런 애굽 탈출, 가나안 정복, 다윗 왕의 치세, 왕국의 분열과 멸망, 지금은 로마의 압제하에 이방인인 헤롯 왕가가 나라를 분할 통치하고 있다. 하나님 백성의 독립된 국가는 꿈속에서나 바랄 수 있다. 더구나 성전을 지키는 종교인들마저 부패했다. 이에 따라 사회적인 혼란과 백성들의 고통은 말할 수도 없다. 나다나엘의 눈앞은 캄캄하다.

"이스라엘에 아직 소망이 있는가?
아브라함과 이삭과 야곱의 하나님을 아직도 인정해야 하는가?
언약의 말씀이 현실적으로 무용지물이니
이제는 이스라엘의 영광도 포기해야 하나?
모세가 메시아를 이야기한 것도, 그게 벌써 언제 적 일인가!?

결국 나도 종교인들을 따라 부귀권세를 추구해야 하는가?
그런데 나는 상속받을 재산도 없고 세습할 지위도 없으니…
큰 조직에 들어가 윗사람의 눈에 들도록 노력하는 수밖에 없지 않은가!?

아니, 아니 그러지 말자!
아무리 그렇더라도 나는 종교인들처럼 될 수는 없다.
나의 하나님을 기다리자!
안 보이고, 안 들려도 기다리자! 죽도록 기다리자!
나의 도움은 천지를 지으신 하나님에게서 오지 않는가!?"(시121:2)

오늘도 새롭게 결단한 나다나엘은 무화과나무 아래서 부스스 일어나 허리를 폈다. 휘청거리는 다리에 힘을 주며 무화과의 넓은 나뭇잎들 사이로 푸른 하늘을 바라보았다. 그리고 저 멀리 친구 빌립이 바삐 걸어오는 것이 보였다. 빌립은 '내가 메시아를 만났다'는 맹랑한 소리를 한 친구다. 그것도 수도권 출신도 아닌 예루살렘 북쪽 90km나 떨어진 나사렛이란 촌구석 출신이란다. 제사장의 가문도 아니고 학벌도 없단다. 떨떠름한 표정의 나다나엘에게 빌립은 반짝이는 눈빛으로 소매를 끌었다. 두 친구는 나란히 예수님 앞으로 나아왔다.

나다나엘이 처음으로 응시하는 예수님의 눈동자는 푸른 하늘보다 더 맑다. 얼굴에는 온 세상이 빠져들어도 모두 수용할, 웅대한 온화함이 마치 바다와 같다. 이렇게 생각하는 나다나엘은 낙원의 시냇물소리 같은 음성이 고막을 통해 영혼 깊이 흘러드는 것을 느꼈다.

"보라! 이는 참 이스라엘 사람이라, 그 속에 간사한 것이 없도다."
"어떻게 나를 아십니까?"
"빌립이 너를 부르기 전 네가 무화과나무 아래 있을 때에 보았다."
"랍비여, 당신은 하나님의 아들이요, 이스라엘의 임금이십니다."
"내가 너를 무화과나무 아래에서 보았다 하므로 믿느냐!?
이보다 더 큰 일을 볼 것이다."(요1:47-49)

"내가 하나님을 기다리고 기다렸더니,
귀를 기울이사 나의 부르짖음을 들으셨도다.(시40:1)
내 영혼아, 네가 어찌하여 낙심하며, 어찌하여 내 속에서 불안해하는가?
하나님을 앙망하라!
그가 나의 도우심과 나의 하나님이심에 감사할 것이라."(시42:5,11)

나다나엘은 예수님의 제자 바돌로매로서 후에 빌립과 함께 현재 터키에 있는 히에라볼리에서 전도하였다. 이곳은 골로새와 라오디게아에서 가까운 거리에 있다. 빌립은 이곳에서 돌에 맞아 순교하여 그의 무덤 교회가 있다. 나다나엘은 터키 동북쪽의 아르메니아에서 살가죽이 벗겨지며 참수되어 순교한 것으로 전해진다.

4 무화과나무의 비유: 거짓 종교인

예수님은 무화과의 비유로 종교인을 조심하라고 가르치신다. 사회적 지위와 부귀공명을 누리며 외모도 거룩해 보여도 내면은 다를 수 있다는 것이다. 표리부동한 사람이 사기꾼인데 예수님은 특히 종교인들을 지적하신다. 그들이 예수님을 죽였고, 지금도 예수님의 이름을 훼손하며 천국 문을 가로막고 있기 때문이다.

그들은 반드시 의도적으로 거짓 종교인이 된 것이 아닐 것이다. 자신들 스스로는 참 종교인이라고 생각할 수 있으나 자신의 인식보다 더 큰 욕심과 마귀의 포로가 되어 신앙 양심까지 마비된 것이다. 거짓 종교인들은 그 엄격했던 구약 시대에도 등장하고 있다. 그들 중 몇 명을 소개하면 다음과 같다.

① **제사장 엘리**(삼상2:27-36): 자기 두 아들 홉니와 비느하스를 하나님보다 더 중히 여겨 백성들의 가장 좋은 예물을 먹여 살찌게 했다. 한국의 세습 목사와 동일하다. 이 아들들은 행실이 나쁘고 하나님을 알지 못했다. 전쟁터에는 자신들의 안전을 위해 하나님의 법궤를 메고 나갔으나 법궤는 적군에게 빼앗기고 본인들도 죽었다. 엘리는 의자에 앉았다가 넘어져 목이 부러져 죽었다.

② **벧엘의 늙은 선지자**(왕상13:11-32): 한 선지자가 벧엘에 이르러 우상에게 분향하는 이스라엘 왕을 용기 있게 책망하였다. 그 전에 그는 현지에서는 아무것도 먹지 말고 고향으로 바로 돌아가라는 명령을 받았다. 그런데 그곳의 한 늙은 은퇴 선지자가 하나님의 말씀이라고 속이고 음식을 먹게 하여 이 외지에서 온 선지자를 사자에게 물려 죽게 했다. 자신이 거짓 선지자임을 모르고 자기 신분을 과시하려 했던 것 같다.

③ **그나아나의 아들 시드기야**(왕상22:1-36): 유다 왕과 이스라엘 왕이 모처럼 의기투합하여 아람 군과 싸울 때였다. 400명의 선지자들과 함께 시드기야는 하나님의 말씀이라 하며 우군의 승리를 장담했다. 그러나 유독 이믈라의 아들 미가야가 선지자들이 거짓 영에 사로잡혔고 두 왕은 죽을 것이라 했다. 그러니까 시드기야가 크게 분개하며 미가야의 뺨을 치고 옥에 가두었다. 결과는 미가야의 예언대로 되었다.

④ **임멜의 아들 바스훌**(렘20:1-6): 바스훌은 제사장이며 성전의 총감독으로 지위

와 권세가 대단했다. 그런데 웬 예레미야란 놈이 감히 유다 왕들과 예루살렘 주민에 대하여 하나님의 심판이라 하며 옹기를 깨뜨리며 저주하였다. 바스훌은 분기충천하여 예레미야를 때리고 형틀에 묶었다. 그러나 예레미야의 예언은 이루어졌고, 바스훌은 적군의 포로가 되었다.

⑤ **기브온앗술의 아들 하나냐**(렘28:1-17): 예레미야는 하나님의 계시에 따라 목에 멍에를 메고 유다의 항복을 권고했다. 그러나 선지자 하나냐는 이 멍에를 빼앗아 꺾고 하나님의 말씀이라 하며 적국인 바벨론의 멍에가 이렇게 꺾어지고 유다는 건재할 것이라 했다. 그러나 하나냐는 그해 죽었고 유다는 바벨론의 속국이 되었다.

⑥ **사반의 아들 야아시냐**(겔8:10-12): 이스라엘의 장로 중 한 사람으로 다른 70명의 장로들과 함께 어두운 우상의 방안에서 각각 손에 향로를 들고 가증한 곤충, 짐승 등 모든 우상을 숭배하였다. 그들의 향로에서는 향연이 구름같이 올랐다.

⑦ **앗술의 아들 야아사냐, 브나야의 아들 블라댜**(겔11:1-4): 예루살렘 백성의 고관으로 다른 25명의 고관들과 함께 마음에 불의를 품고 성 중에서 악한 꾀를 도모하였다.

⑧ **벧엘의 제사장 아마샤**(암7:10-17): 양을 치고 뽕나무를 재배하는 촌사람 아모스가 이스라엘 왕은 칼에 죽고 나라는 망할 것이라고 예언했다. 그러니까 당시 명망이 높은 제사장 아마샤는 아모스에게 역적이라 하며 당장 떠날 것을 명했다. 그러나 실제로 나라는 망했다. 아마샤의 부인은 창녀가 되었고, 자녀들은 칼에 죽었고, 아마샤 자신은 더러운 땅에서 죽었다.

⑨ **거짓 선지자들, 거짓 예언하는 여자들**(겔13:2-23): 실명이 거론되지 않았으나 이들은 자기 마음대로 예언하는 어리석은 선지자들로 평강이 없는 상황에서 평강이 있다고 백성을 미혹했다. 그들은 거짓말을 곧이듣는 백성들에게 거짓말을 하여 영혼을 사냥하며 죽지 않을 영혼을 죽게 했다.

이러한 거짓 종교인의 비율이 점점 많아져서 예수님 당시에는 100%에 이르렀다. 오늘의 한국과 비슷하다. 그러므로 예수님은 학벌도 없고, 종교인의 더러운 때가 묻지 않은 서민들 중에서 제자들을 택하셨다. 바리새인 중의 바리새인이었던 사도 바울도 예수님의 생전에 부르심을 받았다면 당연히 거부하며 도리어 성전 관리들에게 고발했을 것이다. 예수님은 그의 마음이 복음에 성숙되기를 기다리시어 부활 후 다메섹 도상에서 부르셨다.

신약 시대에는 거짓 종교인이 더욱 많다. 구약은 이스라엘의 작은 영토, 한 민족에 국한되었으나, 신약은 전 세계에 확대되어 그럴 수밖에 없다. 한국에만도 그 수를 셀 수도 없다. 가톨릭은 일단 접어두고라도, 근년에 발생한 대표적인 두 가지 예만 들어보자. 1978년 미국 순복음교회 목사인 제임스 존스(1931~1978)가 어린이를 포함한 914명에게 독약을 먹여 죽였다. 애완동물들도 함께 죽였다. 2014년에는 한국의 구원파 목사가 자기 신도로 선박을 변칙 운영하여 어린 학생 304명을 바닷속에 희생시켜 온 나라를 파국으로 몰았다.

첫째 사건은 그들이 미국 존스타운에 모여 폐쇄적인 집단생활을 하며 스스로 죽어 순수 종교형이라 할 수 있다. 그러므로 사건의 해결도 국지적이고 단기적으로 이루어졌다. 이에 비해 둘째 사건은 한국 금수원이란 산채山寨에 소굴을 두고 각종 로비와 변칙으로 경영하는 종교 재벌로서 무고한 사람들을 죽인 정치권력형이라 할 수 있다. 국가기관, 정치인, 관리, 기업인, 학생, 주부 등 피해자가 광범위하고 사건의 해결도 언제 종결될지 모르는 상황이다. 현재 한국에서는 이 교파뿐 아니라 거의 모든 교단이 종교 재벌과 정치권력형임을 부인하기 어렵다.

그러므로 예수님은 종교인들을 통렬하게 책망하신다. 그들은 천국 문을 가로막고 사람을 억압하고 갈취하며 타락시키고 있다. 그들은 강도가 되었고 교회를 강도의 소굴로 만들었다. 이 강도들은 총이나 칼로 위협하는 것이 아니라 하나님의 말씀을 사용하고 있다. 그럼에도 그들은 자신이 하나님의 일꾼이라고 정말로 굳게 믿는 것 같다. 백성들 역시 여기에 미혹되어 몸과 혼과 재물을 모두 내주고 있다. 예수님이 오늘도 눈물로 탄식하시며 하나님의 자녀들에게 말씀하신다.

"거짓 종교인들을 삼가라!
양의 옷을 입고 너희에게 나아오나 속에는 노략질하는 이리라!
그의 열매로 그들을 알지니 가시나무에서 포도를,
또는 엉겅퀴에서 무화과를 따겠느냐?(마7:15-16)
나무는 각각 그 열매로 아나니 가시나무에서 무화과를,
또는 찔레에서 포도를 따지 못하느니라."(눅6:44)

5 열매 없는 무화과나무

예수님의 사역 마지막 주간에도 무화과나무가 등장한다. 바로 유월절을 임박해 예수님께서 어린 나귀를 타시고 예루살렘에 입성하신 다음날 아침이다. 어젯밤을 예루살렘 동쪽 2km에 있는 베다니에서 보내셨다. 그리고 식사도 못해 시장하신 상태로 예루살렘으로 다시 들어오셨다. 예루살렘 성에는 예수님을 초대한 사람이 단 한 사람도 없었다. 예수님은 한 커다란 무화과나무를 보시고 다가가셨다. 그러나 잎사귀만 무성할 뿐 첫 열매는 없다. 예수님은 이 나무의 종말을 말씀하신다.

"이제부터 영원토록 네가 열매를 맺지 못하리라 하시니
무화과나무가 곧 마르더라."(마21:19; 막11:14, 21)

이 무화과나무는 종교인에 의해 장악된 당시의 예루살렘 성전과 오늘날의 교회를 상징하고 있다. 어쩌면 예수님 당시와 오늘의 종교인들은 참으로 불행한 시기에 태어난 저주의 운명공동체라 할 수 있다. 당시의 예루살렘 성전 몰락은 이미 기정사실로 유례없이 철저하게 파괴되었다. 예수님은 세상의 종말도 이와 같을 것이라 말씀하신다. 깜짝 놀란 제자들은 언제 이런 일이 발생하고, 어떤 징조가 있을 것인가를 여쭈었다.

"무화과나무의 비유를 배우라!
그 가지가 연하여지고 잎사귀를 내면 여름이 가까운 줄 아는 것처럼,
너희도 이 모든 일을 보거든 하나님의 나라가 가까웠고,
인자가 가까이, 곧 문 앞에 이른 것을 알라!"(마24:32-33; 막13:28-29; 눅21:29-31)

8.

뽕나무 신이 내린 나무

한국어 성경에 쓰인 뽕나무는 한자로 상桑이라 한다. 그러나 원어는 여러 개가 있고, 모두 동일한 것들이 아니다. 영어로는 mulberry tree, sycomore, sycomore-fig 등으로 달리 표기되고, 이에 따라 우리말에도 뽕나무, 돌무화과나무 등으로 번역되어 있다. 열매가 무화과와 비슷하다 하여 돌무화과나무로 썼다고도 한다. 세계적으로는 약 35종의 뽕나무가 있다. 공통적인 것은 추위, 더위, 공해에 강하고 어떤 흙에서나 잘 자라며, 또 유용성이 매우 크다는 것이다.

이스라엘에서도 뽕나무는 어디서나 잘 자라 우리나라에서 소나무나 참나무처럼 흔하고 친숙하다. 옛날 동양에서는 흉년이 들어 양식이 없을 때 굶주림에서 벗어나기 위해 먹는 구황식물救荒植物이라고도 했다. 그리고 목재로 사용하는 것 외에 잎, 열매, 가지, 뿌리껍질까지 모두 유용하여 '신이 내린 나무神木'라고도 했다. 상전벽해桑田碧海란 말은 뽕나무밭이 깊고 푸른 바다로 바뀐다는 뜻으로 세상이 확 변한 것을 이른다.

열매인 오디는 날로 먹거나 저장하고 술을 담그기도 한다. 잎은 어릴 때 나물로 먹고 잠蠶, 누에을 키워 비단의 원료인 명주실silk을 얻는다. 나뭇가지와 뿌리껍질도 약재로 쓰이며 약효도 많아 혈압, 중풍, 중금속, 결핵, 관절염, 암, 탈모 등등 모든 병에 탁월하여 무병장수를 보장한다고 한다. 그러므로 모든 나라들이 정책적으로 재배했다. 우리나라 서울 잠실蠶室의 지방기념물 1호 뽕나무도 그 중의 하나다.

이스라엘에서도 국가적으로 관리했다. 원래는 키가 20m까지 자라는 큰 교목이지만 사람들이 재배하는 것은 잎을 얻기 위해 자주 잘라주므로 낮게 관목처럼 자라기도 한다. 사람으로 치면 평민에 해당한다. 권력자나 종교 지도자가 아니라 길거리 어디서나 마주치는 그런 평범한 보통 사람들이다. 또 하나님이 관심을 가지고 돌보시는 그런 사람들이기도 하다.

1 뽕나무 숲의 전투

하나님이 뽕나무 숲을 이용하여 다윗을 도우신 일이 있다. 다윗이 사울 왕에 이어 새로운 이스라엘 왕으로 등극하였을 때다. 그러나 블레셋이 강성하여 길보아 산 전투에서 사울 왕을 죽이고 승승장구할 때이기도 했다. 한편 왕까지 죽고 전쟁에 패한 이스라엘 백성은 사기가 땅에 떨어지고, 각 지파들은 흩어져 지리멸렬한 상태였다.

블레셋 왕은 사울 왕이 살아 있을 때는 사울에게 쫓기는 다윗에게 종주권자로서 우호적이었다. 왜냐하면 자신의 적대세력인 사울 왕에 대하여 견제가 되기 때문이다. 다윗이 7년 반 동안 헤브론의 유다 왕이었을 때도 이러한 종속관계가 유효했다. 그런데 이제 다윗이 전체 이스라엘의 새 왕이 되어 기존의 종주관계를 벗어나게 된 것이다. 블레셋 왕은 배신당했다는 생각에 몹시 분했다. 그래서 배신자 다윗이 기반을 닦고 강성해지기 전에 승전의 여세를 몰아 제압할 필요가 있었다.

블레셋의 수많은 군대는 예루살렘 서쪽 넓은 르바임 골짜기를 가득 메우고 당장 다윗을 덮칠 준비를 마쳤다. 한편 아직 견고한 요새도 갖추지 못한 다윗의 군대는 그 수도 적고 변변한 무기도 없어 전쟁을 이길 확률이 제로다. 이렇게 위급한 때 하나님의 사람이 할 수 있는 유일한 방법, 그것은 기도하는 것이다. 다윗 역시 간구하였고, 하나님 역시 응답하셨다.

> "너는 그들을 향해 바로 나아가지 말고, 그들 뒤의 뽕나무 숲에서 기습하라!
> 즉 뽕나무 위에서 군대의 행군소리가 들리면, 그때 곧 공격하라!
> 그때에 여호와가 너보다 앞서 나아가서 블레셋 군대를 칠 것이다."
>
> (**삼하**5:23-24; **대상**14:14-15)

말씀에 따라 다윗의 적은 군대가 뽕나무 숲 속에 매복하였을 때 숲 위로 엄청난 군마가 적진을 향해 질풍같이 달려가는 소리가 들렸다. 하나님의 군대가 다윗보다 먼저 적군을 진멸하기 시작한 것이다. 이에 다윗의 군대는 뽕나무 숲에서 뛰쳐나와 함성을 지르며 함께 달려갔으나 특별히 싸울 일도 없다. 단지 하나님의 군대에 의해 죽고 쫓기는 패잔병을 처리하며 노획물을 수습만 하면 되었다. 그때나 지금이나 누가 하나님의 적수가 될 수 있으랴!?

2 뽕나무 기르는 선지자

다윗의 왕위는 굳건히 섰다. 그는 나라 살림을 위하여 국고를 관리하며 관리 대상에 뽕나무를 포함하였다.

"라마 사람 시므이는 포도원을 맡았고, 스밤 사람 삽디는 포도주 곳간을 맡았고, 게델 사람 바알하난은 평야의 감람나무와 뽕나무를 맡았고,"(대상27:27-28)

시골에서 뽕나무를 기르는 평범한 보통 사람도 하나님의 음성을 직접 듣고 전파하였다. 이스라엘의 멸망을 예언한 선지자 아모스이다. 굳건했던 다윗 왕국도 그의 손자 때 남북으로 분단되었고, 북쪽 이스라엘은 2백 년이 지나지 않은 기원전 760년경 이미 멸망의 조짐이 보였다. 그때도 부유한 관리와 종교인들이 교만해지고 부패한 것이다. 그러므로 아모스는 특히 정의와 공의를 강조하였다.

"정의를 물같이, 공의를 마르지 않는 강같이 흐르게 하라!
너희는 정의를 독으로, 공의의 열매는 쓸개로 바꾸었도다.
내가 한 나라를 일으켜 너희를 치리라!"(암5:24; 6:12-14)

그리고 나라가 망하고 왕은 원수에게 죽임을 당할 것이라 했다. 그러나 당시의 관리와 종교인들은 이 말을 들을 리가 없다. 특히 종교 지도자였던 벧엘의 제사장 아마샤는 불같이 노했다. 그는 민족의 신령한 큰 지도자이고 외국에도 잘 알려진 세기적인 인물이라고도 했다. 국내의 모든 종교인들은 사회적 명성과 권위가 막강한 그의 뜻에 거스르는 말은 할 수가 없었다. 왜냐하면 대부분 그의 영향권 내에 있는 기관에 빌붙어 연명하고 있기 때문이다.

아, 그런데 어디서 굴러온, 배경도 없는 개뼈다귀가 황당한 소리를 지껄이는 것이다. 만에 하나라도 이 개뼈다귀의 말이 맞는다면, 지금까지 대대손손 제사장으로 군림하는 자기의 체면과 가문의 명예가 뭐가 되겠는가!? 그는 아모스에게 '왕과 국가를 대적하는 반역자'라고 단죄하며 더 이상 떠들지 말고 당장 사라져 없어질 것을 명령했다. 이러한 제사장에게 아모스는 자신의 입장을 설명하였다.

"나는 선지자도, 선지자의 아들도 아니오.
나는 목자이고 뽕나무를 재배하는 사람이오.
그런데 여호와께서 내게 이스라엘에 가서 예언하라 하신 것이오.

그리고 당신도 여호와의 말씀을 들으시오!
당신이 내게 '예언하지 말라!'고 하므로
당신의 부인은 창녀가 될 것이고, 당신의 자녀들은 칼에 죽을 것이오.
그리고 당신 자신도 더러운 땅에서 죽을 것이오."(암7:14-17)

3 평지의 뽕나무같이

다윗 왕의 대를 이어 그의 아들 솔로몬이 약관의 나이 20세에 왕위에 올랐다. 그 당시 그는 매우 겸손했고 하나님께 일천 번제도 드렸다. 하나님이 꿈에 나타나 무엇이든 구하라고 할 때도 자신의 안위나 재물, 또 대적의 파멸을 구하지 않고 지혜를 구하여 하나님은 매우 흡족하셨다. 그래서 그에게 역사를 통틀어 예가 없는 지혜와 총명을 주셨고, 뿐만 아니라 그가 구하지 않은 부귀도 주시어 그의 재산은 세상의 모든 왕들을 능가하였다.

"내가 또 너의 구하지 아니한 부귀와 영광도 네게 주노니
네 평생에 왕들 중에 너와 같은 자가 없을 것이라."(왕상3:13; 대하1:12)

이러한 솔로몬 왕의 부를 설명하는 데도 뽕나무가 등장한다. 그의 부는 예를 들어, 1년 세입금만 금 666달란트talent였다. 금 1달란트의 무게는 34.5kg 정도로 약 1,500명의 품삯에 해당한다. 그러니까 모두 총 23톤이고, 33만 3천여 명의 품삯이 된다. 하여간에 지금도 그렇고, 과거 고대의 한 작은 나라에서는 더욱 엄청난 금액이다. 금이 이렇게 많으니 다른 품목들은 말할 것도 없다.

"왕이 예루살렘에서 은을 돌같이 흔하게 하고,
백향목을 평지의 뽕나무같이 많게 하였더라."(왕상10:27; 대하1:15; 9:27)

4 뽕나무 위에서

예수님 당시에도 뽕나무는 이스라엘 도처에 볼 수 있었다. 예수님이 제자들과 예루살렘으로 가시는 길에도 이 나무들이 서 있었다. 제자들은 이미 3년을 예수님과 함께 생활했으나 그들에게 항상 불가사의한 분이다. 그분의 능력과 지혜를 가늠할 수 없고, 그런 자신들은 더욱 왜소하고 무능해 보였다. 그래서 제자들은 믿음을 더해 달라고 간구하였다. 그때 예수님은 바로 길가에 서 있던 뽕나무를 가리키시며 말씀하셨다.

"너희에게 겨자씨 한 알 만한 믿음이 있으면 이 뽕나무에게
'뿌리가 뽑혀 바다에 심겨라!' 하더라도 그것이 너희에게 순종할 것이다."(눅17:5-6)

그때부터 제자들은 주위에 흔한 뽕나무들을 새로운 눈으로 보며 걷는 중에 여리고 성에 당도하였다. 여기서 예루살렘까지는 약 36km, 하룻길이 남아 있다. 요단강과 가까운 이곳은 종려나무가 많아 '종려나무의 성'이라 불리는 아름다운 고장이다. 또한 교통의 길목이므로 많은 상인들이 왕래하며 통관세도 지불하여 풍요로운 관광도시이기도 하다. 그러나 예수님께서는 이곳에 관광차 오신 것이 아니다.

이곳에 하나님을 깊이 갈망하는, 한 영혼의 곤고함을 보셨기 때문이다. '하나님을 찾는 사람이 있는지'(시14:2) 하늘에서 '온 세상을 두루 살피시는'(슥4:10) 하나님께서 한 사람을 발견하신 것이다. 바로 이 도성의 세리장 삭개오였다.

삭개오는 공권력을 이용하여 품목에 따라 관세도 자율적으로 징수할 수 있다.

오늘날과 마찬가지로 공공연히 '허가 낸 도둑'이라 불리는 세리들의 우두머리였다. 그는 힘이 있었고 돈이 있었다. 매일 좋은 음식을 먹으며 몸은 비대해졌고, 그 비대한 몸을 명품 옷으로 감싸고 있었다.

그러나 그의 영혼은 공허했다. 소년시절 지각이 나면서부터 그에겐 하나의 큰 의문이 생겼다. '도대체 왜 사는가?' 어른들에게 물으면 '아이 때는 누구나 한번쯤 그런 생각을 해 보는 거란다'라는 말을 듣곤 했다. 이 말에 만족할 수 없어 다시 물으면 이런저런 이야기들을 했다. '인생은 원래 공허한 것이란다. 무無라는 것이지.' '각자 자기 신념에 사는 것이야. 자기 생각대로.' '인생은 끊임없는 질문이지. 묻고, 또 묻고, 또 묻고….' '인생은 영겁永劫 속에서 환생하며 돌고 도는 것이야.' '인생은 지나가는 거야, 저 구름처럼, 냇물처럼 혹은 바람처럼.' '그거 좋은 질문이지, 앞으로 잘 해봐!' '이놈아, 쓸데없는 소리 말구 너 할 일이나 해!'

그 후부터 그는 어느 누구에게도 다시 묻지 않았다. 그러나 그 의문은 지워지지 않고 오히려 무게를 더했다. 그 무게는 막중하여 스스로 삶을 포기하려고도 했다. 그리고 '목마른 사슴이 시냇물을 찾기에 갈급함 같이',(시42:1) 정말 죽음이 임박한 상황에서 생명을 구하는 것처럼 처절하게, 또 끈질기게 탐구했다. 왜냐하면 이 문제의 해결 없이는 정상적인 생활이 불가능했기 때문이기도 하다.

총명한 그는 곧 안정된 소득이 보장된 세리는 될 수 있었다. 그의 작은 체구는 육체노동에 적합하지도 못했다. 근면한 그는 경륜이 쌓이며 세리장도 되었다. 그래서 생활은 부유했으나 마음은 여전히 공허했다. 규례에 따라 성전에 제사도 드리고 헌물도 바치고 있으나 내면엔 변화가 없다. 오히려 나이가 들수록 고독은 짙어졌다. 곤고한 영혼이 어둠 속에 몸부림쳐 보지만 좌절감은 깊어졌다. 이러한 그에게 예수님의 소문이 들려왔다. 당시도 외치는 자는 많건마는 생명수는 말랐었다. 예수님의 기적에 매료되어 따라다니는 사람도 많았지만, 삭개오에게는 그의 말씀이 마치 어두운 밤하늘에 번쩍인 번갯불 같았다.

"마음이 가난한 자는 복이 있다.
의를 위하여 박해를 받는 자는 복이 있다.
왜냐하면 천국이 바로 그들의 것이기 때문이다.(마5:3, 10)

너희는 먼저 그의 나라와 그의 의를 구하라!(마6:33)
내가 곧 그 길이요 진리요 생명이다."(요14:6)

가난은 복福이 아니라 극복해야 할 화禍이고, 박해는 패자의 저주라서 승자가 되어야 한다는 종교인들의 메시지와 다르고, 국가의 교육목표와도 다르다. 예수님 자신이 머리 둘 곳 없이 풍찬노숙하는, 찢어지게 가난한 노숙인이라서 한풀이를 한 것도 아니다. 아직 세상 물정을 몰라서 이상주의에 빠진 것도 아니라는 것쯤은 삭개오 정도만 되도 알 수 있다. '이처럼 놀라운 말을 하는 사람이 도대체 어떤 분인가?' 삭개오는 몹시 궁금하였다.

더구나 예수님은 자기와 같은 세리를 제자로 삼으셨다지 않는가!? 삭개오는 그 소식을 들은 날부터 예수님을 직접 만나 뵐 마음이 있었다. 그러나 예수님의 거처가 일정치 않고, 세리장이란 직책도 자리를 비울 수가 없다. 그러던 차에 예수님이 이곳에 오신다는 소식을 들었다. 가슴속에 웅크렸던 열망이 고개를 들고, 호기심도 꿈틀거리더니 마치 용수철처럼 튀어 올랐다. 일찍 거리에 뛰쳐나가려는 그의 마음은 벌써부터 조급함으로 쿵쾅거렸다.

그러나 그를 자주 찾아오는 관리들이 오늘도 그와 함께 있다. 세리의 입장에서 관리들과 종교인들은 매우 까다롭고 귀찮은 접대 상대이다. 그들은 고압적인 권위로 사람을 멸시한다. 얼굴에 흘리는 위선의 미소는 소름을 돋게 한다. 삭개오는 그들이 올 때마다 금품을 제공해야 했고, 그들은 당연한 듯 챙겨 갔다. 오늘 그들은 예수라는 떠돌이 선동가가 와서 민중 소요가 일어나면 큰일이라며 일어나 나갔다. 그런 관리들이 막 떠나자 삭개오도 급히 거리로 달려갔다.

사역의 마지막 단계에 있는 예수님은 이미 이곳에서도 유명 인사이다. 그의 소식이 빠르게 퍼지며 예수님 주위로 많은 사람들이 몰려들었다. 거리는 벌써 사람들로 가득 찼다. 본래 키가 작은 그로서는 예수님의 얼굴을 바라볼 가능성도 없다. 그는 조바심으로 이리저리 군중의 틈을 필사적으로 쑤셔 보았다. 그러나 험악한 사람들은 팔꿈치를 내지르며 눈알을 부라렸다. 난감해진 삭개오는 절망스럽게 하늘을 올려보다 문득 길가 뽕나무의 든든한, 큰 가지가 눈에 들어왔다. '옳거니! 저 뽕나무로 올라가면 예수님의 모습을 볼 수 있겠구나!'

그는 잽싸게 뽕나무 위로 올라갔다. 세리장이란 체면 따윈 이미 없다. 예수님은 마침 저쪽에서 제자들과 함께 이쪽으로 한 걸음 한 걸음 오고 계신다. 군침을 삼키며 두 눈을 부릅뜨고 바라보는 삭개오, 예수님은 한발 한발 그가 올라앉은 뽕나무 가지 바로 아래까지 오셨다. 그리고 고개를 들어 그를 바라보셨다.

"삭개오여, 속히 내려오시오! 내가 오늘 그대 집에 머물러야겠소."(눅19:5)

예수님의 말씀에 삭개오는 경악과 흥분에 휩싸였다. 어둠에 있던 그에게 갑자기 밝은 빛이 비친 것이다. 순간 지금까지의 삶이 주마등같이 그의 뇌리를 스쳤다. 목숨이 오갔던 위기의 순간들, 이웃을 속이고 때리고 상처 준 일들, 세상을 비관하며 타락한 일들, 창피하고 부끄러운 일 등등이 너무도 뚜렷했다. 땅에 묻혔던 관의 뚜껑이 열리고 정오의 태양빛이 가득히 들어왔다. 각종 벌레들이 자취를 감추고 죽었던 피부에는 새 세포가 형성되기 시작했다. 삭개오는 상기된 얼굴로 급히 내려와 예수님 일행을 영접하였다.

군중은 수군거리며 대놓고 불평했다. 예수님이 대형 경기장에서 대중 집회를 하지 않고, 명망 있는 종교인의 집에도 가지 않는다는 것이다. 그리고 하필 유대인이 기피하는 죄인 세리의 집에 들어간다는 것이다. 그러나 기쁨이 강같이 밀려오는 삭개오에게는 그런 수군거림이 들리지 않는다. 예수님도 군중의 호기심을 채우기 위해 오신 것이 아니다. 자타가 인정하는 한 죄인을, 그래서 죽도록 고민하는 그리고 생명을 열망하는, 한 죄인 삭개오를 위해 오신 것이다.

하늘에서 내려오신 하나님이 자리에 앉으시고, 음식이 준비되는 동안 죄인 삭개오는 하나님 앞에 섰다. 멸망의 포구를 헤어 나온 그의 얼굴은 이제 안도와 소망으로 빛나고 있다.

"주님, 보세요! 저는 제 소유의 절반을 가난한 자들에게 주겠습니다.
그리고 만일 누구의 것을 속여 빼앗은 일이 있으면 네 배로 갚겠습니다."

"오늘 구원이 이 집에 이르렀소. 이 사람도 아브라함의 자손이오.
인자가 온 것은 이렇게 잃어버린 자를 찾아 구원하려 함이오."(눅19:8-10)

이날 삭개오는 새사람이 되었다. 소년 시절부터 그를 덮고 있던 의문도 사라졌다. 하늘에 빛나는 태양처럼 하나님의 영광이 온누리에 충만함을 보았다. 그리고 엄마 품의 아기처럼 그의 사랑 속에 깊이 안겨 있는 자신을 발견했다.

그날 이후 삭개오는 거리에 나갈 때마다 그 뽕나무를 바라보곤 했다. 자기의 작은 키를 대신하여 영광의 주를 보게 한 그 나무를, 그 나무는 지극히 흔한 보통 나무지만 하나님께서 언제부턴가 삭개오를 위하여 그곳에 예비해 놓으신 것이다. 이렇게 삭개오와 친숙해진 뽕나무는 그 후에도 여리고를 찾는 많은 순례객들의 사랑을 받았다. 지금도 여리고에는 2천 년 된 고령의 뽕나무가 서 있다. 그리고 사람들은 이 뽕나무가 삭개오의 그 뽕나무라고 생각하며 오늘도 그 앞에서 삭개오처럼 활짝 웃는 얼굴로 기념사진을 찍는다.

9.

상수리나무

천국과 지옥의 통로

상수리나무oak는 참나무과의 일종으로 높이 25m까지 자란다. 참나무과에는 떡갈나무, 신갈나무 등 600여 종이 있는데 세계 전역에 서식하고 있다. 나무 재질이 다른 나무보다 좋아 '진짜'라는 뜻 '참'나무란 이름이 붙여졌다. 또 모두 도토리 종류의 열매를 맺기 때문에 그냥 '도토리나무'라고도 한다. 긴 타원형으로 가장자리에 톱니들이 있는 잎과 도토리는 우리에게도 친숙하다.

참나무도 매우 유용하다. 우선 도토리로 묵을 만들어 먹는다. 옛날엔 흉년에 가난한 백성이 밥 대신 먹었다. 임진왜란 때는 왜군에 쫓긴 조선왕의 수라상에도 올랐다. 그래서 처음엔 '상수라나무'라 했다가 지금은 그냥 상수리나무라 부른다. 시루떡을 찔 때는 시루 밑에 폭이 넓은 참나무 잎을 깔았는데 여기서 '떡갈나무'란 이름도 생겼다. 짚신 밑에 깔기도 하여 '신갈나무'라고도 한다.

목재는 질이 단단하여 곡괭이·쟁기 등 연장을 만들거나, 건축재·차량재로 쓰였다. 배도 만들었고, 눈 많은 지방에서는 썰매도 만들었다. 표고버섯 재배의 골목감, 또 화력 좋은 땔감도 되고 질 좋은 숯도 만든다. 참숯으로 고기도 굽고, 간장 항아리에 넣어 해독작용도 한다. 이 나무를 태워 만든 훈제고기는 향이 좋고 오래 보관도 가능하다. 위스키 역시 반드시 참나무통에서 숙성시킨다. 나무 껍질도 지혈제 등 약이 되고 코르크 자체로도 많이 사용된다. 이것으로 만든 신발창은 성인병에 좋다고 한다.

성경의 배경인 이스라엘에도 많이 자라고 도토리도 열린다. 물론 한국의 것과 똑같지 않다. 어느 한국 사람이 이스라엘 도토리로 묵을 만들어 보았으나 너무 쓰고 떫어 먹지 못했다고 한다. 이 나무가 이스라엘의 산지에 생육하고 바위가 많은 구릉지를 뒤덮는다. 원래 과실수로 재배하는 나무가 아니고 야외에 자생적으로 자란다. 어떤 나무는 우산 모양으로 크고 무성하게 자라므로 이정표의 역할도 했다. 예를 들어 지역의 경계, 장막을 친 장소, 누가 앉았던 곳, 시체의 매장지 등등 특정한 장소를 알려 줄 때 이 나무를 언급하고 있다. 감람나무나 포도나무 등 과실수들은 이런 역할을 할 수가 없다.

유럽에서는 크게 자란 상수리나무가 천국과 지옥을 연결하고 천사들이 내려오는 통로라고 생각했다. 기독교 역사에도 이 나무를 신성시하여 교회 건물을 지을 때 사용했고, 나무가 부족할 때는 십자가만이라도 반드시 이 나무로 만들었다. 그래서 무당들도 이 나무 아래 제단을 차려놓고 주문을 외우며 우상을 섬긴다. 이러한 전통이 바로 성경에서 파생된 것이라 할 수 있다. 이 나무 아래 천사들이 나타나고 조상들이 제단도 쌓았기 때문이다.

1 우상숭배의 장소

전통에 따라 상수리나무는 자연스럽게 종교적 의식을 행하는 장소가 되었다.

백성들이 하나님을 떠나 스스로 교만해지면 이 나무 아래서 각종 타락한 제사를 드리며 우상을 숭상했다. 또 상수리나무로 각종 이방 신상을 만들어 신주처럼 모시고 살았다. 그러므로 하나님은 책망하신다.

"너희가 모든 푸른 나무 아래에, 무성한 상수리나무 아래 우상에게 분향하며, 음욕을 피우니 이는 그 나무 그늘이 좋음이라.(사57:5)
목공은 백향목을 베며 상수리나무를 취하여 줄로 재고 붓으로 긋고 대패로 밀어 사람의 아름다움을 따라 사람의 모양을 만들어 집안에 모시는도다.(사44:13)

너희가 기뻐하던 상수리나무로 말미암아 부끄러움을 당할 것이요,
너희는 잎사귀 마른 상수리나무 같을 것이요,(사1:29-30)
그 키는 백향목 높이와 같고 강하기는 상수리나무 같으나
내가 그 위의 열매와 그 아래의 뿌리를 진멸하였느니라.(암2:9)

너 잣나무여, 곡 할지어다! 백향목이 넘어졌고, 아름다운 나무들이 쓸어졌도다.
바산의 상수리나무들아, 곡 할지어다! 무성한 숲이 엎드러졌도다."(슥11:2)

2 아브라함과 상수리나무

75세의 아브라함은 아직 아브람이란 옛 이름을 사용하고 있었다. 그가 지금의 터키 동쪽 하란에 있을 때 아버지 데라가 250세로 죽었다. 이때 하나님은 아브람에게 고향과 친척과 아버지의 집을 떠나 하나님이 보여 줄 땅으로 가라고 말씀하셨다. 그로 하여금 큰 민족을 이루고 만민의 복이 되게 하기 위함이다. 이 말씀에 따라 아브람은 갈 바를 알지 못했지만 조카 롯과 가솔을 이끌고 고향을 떠났다. 그리고 하란에서부터 가나안 땅의 세겜에 이르러 상수리나무가 있는 곳에 당도하였다. 이곳은 예루살렘의 북쪽 약 50km 지점으로 그리심 산과 에발 산의

사이다.

"아브람이 그 땅을 지나 세겜 땅 모레 상수리나무에 이르니
그때에 가나안 사람이 그 땅에 거주하였더라.
여호와께서 아브람에게 나타나 이르시되 '내가 이 땅을 네 자손에게 주리라.'
그가 자기에게 나타나신 여호와를 위하여 그곳에 단을 쌓고"(창12:6-7)

모레는 그 지역 이름일 수도 있고 상수리나무를 소유한 가나안 사람의 이름일 수도 있다. 아무튼 이 나무가 장소를 표시할 만큼 아주 크고 우람했던 것 같다. 여기서 또 하나님이 나타나 이 땅을 아브라함의 자손에게 주실 것이라 하셨다. 아브라함은 그곳에 제단을 쌓았다.

아브라함은 이 낯선 지역에 성공적으로 정착하였고, 그와 조카 롯이 재물도 모았다. 이에 따라 생활 장소가 점차 비좁아지며 아브라함과 롯의 목자들이 서로 다투는 일이 발생하였다. 또 다투는 일이 점차 빈번해지고 과격해지며 아마도 사람이 죽는 사고까지 난 것 같다. 이런 상황에서 어떤 결론을 내야 했다. 두 집안은 서로 분가하기로 했다. 마음씨 좋은 아저씨 아브람은 조카에게 선택권을 주었고, 조카는 요단의 비옥한 땅 소돔으로 떠났다. 그러나 아저씨의 마음은 쓸쓸하다. '지금까지 고향을 떠나 그 멀고 험한 길을 함께 헤쳐 왔는데…, 비록 좋은 땅을 찾아갔지만 그곳 사람들은 악하다고 하는데…' 아저씨는 조카의 안전을 위해서 하나님께 빌었다.

기도하는 중에 하나님은 아브람에게 말씀하신다. "눈을 들어 동서남북을 바라보라! 보이는 땅을 너와 네 자손에게 주리라. 일어나 그 땅을 종횡으로 두루 다녀보라! 그것을 네게 주리라." 실제로 조카가 떠난 후 아브람은 어디에 정착해야 할지 갈 바를 알지 못했다. 그러나 하나님의 말씀을 들은 후 예루살렘(해발 780m) 서남쪽 30km의 헤브론으로 이동하였다. 동맹이란 뜻의 헤브론은 해발 930m에 위치해 있다. 그곳에 사는 아모리 족속과는 친분관계도 있다.

"이에 아브람이 장막을 옮겨 헤브론에 있는 마므레 상수리 수풀에 이르러 거하며
거기서 여호와를 위하여 제단을 쌓았더라."(창13:17-18)

아브람의 정착지가 된 헤브론은 훗날 다윗이 유다 왕으로 7년 반을 다스린 왕도이기도 하다. 마므레는 아모리 족속의 한 두령으로 이 상수리 숲의 소유주이고 아브람과는 동맹관계에 있다. 아브람이 이곳에 살고 있을 때 소돔의 조카 롯이 토호들 간의 싸움 중에 포로로 잡혀가 찾아온 일도 있었다.

아브라함이 이곳에 20년을 넘게 살면서 이제는 99세가 되었다. 그러던 어느 날이었다. 그날 몹시 더운 날, 이글대는 태양이 높이 솟은 오정, 아브라함은 장막 문에 앉아 있었다. 이제 곧 아내 사라가 준비하는 점심을 먹고 오수를 즐길 참이었다. 그런데 이 시간에 웬 사람 셋이 저 앞에 서 있는 것이 보였다. 필시 여행 중에 있는 나그네임이 분명하다. 여행이라면 아브라함이야말로 이골이 난 사람이다. 더구나 이 더운 날 여행하는 사람의 고충을 잘 알고 있다. 그는 즉시 달려가 마치 종처럼 땅에 엎드려 영접하였다.

"여호와께서 마므레의 상수리 숲 근처에서 아브라함에게 나타나시니라.
오정 즈음에 그가 장막 문에 앉았다가 눈을 들어 본즉
사람 셋이 맞은편에 섰는지라,
그가 그들을 보자 곧 장막 문에서 달려가 영접하며 몸을 땅에 굽혀"(창18:1-2)

아브라함은 식사를 대접하는 중에 세 사람은 다름 아닌 하나님의 현신임을 알았다. 그리고 내년에 아내 사라가 아들을 낳을 것, 그리고 소돔과 고모라의 죄악이 무겁고 부르짖음이 커 진상을 확인하러 간다는 것이다. 그 후 소돔과 고모라는 의인 10명이 없으므로 하늘에서 유황불이 소낙비같이 내려 멸망하였다. 그리고 1년 후 100세의 아브라함과 90세의 사라는 언약의 아들 이삭을 품에 안았다. 이 이름은 웃음이란 뜻이다.

3 야곱과 상수리나무

이삭의 아들 야곱은 외삼촌 라반의 집에서 고향으로 돌아온 후 형 에서와의 관계도 회복되었다. 생활도 풍요롭다. 지금까지는 형을 속인 양심의 가책과 보복에 대한 두려움이 가슴을 눌러 편한 날이 없었다. 그러나 이제는 사랑하는 처자식들 데리고 오순도순 재미있게 살면 된다. 옛날의 쫓기던 고통과 설움은 잊어도 된다. 그래서 야곱은 정말 옛날을 잊었다. 그리고 하나님과의 약속도 잊었다.

이전에 야곱은 형에게 쫓기며 들판에서 두려움에 떨며 잠들 때가 있었다. 꿈에 하나님께서 구원을 약속해 주셨고, 꿈에서 깬 야곱은 하나님께 서원을 드렸다. 평안히 고향으로 돌아오게 하시면 하나님께 성전을 짓고 십일조를 드리겠다고. 그리고 그곳을 '벧엘'(하나님의 집)이라고 지역 이름까지 자신이 직접 작명했던 것이다.

그러나 그는 벧엘로 돌아가지 않고 세겜으로 갔다. 이곳은 아브라함이 처음 가나안 땅에 왔을 때 잠깐 머물기도 한 곳이다. 야곱이 가족과 함께 다시 왔을 때는 하위 족속의 하몰이란 자가 실질적인 지배자였다. 다만 추장의 역할은 그의 젊은 아들 세겜이 수행했다. 이 아들이 너무 귀하여 그의 이름을 지역 명칭으로 사용했는지, 아니면 지역 명칭에 따라 아들 이름을 지었는지는 알 수 없다. 아무튼 세겜이 통치하는 이곳 세겜은 교통의 요충지로 상업도 번성하고 풍요롭다.

야곱의 식솔들도 평화롭기는 마찬가지다. 이제 그리던 고향에 '내 집'이 생긴 것이다. 야곱의 식구 모두는 각자 자기가 좋아하는 신상들을 모시고, 각종 행운의 부적들을 몸에 줄줄이 달고 살았다. 한창 청소년기에 있는 야곱의 자녀들도 신나기는 마찬가지다. 어려서 타향살이를 하고 위험하고 먼 길을 지나 이제 아버지의 고향땅에 온 것이다. 고조할아버지 아브라함의 명성이 곳곳에 자자하고, 이삭 할아버지도 계신다.

그들은 세겜의 청소년들과도 사이좋게 어울렸다. 흥겹고 야한 파티에도 즐겨 참석했다. 특히 한창 물오른 십대 후반인 야곱의 딸 디나는 세겜 청년들의 우상이었다. 그녀의 빼어난 미모와 현란한 춤은 그곳 남자들의 정신을 완전히 빼놓았다. 우리 한국의 '소녀시대' 멤버들을 빼닮았으니 어찌 제깟 놈들이 제정신일 수가 있겠는가!?

누구보다 그 지역의 젊은 추장 세겜이 디나에게 넋을 잃었다. 추장의 권력으로 다른 놈팡이들은 그녀에게 근접도 못하게 하고, 그는 디나의 환심을 사려고 극진히 노력했다. 해가 져 서쪽이 붉어지며 시원한 바람이 불 때면 흥겨운 파티가 시작된다. 그때마다 그녀는 항상 추장의 국빈으로 상석에 초대되었다. 다른 놈들은 눈요기나 해야 한다. 디나 덕에 야곱의 아들들도 활개를 치고 다닐 수 있었다. 추장의 예우와 비호가 있기 때문이다.

청년의 불타는 정열은 그러나 한계를 넘었다. 당시에 또 무슨 사회규범과 인간존중이 철저했겠는가!? 사람이 가축으로 취급되고 파리 목숨인 세상이다. 그리고 생사여탈권이 추장에게 있지 않은가!? 어느 날 저녁 동편에 달이 오르고, 풀벌레가 노래하며 파티가 끝나는 무렵, 모두 향기로운 포도주에 몽롱하게 취해 있었다. 추장은 비틀거리는 디나를 유인하여 품에 안았다. 그녀가 저항은 하였으나 의례적이었다.

그 후 세겜은 아버지 하몰을 통하여 야곱에게 정식으로 청혼하였다. 야곱의 입장은 난처해졌다. 허락한다면 하나님의 선민으로서 이방 사람들과의 통혼이 문제가 된다. 거절한다면 그 후에 이 땅에서 어떻게 살아갈 것인가? 또 이미 쪽박은 깨졌고, 물은 엎질러졌다. 야곱은 생각해 보겠노라고 얼버무렸다. 그러나 야곱 아들들의 생각은 확고했다. 특히 같은 어머니 레아의 아들들인 디나의 친오빠들이 분노했다. 짐승 같은 이방 놈이 감히 '우리 누이를 창녀같이 대우했다!?'(창34:31) 특히 시므온과 레위는 충천한 분노를 격발시켰다.

그들은 하몰에게 세겜의 남자가 모두 할례받을 것을 혼인 조건으로 제시했다.

하몰은 이를 수락하고 부락민들을 설득했다. 이에 따라 세겜의 모든 남자들이 음경의 표피를 베고 고통 중에 있었다. 이 기회를 이용하여 시므온과 레위가 사병들을 이끌고 밤에 기습하였다. 하몰과 세겜을 필두로 힘 좀 쓸 만한 남자는 모두 칼로 도륙을 냈다. 그리고 자기 누이 디나를 데려오며 그 집안의 여자들을 사로잡고 가축과 물건을 탈취하였다. 이 끔찍한 사건으로 또 혼비백산한 것은 야곱이다.

"아, 아니 이놈들아, 너희가 내게 화를 끌어왔구나!!!
이 일이 알려지면 이곳 사람들이 모두 우리를 대적할 터인데,
우리는 수가 적으니 꼼짝없이 맞아죽지 않겠냐!?
나와 우리 식구가 모두 망하지 않겠냐!? 아이고, 이 일을 어쩐다!?
이제 맘 좀 편히 살려나 했더니, 이게 또 무슨 날벼락인가!?
아이고, 이놈들아, 아이구~"(창34:30)

야곱은 자식들을 나무라며 땅바닥에 털썩 주저앉아, 눈물 콧물을 흘리며 소리 높여 꺼이꺼이 울어댔다. 한참 울며 생각해도 당황스럽고 난감하기는 마찬가지다. 지난날도 처량했는데 지금 또 이 무슨 날벼락이란 말인가!? 그렇다고 이렇게 찔찔 짜며 운다고 문제가 해결되겠는가!? 좌우간 무슨 대책을 강구해야 하지 않을까!? 야곱에게 다른 대책이란 있을 수가 없다. 그는 다시 하나님의 성호를 불렀다.

하나님은 그에게 벧엘에 가서 거주하며 제단 쌓을 것을 말씀하셨다. 전에 야곱 자신이 직접 서원한 것이기도 하다. 정신이 번쩍 든 야곱은 자신의 가야 할 길을 새롭게 인식하였다. 그는 땅에서 일어났다. 얼굴을 씻고 의관을 정제했다. 어깨를 폈다. 당혹과 공포로 초점을 잃었던 그의 눈동자는 정면을 응시했다. 입은 굳게 닫혔고, 얼굴은 결연한 의지로 굳어졌다. 그런 야곱에게는 승리를 확신하는 장군의 위엄이 서려 있다. 그는 입을 열어 식솔들에게 명령했다. 그

명령은 추상과 같았다.

"너희 중에 이방 신상과 부적들을 버려라!
몸을 깨끗이 씻어라! 의복을 바꾸어 입어라!
우리는 일어나 벧엘로 올라간다!
내 환난 날 나와 함께 하신 하나님께 제단을 쌓겠노라!"(창35:2-3)

야곱의 식구들도 사태의 심각함을 잘 알고 있다. 그들은 두말없이 모든 신상들과 귀고리와 평소 아끼는 값진 장신구들을 미련 없이 내놓았다. 이런 큰 사건 때문에 묵은 때를 씻고 자신을 새롭게 하는 일이 가능했다. 왜냐하면 사람은 원래 모두 태만하기 때문이다.

"야곱이 그것들을 세겜 근처 상수리나무 아래에 묻고, 그들이 떠났으나
하나님이 그 고을들로 크게 두려워하게 하시므로
추격하는 자가 없었더라."(창35:4-5)

그들은 벧엘에 도착하여 제단을 쌓고, 그곳 이름을 '엘벧엘'(벧엘의 하나님)이라 불렀다. 자신들의 안전을 위하여 하나님의 임재를 다시 한 번 확인하려는 것이다. 이 시기에 야곱 모친의 유모인 드보라가 죽었다. 그녀는 2대에 걸쳐 야곱의 위안자로, 집안의 어른으로 야곱 집을 진정으로 섬겼다. 그들은 그녀 역시 상수리나무 밑에 장사했다.

"리브가의 유모 드보라가 죽으매
그를 벧엘 아래에 있는 상수리나무 밑에 장사하고,
그 나무의 이름을 '알론바굿'(눈물의 상수리나무)이라 불렀더라."(창35:8)

4 여호수아와 상수리나무

그 후 야곱의 식구 70명은 대기근을 피하여 애굽으로 내려가 살았다. 그곳에서 430년을 지내며 20세 이상 장정만 60만 명을 넘는 큰 민족을 이루었으나 애굽 사람의 노예로 전락해 있었다. 이때 모세의 영도하에 애굽을 탈출하였다. 그리고 그의 후계자 여호수아의 지휘로 약속의 땅, 가나안을 정복하였다. 가나안 정복은 요단강 서쪽으로 건너가 여리고 성을 함락함으로 시작되었다. 여리고는 가나안의 중부에 위치한다. 이곳에서 다시 남부와 북부로 진출하여 영토를 확보했다.

에브라임 지파의 여호수아는 실패를 모르는 전승 장군이다. 정복한 땅을 이스라엘 12지파에게 분배한 후 백성을 세겜에 모이게 했다. 이제 그도 110세 노인으로 임종이 다가왔다. 그는 백성들이 각 지역으로 흩어지기 전에 다시 한 번 확인할 사항이 있었다. 백성 앞에 일어선 그는 백발이 성성했으나 그의 안광은 보는 이의 간담을 서늘케 했다. 입에서는 땅을 울리는 사자후가 토해졌고, 백성들의 함성은 하늘을 울렸다.

"'너희는 섬길 자를 오늘날 택하라!
오직 나와 내 집은 여호와를 섬기겠노라.'
'우리는 여호와를 버리고
다른 신들 섬기는 일을 결단코 하지 않을 것이오!'(수24:15)
여호수아가 이 모든 말씀을 하나님의 율법 책에 기록하고,
큰 돌을 취하여 거기 여호와의 성소 곁에 있는 상수리나무 아래 세우고,"(수24:26)

여호수아는 상수리나무 아래의 이 큰 돌을 증거로 삼아 백성들이 하나님을 배반하지 않도록 했다. 백성들 역시 상수리나무 아래에서 하나님을 배반하지 않겠다고 굳게 약속했다. 그리고 여호수아는 죽음을 맞이했다. 기원전 1390년이다. 백성들의 굳은 약속은 그러나 세월이 지나며 그 강도가 약해졌다. 믿지

못할 것이 사람마음 아닌가!? 그럴 때면 하나님은 다른 민족을 들어 자기 백성을 벌하시어 다시 돌아오게 하셨다.

5 기드온과 상수리나무

여호수아가 죽고 약 200년이 지난 후 하나님을 떠난 이스라엘 백성은 미디안 족속의 지배를 받고 있었다. 온갖 수탈을 당했으나 힘이 없는 야곱의 후예들은, 일본 지배하의 조선처럼, 대책이 없었다. 다만 피가 끓는 청년 기드온의 가슴은 울분으로 곧 폭발할 것만 같다. 타민족에게 종노릇하는 것이 통탄스럽고, 종교인들의 부패를 보아도 울화통이 터진다.

이날도 기드온은 미디안 사람이 알지 못하도록 상수리나무의 그늘진 곳에 숨어 힐끔힐끔 눈치를 보며 밀을 포도주 틀에서 타작하고 있었다. 원래 밝은 태양 아래 넓은 들에서 흥겨운 풍년가를 불러야 하지만 그렇지 못하다. 현실이 암담할수록 과거 선조들의 언약이 진짜인지 가짜인지, 의혹도 크다.

'우리의 조상 아브라함과 이삭과 야곱의 하나님,
옛날에 큰 기사와 능력으로 우리 조상들을 애굽에서 구하셨다는데, 그거 진짭니까!?
언약의 말씀은 아직도 유효한 것인가요? 당신은 진짜 계시기나 합니까!?'

그러던 어느 날 기드온은 천사의 방문을 받았다. 그리고 메뚜기 떼같이 중다한 미디안 대군을 달랑 300명의 용사로 물리쳤다.

"여호와의 사자가 요아스에게 속한 오브라에 이르러 상수리나무 아래 앉으니라.
마침 요아스의 아들 기드온이 미디안 사람에게 알리지 아니하려 하여
밀을 포도주 틀에서 타작하더니

여호와의 사자가 기드온에게 나타나 이르되
큰 용사여, 여호와께서 너와 함께 계시도다.(삿6:11-12)

6 사울 왕과 상수리나무

상수리나무가 매장지가 된 경우가 또 있다. 기원전 1010년 이스라엘의 초대 왕 사울이 블레셋과의 싸움에 패하여 길보아 산에서 전사했다. 사울은 처음에는 겸손하고 예의 바른 청년이었으나 왕이 된 후 지위와 권력에 눈이 멀었다. 한국의 세습 목사가 지위에 집착하는 것처럼 사울도 왕위에 대한 집착 때문에 하나님을 버린 것이다. 그리고 충신이며 자기 사위인 다윗을 죽이려고 줄곧 쫓아다녔다.

길보아는 예루살렘 북쪽 약 76km에 있는 해발 500m의 요단강 서편 산악 지역이다. 사울 왕과 그의 아들들은 이곳에서 모두 처참하게 죽었다. 막판에 화살에 맞아 중상을 입은 사울은 옆에 있던 신하에게 자기를 칼로 찔러달라고 했다. 그 신하가 거절하자 사울은 '자기의 칼을 뽑아서 그 위에 엎드러져'(삼상 31:4; 대상10:4) 죽었다. 이렇게 끔찍한 자살로 그토록 집착하던 왕좌를 내놓아야 했다. 그가 죽자 길르앗 야베스 사람들이 그의 시체를 거두어 상수리나무 아래 장사하였다. 이들은 요단강 동편에 살며 초창기에 사울 왕의 도움을 받은 일이 있었다.

"길르앗 야베스 용사들이 다 일어나서 사울과 그 아들들의 시체를 거두어
야베스로 가져다가 그곳 상수리나무 아래
그 해골을 장사하고 칠일을 금식하였더라."(대상10:11-12)

7 압살롬과 상수리나무

상수리나무에 머리털이 걸려 죽은 사람도 있다. 사울의 뒤를 이은 다윗 왕의 한 아들이다. 다윗에게는 이름이 밝혀진 부인 8명 외에 밝혀지지 않은 왕비와 후궁들이 많았다. 이들로부터 20명이 넘는 배다른 아들들이 태어났다. 장남인 암논은 삼남 압살롬의 친누이 다말을 비열한 방법으로 강간하고 큰 모욕을 주었다. 후에 압살롬은 암논을 죽여 버렸다. 압살롬을 사랑하는 다윗 왕은 후에 그의 형제 살인을 용서했다.

왕자들 중에 압살롬은 유능했고 이스라엘의 가장 아름다운 남자로 칭송되었다. 백옥 같은 피부에 '발바닥부터 정수리까지 흠이 없다.'(삼하14:25) 완벽한 얼굴과 균형 잡힌 몸매, 그의 경쾌한 몸동작에는 고상한 멋도 풍기었다. 윤기 있는 머리털은 잘 자라 연말에 자르면 그 무게가 2.3kg나 되었다. 보통 사람의 500g에 비하면 엄청난 것이다. 아무튼 머리털은 멋과 힘의 상징이기도 하다. 천하장사 삼손의 경우가 대표적이다. 또 빨리 자란다는 것은 건강과 정력도 좋다는 것이다. 그런데 사람은 누구나 조건이 좋으면 그만큼 교만해지기 마련이다. 압살롬도 예외가 아니다.

압살롬은 이미 늙어 쇠약해진 부왕을 우습게 알고 치밀한 계획으로 반란을 일으켰다. 왕의 친구이며 모사였던 아히도벨도 여기 참여했다. 아히도벨은 다윗 왕에게 깊이 실망하여 반역에 가담한 것이다. 다윗이 자신의 손녀인 밧세바를 겁탈하고 손녀사위인 충신 우리야까지 비열하게 죽인 것이다. 다윗 왕은 밤중에 황급히 도망쳐야 했다. 왕궁에 입성한 압살롬은 옥상에서 아버지의 첩들과 공개적으로 요란하게 동침도 했다. 그런 대담한 행위가 백성들에게 젊은 새 왕의 존재를 과시한다고 바로 아히도벨이 간언한 것이다.

그렇다고 모든 사람이 압살롬에게 동조한 것은 아니다. 군대도 두 파로 나뉘어 서로 싸우는 중에 압살롬의 군대가 패했다. 이때 노새를 타고 도망하던 압살롬의 머리털이 상수리나무의 무성한 가지에 걸린 것이다. 이에 군대 장관 요압이 나무에 달려 있는 압살롬의 심장을 창으로 찔러 꿰뚫었다.

"압살롬이 노새를 탔는데,
그 노새가 큰 상수리나무 번성한 가지 아래로 지날 때에
그의 머리털이 그 상수리나무에 걸려 그가 공중에 달리고
노새는 아래로 빠져나간지라.
군대 장관 요압은 손에 작은 창 셋을 가지고 가서
상수리나무 가운데서 아직 살아 있는 압살롬의 심장을 찌르니"(삼하18:9-14)

노새는 당시에 왕족과 귀족들이 주로 이용하던 운송 수단이었다. 압살롬이 탔던 노새 역시 왕권을 상징하는 부왕 다윗의 노새였다. 그리고 온 세상에 명성을 떨친 그의 머리털은 그의 자랑이었다. 그러나 악의 길을 달려가는 압살롬을 왕의 노새도 그의 자랑스러운 머리털도 모두 외면하였다. 그는 나무에 달려 저주받은 자가 되었다.

"나무에 달린 자마다 하나님의 저주 아래에 있는 자라."(신21:23; 갈3:13)

10.

가시나무 상처를 주는 나무

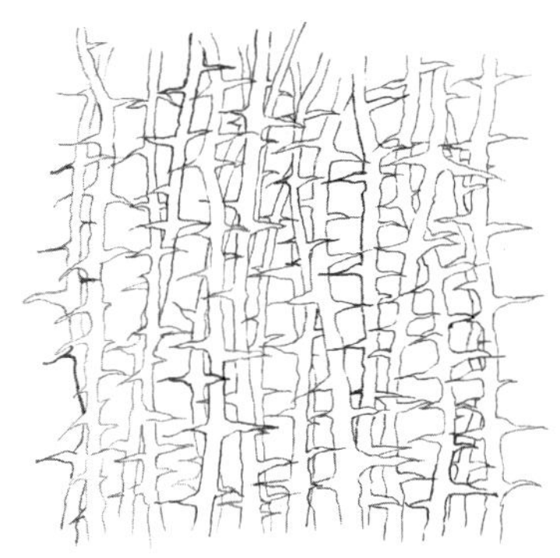

가시나무는 일반적으로 가시가 돋친 모든 나무를 말한다. 그 종류도 많다. 특히 중동 지역은 비가 적고 척박한 땅이라서 그 종류가 더 많다. 성경에도 그냥 가시나무로 표시된 것 외에 가시덤불, 떨기나무, 엉겅퀴, 찔레 등등이 있다. 그 명칭들은 다르지만 모두 키가 2m를 넘지 않는 관목으로 덤불을 이루고 날카로운 가시를 드러내고 있다.

이런 나무는 먹을 수 있는 열매나 곡식을 제공하지 않는다. 좋은 모양도 없고, 뜨거운 태양을 피할 그늘도 만들지 않는다. 나무도 정상적인 목재로 쓰이는 일 없이 그저 잡목일 뿐이다. 어찌 잘못 가까이 하면 피부를 찔러 상처를 준다. 그래서 고안된 용도가 주거지나 경작지의 경계에 길러 짐승이나 도둑의 침입을 막는 것이다. 또 죄인에게 고문을 가하고 벌을 주기 위해 채찍이나 회초리로 사용되었다. 가시나무를 바닥에 깔아놓고 맨발로 지나게 하고, 가시나무 숲을 맨몸뚱이로 통과하게도 했다. 그러나 인생살이 자체가 이와 같은 가시밭길임을 알 만한 사람들은 다 안다.

이탈리아 아시시의 성 프란체스코(1182~1226)는 수도사가 된 뒤에도 성적 욕망으로 인한 마음의 간음으로 괴로워했다. 그래서 자신의 음욕을 없애 달라고 기도하면서 스스로 장미 가시덤불 위에서 알몸으로 굴렀다. 이 장미나무에는 그가 죽은 후 가시가 없고 꽃만 피었다고 한다. 그러나 이렇게 육체에 벌을 가한다고 해서 마음의 죄가 사라지지 않는다. 죄의 문제가 그렇게 간단하지 않다. '힘으로도, 능력으로도 되지 않고 오직 하나님의 영으로 되는'(슥4:6) 것이다.

또 사람 자체를 나무에 비유하는데 감람나무, 포도나무 같은, 한마디로 '좋은' 사람이 있는 반면, 가시나무 같은 '나쁜' 사람도 있다. 그리고 가시나무 같은, 나쁜 사람들이 어디에 따로 있는 것이 아니라 우리 자신 모두라는 것 역시 아는 사람은 다 안다. 가시나무들이 엉키어 살며 서로 상처를 주고받고 있다. 어떤 사람도 자기 자신은 가시나무가 아니고 가시도 절대로 없다고 말할 수 없다.

이뿐 아니다. 사람들은 상대방에게 상처를 더 많이 주기 위해 수많은 인공 가시도 만들었다. 칼과 창도, 총과 대포도, 각종 화생방무기와 핵무기도 그것이다. 인공위성과 초음속 비행기, 거대한 항공모함과 핵잠수함들이 인류 전체를 수십 번이고 찔러 죽일 수 있는 가시를 품고 일촉즉발의 상태로 대기하고 있다. 인공 가시가 천연 가시보다 훨씬 더 아프고 치명적인 것은 말할 필요도 없다.

1 저주와 시련

성경에서 가시나무는 주로 하나님의 저주와 이에 따른 시련을 의미하고 있다. 예를 들어 포악한 자, 게으른 자, 미련한 자, 관리, 종교인들에 관련하여 언급되고 있다.

① 포악한 자:

"포악을 행하는 자들의 포도원은 황무케 되어

가시와 찔레가 날 것이며(사5:6; 7:23)
보습으로 갈던 산에도 찔레와 가시 까닭에 그리로 가지 못할 것이고,(사7:25)
사악한 자는 내버려질 가시나무 같으니
이는 손으로 잡을 수 없음이라."(삼하23:6)

② 게으른 자:

"게으른 자의 길은 가시울타리 같고,
패역한 자의 길에는 가시와 올무가 있느니라.(잠15:19; 22:5)
게으른 자의 밭과 지혜 없는 자의 포도원은 가시덤불이 퍼졌으며
밀을 심어도 가시와 찔레가 나고(욥31:40; 렘12:13)
거친 풀이 지면에 덮였고 돌담이 무너졌도다."(잠24:30-31)

③ 미련한 자:

"미련한 자의 입의 잠언은 술 취한 자의 손에 든 가시나무 같으니라.(잠26:9)
사람을 믿고 하나님을 떠난 자도 사막의 떨기나무 같아서
좋은 일의 오는 것을 보지 못하고 광야, 건조한 곳에 거하리라."(렘17:5-6)

④ 관리:

"뇌물을 구하는 지도자와 재판관들은 가장 선한 자라도 가시 같고
가장 정직한 자라도 찔레 울타리보다 더하도다.(미7:4)
궁궐에도 가시나무가 나며 견고한 성에도 엉겅퀴와 새품이 나리라.(사34:13)
그 땅은 소돔과 고모라같이 찔레가 나며
소금구덩이가 되어 영원히 황무하리라!"(습2:9)

⑤ 종교인:

"거짓 종교인들을 그들의 열매로 알지니, 가시나무에서 포도를,
또는 엉겅퀴에서 무화과를 따겠느냐?(마7:16; 눅6:44)
산당도 파괴되어 가시와 찔레가 그 단 위에 날 것이고(호10:8)

가시와 찔레가 내 백성의 온 땅에 나며 희락하는 모든 집에 나서(사32:13)
저희 장막 안에 가시덩굴이 퍼지고, 저희의 은 보물은 찔레가 덮을 것이다."(호9:6)

2 세상의 가시

가시나무는 인류의 조상이 범죄함으로 이 세상에 들어왔다. 아담과 하와가 에덴동산에서 선악과를 따먹은 것이다. 열매 하나 따먹은 것 자체는 '작은 일'이라 할 수 있다. 그러나 하나님의 말씀을 어긴 것이 '큰일'이다. 세상에서도 타인 소유의 과일을 임의로 먹으면 절도이고, 타인의 아내를 범해도 죄악이다. 만약에 왕의 아내인 왕후를 희롱했다면 죽음은 확실하다. 왕의 권위를 능멸했기 때문이다. 선악과의 절취는 하나님의 권위에 대한 능멸이고 정면 도전을 의미한다.

하나님의 말씀은 진리이고, 결코 업신여기심을 받지 않는다. 범죄한 인간은 말씀에 따라 반드시 죽는다. 그러나 하나님은 인간을 사랑하시어 죽음을 유예하고 자신의 과오를 깨닫게 하셨다. 하나님은 인간들을 에덴동산에서 추방하여 세상에 살게 하신 것이다. 세상은 사람 때문에 애매하게 저주를 받아 땅이 가시나무를 내게 되었다. '피조물이 함께 탄식하며 고통을 겪고 있는 것이다.'(롬8:22)

"네가 네 아내의 말을 듣고 내가 너더러 먹지 말라한 나무 실과를 먹었은즉,
땅은 너로 인하여 저주를 받고, 너는 종신토록 수고하여야 그 소산을 먹으리라!
땅이 네게 가시덤불과 엉겅퀴를 낼 것이라."(창3:17-18)

하와가 선악과를 먹으라고 들이대었을 때 아담은 몹시 당혹스러웠다. 먹을 것이냐 말 것이냐, 양단간 결정을 내려야 했기 때문이다. 그의 차가운 이성은 당연히 뿌리쳐야 한다고 말했다. 그러나 그의 감성은 그렇게 모질지 못했다. 지금까지 아내를 만족스럽게 돌보지 못한 것도 마음에 걸리고, 무엇보다 아내를

무조건 보호해야 한다는 순간 본능도 작용하였다.

앞뒤를 재고 그 후의 결과를 면밀히 따져 보아야 한다는 내면의 음성도 들렸다. 그러나 지금 공포에 떨고 있는 아내, 비록 그녀의 눈엔 광기와 살기가 번득이지만, 지금 이 여자를 내치면 사랑스런 아내는 영원히 찾을 수 없을 거란 예감도 작용했다. 그리고 남자가 자기 혼자 살자고 여자를 버리는 것도 비겁하다는 생각이 들었다. 그래서 그는 내면의 소리를 묵살했다. 여자를 응시하는 그의 눈동자는 가늘게 떨렸다. 선악과를 받아 쥔 아담의 손끝 역시 가늘게 떨렸다. 그는 그런 손으로 과일을 입에 가져가 덥석 깨물었다.

이 순간에는 아담이 앞으로 수많은 가시나무들이 자랄 것을 알지 못했다. 세상이 온통 가시밭이 되어 일상생활 중에 몸과 마음을 마구 찔러 결국 목숨까지 빼앗을 것을 미처 알지 못했다. 당장 그들이 쫓겨 나온 땅도 전에 없던 가시덤불과 가시 돋친 풀들이 곳곳에 자라고 있다. 산에, 들에, 길가에, 밭에 심지도 가꾸지도 않으나 줄기차게 올라와 눈을 찌르고 손을 찌르고 옆구리를 계속 찌르고 있다. 그리고 힘들게 개간한 밭에 씨를 뿌려도 가시는 먼저 나와 뿌린 씨의 자라는 기운을 막고 땅에 저주를 불러와 결국 불사름을 당하게 한다.

사람의 마음에도 가시들이 계속 올라온다. 생명의 말씀을 들어도 재물의 유혹과 욕심이라는 가시덤불이 생명의 성장을 차단한다. 사람들의 마음 역시 살벌한 가시밭이 된 것이다. 그리고 인생이란 어차피 고통스런 가시밭길의 연속이라고 믿고 있다. 그러므로 하나님은 말씀하신다.

> "너희는 묵은 땅을 갈고, 가시덤불 속에 파종하지 말라!
> 너희는 스스로 할례를 행하여
> 너희 마음 가죽을 (가시를) 베고 나 여호와께 속하라!
> 그렇지 않으면 너희 행악을 인하여 나의 분노가 불같이 일어나
> (가시덤불을) 사르리니 그것을 끌 자가 없으리라!"(렘4:3-4)

3 모세와 떨기나무

하나님은 떨기나무에서 80세의 모세를 부르셨다. 모세가 젊은 혈기로 애굽 사람을 쳐 죽이고 바로의 궁중에서 도망 나온 것이 벌써 40년 전이다. 물론 그 일은 단순한 개인감정의 폭발이 아니었다. 민족을 구하려는 순수한 의욕과 원대한 이상이었다. 그러나 너무 순진하고 무모하여 지금도 생각하면 유치해서 얼굴이 붉어진다.

이제는 처가살이하는 늙은 목동으로 팔뚝과 다리에 힘도 없다. 혈기도 다 죽었다. 황량한 들판에서 양떼를 이끌고 가시덤불을 헤치며 산비탈을 오르는 것이 일과다. 생활은 단조로워도 몸과 마음은 편하다. 사랑하는 아내가 있고, 건강하게 자라는 자식들이 있다. 식량도 걱정할 필요가 없다. '인생의 행복과 완성이란 이런 것이 아닐까!?'라는 생각도 해 본다. 아무튼 이곳의 떨기나무들도 그런대로 이미 모세에게 친숙한 존재가 되었다. 그런데 오늘은 산 위에 있는 그런 한 떨기나무에 불이 붙었다.

"아니, 어떻게 저 떨기나무에 불이 붙었을까? 벼락 맞은 것도 아닌데!?
어? 그런데 나뭇가지들이 왜 사그라지지 않지? 불꽃만 넘실대잖아!
거 80평생에 처음 보는 이상한 일일세. 가서 한번 봐야겠구나!"

"여호와께서 그가 보려고 돌이켜 오는 것을 보신지라.
하나님이 떨기나무 가운데서 그를 불러 이르시되
'모세야, 모세야,' 하시니, 그가 이르되 '내가 여기 있나이다.'"(출3:2-4)

하나님은 여기서 모세에게 엄청난 사명을 주신다. '애굽에 다시 돌아가 민족을 구하라!' 모세는 너무 황당해서 말이 안 나온다. '원 세상에! 될 일을 얘기해야지….' 모세의 감정과 지성뿐 아니라 경험 모두 완강하게 거부하고 있다. 애굽 생각을 하면 수치스럽고 얼굴이 뜨거워지는데, 거길 또 가라고!? 내가 미쳤나!? 혹 젊다면 객기도 한번 부려 볼 수 있겠지. 계속 거절하는 모세에게 하나님은 친히 그와 함께하실 것을 약속하신다.

결국 모세라는 떨기나무에도 불이 붙었다. 인간 모세는 실제로 한 늙은 떨기나무에 불과했으나 여기에 하나님의 불이 붙어 활활 타올랐다. 그러나 모세는 타서 사그라지지 않았다. 오히려 새로운 모세로 다시 태어났다. 불사조Phoenix가 불에서 새로 태어난다지만, 하나님을 대면하는 사람은 그때나 지금이나 새로 태어나게 된다. 왜냐하면 하나님은 생명의 근원이시기 때문이다. 새사람이 된 모세는 결국 민족 해방의 대역사를 이루어 내었다.

애굽을 탈출한 이스라엘 민족의 새로운 임무는 약속의 땅인 가나안복지를 정복하는 것이다. 가나안의 원주민들을 완전히 몰아내고, 그들의 우상과 산당을 모두 박멸하는 것이다. 왜냐하면 원주민들은 애굽 사람들처럼 하나님을 알지 못하고 알기도 원치 않기 때문이다. 이러한 사람들은 그때나 지금이나 사람의 형상을 가졌으나 독벌레나 치명적인 바이러스와 같다. 그러므로 가나안 정복을 직접 영도한 모세의 후계자 여호수아도 늙어 죽음이 임박하자 이방 민족들을 추방하고 왕래도 하지 말 것을 당부하였다.

> "너희가 만일 그 땅 원주민을 너희 앞에서 몰아내지 아니하면
> 너희가 남겨둔 자들이 너희의 눈에 가시와 옆구리에 찌르는 것이 되어
> 너희 거하는 땅에서 너희를 괴롭게 할 것이라."(민33:55; 수23:13)

4 기드온의 들가시와 찔레

제5대 사사士師인 기드온이 달랑 300명을 이끌고 당시 지배 세력이었던 미디안과 아말렉의 연합 대군을 무찌를 때였다. 연합 대군은 그 수가 메뚜기 떼처럼,

해변의 모래처럼 많았다. 누가 보아도 승산 없는 무모한 도전이었다. 그러나 300명이 나팔을 불 때 하나님께서 적군들끼리 서로 싸우게 하므로 기드온은 이길 수 있었다. 미디안의 왕인 세바와 살문나는 도주했다. 기드온의 300명은 매우 곤비했으나 그들을 계속 추격하였다. 추격하는 도중 숙곳이란 성읍에 이르렀다.

숙곳은 요단강 동편 압복 강 북쪽으로 약 16km에 위치한 성읍으로 이스라엘 친족인 갓 지파가 거주하고 있었다. 싸움에 지친 기드온의 용사들은 성문 앞에서 양식을 구하였다. 그러나 이곳의 방백들이 싸움에 지친 300명의 초라한 몰골들을 내려다보니 저 미디안 대군을 이길 승산이 전혀 없다. 지금 이들을 도와주었다가는 나중에 큰 보복을 당할 것이 분명하다. 그래서 그들은 어려운 처지의 동족을 돕기보다는 당장 힘 있어 보이는 적군의 편에 서서 이들을 조롱하였다.

"한심하다. 이놈들아,
세바 왕과 살문나 왕께서 지금 너희들 손안에 있다는 거냐!?
우리가 미쳤냐? 너희들에게 먹을 것을 주게!?
한심한 것들, 얼른 꺼져버려! 퉤!"

눈을 부릅뜬 기드온은 어금니를 질끈 물었다. 그와 함께한 300명 용사의 분노가 폭발하며 투지 역시 활화산같이 새롭게 타올랐다. 그들의 조롱은 쇠잔하는 불에 기름을 붓는 격이 되었다.

"좋다! 그러면 여호와께서 세바와 살문나를 내 손에 넘겨주신 후에
내가 들가시와 찔레로 너희들의 살을 찢을 것이다!"(삿8:7)

하나님이 함께 하시는 기드온은 결국 두 왕을 사로잡아 숙곳으로 개선했다. 그리고 그곳의 장로들을 들가시와 찔레로 살을 찢어 징벌하였다. 동족을 배신한

불신과 기회주의에 대한 응징이기도 하다. 그리고 하나님을 떠난 사람들의 말로이기도 하다.

> "기드온이 숙곳 사람들에게 이르러 말하되
> '너희가 전에 나를 희롱한 그 세바와 살문나를 보라!' 하고
> 그 성읍 장로들을 잡고 들가시와 찔레로 숙곳 사람들을 징벌하고
> 브누엘 망대를 헐며 그 성읍 사람들을 죽이니라."(삿8:15-17)

기드온이 살아 있는 동안은 그 땅이 평온하였다. 그러나 그가 죽자 그의 아들 중 아비멜렉이란 자는 자기 형제 70명을 한 바위 위에서 죽였다. 백성들은 그런 그를 왕으로 추대했다. 이때 용케 살아남은 막내아들 요담은 그를 역시 가시나무에 비유하고 있다.

> "가시나무가 나무들에게 이르되
> '너희가 참으로 내게 기름을 부어 너희 왕을 삼겠거든 와서 내 그늘에 피하라!
> 그리하지 아니하면 불이 가시나무에서 나와서 너희를 사를 것이니라.'"(삿9:15)

형제들을 참살하고 왕이 된 아비멜렉은 결국 한 여인이 던진 맷돌에 두개골이 깨져 죽게 된다. 요담의 저주가 현실이 된 것이다.

5 예수님의 가시

예수님이 동족인 종교인들에게 체포되어 로마 총독 빌라도에게 넘겨졌다. 로마 병정들은 가시나무 가지를 꼬아 둥근 관을 만들어 예수님의 머리에 꾹 눌러 씌웠다. 그리고 그 앞에 무릎 꿇는 시늉을 하며 희롱하였다. 무료하고 무식한 병정들에게는 재미있는 유희이기도 하다. 또 세상 임금들의 권세와 빛나

는 왕관에 극적으로 대비시켜 유대인의 왕권을 철저하게 조롱하는 것이기도 하다.

"가시관을 엮어 그 머리에 씌우고,
갈대를 그 오른손에 들리고, 그 앞에서 무릎을 꿇고 희롱하여 이르되
'유대인의 왕이여! 평안할 지어다!'"(마27:29; 막15:17; 요19:5)

예수님의 머리를 둘러 뼛속까지 깊게 파고든 가시들은 엄청난 아픔을 주었고, 피는 눈 속으로 들어왔고 얼굴에도 줄줄이 흘렀다. 이 가시나무는 그 후 '그리스도의 가시Christ thorn'라 불려진다. 시내 반도, 유대 지역에서 경사면이나 계곡 등에 흔하게 자란다. 가시는 길지 않아도 단단하여 바늘처럼 날카롭고 예리하여 피부에 닿으면 사정없이 찔러 상처를 내 피가 흐르게 한다.

'그리스도의 가시'라 불리는 나무는 한 종류가 아니다. 어떤 것은 꽃과 잎은 대추나무 같고 붉은 열매를 맺으나 가시는 지그재그로 난다. 한 개는 길고 곧고, 또 한 개는 짧고 밑으로 향하여 매우 사납고 험상궂어 보기만 해도 섬뜩하다. 또 어떤 것은 많은 가지에 작은 빨간 꽃이 피지만 날카로운 톱니가 잎에 있어 사람의 살을 거침없이 찔러 댄다. 유대에서 주로 빵을 굽는 연료로도 쓰이는데 '다다다닥' 소리를 내며 잘도 탄다. 그래서 전도자는 이것을 세상을 즐기는 우매자들의 웃음소리에 비유하고 있다.

"우매한 자들의 웃음소리는
솥 밑에서 가시나무가 타는 소리 같으니 이것도 헛되니라."(전7:6)

우리의 대속을 위한 예수님의 희생은 참으로 집요하고 철저하다. 예수님께서 ① 살갗을 헤쳐 뼈를 드러내는 갈고리 가시 채찍을 맞으심은 우리 몸의 모든 죄를, ② 머리 사방으로 가시가 뚫고 들어오는 가시관을 쓰심은 우리 생각의

모든 죄를, ③ 손발에 굵은 대못 가시를 맞으심은 우리 손발의 모든 죄를 대속하신 것이다. 그리고 ④ 심장에 굵은 쇠 가시, 로마 병정의 예리한 창으로 찔림은 우리 죄의 중심과 본체를 여지없이 파괴하신 것이다.

> "예수께 이르러는 이미 죽은 것을 보고 다리를 꺾지 아니하고,
> 그 중 한 군병이 창으로 옆구리를 찌르니 곧 피와 물이 나오더라."(요19:33-34)

6 사도 바울의 가시

① **회심 전**: 사도 바울도 회심 전과 후 줄곧 가시에 찔리며 살았다. 회심 전 사울이었을 때는 예수교를 몹시 핍박하였다. 국내외를 다니며 예수교인을 체포하였고, 스데반 집사를 돌로 쳐 죽이는 형벌을 주관하며 살인자들의 옷을 보관해 주었다. 그러나 그는 스데반이 공회에서 천사 같은 얼굴로 설파하는 것도, 마지막 돌에 맞아 죽으며 박해자들을 용서하는 기도도 들었다. 바울의 이성은 그의 죽음을 마땅하다고 판단하였으나 그의 양심은 어쩐지 편치가 않았다.

사울 자신이 지금까지 양심을 다해 이스라엘의 하나님을 섬기며 조상들의 율법을 지켜 왔다. 그러나 율법의 행위와 양심의 기준이 항상 일치하지 않는 것을 느꼈다. 순진무구한 사람들에게 엄격한 율법을 덮어씌워 무참히 죽이는 것이 과연 하나님의 뜻일까 하는 것이다.

그러나 사울은 가던 길을 멈출 수가 없다. 영혼의 심연에서 분출되는 하나님에 대한 열정과 조상에게 받은 신앙의 소명이 그를 그냥 두지를 않는다. 달리는 말에 채찍을 더 가하는 심정으로 그는 그날도 국경을 넘어 시리아의 수도 다마스쿠스로 향하고 있었다. 그러나 그는 다마스쿠스에 이르렀을 때 부활하신 예수님을 만났다. 정오쯤 되어 갑자기 하늘에서 해보다 더 큰 빛이 비치어 그는 땅에

엎드러졌다. 그때 한 음성을 들었다.

"'사울아, 사울아, 네가 왜 나를 박해하느냐?
가시채를 뒷발질하기가 네게 고생이니라.'
'주님, 누구십니까?'
'나는 네가 박해하는 나사렛 예수라.'"(**행**22:6-8; 26:13-14)

여기서 가시채는 소를 부릴 때 쓰는 2~3m의 채찍인데 끝에는 뾰족한 쇠나 뼈 등 큰 가시가 박혀 있다. 그래서 소가 반항하여 뒷발질을 하면 더욱 심하게 찔려 고통을 받게 된다. 하나님을 대적하는 행동이 무모하고 불가능하다는 것에 대한 비유적인 표현이다. 이러한 가시를 체험한 사울은 변하여 바울이 되었다.

② **회심 후**: 예수님을 등지고 맹렬히 달려가던 사울은 바울로 변화된 후 예수님을 향하여 다시 맹렬하게 달리기 시작했다. 전속으로 질주하는 그의 길은 역시 가시밭길이었다. 그는 자신이 경험한 가시의 내용을 소개해 주고 있다.

① 옥에 갇히고, ② 매도 수없이 맞고, ③ 여러 번 죽음의 순간을 넘겼다. ④ 40에서 하나 뺀 39대의 채찍을 다섯 번, ⑤ 태장을 세 번, ⑥ 돌로 한 번 맞았다. ⑦ 바다에서는 세 번 파선하였고, ⑧ 강의 위험, ⑨ 강도의 위험, ⑩ 동족의 위험, ⑪ 이방인의 위험, ⑫ 성읍과 ⑬ 광야의 위험, ⑭ 거짓 형제의 위험을 당했다. 또 ⑮ 수고하며 애쓰고, ⑯ 여러 번 자지 못하고, ⑰ 주리며 목마르고, ⑱ 여러 번 굶고, ⑲ 춥고, ⑳ 헐벗었다.(**고후**11:23-27)

당시 사도 바울의 사역은 오늘 한국의 종교인들과는 상당히 많이 다르고, 특히 세습 목사들과는 정반대의 모습이다. 그럼에도 바울의 가시는 여기에 그치지 않았다. 그는 추가적으로 육체에 큰 가시를 받아 고통을 받았다. 이 가시의 고통이 너무 커 그는 이것이 떠나도록 세 번이나 예수님께 간절히 구했다. 그러나 예수님은 더 높은 곳에 계신다.

"내 육체에 가시, 곧 사탄의 사자를 주셨으니
이는 나를 쳐서 너무 자만하지 않게 하려 하심이라.
이것이 내게서 떠나가게 하기 위하여 내가 세 번 주께 간구하였더니
나에게 이르시기를 '내 은혜가 네게 족하도다.
이는 내 능력이 약한 데서 온전하여짐이라.'"(고후12:7-9)

여기서 이 육체의 가시가 구체적으로 무엇이었는지는 확실치 않다. 이것이 안질이다, 간질이다, 영을 거스르는 육체적 유혹이다, 사역의 적대자들이다 등등의 설들이 있다. 그러나 이것이 매우 고통스러웠던 것은 사실이다. 그렇지 않았다면 이를 위해 세 번씩이나 간구하지 않았을 것이다. 그러나 그것이 무엇이든 원래 모든 사람에게 고통의 가시가 있다. 천국을 향하는 하나님의 자녀들도 예외가 아니다. 다만 그 가시의 의미가 다를 뿐이다. 더구나 사명자의 길을 가는 사람에게는 그만의 독특한 큰 가시가 항상 있게 마련이다.

"그러므로 내가 그리스도를 위하여 약한 것들과 능욕과 궁핍과 핍박과 곤란을,
(여러 가지 가시들을) 기뻐하노니 이는 내가 약할 그때에 곧 강함이니라."

(고후12:10)

11.

풀 지구환경의 기본

식물은 크게 목본木本식물과 초본草本식물로 나눈다. 목본식물은 위에 소개된 것들처럼 보통 나무tree라 불리는 것이다. 이것들은 줄기나 뿌리가 물관부를 만들고 해마다 생장하며 굵어지고 또 커진다. 반면에 초본식물은 벼, 국화 등과 같이 줄기가 연하고 물기가 많으며 꽃 피고 열매 맺은 뒤 1, 2년 만에 말라 죽는다. 한마디로 나무가 아닌 보통 풀grass이라 하는 것이다.

풀 중에는 볏과에만 약 1만 종이 있고, 꽃 피는 것에도 수많은 종이 있다. 식물 중에 이런 풀이 지구 위를 가장 넓게 점유하고 있다. 이들의 유용성도 매우 높다. 사람에게 식량을 제공하고 건축재, 가구재, 또 원예용 등으로 다양하게 사용된다. 짐승들에게도 먹이가 되고 은신처가 되며 생활의 터전이 된다. 이러한 직접적인 유용성 외에 풀은 지구 생태계의 기본 요소가 된다. 풀이 없는 산이나 들은 얼마나 황량한가!?

풀에는 갈대reed도 있다. 습지나 물가에 저절로 자라며 2~3m 정도로 성장하는 다년생 풀로 줄기는 속이 비었고 마디로 연결되어 곧고 단단하다. 그래서 고대에는 측량자로 사용되기도 했다.(계11:1; 21:15-16) 그러나 바람에 쉽게 꺾이고 넘어지므로 힘없고 연약한 것, 변덕스러운 것 등에 비유된다.

영국의 윌리엄 셰익스피어William Shakespeare(1564~1616)는 '여자의 마음은 갈대와 같다'고 알려 주어 여성에 대한 남성의 이해 폭을 크게 넓혀 주었다. 프랑스의 블레즈 파스칼Blaise Pascal(1623~1662)은 여자뿐 아니라 "모든 인간 자체가 갈대에 불과하다. 하지만 생각하는 갈대a thinking reed다."라는 멋들어진 말도 했다. 그러나 '인생은 상한 갈대'(사42:3; 마12:20)라는 성경 말씀이 더욱 마음에 든다.

풀에는 또 잡초weed라는 것도 있다. 가꾸지 않아도 저절로 나서 자라는, 불필요한 식물로 정의된다. 불필요할 뿐 아니라 유해한 것도 있다. 작물이나 가축에 해를 끼쳐 농사에서도 잡초와의 전쟁은 장난이 아니다. 정원, 공원, 도로 등에서도 제거의 대상이 된다. 그리고 사람이 처음엔 몰라서 그냥 잡초라고 했다가 후에 유용성이 발견되어 그의 신분이 잡초에서 작물로 격상되는 것도 있다. 반대로 어떤 이유로 작물에서 잡초로 강등되는 것도 있다.

그러므로 잡초과학weed science은 잡초를 관찰하여 효과적인 관리, 방제뿐 아니라 잡초 자원의 무한한 활용과 유익성을 개발하고 연구한다. 좌우간 풀은 작물이건 잡초건 그들의 존재는 지구 위의 모든 생명과 직결되어 있다. 인간들의 더 많은 관심과 사랑을 받기에 충분한 생명체이다.

> 이름도 모르는 풀을 뽑는다. / 이름을 모르기 때문에 잡초가 된 풀을 뽑는다.
> 아무도 심어준 사람 없는 잡초를 뽑으며 / 나는 생각한다. 생명이란 무엇인가?
>
> (신영복, 1941~2016)

1 먹을거리

① **첫 생명체**: 풀은 성경에 첫 번째 생명체로서 등장한다. 하나님께서 태초에 제일 처음 창조하신 생명체가 바로 풀이다. 첫째 날 빛, 둘째 날 하늘과 땅과

바다를 만드신 후 셋째 날 제일 먼저 풀을 만드신 것이다. 그리고 여섯째 날 사람을 만드신 후에는 풀을 사람과 짐승의 식물로 주시고 천지창조를 마치셨다.

"'땅은 풀과 씨 맺는 채소와 각기 종류대로 씨 맺는 열매 맺는 나무를 내라!'
하시매 그대로 되어 하나님이 보시기에 좋았더라.
저녁이 되며 아침이 되니 이는 셋째 날이라."(창1:11-12)

"'내가 온 지면의 씨 맺는 모든 채소와 씨 가진 열매 맺는 모든 나무를
너희에게 주노니 너희의 먹을거리가 되리라!
또 땅의 모든 짐승과 하늘의 모든 새와 생명이 있어 땅에 기는 모든 것에게는
내가 모든 푸른 풀을 먹을거리로 주노라!'
하나님이 지으신 그 모든 것을 보시니 보시기에 심히 좋았더라.
저녁이 되고 아침이 되니 이는 여섯째 날이라."(창1:29-31)

② **욥과 풀**: 성경에서 풀은 하나님 모르는, 덧없는 인생으로, 또 인생은 풀 먹고 사는 짐승으로도 묘사된다. 고난 중의 욥과 그를 방문한 친구들의 대화에도 풀이 언급되고 있다.

"왕골이 늪지 아닌 곳에 나겠으며 갈대가 물 없이 자라겠느냐!?
이런 것은 푸르러도 물이 마르면 다른 풀보다 일찍 시드니라.
하나님을 잊어버리는 자의 길은 다 이와 같으니라."(욥8:11-13)

"나의 고통과 슬픔을 저울에 달아볼 수 있다면
바다의 모래보다도 무거울 것이라.
전능자의 화살이 내 몸에 박히고, 내 영혼이 그 독을 마셨으니
하나님의 두려움이 물밀 듯 내게 엄습하는구나.
들나귀가 풀이 있으면 어찌 울겠으며,
소가 꼴이 있으면 어찌 울부짖겠는가!?"(욥6:2-5)

그때에 하나님께서 폭풍우 가운데서 욥을 책망하시며 풀 먹는 하마를 말씀하신다. 하나님의 지혜와 지식이 매우 풍성하고 깊고, 또 창조의 섭리는 신비하고 오묘하다. 그러므로 사람은 '그의 판단을 헤아리지 못하고 그의 길을 찾을 수가 없는'(롬11:33) 것이다.

"무지한 말로 생각을 어둡게 하는 자가 누구냐?!
이제 소같이 풀을 먹는 거대한 하마를 보라!
내가 너를 지은 것같이 그것도 지었느니라."(욥38:2; 40:15)

③ **사자와 풀**: 선지자 이사야는 이새의 줄기에서 한 싹이 나서 결실하고, 그에게 하나님의 영이 강림하시면 그가 공의와 정직으로 세상을 심판하신다고 했다. 그리고 그때에는 사자가 풀을 먹을 것이라 했다.

"그때에 이리가 어린양과 함께 살며
그것들의 새끼가 함께 엎드리며 사자가 소처럼 풀을 먹을 것이며,
내 거룩한 산 모든 곳에 해됨도 없고 상함도 없을 것이니
이는 물이 바다를 덮음 같이
여호와를 아는 지식이 세상에 충만할 것임이라."(사11:6-9)

④ **느부갓네살과 풀**: 하마와 사자가 풀을 먹는 것 외에 사람도 소처럼 풀을 먹은 경우가 있었다. 그것도 보통 사람이 아니고 온 세상을 호령하는 바벨론의 대왕 느부갓네살이다. 우리에게 생소하게 들리는 그의 이름은 '느보여, 내 영토를 지키소서'라는 뜻이다. 느보Nebo는 바벨론의 신이다. 아버지의 왕위를 이은 그는 기원전 605년 애굽의 무릎을 꿇렸다. 그리고 중동 전 지역을 지배하며 마음이 교만해졌다.

세계에서 가장 컸던 그의 도시는 성 주위에 해자垓字가 조성되었고 둘레 18km의 이중 성곽으로 둘려 있다. 중앙에는 바벨탑으로 알려진 91m 높이의 대신전과

세계 7대 불가사의 중 하나인 공중정원이 있다. 어느 날 저녁 그는 부하들과 호화 궁전의 지붕을 거닐며 하늘을 향해 입을 열어 큰 소리로 떠벌렸다.

"이 큰 바벨론을 내가 능력과 권세로 건설하여 나의 도성으로 삼았노라!
이것이 나의 위엄과 영광을 나타내는 것 아니냐!? 어—흠!"(단4:30)

그러나 이 말이 그의 입에서 아직 끝나기도 전에 하늘에서 우렛소리가 들려왔다.

"얘, 얘, 느부갓네살아, 나라의 왕위가 네게서 떠났어!
너는 사람에게 쫓겨나 들짐승과 함께 살면서 소처럼 풀을 먹을 거야!"(단4:31-32)

이 음성과 함께 그는 사람에게 쫓겨나 들에서 소처럼 풀을 먹었다. 몸은 하늘 이슬에 젖었다. 머리털은 독수리 털과 같이 자랐고, 손톱은 새 발톱같이 되었다. 학자들은 갑자기 그가 자신을 짐승으로 생각하는 희귀한 정신병에 걸렸다고 본다. 이러한 상태로 7년이 지났다. 이 기간 동안 충성된 신하 다니엘이 없었다면 그는 부하들에게 살해될 수도 있었다. 그러나 이일을 예언한 다니엘이 그의 회복을 또한 알고 적극 보호하였다.

예정된 기간 후 느부갓네살은 제정신이 돌아왔다. 제정신으로 하늘을 우러러 보았다. 그리고 비로소 그곳에 계신 하나님의 위엄과 천지에 가득한 그의 영광을 보았다. 눈물이 하염없이 흐르는 눈에 그의 총기도 다시 돌아왔다. 그제야 자신의 주제도 파악되었다.

"나 느부갓네살은 하늘의 왕을 찬양하며 경배하노라!
그의 일이 다 진실하고 그의 행하심이 의로우시다.
그는 교만하게 행하는 자를 능히 낮추시노라."(단4:37)

2 왕성한 풀 ↔ 쇠잔한 풀

풀은 수분과 온도의 조건이 좋으면 속히 왕성하게 자란다. 황량하던 사막이 한차례 소나기가 쏟아진 후 곧 아름다운 초원으로 변하는 것을 볼 수 있다. 그러나 또 한동안 비가 오지 않아 땅이 메마르면 초원은 곧 사라지고 사막이 펼쳐진다. 성경은 사람이 하나님의 의를 구하고 공의를 베풀면 초원의 풀같이 왕성해지고, 하나님을 떠난 악인과 부자는 역시 풀같이 쇠잔한다고 말한다.

① 왕성한 풀:

"그는 벤 풀 위에 내리는 비같이,
땅을 적시는 소낙비같이 내리리니
그날에 의인이 흥왕하여 의의 꽃이 피고 평강이 임하리라.
산 위에 곡식은 풍성하고, 성에 있는 자는 들의 풀같이 왕성하리라."(시72:6-7, 16)

"나는 목마른 자에게 물을 주고 마른 땅에 시내가 흐르게 하며
그들이 습지의 풀같이, 시냇가의 버들같이 왕성할 것이라.(사44:3-4)
은혜의 때에 내가 네게 응답하고 구원의 날에 내가 너를 도우노라.
내가 잡힌 자에게 '나오라!' 흑암에 있는 자에게도 '나오라!' 하리라.
길에서 그들이 보호받고
모든 헐벗은 산에도 그들의 풀밭이 있을 것이라.(사49:8-10)
들짐승들아, 두려워 말라!
들의 풀밭에 잎이 나며 나무들이 열매를 맺느니라."(욜2:22)

② 쇠잔한 풀:

"악을 행하는 자들에 불평하지 말며
불의를 행하는 자들을 시기하지 말라.
그들은 풀같이 속히 마르고 푸른 채소같이 쇠잔할 것임이로다.(시37:1-2)

악인들은 풀같이 자라고
불의한 자들은 다 흥왕할지라도 영원히 멸망하리라.(시92:7)
그 주민들은 힘이 약하여 놀라며 수치를 당하여
들의 풀같이, 푸른 나물같이, 지붕의 풀같이, 자라지 못한 곡초같이 되고,(사37:27)
자라기도 전에 마르느니라."(시129:6)

"부한 자는 자기의 낮아짐을 자랑할지니
이는 그가 풀의 꽃같이 지나감이라.
뜨거운 해가 오르면 풀은 마르고 꽃이 떨어져 그 아름다움이 없어지나니
부한 자도 그 행하는 일에 이와 같이 쇠잔하리라.(약1:10-11)
주의 분노와 진노로 주께서 나를 들어서 던지시므로
내 날이 기울어지는 그림자 같고
내가 풀의 시듦 같사옵니다."(시102:10-11)

"들의 암사슴은 새끼를 낳아도 풀이 없으므로 내버리고,
들나귀들은 헐벗은 산 위에서 승냥이같이 헐떡이며
풀이 없으므로 눈이 흐려집니다.(렘14:5-6)
여호와여, 내가 주께 부르짖으오니 불이 목장의 풀을 살랐고,
불꽃이 들의 모든 나무를 살랐나이다.
들짐승도 주를 향하여 헐떡거리오니
시내가 다 말랐고 들의 풀이 불에 탔나이다."(욜1:19-20)

3 인생은 풀

인생은 풀이라고 사람들 자신도 말한다. 척박한 환경에 굴하지 않고, 밟히고 밟혀도 늠름하게 털고 일어나는 저력을 지칭한 것이다. 아스팔트를 뚫고나오는 풀도 있다. 관리와 종교인의 발밑에 짓밟히지만 질기게 살아가는 백성을 민초民草라고도 한다. 『논어論語』 「안연顏淵」 편에는 "草上之風必偃초상지풍필언(풀 위에 바람이

불면 풀은 반드시 눕는다.), 誰知風中草復立수지풍중초부립(누가 알랴, 바람 속에 풀이 다시 일어선다.)"는 말이 있다. 자유와 저항의 시인들도 사회적 강자들에게 무자비하게 억눌려 신음하는 민중을 풀로 묘사하며 풀에게 고난과 역경을 딛고 '일어나라!'고 한다.

풀이 눕는다
비를 몰아오는 동풍에 나부껴
풀은 눕고 드디어 울었다
날이 흐려서 더 울다가
다시 누웠다

풀이 눕는다
바람보다도 더 빨리 눕는다
바람보다도 더 빨리 울고
바람보다 먼저 일어난다(**김수영**, 1921~1968)

일어서라! 풀아, 일어서라! 풀아,
이 세상 숨소리 빗물로 쏟아지면 빗물 마시고,
흰 눈으로 펑펑 퍼부으면 가슴 한 아름 쓰러지는 풀아,
영차 어영차, 빛나라!
너희 죽은 듯 엎드려 실눈 뜨고 있는 것들.(**강은교**, 1945~)

땀과 피를 흘리는 백성을 풀로 묘사한 사람이 또 있다. 백성은 풀과 같이 역사의 상처를 품고, 이를 치유하며 새롭게 하는 생명의 일꾼이라는 것이다. 자신이 가난 속에서 성장한 미국의 칼 샌드버그Carl Sandburg(1878~1967)란 시인이다.

사랑의 장미는 잡초 속에 잘리우고
영원히 베어져 버려질지라도
사랑의 마지막 이별까지는
인생의 화원을 즐겁게 해 주노라.

전쟁터에 쓰러진 이름 없는 전사들,
그들의 시체를 높이 쌓아라!
땅속에 파묻어라!
일을 하련다. 나는 풀이다. 모든 것을 덮노라.

인생을 풀에 비유하는 것은 그러나 성경이 원조다. 대표적으로 3,500년 전부터 쓰인 구약 시편에도 풀이 인생에 비유되어 있다. 아침에 나서 꽃 피었다가 저녁에 시들어 버리는, 그리고 여름이 지나면 흔적도 없이 사라져 버리는 풀이 덧없이 살다 죽어가는 사람과 너무도 흡사한 것이다.

"인생은 아침에 돋는 풀 같습니다.
아침에 꽃이 피어 자라다가 저녁에는 시들어 마릅니다.(시90:5-6)
인생은 그 날이 풀과 같으며 그 영화가 들의 꽃과 같습니다.
바람이 불면 없어지고 그 있던 자리도 다시 알지 못합니다."(시103:15-16)

"모든 육체는 풀이고 그의 모든 아름다움은 들의 꽃과 같습니다.
여호와의 기운이 그 위에 불므로 풀은 마르고 꽃은 시듭니다.
그렇습니다. 백성은 정말 풀에 불과합니다.(사40:6-7; 벧전1:24)
풀은 마르고 꽃은 시드나 우리 하나님의 말씀은 영원히 서 있고,(사40:8; 벧전1:25)
그의 인자하심은 영원부터 영원까지 이르옵니다."(시103:17)

하나님은 사람들에게 이렇게 자신의 주제를 알라고 하신다. 그리고 무엇을 먹을까, 무엇을 입을까 하는, 부질없는 걱정도 하지 말라 하신다. 인생은 '목구멍이 포도청'이라고 먹고살기 위해 평생 비굴한 종살이를 한다. 이러한 굴종과 아첨이 삶의 내용이므로 인간의 자존감도, 마음의 기쁨도 있을 수가 없다. 그러므로 우리 하나님은 사람들을 두려워하지 말라 하시며 '상한 갈대'를 보듬고 공의를 베풀어 주신다는 것이다.

"들의 백합화가 어떻게 자라는가 생각하여 보라!
수고도 하지 않고 길쌈도 하지 않느니라.
그러나 내가 너희에게 말하건대,
솔로몬의 모든 영광도 이 꽃 하나만 같지 못하였노라.
오늘 있다가 내일 아궁이에 던져지는 들풀도 하나님이 이렇게 입히시거든
하물며 너희일까 보냐!? 믿음이 작은 자들아.
그러므로 무엇을 먹을까, 무엇을 마실까, 무엇을 입을까 염려하지 말라!"(마6:28-31)

"내가, 내가 바로 너희를 위로하는 자니라.
헌데 너는 어찌하여 양식 아닌 것을 위해 은을 달아 주며
배부르게 하지 못할 것을 위해 수고하느냐!?(사55:2)
너는 어떠한 자이기에 죽을 사람을 두려워하고
풀같이 될 사람의 자식들을 두려워하느냐!?"(사51:12)

"나의 택한 종은 상한 갈대를 꺾지 아니하며 꺼져가는 등불을 끄지 아니하고,
진리로 공의를 실천하느니라."(사42:3; 마12:20)

4 정결케 하는 풀: 우슬초

성경에는 풀이 사람의 정결을 위해 사용되기도 한다. 바로 우슬초hyssop인데 향기 나는 박하과에 속하는 풀로 주로 담벼락이나 돌 등에 붙어 자라는 야생초이다. 키가 작고 보잘것없어서 하찮은 식물의 대명사처럼 사용되기도 한다.

그래서 솔로몬 왕의 뛰어난 지혜를 묘사할 때 '그가 잠언 삼천, 노래 천다섯 편을 지었고, 초목에 대하여는 레바논의 백향목부터 담에 나는 우슬초까지 말하였다'(왕상4:32-33)고 한다.

우슬초란 명칭은 줄기의 마디가 쇠무릎우슬, 牛膝을 닮았다 하여 붙여진 것이다. 유대 지방에서 흔히 발견되는 풀로 잎사귀에 털이 많아 액체가 쉽게 들러붙고,

또한 줄기에 힘이 있어 짧은 막대기로도 사용된다. 우리나라에도 흔한데 특히 뼈와 관절, 성기능 등에 좋다고 하여 약초로 재배되어 음용되고 있다.

성경에 처음 등장하는 것은 이스라엘 백성이 애굽을 탈출하는 유월절의 밤이다. 이 밤에 어린양을 잡아 그 피에 우슬초 묶음을 적셔 문 인방과 좌우 설주에 뿌렸다. 이 피를 보고 죽음의 천사가 유월逾越, Passover, 즉 그냥 지나간 것이다. 이 피가 없는 집안에서는 사람과 동물의 처음 난 것들이 모두 숨을 멈췄다.(출12:21-23) 그 후에는 제사장의 정결 예식 때 그리고 사람이 시체를 만져서 부정하게 되었을 때 우슬초가 사용되었다.(민19:6, 18)

나병 환자의 병이 나았을 때 그리고 가옥의 나병 곰팡이 색점이 사라졌을 때도 백향목과 홍색 실과 우슬초를 새 한 마리의 피와 흐르는 물에 찍어 일곱 번 뿌려 '정하다'는 것을 선포하였다.(레14:4-7, 49-52) 다윗은 왕권을 남용하여 충신 우리야의 부인 밧세바를 겁탈하고 그 남편까지 살해했다. 그는 자신의 몸속 깊이 박혀 있는 죄악의 뿌리를 보고 죄사함을 간구하며 우슬초를 언급하였다.

> "내가 죄악 중에 출생하였음이여, 어머니가 죄 중에서 나를 잉태하였나이다.
> 우슬초로 나를 정결케 하소서! 내가 정하리이다.
> 나의 죄를 씻어 주소서! 내가 눈보다 희리이다."(시51:5, 7)

신약에서는 예수님이 해골이라는 '골고다' 언덕에서 십자가에 달려 돌아가실 때 다시 우슬초가 등장한다.

> "거기 신 포도주가 가득히 담긴 그릇이 있는지라.
> 사람들이 신 포도주를 적신 해면을 우슬초에 매어 예수의 입에 대니,
> 예수께서 신 포도주를 받으신 후 이르시되
> '다 이루었다.' 하시고, 머리를 숙이니 영혼이 떠나가시니라."(요19:29-30)

12.

가라지 사이비 곡식

가라지도 풀에 속하는 식물이다. 중국어는 패자稗子, 영어는 tare 혹은 weed, 우리말로는 피, 돌피, 독毒보리 또는 가짜 밀이라고도 한다. 가라지는 1m까지 왕성하게 자라는 1년생 풀이다. 그 씨가 애굽의 4천 년 된 무덤에서 발견된 것으로 보아 이것 역시 매우 오래된 식물이다. 그러나 보통 풀이 아니고 그 역할이 악하고 지능적이다. 곡식 중에 감쪽같이 위장, 잠복하다가 결국 못된 열매를 내는 것이다.

가라지는 곡식밭에서 농부가 심지 않았는데도 저절로 나와 곡식들과 함께 자란다. 자랄 때는 그 모양이 곡식과 분간되지 않을 정도로 흡사하다. 이것이 목초에 섞이면 가축이 뜯어먹고 중독을 일으킨다. 그리고 가라지의 뿌리는 억세고 길게 뻗어 곡식의 뿌리와 섞여 있다. 그래서 이것을 뽑으면 연약한 곡식의 뿌리까지 뽑히게 된다.

또 동일한 계절에 열매가 함께 익기 때문에 추수할 때 곡물과 섞이기 쉽다. 다만 이삭이 나올 때면 가라지 열매의 생김새가 아주 달라 판별이 쉽다. 그러나 일단 곡물과 섞이게 되면 그 알이 작아서 키질로도 가려내기가 어렵게 된다.

잘못되어 가라지 열매를 먹게 되면 구토·설사·현기증 등을 일으키고, 심지어는 생명까지 잃을 수 있다. 그러므로 자라는 동안은 기다렸다가 추수 때 곡식보다 먼저 뽑아야 한다.

가라지는 겉은 비슷하나 속이 다르다는 '사이비似而非'란 표현에 적합하다. 예를 들어 사이비 정치인, 사이비 종교인, 사이비 학자 등이 있다. 입으로만 국민을 위하는 정치인, 입으로만 말씀을 전하는 종교인, 학위를 돈으로 사고 표절하는 학자 등이다. 가라지가 바로 이와 같은 '사이비 곡식'이다.

가라지와 비슷한 것으로 쭉정이가 있다. 이것은 곡식은 곡식인데 저온, 가뭄, 영양부족 등으로 껍질만 있고 속에 알맹이가 들어 있지 않은 이삭이다. 제 역할을 제대로 하지 못하는 사람을 비유적으로 이르기도 한다. 이에 비해 겨는 곡식의 낟알을 찧어 벗겨 낸 껍질을 통틀어 이르는 것이다. 영어로는 쭉정이와 함께 chaff라 한다. 또 검불straw은 마른 나뭇가지, 마른풀, 마른 낙엽 따위를 통틀어 이른다. 이것들의 공통점은 농사 목적인 알곡이 아니라서 농부의 창고에 들어가지 못한다는 것이다.

1 악인의 대명사

성경에서는 가라지, 쭉정이, 겨, 검불 등이 의를 대적하는 악인으로서 구원에 이르지 못하는 영혼들을 상징한다.

"여호와여, 나의 대적을 바람 앞에 겨와 같게 하소서!"(시35:5)

"악인은 오직 바람에 나는 겨와 같도다.(시1:4)
겨를 잉태하고 짚을 해산할 것이며
그의 호흡은 불이 되어 그를 삼킬 것이라.(사33:11)

그의 등불이 꺼지고 바람 앞에 검불같이,
폭풍에 불려가는 겨같이 되도다."(욥21:17-18)
"대적의 무리는 미세한 먼지 같고,
강포한 자의 무리는 날려 가는 겨 같으리니
그 일이 순식간에 갑자기 일어날 것이라.(사29:5)
그들은 겨가 바람 앞에 흩어짐 같고,
폭풍 앞에 떠도는 티끌 같을 것이라.(사17:13)
때에 철과 진흙과 놋과 은과 금이 다 부서져
여름 타작마당의 겨같이 되어 바람에 불려간 곳이 없으리라."(단2:35)

2 가라지 비유

예수님의 가라지 비유는 유명하다. 4복음 중 마태만 기록하고 있는데 가라지는 갈릴리의 농촌 사람들에게도 친숙한 것이다. 이야기는 다음과 같다.

봄이 와서 어떤 밭의 주인이 자기 밭에 좋은 씨를 뿌렸다. 그런데 밤에 잘 때 그의 원수가 와서 곡식 가운데 가라지를 덧뿌리고 갔다. 시간이 경과하여 씨가 움터 싹이 나고 결실할 때가 되자 가라지도 그 모습을 드러내었다. 이를 본 주인의 종들이 놀랐다.

"아니, 주인님, 우리가 밭에 좋은 씨만 뿌리지 않았습니까!?
그런데 이 가라지들이 어디서 생겼나요?"
"원수가 이렇게 하였구나."
"그럼, 저희들이 당장 가서 가라지들을 확! 그냥 뽑아버리겠습니다."
"가만 두어라! 가라지를 뽑다가 곡식까지 뽑힐 수가 있다.
둘 다 추수 때까지 함께 자라게 두어라!
그러나 추수 때에는 추수꾼에게 가라지를 먼저 거두어 불사르게 단으로 묶고,
곡식은 모아 내 곡간에 넣도록 할 것이다."(마13:24-30)

옛날에는 사람들이 정말로 적대자의 밭에 몰래 들어가 가라지나 못된 잡초들을 뿌리기도 했다. 그래서 로마는 이렇게 비열하고 치사스런 행위를 금지하는 법도 제정했다. 제자들은 갈릴리 들녘에서 무리들과 함께 이 비유 말씀을 들었다. 그러나 들을 때 그 뜻을 이해할 수 없었다. 후에 그들은 집에 있을 때 예수님의 설명을 들었다.

> "좋은 씨를 뿌리는 이는 인자고, 밭은 세상이고, 좋은 씨는 천국의 아들들이다.
> 가라지는 악한 자의 아들들이고, 가라지를 뿌린 원수는 마귀다.
> 추수 때는 세상 끝이고, 추수꾼은 천사들이다.
> 그러므로 가라지를 거두어 불에 사르는 것같이 세상 끝도 그럴 것이다.
> 인자가 그 천사들을 보내어 불법을 행하는 자들을 거두어 내어
> 풀무 불에 던져 넣을 것이니 거기서 울며 이를 갈게 될 것이다.
> 그러나 그때에 의인들은 자기 아버지 나라에서 해와 같이 빛날 것이다.
> 귀 있는 자는 들어라!"(마13:37-43)

이 비유에 의하면 이 세상에 천국의 아들과 지옥의 아들이 함께 공존하고 있다. 아담의 두 아들, 가인과 아벨이 함께 생활했던 것과도 같다. 결국 형 가인이 들에서 동생 아벨을 쳐 죽였다. 사람의 생각 같아서는 이러한 악인들을 당장 싹 쓸어버리고 싶지만 그게 그렇게 간단치가 않다.

우리 사람은 누가 선인이고 누가 악인인지 구분할 수가 없다. 사람들은 대부분 자기 자신은 선하고 자기가 싫어하는 사람은 악하다고 한다. 그러나 이것은 주관적이고, 옳지도 않다. 그렇다고 객관적으로 구분하는 기준이 있는 것도 아니다. 보통 국가가 법을 만들어 죄의 기준을 규정하지만 이 법도 완전하지 않다. 국가가 불완전하기 때문에 그 법도 불완전한 것이다. 도리어 국가가 법을 잘못 적용하여 악을 행하는 경우도 많다.

실제로는 세상의 모든 사람들이 선과 악의 요소들을 함께 가지고 있다. 선과

악의 배합 비율에는 차이가 있겠으나 모든 사람이 본질상 동일하다. 하나님의 완전하신 율법에 비추어 보면 의인은 하나도 없다.(롬3:10) 사람들은 모두 불완전하고 악하다. 이런 사람들이 세상에서 함께 살아가며 서로 끝없는 싸움을 벌이다가 종국에는 각자 자기의 죄값으로 사망에 이르게 된다.

3 영화 「밀양」

하나님은 인간의 죄 문제를 해결하기 위해 율법 외에 한 다른 법을 마련하셨다. 바로 '믿음의 법'(롬3:27) 또는 '성령의 법'(롬8:2)이다. 성령으로 세상에 오신 예수님을 믿고 그의 죽음을 나 자신의 죽음으로 인정하는 것이다. 즉 예수님이 나 대신 죽고, 나는 영원한 사망을 모면하는 것이다. 이것을 예수님의 대속이라 한다. 한마디로 죄인인 사람이 예수님을 믿으면 그 죄가 사해지고 의인이 되는 것이다. 믿음으로 의롭다고 인정을 받는 이신칭의以信稱義 그리고 구원을 받는다는 이신득구以信得救가 성립한다.

그런데 또 이 믿음의 법이 참 맹랑하고 허술하게 보인다. 신장이나 체중과 같이 눈으로 보이는 것이 아니라서 객관적으로 증명될 수가 없다. 용서받고 의롭게 되었다는 그 진위와 효력이 분명하지 않다. 예를 들어, 살인강도, 강간, 사기절도 등 악독한 일들을 잔뜩 저질러 놓고서 자기는 예수를 믿어 사함을 받았나고 뻔뻔스럽세 시지비를 뚝 잡아떼는 것이다.

이 문제를 다룬 2007년 이창동 감독의 「밀양」이란 영화가 세간의 이목을 끌었다. '칸 영화제'에서는 장편 경쟁부문에도 초청되었고, 주연 여배우는 한국 최초로 여우주연상을 수상하였다. 매년 5월 프랑스 남부 칸에서 열리는 '칸 영화제'는 베를린 영화제, 베니스 영화제와 함께 세계 3대 영화제 중의 하나로 국제 영화계의 메카로 알려져 있다. 영화의 내용은 다음과 같다.

남편을 잃은 젊은 여인이 유치원 다니는 어린 아들과 함께 외롭게 살고 있었다. 그런데 이 아들이 유괴되어 끔찍하게 살해되었다. 엄마는 슬픔과 분노 속에 절망하고 방황하던 중 예수님을 믿게 되었다. 그리고 '이웃을 용서하라! 원수를 사랑하라! 평안할 것이다.'라는 말씀을 듣고 어렵게, 어렵게 살해범을 용서하기로 마음먹었다. 그리고 또 이 용서를 혼자 마음에만 품지 않고 본인에게 알려야 한다고 해서, 또 어렵게, 어렵게 멀리 감옥까지 살해범을 찾아갔다.

아, 그런데 이게 웬일인가!? 끔찍한 유괴살해범 본인은 이미 예수님께 사함을 받았다고 하면서 태연자약하지 않는가! 뻔뻔스런 얼굴에는 평안한 미소까지 흘리며 아파하며 불안해하는 여인을 오히려 조소하고 있다. 여인은 심한 충격을 받았다. '믿음의 법'에 대해 걷잡을 수 없는 혼란과 짙은 회의에 빠진 것이다.

그러나 이런 회의와 불신을 영화 속의 아들 잃은 이 엄마만 느끼는 것이 아니다. 현실에서는 세상 사람들이 종교인들을 더욱 확실하게 불신하고 있다. 먼저 2014년 봄 한국에서 300명이 넘는 어린 학생들이 목사가 운영하는 선박에 승선하여 바다에 빠져 원통하게 죽어갔다. 나라는 온통 파국으로 치닫고 기독교는 지탄의 대상이 되었다. 그러나 사건의 범인과 그의 추종 교파는 자신들의 과오를 스스로 인정한다고 고백하지 않았다. 오히려 자신들의 소굴을 엄호하며 엄청난 범죄를 은닉하고 도피하며 절규하는 학부모와 수사하는 경찰과 국민을 우롱했다. 그 교파도 이미 예수님의 용서와 구원을 받았기 때문에 사람들은 전혀 안중에도 없다고 생각할 수 있다.

이 사건에 대하여 한국 교회를 대표하는 목사들의 논평도 마찬가지다. 그들은 교회를 대표해서 대국민 유감 표시는 한마디 하지 않고 '왜 가난한 집 애들이 배를 타고 수학여행을 가는가?', '국민들의 문화 수준이 낮아 과잉반응하고 있다'는 등의 속내를 토로했다. 한국 교회의 대표 목사들도 자신들은 믿음으로 이미 의롭게 되었고 구원받았기 때문에 이 사건에서도 유족이나 사회에 대하여는 속죄하거나 슬픔에 동참할 이유가 전혀 없다는 뜻이다. 이것은 또 한국 교회가 세월호와 함께 침몰했다는 뜻이기도 하다.

사회적인 문제뿐 아니라 개인의 죄악에 대해서도 마찬가지다. 어느 목사가 여신도들을 상습적으로 겁탈하여 기존 교회에서 추방되자 그 근처에 새로운 교회를 열었다. 역시 능력이 있기 때문이다. 그의 회개 역시 밀양의 파렴치범과 똑같다. '회개는 하나님 앞에 하는 것이지 사람들 앞에서 한답디까?' 그리고 이 목사의 소속 교단도 이를 두둔 내지 방조하고 있다. 이 교회의 돈과 힘이 만만치가 않기 때문이다. 이러므로 세상 사람들은 목사들이 '복음'이라고 전하는 것과 기독교 자체를 의심하지 않을 수가 없게 되어 있다. 그러나 판단과 정죄는 하나님의 소관이다.

"나 여호와가 말하노라! 겨가 어찌 알곡과 같겠느냐!?
보라! 서로 내 말을 도둑질하는 선지자들을 내가 치리라!"(렘23:28-30)

"추수 때에 가라지를 먼저 거두어 불사르게 단으로 묶고,
손에 키를 들고 자기의 타작마당을 정하게 하여
알곡은 모아 곡간에 들이고,
쭉정이는 꺼지지 않는 불에 태우시리라."(마3:12; 13:30; 눅3:17)

제 2 부

동물

하나님이 큰 물고기와
물에서 번성하여 움직이는 모든 생물을 그 종류대로,
날개 있는 모든 새를 그 종류대로 창조하시니
하나님의 보시기에 좋았더라.

_ 창1:21

하나님이 땅의 짐승을 그 종류대로, 가축을 그 종류대로,
땅에 기는 모든 것을 그 종류대로 만드시니
하나님의 보시기에 좋았더라.

_ 창1:25

I. 조류

1.

독수리 하늘의 제왕

독수리는 힘세고 사나운 육식성 맹금이다. 깃털은 대개 암갈색이고 몸길이는 1~1.5m로 수리류 중 가장 크다. 호주를 제외한 세계 전역의 따뜻한 초원, 산지, 사막에 살고 있다. 겨울철이면 온난한 곳으로 날아가 월동도 한다. 둥지는 다른 동물들이 접근할 수 없도록 높은 암벽이나 나무 꼭대기에 나뭇가지를 견고히 쌓아 만든다. 이런 둥지에서 일생 동안 한 마리와 짝을 짓고 산다. 매년은 아니지만 보통 2~3월에 1개의 알을 낳으면 암수가 약 2달간 품어 부화시킨다. 부화되면 새끼는 약 4달간 둥지에서 자란 후 독립한다.

날아오를 때에는 폭이 넓고 긴 양 날개로 상승기류를 이용한다. 공중에서는 날갯짓을 하지 않고 일직선으로 뻗은 상태로 기류를 타고 오랫동안 비행하면서 먹잇감을 찾는다. 이때 매서운 눈의 시력은 3㎞ 밖의 토끼도 단번에 발견하고, 후각도 예민하다. 먹이를 발견하면 소리 없이 날아와 번개같이 낚아챈다. 산비탈이나 절벽에 사는 염소들도 독수리의 사냥감이다. 이들을 먼저 잡아끌어 천길만길 절벽 아래로 떨어트리는 것이다. 그리고 자기보다 무거운 것도 날카롭고 튼튼한 발톱으로 움켜쥐고 둥지까지 운반한다.

갈고리처럼 꼬부라진 부리는 동물의 질긴 피부나 힘줄을 잘 찢을 수 있다. 독수리 떼가 한번 나타나면 뼈에 붙은 고기 조각들까지 아주 짧은 시간에 모두 사라진다. 살아 있는 것 외에 죽었거나 죽어가는 짐승들도 먹이로 한다. 옛날 이란에서 그리고 지금도 티베트에서는 이런 독수리에게 시신屍身을 쪼아 먹게 하는 조장鳥葬을 치른다. 독수리들이 빨리 잘 먹을 수 있도록 시체를 토막 쳐서 발라 놓기도 한다. 하늘의 사자使者로 숭배되는 독수리가 죽은 자의 하늘 영생을 이루게 한다는 것이다.

땅 위에서는 짐승 중에 사자가 백수百獸의 왕이라 한다면 독수리는 하늘의 제왕이라 할 수 있다. 그러므로 독수리는 고대부터 성스러운 새로 또한 전쟁의 상징으로 인식되었다. 뿐만 아니라 옛날 로마, 러시아, 오스트리아 제국, 현재 미국, 독일 등의 국조國鳥이고 특히 공군이 독수리 문양을 사용하고 있다. 그러나 독수리가 사체를 먹기 때문에 죽음에 관련된 악마의 이미지도 있다. 성경에 독수리는 강하고 빠름을 나타내고 동시에 심판도 의미한다.

1 독수리처럼 강하게

어미 독수리가 자기 새끼를 강하게 키우는 것이 하나님이 자기 백성을 보호 인도하는 것에 비유되어 있다. 이스라엘 백성이 애굽을 탈출한 후 3개월 되었다. 한낮의 이글거리는 태양 아래, 한밤의 혹독한 추위 속에 메마른 땅을 등짐을 지고 걸어가야 하는 백성들의 노고는 컸다. 하나님은 시내 산에서 모세에게 말씀하신다. 그리고 오늘도 예수님을 따라 순례의 고된 길을 가는 우리에게 말씀하신다.

"너는 이같이 야곱 족속에게 이르고 이스라엘 자손에게 고하라!

내가 애굽 사람에게 어떻게 행하였음과
내가 어떻게 독수리 날개로 너희를 업어 인도하였음을
너희가 보았느니라."(출19:3-4)

"마치 독수리가 그 보금자리를 어지럽게 하고,
그 새끼 위에 너풀거리며 그 날개를 펴서 새끼를 받고,
그 날개 위에 그것을 업는 것같이
여호와께서 홀로 그들을 인도하셨고, 다른 신이 없었느니라."(신32:11-12)

"하나님이 네 모든 죄악을 사하시고, 네 모든 병을 고치시며,
네 생명을 파멸에서 구속하시고, 인자와 긍휼로 관을 씌우시며,
좋은 것으로 네 소원을 만족케 하사,
네 청춘을 독수리같이 새롭게 하시는도다."(시103:3-5)

"소년이라도 피곤하며 곤비하고, 장정이라도 넘어지며 쓰러지되,
오직 여호와를 앙망하는 자는 새 힘을 얻으리니,
독수리가 날개 치며 올라감 같을 것이요,
달음박질하여도 곤비치 아니하겠고,
걸어가도 피곤치 아니 하리로다"(사40:30-31)

2 독수리처럼 빠르게

독수리는 강하고 또 빠르다. 그러므로 독수리의 빠름이 직유적으로 언급되고 있다. 평생 다윗을 죽이려던 사울 왕이 블레셋과의 싸움에서 전사하였다. 길보아 산의 전투에서 그의 아들 요나단과 함께 비참한 최후를 맞은 것이다. 다윗은 자기 원수의 죽음을 기뻐할 수 있으련만 하나님의 기름 부은 자에 대한 인간적인 예우와 충성을 다했다. 그리고 그들의 죽음을 추모하였다.

"사울과 요나단이 생전에 사랑스럽고 아름다운 사람이었는데
죽을 때에도 서로 떠나지 아니하였도다.
저희는 독수리보다 빠르고 사자보다 강하였도다.
이스라엘 딸들아, 사울을 슬퍼하여 울지어다!"(삼하1:23-24)

신혼처럼 행복한 시절은 애석하게도 여름밤의 꿈같이 빨리도 지나간다. 욥은 극심한 고통 속에서 과거 행복한 시절이 속절없이 흘러갔음을 한탄하고 있다. 사람들이 집착하는 재물도 덧없기는 마찬가지다.

"나의 날이 경주자보다 빨리 사라져버리니 복을 볼 수 없구나.
그 지나가는 것이 빠른 배 같고,
먹잇감에 날아 내리는 독수리와도 같구나."(욥9:25-26)

"부자가 되려고 애쓰지 말고 네 사사로운 지혜를 버릴지어다.
정녕히 재물은 스스로 날개를 내어
하늘에 나는 독수리처럼 날아가리라."(잠23:4-5)

이스라엘 백성이 하나님을 떠나자 이것을 깨우쳐 주기 위해 하나님은 이웃의 강대국들을 동원하셨다. 우리나라에 중국·일본·러시아·미국 등 강대국들이 달려오고, 우리는 이들의 눈치를 살피는 것과 같다. 당시 이스라엘에게는 애굽, 앗수르, 바벨론, 페르시아 등이 그런 나라들이었다. 강대국들의 눈치를 살피며 비굴하게 여기저기 아부하는 모습도 매한가지다. 이것을 하나님은 선지자에게 비유로 말씀하신다. 강대국들의 강한 군대는 과연 독수리처럼 빠르게 다가오고 있다.

"인자야, 너는 이스라엘 족속에게 수수께끼와 비유를 들어 말해라!
색깔이 화려하고 날개가 크고 깃이 길고 털이 숱한 큰 독수리 A가

레바논에서 백향목 높은 가지를 꺾어 장사하는 땅에 이르러 옥토에 심었다.
그것이 자라 견실한 포도나무가 되어 그 가지와 뿌리가 독수리 A 아래 있었다.
그런데 또 날개가 크고 털이 많은, 다른 하나의 큰 독수리 B가 있는데
그 포도나무가 이 독수리 B에게 물을 받으려고 그를 향해 뿌리와 가지를 뻗었다.
너는 그 포도나무가 번성할 것으로 보느냐?
독수리 A가 어찌 그 뿌리를 빼고 실과를 따며 그 나무로 시들게 하지 아니하겠느냐!?
그 연한 잎사귀를 마르게 하고, 그 뿌리를 뽑을 것이다."(겔17:2-10)

"여호와께서 원방에서, 땅끝에서
한 민족을 독수리가 날아오는 것같이 너를 치러 오게 하시리니,
이는 네가 그 언어를 알지 못하는 민족이요, 그 용모가 흉악한 민족이라.(신28:49)
보라! 그가 구름같이 올라오는데, 그 병거는 회오리바람 같고,
그 말들은 독수리보다 빠르도다."(렘4:13)

3 하나님 명령의 수행 천사

하늘의 제왕 독수리는 하나님의 심판을 수행하는 천사(그룹, cherubim)의 한 모습이기도 하다. 유대 왕국이 바벨론에게 멸망되고 왕을 비롯한 귀족들은 포로로 끌려갔다. 하나님의 선택받은 선민選民에게 있을 수 없는 일이 발생한 것이다. 지금까지는 다른 민족이 침범해 오면 백성들이 회개하였고 하나님은 도와수셨다.

그러나 이번은 아니다. 그렇다고 이번 사태가 갑자기 일어난 것도 아니다. 이에 대하여 이스라엘 백성에게 애굽 탈출 때부터 모세를 통해 경고하였고, 침략이 임박해서는 선지자 예레미야도 피 토하는 심정으로 예언하였다. 그러나 그도 거짓 선지자로 몰려 투옥되었고, 그의 예언도 무시되었다. 유대 왕국은 기원전 586년에 쫄딱 망했다.

이때 포로로 함께 잡혀간 선지자 에스겔은 적국인 바벨론에 있었다. 갈대아 땅의 그발 강가라는 곳인데 지금의 이락 티그리스 강과 유프라테스 강 유역의 한 샛강이다. 여기서 그는 환상 중에 하나님의 보좌와 네 생물의 형상을 보게 된다. 유대 왕국은 망했으나 자기 백성에 대한 하나님의 관심과 섭리는 그치지 않은 것이다.

"그들은 각각 네 얼굴과 네 날개가 있는데
그 얼굴들의 모양은 넷의 앞은 사람의 얼굴이요,
넷의 우편은 사자의 얼굴이요,
넷의 좌편은 소의 얼굴이요,
넷의 뒤는 독수리의 얼굴이니,
그 생물들은 번개 모양같이 왕래하더라."(겔1:10,14; 10:14)

결국 70년간 바벨론의 지배를 받고, 그 후 등장한 신흥 세력인 페르시아에 의해 이스라엘 민족은 유대 땅으로 귀환하게 되었다. 귀환 후 예루살렘 성전을 다시 건축하였고, 유대교도 정식으로 다시 시작되었다. 이 상태에서 메시아이신 예수님의 강림까지 이르게 된다.

그러나 다시 하나님을 떠난 유대인들은 예수 그리스도를 배척하고 처형했다. 그리고 유대 왕국은 기원후 70년 로마에 의해 다시 철저하게 패망하였다. 예루살렘 성전 역시 돌 위에 돌 하나도 남지 않고 완전히 파괴되었다. 그 자리는 마호메트 회교 사원이 차지했고, 유대인 성전은 돌벽 한쪽 귀퉁이만 남아 있다. 이름하여 '통곡의 벽'이다. 유대 왕국은 역사에서 사라졌고, 그 민족은 뜨내기 신세로 세계로 뿔뿔이 흩어졌다.

그러나 율법에 의한 구약 시대가 끝나고 은혜에 의한 신약 시대가 시작되었다. 유대 민족의 혈통에 국한되었던 구원이 십자가의 보혈로 전 인류에게 임한 것이다. 예수님의 제자들은 이 복음을 전하며 모두 순교의 길을 갔다. 유일한 생존자 사도 요한은 밧모라는 척박한 섬에 유배되었다. 그는 어두운 굴속에서 밝은 하늘의 환상을 보았다. 세상의 종말과 메시아의 재림을 준비하는 하늘 보좌와 그룹들인 것이다. 이 그룹에도 독수리가 포함되어 있다.

"보좌 앞에 수정과 같은 유리 바다가 있고,
보좌 가운데와 보좌 주위에 네 생물이 있는데, 앞뒤에 눈이 가득하더라.
그 첫째 생물은 사자 같고,
그 둘째 생물은 송아지 같고,
그 셋째 생물은 얼굴이 사람 같고,
그 넷째 생물은 날아가는 독수리 같은데,
각각 여섯 날개를 가졌고, 그 안과 주위에는 눈들이 가득하더라."(계4:6-8)

"내가 또 보고 들으니, 공중에 날아가는 독수리가 큰 소리로 이르되
'땅에 사는 사람들에게 화, 화, 화가 있으리로다.'"(계8:13)

예수님은 마지막 때 구원받는 사람이 매우 적다고 말씀하신다. 예수님 승천 후 지금까지 기독교의 조직과 권세는 크게 성장하였으나 그에 비례하는 예수님의 사랑과 복음의 능력은 감지되지 않는다. 오히려 교회에 의한 침략과 수탈이 자행되었다. 세상 교회는 2천 년 전 예수님의 초림 때와 다를 바 없다. 이를 증명하는 역사적 사건이 기원후 70년 역사에서 사라졌던 유대 나라가 1948년 이스라엘 국가로 다시 등장한 것이다. 예수님을 거부하고 처형한 나라가 다시 출현한 것이다. 오늘도 예수님은 탄식하시며 생명 없는 영혼들에 대한 사탄의 공격을 경고하신다.

"인자가 올 때에 세상에서 믿음을 보겠느냐!?(눅18:8)
주검 있는 곳에는 독수리가 모일 것이니라."(욥39:30; 마4:28; 눅17:37)

2.

닭 새벽을 깨우는 동물

닭은 주로 달걀과 고기를 얻기 위한 가축이다. 기원전 7세기경부터 야생 닭을 사육하였다. 닭은 생후 6, 7개월부터 번식 능력을 갖춘다. 먹이를 비교적 적게 먹으면서도 짧은 기간에 많은 고기를 내고, 또 제 몸의 수십 배에 이르는 알을 낳는다. 그 수가 연간 100~220개에 이른다. 고기는 소나 돼지에 비해 지방이 적고 담백하여 소화가 잘된다. 달걀은 지방과 단백질 등 영양을 고루 갖춘 완전식품에 속한다. 현재는 세계에서 가장 많이 기르고, 또 가장 많이 도축되어 그 수가 연간 5억 마리를 넘는다.

닭에게는 위엄과 풍채가 있다. 붉은 볏과 육수肉須, 날카로운 눈매와 부리, 특히 수탉의 위엄은 더욱 넘친다. 싸움닭의 불굴의 투지도 잘 알려져 있다. 특히 우렁찬 닭의 울음소리는 사람의 새벽을 깨워 준다. 시계가 없던 옛날에는 닭의 울음이 거의 유일한 수단이었다. 옛날 이스라엘에서는 닭이 울면 번제단의 청소를 시작했다. '하늘의 종heavenly bell'인 셈이다. 닭의 울음에는 잡귀가 달아나고, 새롭고 밝은 날을 맞이한다는 영적인 의미가 있다. 그러므로 닭은 광명의 상징으로 동서양 모두 신성시하고, 귀신을 쫓는 벽사辟邪의 기능을 가진다고 한다.

고대 페르시아에서는 닭이 빛의 심벌이고, 그리스·로마에서는 신들에게 바쳐지는 제물이었다. 동아시아에서는 사람들이 닭의 피로 맹세를 했고, 닭의 뼈로는 점을 쳤다. 우리나라 경주 김씨도 닭과 관계가 있다. 신라왕이 어느 날 한밤중에 숲속에서 닭 울음소리를 듣고 가 보니 흰닭이 있고 나뭇가지에는 금궤가 걸려 있었다. 그 안에 있던 사내아이가 바로 김씨의 조상이라는 것이다. 그 후 그 숲이 계림鷄林이라 불리고 있다.

유대인에게는 결혼한 여인이 꿈에 닭을 보면 아들을 낳는다는 미신이 있다. 그것보다 더 이상한 것은 현재도 유대력 7월(태양력 9월)의 속죄일이 되면 양, 염소 대신 닭을 잡아 제사를 드린다. 살아 있는 닭을 속죄자의 머리 위에서 홰홰 흔들며 '이것이 나를 대신하는 대속제물이다. 내 죄 때문에 죽지만 나는 평화를 누리리라!' 그리고 목을 따 피를 흘리고 고기는 요리해 맛있게 먹는다. 이것이 '죄를 덮다'라는 뜻의 '카파롯kaparot' 의식이다. 메시아 예수님의 피를 모르므로 닭의 피를 사용하고 있다.

어미닭의 모성 본능maternal instinct 역시 관심의 대상이다. 자신의 새끼를 돌보아 기르려는 선천적 욕구이다. 새끼의 요청에 즉각적으로 반응하고, 새끼들은 어미의 품속에서 우주의 안락감을 느낀다. 우리가 어머니의 품속에서 느낀 그런 느낌이다. 위급 시에는 어미닭이 어떤 위협에도 물러남 없이 단호하게 맞선다. 개나 이리가 달려들면 여느 닭들은 놀라서 지레 기절해 버린다. 그러나 새끼를 품은 어미닭은 앉은 자리에서 추호의 흐트러짐 없이 침입자들을 당당히 물리친다. 어미닭은 비록 약하지만, 그에서 뿜어져 나오는 극한의 저항과 불사투쟁의 단호한 기운이 섣불리 접근하는 좀도둑이나 장난꾼의 혼을 쏙 빼놓는 것이다.

알을 품은 꿩의 경우도 산에 산불이 나 자신이 불에 타 죽을지언정 끝까지 알을 포기하지 않는다. 그래서 산불이 지나간 자리에서 사람들은 잘 구워진 꿩도 먹고, 또 그 아래 잘 익은 알도 먹을 수 있다. 이것이 '꿩 먹고 알 먹는다'란 속담의 유래다. 성경에는 예수님이 이러한 어미닭의 모성본능을 말씀하신다. 또 첫새벽 닭의 울음소리가 제자 베드로를 미몽迷夢에서 깨우기도 한다.

1 새끼를 품으려는 어미닭

예수님은 인류의 구원 사역을 마치기 위해 예루살렘 성전에 당도하셨다. 주인이 자기 소유의 성, 자신의 집을 찾아온 것이다. 그러나 성전 관리 종교인들은 주인을 몰라보고 알려고도 하지 않는다. 이들은 모두 '악한 농부'로 변질되어 하나님의 집을 '강도의 소굴'로 만들었고, 더구나 제 주인을 잡아 죽이려 하고 있다. 가슴이 무너지는 예수님은 깊은 눈물의 탄식을 발하신다.

"예루살렘아, 예루살렘아!
선지자들을 죽이고 네게 파송된 자들을 돌로 치는 자여!
암탉이 제 새끼를 날개 아래 모음 같이
내가 너희의 자녀를 모으려 한 일이 몇 번이냐!?
그러나 너희가 원치 아니하노라.
보라! 너희 집이 황폐하여 버린바 되리라!"(마23:37-39; 눅13:34-35)

성전을 점거한 종교인들에게 예수는 한 떠돌이 설교자에 불과하다. 그들은 이 경고에 코웃음 쳤으나 깜짝 놀란 제자들은 언제 성전이 무너질지, 그 전에 어떤 징조가 나타날 것인지를 여쭈었다. 예수님은 준엄하게 경고하신다.

"깨어 있어라! 집주인이 언제 올지, 혹 저물 때일지, 밤중일지,
닭 울 때일지, 새벽이 될지 너희가 알지 못함이라.
그가 홀연히 와서 너희가 자는 것을 보지 않도록 하라!"(막13:35-36)

이 일이 그때도 실제로 발생한 것이다. 예수님이 오셨을 때 당시의 종교인들은 예외 없이 모두 불신과 무지의 깊은 잠에 빠져 있었다. 이들 중에 깨어 있던 종교인은 놀랍게도 단 한 사람도 없었다. 그 결과 기원후 70년 예루살렘이 로마에 의해 함락되고, 성전은 '돌 하나도 돌 위에 남지 않고' 완전히 파괴되었다. 건축

당시 돌 사이사이에 얹어 놓은 금붙이를 찾기 위하여 로마 병정들이 성전을 철저하게 파괴했다는 것은 외부적 요인에 불과하다.

2 베드로를 깨워 준 닭 울음소리

종교인들이 예수님을 체포하여 심문할 때는 수제자인 베드로조차 예수님을 세 번이나 모른다고 부인하였다. 그 후 닭 우는 소리를 듣고서야 제정신으로 돌아왔다. 이 이야기가 마태, 마가, 누가, 요한에 의한 4복음서에 모두 기록되어 있다.

예수님은 마지막 주간 목요일 저녁에 제자들의 발을 씻겨 주셨다. 그리고 그들과 마지막 '최후의 만찬'을 함께 하셨다. 만찬이라고 하나 마른 빵과 막포도주가 주메뉴다. 이것들을 제자들에게 나누어 주시고 함께 예루살렘 동편의 감람산 겟세마네라는 동산으로 걸음을 옮기셨다. 이곳은 감람나무를 기르고, 그 기름도 짜는 언덕이다. '겟세마네'라는 말도 '기름을 짠다'라는 뜻이다. 이곳에서 예루살렘의 성전과 시내가 잘 내려다보인다. 그러나 원래 숙박 장소는 아니었다. 한밤의 기온은 그때 10℃ 아래로 내려간다.

먹는 것도 잠자리도 항상 이렇게 열악하고 불편했지만 제자들은 지금까지 용케도 잘 참아 왔다. 그러나 이런 생활도 오늘 밤으로 마지막이라는 사실은 까맣게 모르고 있다. 순진무구한 제자들에게 예수님은 곧 닥칠 엄청난 사건을 예고할 필요가 있었다. 어떻게 무슨 말부터 해야 할지 보통 사람이라면 무척 고민되었을 것이다. 그러나 예수님은 평소의 부드러운 음성으로 말씀하신다.

"오늘 밤에 너희들 모두가 나를 버릴 것이다."(마26:31; 막14:27)

그리고 갑작스러운, 이런 불경스러운 말에 제자들이 너무 놀라는 것을 방지하기 위해 예수님은 곧 성경 구절을 인용하시며 그 후의 행동 계획도 말씀하신다.

"성경에도 '내가 목자를 치면 양떼가 흩어지리라'라고 쓰여 있다. 그러나 내가 다시 살아난 후에 너희보다 먼저 갈릴리로 갈 것이다."(마26:31-32; 막14:27-28)

의리의 사나이 베드로에게는 다른 말은 귀에 안 들어오고 단지 '모두 주님을 버릴 것'이란 말만 크게 들렸다.

"주님, 그런 말씀 마세요! 모두 다 주님을 버린다 해도 저는 그렇지 않습니다.
도대체 어디로 가시려는지는 몰라도, 두고 보세요!
어디를 가시든 따라갈 것입니다!"(마26:33; 막14:29)

기세 좋게 말하는 베드로를 예수님은 조용히 응시하시며 다시 말씀하신다.

"시몬, 시몬아, 사실은 사탄이 밀 까부르듯 하려고 너희를 요구하였다.
그러나 내가 너를 위하여 네 믿음이 떨어지지 않기를 기도하였다.
너는 돌이킨 후에 네 형제를 굳세게 해야 한다."(눅22:31-32)

"주님, 어디를 가시든, 저는 주님과 함께 감옥에, 또 죽는 자리에 가더라도 결단코 주님을 떠나지 않을 것입니다!"(마26:35; 막14:31; 눅22:33; 요13:37)

베드로뿐 아니라 다른 제자들도 모두 이처럼 호언장담을 하였다. 이러한 베드로에게 예수님은 다시 간곡하게 말씀하신다.

"내가 가는 곳에 너는 지금은 따라올 수 없다. 그러나 후에는 따라올 것이다.
내가 네게 정말을 말하겠는데, 오늘 밤 닭이 두 번 울기 전에
네가 세 번 나를 부인할 것이다."(마26:34; 막14:30; 눅22:34; 요13:38)

베드로는 예수님의 말씀이 도무지 이해되지 않았다. 그리고 자기를 그렇게 믿지 못하시는 예수님이 야속하기만 했다. 이러한 대화를 나누는 중에 그들은 이미 겟세마네 동산에 도착하였다. 예수님은 시험에 들지 않게 기도하라고 당부하셨지만 종일 강행군한 제자들의 눈꺼풀은 돌덩이 같았다. 곧 잠에 빠져들었다. 예수님께서 몇 번 깨워 주신 것 같기도 하다. 그렇게 계속 잠을 자다가 정말 소란한 분위기에 눈이 떠졌다. 종교인과 관리들이 몰려와서 예수님을 잡아가는 것이다.

작은 동산은 군중의 어지러운 발자국 소리와 고함 소리, 그리고 그들의 횃불과 칼과 몽둥이로 가득 찼다. 예기치 못한 비상사태에 갑자기 어떻게 대처해야 할지 훈련받은 바도, 생각한 바도 없다. 경황 중에 사나이 베드로는 칼을 빼어 예수님의 멱살을 거머쥔 한 관리를 향해 휘둘렀다. 칼에 무언가 스친 것은 그 관리의 떨어진 귀다. 예수님은 칼을 칼집에 꽂으라 하시며 즉시 그의 귀를 고쳐 주셨다. 그 관리는 '말고라 하는 대제사장의 하수인'(요18:10)이었다.

칼로 저항한 베드로가 체포되지 않은 것은 예수님이 이미 떨어진 귀를 고쳐 주셨기 때문이다. 그리고 당시 종교인들이 처음부터 예수님 한 사람만 제거 대상으로 보았기 때문이다. 제자들은 교육도 받지 않은 서민들로서 관심 대상이 아니었다. 또 당시에는 열 명 이상의 자칭 메시아, 선지자, 혁명가들이 활동하고 있었다. 각각 무리를 이끌고 기적을 베풀며 예언을 하고, 과격한 독립운동도 펼쳤다. 세례 요한, 바라바, 드다 등도 여기 속한다. 이런 경우 그 수괴만 없어지면 소요도 사라졌다.

잠깐 후 동산의 대세는 이미 바뀌었다. 새로운 권력과 질서 그리고 공포 분위기가 일사불란하게 지배하고 있다. 다른 제자들은 이미 어디로 뿔뿔이 다 도망갔고, 베드로도 어느새 어두운 무리 속에 들어 있다. 정신을 차려 보니 예수님은 이미 저 멀리 앞에 포박되어 끌려가고 있다. 제자 중 제일 어린 요한이 겁먹은 얼굴로 오들오들 떨며 베드로의 왼팔에 매달려 있다. 베드로는 일종의 무아의 경지에서 대제사장의 공관까지 따라갔으나 정문을 지키는 여자의 제지로 문밖에 머물러야 했다.

그러나 요한은 예루살렘에 집도 있고 대제사장 가족과도 친분이 있으므로 정문의 여자에게 베드로의 입장을 부탁했다. 그러자 그 여자는 베드로를 응시하며 물었다.

"당신도 갈릴리 사람 예수와 한 패 아니오!?"(마26:69; 막14:67; 눅22:56; 요18:17)

순간 주위 사람들의 날카로운 시선이 베드로의 맨얼굴에 꽂혔다. 베드로는 화들짝 놀랐다. 가슴이 덜컹 내려앉으며 크게 당황했으나 짐짓 큰소리로 응수했다.

"이 여편네가 무슨 말하는 거요!?
거 무슨 소린지 모르겠소! 어흠."(마26:70; 막14:68; 눅22:57)

그리고 요한과 함께 앞뜰로 들어가 그곳에 피워 놓은 모닥불로 다가가 사람들 틈에서 함께 불을 쬐었다. 그날따라 밤공기가 더욱 차게만 느껴졌다. 아, 그런데 그곳에 있던 다른 여종이 모닥불에 비친 그의 얼굴을 빤히 들여다보며 큰소리로 말했다.

"당신도 갈릴리 사람 예수와 함께 있었어요. 분명해요!"
"내가 하늘을 두고 맹세하는데, 나는 저 사람을 알지 못하오.
생사람 잡지 마시오!"(마26:71-72; 막14:69-70; 눅22:58; 요18:25)

그런데 이번에는 두 사람의 말을 듣던 주위 사람들이 이구동성으로 말했다.

"당신도 그 패거리에 속하는 것이 분명하오.
당신 말소리가 그 지방 사투리요!"(마26:73; 막14:70; 눅22:59)

이렇게 함께 떠드는 소란 중에 어디선가 닭 울음소리가 들려오는 듯했다. 그것이 베드로의 고막은 울렸으나 지각에까지는 이르지 못했다. 베드로는 두 눈을 부라리고 오른손 주먹을 들어 하늘을 향해 흔들며 큰 소리로 말했다.

"내가 거짓말 한다면 저주를 받을 것이오! 저주를!
하늘을 두고 맹세하건데
나는 저 사람을 정말 알지 못하오!!!"(마26:74; 막14:71; 눅22:60)

하늘을 두고 맹세하며 저주까지 하는 베드로의 비장한 외침에 잠시 정적이 흘렀다. 이 짧은 고요 속에 또 하나의 준엄한 닭 울음소리는 새벽 공기를 뚫고 왔다. 그것이 이번엔 베드로의 심장 중앙에 정통으로 꽂혔다. 번쩍 정신이 든 베드로는 무의식적으로 예수님 쪽을 바라보았다. 저 멀리 계시는 주님은 마침 베드로를 마주 응시하시는 것 같았다. '닭이 두 번 울기 전에 네가 세 번 나를 부인하리라!'는 말씀이 다시 귀에 울리고 있다. '나는 죽더라도 주님을 부인하지 않겠다!'고 한 자신의 호언장담도 아직 입속에 맴돌고 있다.

베드로의 눈앞이 캄캄해지며 하늘이 무너졌다. 아무 정신도 없다. 시야에 들어오는 것도 없다. 무조건 뛰었다. 자신도 모르게 겟세마네 동산을 향해 달렸으나 두 발이 땅에 닿는다는 느낌도 없었다. 곧이어 무너진 하늘 아래 동산의 흑암 속에, 그의 창자로부터 뿜어지는 흉측한 호곡 소리가 괴기하게 기어 나왔다. 그 소리가 찬 땅바닥에 흐르더니 서서히 모아지며 처절하게 요동치는 그의 가슴을 갈가리 찢고 마구 쥐어뜯었다.

3.

비둘기 새 소식을 가져오는 새

비둘기의 종류는 300개 이상으로 지구 각처에 서식하고 있다. 영어로는 보통 희고 작은 것은 도브dove, 다른 색깔들의 비교적 큰 것은 피존pigeon이라 한다. 흰 비둘기는 평화를 상징하여 중요한 행사에 하늘로 방출한다. 마술사들도 즐겨 사용한다. 평화를 지향하는 온건파를 비둘기파doves라 하여 급진 강경파인 매파hawks에 대비시키기도 한다. 머리에 아름다운 관모가 있는 왕관비둘기는 관상용으로 키운다. 꽁지깃을 부채꼴로 펴는 공작비둘기도 있다. 그리고 덩치가 커 닭처럼 오직 식용으로 사육하는 것도 있다.

비둘기의 모양과 성격은 온화하여 '새 중의 양羊'이라고도 한다. 비둘기가 히브리말로는 '요나'인데 이스라엘에서는 남자아이가 태어나면 온화한 성품을 가지라고 요나란 이름을 지어 주기도 한다. 선지자 요나도 그 예이다.

비둘기는 또 암수 한 쌍이 평생 짝을 바꾸지 않고 서로 애정을 나누기 때문에 부부 금실의 상징도 된다. 새끼에게는 젖을 먹여서 키우는 독특한 새이다. 피존 밀크pigeon milk라는 것인데 이것은 어미의 내부 기관에서 양육에 필요한 성분들로 만들어진 액체이다. 이 우유를 새끼가 부리를 어미의 부리 안에 넣어 받아먹는다.

사람을 두려워하지 않아 인가 주위에도 살고, 대부분의 대도시에서 흔하게 볼 수 있다. 사람을 잘 믿어서 덫이나 그물에 쉽게 잡힐 수 있다. 사람에게 매우 친근한 새이지만 종종 공해의 한 원인으로 지목되고 있다. 산성이 강한 배설물이 건축물을 부식시키고 각종 질병을 옮기기 때문이다. 그래서 사람들이 '날아다니는 쥐Flying Rat'라 명명하고 박멸하기도 한다.

비둘기는 힘센 날개로 탁월한 비행 능력과 방향감각을 갖고 있다. 시속 112km를 자랑하며 하루 10시간 이상을 날아 1,000km 밖까지 갈 수 있다. 이뿐 아니다. 빠르게 날다가 공중에서 잠깐 멈출 수도 있다. 그리고는 곧 다른 방향으로의 회전도 가능하여 자기보다 더 빠른 맹금류의 추적도 웃으며 가볍게 피할 수 있다. 먹이를 얻기 위해 아무리 멀리 나가도 반드시 집으로 다시 돌아온다. 그래서 옛날부터 오늘까지 군사나 민간의 통신용으로 사용되고 있다. 닭이 새 시간을 알려 주고, 비둘기는 새 소식을 가져온다.

성경에 비둘기가 처음 전령傳令으로 사용된 예가 나오고, 또 새 중에는 유일한 희생 제물로 등장하고, 성령의 강림으로 나타나기도 한다.

1 노아 방주의 비둘기

비둘기는 홍수 후 방주 안에 있던 노아에게 세상 밖의 소식을 전해 주었다. 노아가 600세 되던 해 하나님의 심판으로 40일간 땅 위에 장대비가 쏟아졌다. 물이 땅에 넘쳐 천하의 높은 산들이 모두 잠기고 땅 위의 호흡하는 생물들이 다 죽었다. 홍수가 그치고 물이 빠지면서 먼 산의 봉우리들이 하나둘 나타나기 시작하였다. 물에 씻긴 하늘은 더욱 맑고 푸름도 더욱 깊었다.

노아는 상황을 알기 위해 먼저 까마귀를 내놓았다. 그러나 이 새는 영 돌아오지를 않았다. 첫 시도에 실패한 노아가 이번에는 비둘기를 내보냈다.

"그가 또 비둘기를 내놓아 지면에 물이 줄었는지를 알고자 했다.
온 땅에 물이 있으므로 비둘기가 앉을 곳을 찾지 못하고 방주로 돌아와 그에게 왔다.
그가 손을 내밀어 방주 안 자기에게로 받아들이고,
또 7일을 기다려 다시 비둘기를 방주에서 내놓았다.
저녁때 비둘기가 그에게 돌아왔는데 그 입에 감람나무 새 잎이 있었다.
이에 노아가 땅에 물이 줄어든 줄 알았다.
또 7일을 기다려 비둘기를 내놓았으나 다시 그에게 돌아오지 않았다."(창8:8-12)

땅 위에 삶의 터전을 발견했기 때문이다. 노아도 하선 준비를 시작해야 했다. 까마귀는 노아의 뜻을 저버렸다. 온몸이 검은 까마귀는 울음소리도 유쾌하지 않고, 눈빛도 날카로워 보통 흉조로도 알려져 있다. 이에 비해 비둘기는 전령의 역할을 충실히 수행했다. 사람도 까마귀처럼 쉽게 잊기도 하고, 또는 비둘기처럼 충실하게 임무를 수행하기도 한다. 그래서 성경에 사랑하는 사람이 비둘기에 비유되고 있다. 서로의 마음이 합하기 때문이다.

"나의 사랑, 나의 비둘기, 나의 완전한 자야, 너는 어여쁘고 어여쁘다.
네 눈이 비둘기 같구나!"(아1:15; 4:1; 5:2; 6:9)

환난 중에도 신앙을 지키는 성도에게 비둘기의 날개는 구원의 희망이다. 낭패를 당한 뒤에 비둘기의 날개로 멸망의 포구를 헤어 나와 평화의 나라에 도달하기 때문이다. 이 비둘기의 날개는 하나님이 보내시는 성령의 날개이기도 하다.

"두려움과 떨림이 내게 이르고 공포가 나를 덮었구나.
만일 내게 비둘기같이 날개가 있다면 날아가서 편히 쉬리로다.
내가 나의 피난처로 속히 가서 폭풍과 광풍을 피하리라.(시55:5-8)

너희가 양 우리에 누울 때에는
그 날개를 은으로 입히고 그 깃을 황금으로 입힌 비둘기 같도다."(시68:13)

2 희생 제물이 되는 비둘기

비둘기는 희생의 제물로도 등장한다. 희생에는 항상 고귀한 가치가 소멸된다. 아브라함은 아직 아브람이었던 75세에 하나님의 소명을 받았다. 아비 집을 떠나 하나님이 지시하시는 땅으로 가라는 것이다. 그는 갈 바를 알지 못했으나 하나님을 믿고 길을 떠났다. 하나님은 이것을 그의 의로 여기시고 비둘기를 포함한 희생 제물을 드릴 것을 말씀하신다.

> "나를 위하여 3년 된 암소와 3년 된 암염소와 3년 된 숫양과
> 산비둘기와 집비둘기 새끼를 가져올지니라!"(창15:9)

이것은 하나님 자신을 위한 것이 아니다. 아브람을 창대케 하기 위한 지극히 작은 근거와 담보가 되는 것이다. 제물을 바친 아브람에게 하나님은 그의 후손이 400년 동안 이방의 객이 될 것을 알려 주신다. 과연 그의 손자인 야곱의 식솔 70명이 애굽으로 내려가 살았다. 초창기에는 자유롭고 풍요로웠다. 그러나 인구가 늘면서 애굽 나라에는 위협 요인으로 간주되어 점차 노예 신분으로 전락하였다. 아브람에게 예언된 400년이 지난 후 그들은 모세의 인도로 애굽을 탈출했다. 이 탈출은 단순한 노예해방이 아니다. 땅의 백성이 감히 하늘의 백성으로 격상되는 엄청난 지위 상승을 의미한다. 하나님은 다시 하나님 백성이 드려야 할 희생 제물을 말씀하신다. 이때도 예물이 소나 양이고, 새일 경우에는 비둘기가 된다.

> "만일 여호와께 드리는 예물이 새의 번제이면
> 산비둘기나 집비둘기 새끼로 예물을 삼을 것이라."(레1:14)

이 외에도 비둘기가 제물이 되는 경우들이 있다. 예를 들면 '입술로 맹세하여

함부로 말한'(레5:4) 경우, '여인이 아들이나 딸을 낳은 후 정결 기한이 찬'(레12:6) 경우, '나병 환자가 정결하게 되는'(레14:2) 경우, '유출병 환자가 깨끗하게 되는'(레15:13) 경우, '나실인이 시체로 인해 부정하였다가 정결케 되는'(민6:9-10) 경우 등등이다. 나실인Nazirite은 구별하다는 뜻으로 서약을 통해 자신을 구별하여 하나님께 헌신하기로 결정한 사람이다.

3 비둘기 모양의 성령강림

부드러운 모양의 흰 비둘기는 평화와 순결뿐 아니라 성령을 상징한다. 예수님이 세례를 받으실 때 처음으로 성령이 비둘기 모양으로 강림하였다. 예수님에게 세례를 베푼 요한은 정통 제사장의 적자로 출생하였으나 제도권의 안일한 세습을 거부하였다. 결혼은 물론 부귀영화를 포기하고 하나님을 앙망하여 홀로 거친 광야로 나아갔다. 이러한 그에게 하나님의 말씀이 임했다. 그는 '광야의 외치는 소리'(눅3:4; 요1:23)가 되었고, '만왕의 왕'에게 세례를 베풀어 그의 앞길을 예비하여 이 땅 위에 '여자가 난 자 중 제일 큰 사람'(마11:11)이 되었다.

영적인 의미는 이렇게 거창하지만 당시 그의 외모는 매우 초라했다. 제도권 종교인들이 누리는 풍만과 풍채와는 거리가 멀다. 학벌도, 지위도 없이 투박한 낙타털을 걸치고 허리에는 가죽띠를 둘렀다. 복부는 기름도 끼지 않아 쏙 들어갔고, 목덜미는 살도 붙지 않아 비쩍 말랐다. 깡마른 체구에 광야의 바람과 햇볕에 그을린 그의 얼굴은 원숭이와도 흡사했다. 단지 형형한 그의 눈빛은 사람들의 폐부를 꿰뚫고, 천둥과도 같은 그의 목소리는 사람들의 양심을 울렸다.

이러한 그에게 목자 없는 양같이 고생하며 유리하는 백성들이 나아왔다. 예루살렘의 웅장한 대형 성전을 뒤로 하고 황량한 요단강 물가로 나아온 것이다. 억눌리고 가난한 무리들의 몰골도 초라하기는 마찬가지다. 그러나 하나님을 앙망하는 그들의 마음은 하늘의 소망으로 가득 찼다. 그 무리 중에 한 젊은이가 조용히 다가오고 있다. 세례 요한의 시선이 그의 시선과 마주치자 그는 고압선같이 강한 성령에 감전되었다. 자기가 지금 어느 존전에 있다는 것이 인식된 것이다.

"아, 당신께서…, 제가 당신에게 세례를 받아야 하는 것 아닙니까!?"
"이제 허락하시오! 우리가 이렇게 함으로써 모든 의를 이루어야 하오!"(마3:14-15)

세례 요한은 거역할 수 없다. 지금까지 거친 들에서 몸과 마음을 세차게 닦아온 것도 바로 이 순간을 위한 것이 아닌가!? 숨이 멎는 순간이었다. 그는 지극히 높은 경외심과 한없이 떨리는 마음으로 한 남루한 젊은이에게 세례를 베풀었다. 곧 도살당할 어린양을 요단 강물에 정성스레 씻은 것이다. 이 청년이 물에서 나올 때 하늘에서는 비둘기 모양의 성령이 내려오며 음성이 들렸다.

"예수께서 세례를 받으시고, 곧 물에서 올라오실 때
하늘이 열리고 하나님의 성령이
비둘기같이 내려 자기 위에 임하심을 보시더니
하늘로부터 소리가 있어 말씀하시되
'이는 내 사랑하는 아들이요, 내 기뻐하는 자라.'
하시니라."(마3:16-17; 막1:10-11; 눅3:21-22)

"요한이 또 증인하여 이르되
'내가 보매 성령이 비둘기같이 하늘로서 내려와서 그의 위에 머물렀더라.
나를 보내어 물로 세례를 주라 하신 그이가 나에게 말씀하시되,
성령이 내려서 누구 위에든지 머무는 것을 보거든
그가 곧 성령으로 세례를 주는 이인 줄 알라!' 하셨노라."(요1:31-33)

4 비둘기같이 순결한

그 후 예수님은 12제자를 부르셨다. ① 시몬 베드로, ② 그의 동생 안드레, ③ 세배대의 아들 야고보, ④ 그의 동생 요한, 이들 4명의 직업은 어부고, ⑤ 마태는 세무 공무원이다. 그리고 ⑥ 바돌로매, ⑦ 도마, ⑧ 빌립, ⑨ 알패오의 아들 야고보, ⑩ 다대오, ⑪ 가나안 인 시몬, ⑫ 예수를 판 가룟 유다인데 이들의 직업은 명시되어 있지 않다. 공통적인 것은 그들이 고관이나 종교인 같은 상류층이 아니고, 가문과 조직의 배경도 없고, 내놓을 학벌도 없다는 것이다. 특히 당시 유대 나라를 주름잡던 제사장족, 레위족, 바리새인, 사두개인 등 종교인들은 하나도 없다. '새 술은 새 부대에'(마9:17; 막2:22; 눅5:37) 담아야 하기 때문이다.

예수님은 새롭게 천국을 건설하는 일에 기존 종교인들을 모두 배제하셨다. 이 상황에서 제자들이 앞으로 겪어야 할 역경과 박해는 처음부터 불 보듯 뻔하다. 혹독한 박해를 받다가 종국에는 끔찍하게 죽임을 당하는 것이다. 종교인이 부귀권세를 누리며 결혼 상대 제1순위가 된 오늘의 한국에서는 상상도 안 되는, 천부당만부당千不當萬不當한 일이다. 예수님은 사랑하는 제자들을 파송하시며 안타까운 심정을 절절히 토로하신다.

> "보라! 내가 너희를 보냄이 양을 이리 가운데 보냄과 같다.
> 그러므로 너희는 뱀같이 지혜롭고, 비둘기같이 순결하라!"(마10:16)

예수님의 제자들이 오늘의 종교인처럼 뱀같이 지혜로웠는지는 확실치 않다. 그러나 비둘기같이 순결했던 것은 분명하다. 그들은 돈과 향응을 받으며 말로만 전하지 않고, 정말로 땅끝까지 발로 걸어 다니며 복음을 전하며 몸소 실천했다. 조롱과 채찍질을 당했고, 궁핍과 환난 속에서 무기력하게 비둘기처럼 희생 제물이 되었다. 그들은 아내도 자식도 없고, 조직도 재산도 없다. 추앙도 받지 못했고, 영광의 사도직을 자식에게 상속해 주지도 못했다. 오늘 한국의 기준으로 보면 모두 저주받아 사역에 완전히 실패한 것이다.

① 베드로는 로마에서 거꾸로 십자가에 달려 죽었다.
② 안드레는 그리스에서 X자형 십자가에 죽었다.
③ 야고보는 로마에서 돌에 맞아 죽었다.
④ 요한은 모진 고문을 받았고 끓는 기름 가마 속에 던져졌다. 기적적으로 살아난 후 외딴 섬 밧모에 유배되어 굴속에 살며 부활의 예수님을 뵈었다. 그리고 그 귀한 이야기를 우리에게 전해 주고 있다.
⑤ 마태는 에티오피아에서 목이 잘렸다.
⑥ 바돌로매는 아르메니아에서 살가죽이 벗겨져 죽었다.
⑦ 도마는 인도에서 투박한 창에 찔려 죽었다.
⑧ 빌립은 소아시아에서 태형 후 십자가에서 죽었다.
⑨ 야고보는 성전 꼭대기에서 밀쳐져 떨어져 죽었다.
⑩ 다대오와 ⑪ 시몬은 원주민의 화살에 맞아 죽었다.
⑫ 가룟 유다를 대신한 맛디아는 에티오피아에서 돌에 맞은 후 목 베어 죽었다.

예수님을 배반한 가룟 유다도 뉘우치고 돈을 반환했다. 그리고 종교인의 배신과 신앙 양심으로 괴로워하다가 스스로 목매 죽었다. 그러나 오늘의 종교인은 예수님을 배반해도 뉘우치지 않는다. 재물을 모으고 자기 자식들에게 물려준다. 부정부패가 들어나면 그의 하속들과 함께 결사적으로 은닉하고 도피한다. 한 교회에서 쫓겨나면 다른 곳에서 다시 시작한다. 입심과 언변으로 생활의 기본 토대를 얼마든지 새로 구축할 수 있기 때문이다.

그러나 스데반 집사와 사도 바울의 경우도 어떻게 살고, 어떻게 죽었는지 우리는 알고 있다. 그리고 오늘도, 아직도 이름 없이 빛도 없이, 돈도 없이 힘도 없이 열두 제자의 길을 가는 소수의 남은 무리가 있음을 역시 알고 있다. 분명히 오늘의 종교인 모두가 비대한 몸으로 요 위에서 버둥대다 죽지는 않을 것이다.

4.

참새 서민을 상징하는 새

참새에는 19종이 있다고 하는데 보통 14cm 정도의 작은 다갈색 새이다. 길들이지 않은 야생이지만 매일 시가지, 인가, 농경지, 풀밭 등 도처에서 볼 수 있다. 사람이 사는 집이나 건물에도 둥지를 틀고 잘 번식한다. 참새는 이미 인간 생활환경의 한 요소이기도 하다. 그러므로 '참된 새'이고, 또 보통 참새라 하면 '참새'뿐 아니라 웬만한 하늘의 모든 새를 대표하기도 한다.

정말로 참새도 한 마리 없는 곳이라면 얼마나 적막하고 쓸쓸할 것인가!? 한국 사람에게는 특히 어린 시절부터 친근하다. 나뭇가지나 전깃줄 위에서 지저귀는 그들의 경쾌한 노랫소리를 들으며 학교를 다녔다. 시인 신현득(1933~)은 영어까지 힘겹게 배워야만 하는 유치원생의 마음으로 동시를 읊는다.

참새네 아기는 말 배우기 쉽겠다.
'짹' 소리만 할 줄 알면 되겠다.

참새네 학교는 글 배우기 쉽겠다.

국어책도 '짹 짹 짹……'
산수책도 '짹 짹 짹……'
참 재미나겠다."

참새는 봄과 여름에 4~8개의 알을 낳아 보름이면 부화하고, 새끼는 다시 보름이 지나면 둥지를 떠나 독립한다. 번식기인 여름에는 나비·메뚜기 등 벌레를 잡아먹지만, 비번식기에는 벼나 풀씨 등을 주로 먹는다. 농작물도 훼손하여 농민들의 골칫거리이기도 하다. '참새가 방앗간을 그저 지나랴!?'라는 속담도 있다. 그러나 또 해충을 처리해 주므로 다른 나라들에서도 유익한 새라는 최종 판결이 났다. 현재는 도시 인근 경작지가 줄고, 또 화학 농법에 의해 벌레가 줄어들면서 참새의 개체 수도 현저히 줄었다.

참새는 또 뱁새라고도 불리며 일반 서민을 상징한다. 고관이나 부자, 유명 목사 같은 '큰' 인물은 황새가 된다. 그리고 '뱁새 다리가 길어 봤자 황새 다리만 하겠는가!?', '뱁새 가랑이 찢어진다' 등의 속담은 서민의 애환을 표현하고 있다.

성경에서도 참새는 푼돈에 팔리는, 별 가치 없는 대상으로 등장한다. 그렇지만 이러한 참새도 둥지를 틀어 새끼를 키우고, 공중을 날며 하나님을 찬양한다. 왜냐하면 하나님이 사람을 위하여 새들도 지으시고 기르시기 때문이다.

1 축복받은 땅의 새

사람들이 하나님을 알고 섬기면 땅이 축복을 받고 백성들과 공중의 새들도 번성하게 된다. 하나님은 모든 새들을 알고, 이들과 언약을 맺으시며 이들을 보호하라고 말씀하신다. 하나님의 섭리로 새들이 지저귀고, 주님의 제단에는 참새도 제집이 있다.

"산의 새들도 나의 아는 것이고, 들의 짐승도 내 것이니라."(시50:11)
그날에는 내가 내 백성을 위하여 들짐승과
공중의 새와 땅의 곤충으로 더불어 언약을 맺으리라."(호2:18)

"길을 가다가 나무나 땅에 있는 새의 둥지에 새 새끼나 알이 있고,
어미 새가 그 새끼나 알을 품은 것을 보거든
그 어미 새와 새끼를 함께 취하지 말라!"(신22:6)

"나 주 여호와가 말하노라!
내가 또 백향목 꼭대기에서 높은 가지를 취하여 심으리라!
이스라엘 높은 산에 심으리니
각종 새가 그 아래 깃들이며 그 가지 그늘에 살고(겔17:23)
공중의 모든 새가 그 큰 가지에 깃들리라."(겔31:6)

"여호와께서 골짜기에 샘이 솟아나게 하시고 산 사이에 흐르게 하시니
공중의 새들이 그 가에서 깃들이며 나뭇가지 사이에서 지저귀도다."(시104:10-12)

"나의 왕, 나의 하나님, 만군의 여호와여,
주의 제단에서 참새도 제집을 얻고,
제비도 새끼 둘 보금자리를 얻었나이다."(시84:3)

2 저주받은 땅의 새

그러나 사람들이 하나님을 떠나면 사람과 땅이 저주를 받고, 공중의 새들도 사라지게 된다. 이러한 광경을 바라보는 선지자는 슬픈 노래를 부른다.

"이 땅에는 진실도 없고 인애도 없고 하나님을 아는 지식도 없고,

오직 저주와 속임과 살인과 절도와 간음뿐이고, 포악한 피흘림이 계속됨이라.
그러므로 이 땅이 슬퍼하며 무릇 거기 거하는 자와
들짐승과 공중에 나는 새가 다 쇠잔할 것이요,
바다의 고기도 없어지리라.(호4:1-3)
여자들은 집에서 쫓겨나 떠도는 새 같고,
둥지에서 흩어진 새 새끼 같을 것이라.(사16:2)
에브라임의 영광이 새같이 날아가고,
해산이나 잉태나 임신이 없으리라."(호9:11)

"내가 본즉 사람이 없으며 공중의 새가 다 날아갔고,
좋은 땅이 황무지가 되었으며 그 맹렬한 진노에 무너졌노라.(렘4:25-26)
내가 산들을 위하여 곡하며 부르짖으며 광야 목장을 위하여 슬퍼하나니
이는 그것들이 불에 탔으므로 지나는 자가 없으며
공중의 새도 짐승도 다 도망하여 없어졌음이니라."(렘9:10)

"여호와여, 언제까지 이 땅이 슬퍼하며 온 지방의 채소가 마르리까?
짐승과 새들도 멸절하게 되었나이다."(렘12:4)

3 하늘 아버지의 보장

결국 사람의 태도 여하에 따라 새들의 운명도 결정되고 있다. 하나님의 궁극적인 관심도 사람에게 있다. 어미 새가 자기 새끼를 잊지 않고, 부모 마음이 어린 자녀들에게 있는 것과도 같다. 자기 자녀는 많은 새들보다 더욱 소중하다. 그러므로 에덴동산의 여자처럼 죄의 유혹에 빠지지 말라고 말씀하신다. 생명을 잃게 되기 때문이다.

"공중의 새를 보라!
심지도 않고, 거두지도 않고, 창고에 모아들이지도 아니해도,
너희 하늘 아버지께서 기르시느니라.
너희는 이것들보다 귀하지 아니하냐!?"(마6:26)

"대저 악한 자의 발은 악으로 달려가며 피를 흘리는 데 빠름이라.
무릇 새가 그물 치는 것을 보면 헛일이겠거늘
그들이 가만히 엎드림은 자기의 피를 흘릴 뿐이라.(잠1:16-18)
그 길을 따르는 자는 필경 화살이 그의 간을 뚫게 되리라.
새가 빨리 그물로 들어가며 생명 잃는 것을 알지 못함과 일반이라."(잠7:22-23)

"네 눈으로 잠들게 하지 말며 눈꺼풀로 감기게 하지 말고,
새가 그물 치는 자의 손에서 벗어나는 것같이 스스로 구원하라!"(잠6:4-5)

그런데 하나님의 자녀는 죄의 덫에 잡히지 않는 것에 만족하지 않는다. 하늘을 응시하며 자유와 믿음의 양 날개를 쫙 펴 힘차게 날아올라야 한다. 왜냐하면 가야 할 의의 길과 평화의 나라가 있음을 분명히 알기 때문이다. 영광의 찬미 소리가 이미 들려오지 않는가!?

"무엇을 먹을까? 무엇을 마실까? 무엇을 입을까? 염려하지 말라!
너희는 먼저 그의 나라와 그의 의를 구하라!"(마6:31-33)

"여우도 굴이 있고, 공중의 새도 집이 있으나
인자는 머리 둘 곳이 없다.(마8:20; 눅9:58)
누구든지 나를 따라오려면
자기를 부인하고, 자기 십자가를 지고, 나를 따르라!"(마16:24; 막8:34; 눅9:23; 14:27)

세상에서 자기 십자가를 지고 예수님을 따르는 것이 쉽지 않다. 교회를 다니는

것으로 끝나지 않는다. 오히려 예수님처럼 교회로부터 박해를 받아야 한다. 외로운 참새같이 거처도 없이 유리하며 안팎의 환난을 감당해야 한다. 그러므로 순례자의 기도는 지극히 현실적이다. 그리고 이에 대한 하나님의 응답 역시 현실적이고 세밀하다.

"여호와여,
내 기도를 들으시고 나의 부르짖음을 주께 상달하게 하소서!
내 원수들이 새를 사냥하듯 이유 없이 나를 쫓고 있습니다.(애3:52)
나의 괴로운 날에 주의 얼굴을 내게 숨기지 마소서!
나는 광야의 올빼미 같고, 황폐한 곳의 부엉이같이 되었고,
내가 밤을 새우니 지붕 위에 외로운 참새 같습니다.
내 원수들이 종일 나를 비방하며 대적하고,
미친 듯이 날뛰는 자들이 나를 저주합니다.
나는 재를 양식같이 먹으며, 눈물 섞인 물을 마시고 있습니다."(시102:1-9)

"까닭 없는 저주는
참새의 떠도는 것과 제비의 날아가는 것같이 이르지 않느니라.(잠26:2)
그들을 두려워하지 말라!
참새 두 마리가 엽전 한 닢에 팔리지 않느냐!?
그러나 하나님께서 허락지 않으시면 그 하나도 땅에 떨어지지 않느니라.
너희에게는 오히려 머리털까지 다 세인 바 되었으니 두려워하지 말라!
너희는 많은 참새보다 귀하니라."(마10:29-31; 눅12:6-7)

5.

까마귀 영리하고 신비로운 새

까마귀烏鴉는 몸길이 50cm 정도로 모두 검정색이다. 부리도 검다. 민가 주변이나 산간 지방에서 자주 나타나 역시 친숙하기도 하다. 먹이로는 각종 벌레, 들쥐를 비롯하여 다른 새의 알이나 새끼를 잡아먹고 사체도 먹는다. 후각이 발달하여 멀리서도 사체의 냄새를 맡고 찾아온다. 곡류나 열매도 먹는 잡식성으로 농작물에 피해도 준다. 그러나 이 새가 영리해서 피해 방지에 어려움을 겪는다. 실제로 여러 가지 실험을 통하여 까마귀의 머리가 상당히 좋다는 것이 밝혀졌다.

예를 들어, 병 속의 물을 마시기 위해 먼저 돌을 채워 넣었다는 옛이야기가 있다. 또 병 속의 먹이를 철사 갈고리를 만들어 꺼내 먹었다는 실험 결과도 있다. 호두 같은 단단한 견과류는 지나가는 자동차의 바퀴 밑에 넣고 기다렸다가 깨진 후에 먹었다는 보고도 있다. 훈련을 받으면 앵무새처럼 사람의 말을 곧잘 따라 하기도 한단다.

까마귀는 전신이 검을 뿐 아니라 눈빛이 날카로우며 울음소리도 음산하다. 그래서 보통 전쟁, 질병, 죽음 등 불행의 징조로 여겨진다. 그러나 이런 모습이 또 신비롭게 보이는지 신령한 새로 예언 능력이 있다고도 인식되었다. 동양의 신화에서는 세 발 달린 까마귀가 태양에 살고 있다. 까마귀는 이 삼족오三足烏의 정기가 뭉쳐서 생긴 새로서 숭배의 대상이 된다. 하늘과 땅의 전령으로 솟대 위에 올리는 새도 까마귀로 보고 있다. 칠월 칠석날에는 견우와 직녀에게 오작교烏鵲橋 다리를 만들어 서로 만나게 해 주는 새도 까마귀이다.

또 이 새를 반포조反哺鳥 또는 효조孝鳥라고도 한다. 어미 새가 늙으면 성장한 새끼가 먹이를 물어다 어미를 되먹여 주는데, 여기서 생긴 반포지효反哺之孝라는 말이 효도의 상징이 되었다. 까마귀의 집단을 오합지졸烏合之卒이라고 한다. 이 말은 지도자 없는 단순한 어중이떠중이들의 모임이라는 의미로 쓰인다. 그러나 실제는 사회성이 매우 발달하여 그들 고유의 질서가 있다. 예를 들어 연장자를 우대하고, 질서에 반하는 새에 대하여는 무리가 재판을 벌여 처단한다고도 한다.

1 우리나라 시조에 나타난 까마귀

우리나라의 시조에도 까마귀가 등장한다. 백로와 비교되어 부정적인 뜻으로, 또 긍정적인 의미로 모두 사용된다. 때는 고려 말, 조정은 부패했고 백성은 도탄에 빠졌다. 이때 이성계의 세력이 새 나라를 건설하려는 혁명 기운이 일어났다. 이러한 통치적 과도기에 당시 귀족들은 수구와 쇄신 중 하나를 선택해야만 했다. 어느 편이 이길지 형세 판단이 쉽지 않다. 그중에 양심 있는 사람들은 가치관의 혼란도 겪었다.

> "현재의 왕조에 충성할 것인가, 아니면 새로운 세력에 가담할 것인가?
> 어느 편이 이길까? 어느 줄을 서야 목숨을 보전할 수 있을까?
> 아니, 내 목숨보다는 진정 나라와 백성을 위하는 길은 무엇인가?
> 어느 것이 정의인가?"

정몽주(1337~1392)는 현 왕조에 충성하기로 결정했다. 이 결심에 이르게 한 것이 그의 모친이다. 어려서부터 항상 아들에게 정의와 충성을 가르쳤다. 이 가르침이 신구 세력이 대립하는 살벌한 상황에도 흔들리지 않았다. 신세력 측의 회유와 협박에도 굴하지 않았다. 낙마하여 병석에 누운 이성계를 문병하러 간다는 그날도 노모는 매우 불안했다. 그날 대문 밖으로 사라지는 아들의 뒷모습은 그런 어미의 가슴을 더욱 미어지게 했다. 그날이 그의 마지막 날이었다. 그러나 노모의 추상같은 교훈은 선죽교善竹橋에서 쓰러지는 순간까지 여전히 정몽주의 귓가를 맴돌며 가슴속에 자리 잡고 있었다.

"까마귀 싸우는 골에 백로야 가지 마라!
성낸 까마귀 흰빛을 시오나니
청강에 고이 씻은 몸 더럽힐까 하노라."

그러나 이직(1362~1432)이란 젊은 관리는 부패 청산과 쇄신을 위하여 새 세력에 가담하였다. 새 정권이 들어선 후에는 좌의정, 영의정까지 지냈다. 그는 '새 술은 새 부대에!' 원칙에 따른 것이다. 백성을 억압해 고혈을 빨아 자기 배를 채우고 나라를 망친, 썩어 빠진 권세가들이 계속 승승장구하기 때문이다. 그들은 자신들의 부패를 숨기기 위해 작당 음해하고, 나라의 법과 제도를 조작한다. 한마디로 충성을 앞세워 현 왕조를 이용해 자신의 기득권을 고수하려는 것이다. 이직은 이러한 위선자들을 백로에 비유하고 있다.

"까마귀 검다하고 백로야 웃지 마라!
겉이 검은들 속조차 검을소냐!?
겉 희고 속 검은 것 너뿐인가 하노라."

이 경우에 수구와 쇄신 중 어느 쪽이 옳은가 하는 것은 하나의 기준으로 판단할 수 없다. 주관적인 충성과 현실적인 쇄신 중 어느 것을 선택하느냐에 따라 다르다. 충성도 하고 쇄신도 할 수 있으면 좋으련만 현실은 그렇게 간단하지 않다. 모든 사람이 정몽주같이 신념을 위해 죽을 만큼 진실하지도 못하다. '역사는 힘 있는 승자의 것'이라 했던가, 결국 칼바람이 지난 후 쇄신파가 득세하여 조선왕조가 시작되었다.

수구와 쇄신의 대결 구도는 예수님 당시에도 첨예했다. 수구파는 유대 종교인들이고, 쇄신파는 예수님을 따르는 사람들이다. 유대 종교인들은 선민의식으로 조상의 전통을 지키며 스스로 백로처럼 정결하다고 자부했다. 그리고 율법을 지키지 않는 예수의 무리를 까마귀처럼 부정하다고 정죄했으나 실제로는 자신들이 진리를 떠나 '의와 인과 신'(마23:23)을 저버렸다. 예수님은 이 위선자들을 '회칠한 무덤'(마23:27)에 비유하신다. 겉이 흰 백로처럼 거룩하게는 보이나 속에는 온갖 추잡함이 가득한 것이다.

대결 구도는 고려 말 상황과 비슷하다 해도 결정적인 차이가 있다. 예수님 당시에는 힘 있는 승자가 수구파인 종교인들이라는 것이다. 그러므로 예수님은 정몽주보다 더욱 처참하게 죽임을 당하셨다. 종교인들은 예수님을 이렇게 죽이고 '옳은 일을 했다'고 생각했다. 표면적으로도 소요가 가라앉고 평온해졌다. 그러나 사람들의 내면에는 그들이 모르는 새 왕국이 힘차게 건설되고 있었다.

오늘 한국의 대형 교회들도 대부분 이러한 대결 구도로 분열되어 있다. 수구세력은 기득권을 지키기 위해 족벌과 조직을 총동원하고, 그동안 은혜(?)를 주었던 교인들을 결속시킨다. 이에 따라 그들은 평생 충성심을 발휘하여 원로 목사의 신화를 창조하며 그의 카리스마를 강화한다. 그리고 부정을 고발하고 시정하려는 사람들을 배은망덕한 잡배로, '고라의 자손'(수16:1-35)으로 매도하고 추방한다.

물론 이와 반대되는 국면도 가능하다. 과거의 은혜를 누렸던, 원로 목사의 막강한 가신들이 새로 청빙된 신임 목사를 공격하는 것이다. 왜냐하면 신임 목사의 새로운 진용에서 옛 가신들이 소외되기 때문이다. 쌍방 간 모두 구구절절이 타당한 이유들이 있다. 그러나 제삼자가 어느 쪽이 옳다고 판단할 수도 없다. 오늘의 한국 교회도 '장터에 앉아 패거리를 지어 싸우는 아이들에 비유'(마11:16-17; 눅7:32)되고 있다. 결국은 사회적인 법정의 지시를 따르게 된다. 이제 종교인이 모범을 보이며 사회를 가르치는 것은 상상도 할 수 없다.

2 노아를 실망시킨 까마귀

성경에는 까마귀가 사람을 실망시킨 경우가 있고, 또 도움을 준 경우도 있다. 먼저 실망시킨 경우는 노아 홍수 후 전령의 임무를 방기한 것이다. 드디어 대홍수가 그치고 해가 쨍쨍 비친 지 40일이 되었다. 세상은 아직 망망대해 그것이었으나 노아는 그동안 물이 얼마나 빠졌는지, 어딘가 땅이 드러났는지 알기를 원했다. 그래서 먼저 까마귀를 내놓았다. 그러나 이 새는 영 돌아오지를 않았다. 물 위에 떠 있는 동물들의 사체를 뜯어먹는 데 정신이 팔렸다고 한다. 까마귀에게는 1년 만의 성찬이기 때문이다.

> "40일이 지나서 노아가 그 방주에 낸 창문을 열고 까마귀를 내놓으매 까마귀가 물이 땅에서 마르기까지 날아 왕래하였더라."(창8:6-9)

까마귀를 처음 내보낸 이유는 이 새의 비행 능력이 거의 철새 수준이기 때문이다. 비둘기보다 장거리를 날 수 있다. 그러나 바로 이 자신의 능력 때문에 주인의 기대를 저버렸다. 처음부터 주인을 몰랐을 수도 있고, 또 설혹 알았다 해도 형편이 좋아지자, 인간들이 그러는 것처럼, 제 주인을 거역했을 수도 있다.

하나님께서 짐승들을 정한 것과 부정한 것으로 구분하실 때 까마귀는 후자에 속한다. 즉 새 중에서 까마귀 종류 외 '독수리, 타조, 올빼미, 박쥐'(레11:13-19) 등 20종류가 가증한 짐승으로 구분되어 있다. 이들은 주로 맹금류로, 죽은 시체도 먹고 거친 들에서 홀로 외롭게 사는 것들이다. 성경은 이스라엘 백성들에게 이것들을 먹지도 말고, 그 시체도 만지지 말라고 규정하고 있다. 그리고 부모에게 불효하는 사람들은 까마귀 같은 부정한 새들의 먹이가 된다고 한다.

"아비를 조롱하며 어미 순종하기를 싫어하는 자의 눈은
골짜기의 까마귀에게 쪼이고, 독수리 새끼에게 먹히리라."(잠30:17)

에돔 족속의 멸망에 대한 예언에도 까마귀와 부정한 새들이 등장한다. 에돔은 야곱의 형 에서의 후예이다. 이 족속이 친족임에도 불구하고 줄곧 이스라엘에 적대적이었다. 광야에서는 자기의 영역을 통과하겠다는 이스라엘의 간청을 거절했다. 이스라엘이 바벨론에 의해 점령될 때는 침략군에 앞장서 약탈을 자행했다. 에돔 출신의 헤롯은 로마의 권력에 빌붙어 유대 나라의 왕가를 이루기도 했다. 이러한 에돔이 망해 까마귀 집이 될 것이라는 것이다.

"에돔의 시내들은 변하여 역청이 되고 그 티끌은 유황이 되며
대대에 황무하여 그리로 지날 자가 영영히 없겠고,
당아와 고슴도치가 그 땅을 차지하며
부엉이와 까마귀가 거기 거할 것이라."(사34:9-11)

3 엘리야를 공양한 까마귀

까마귀가 하나님의 말씀을 충실히 이행한 경우도 있다. 하나님이 이 새에게 선지자 엘리야의 양식 공급을 명령하신 것이다. 때는 기원전 870년경 북왕국 이스라엘 아합 왕의 시대였다.

이 왕은 왕위에 오르자 북쪽 이방 민족과 평화를 이루기 위해 이세벨이라는

시돈 왕의 공주와 정략결혼을 하였다. 이 공주를 데려오며 바알과 아세라라는 이방 신들도 함께 도입하였다. 바알Baal은 비와 바람을 부리는 남신이고, 아세라Asherah는 풍요를 가져오는 여신이다. 이 두 신이 짝꿍이 되어 적당한 비를 뿌려 들에는 곡식이 풍성하게 된다는 것이다. 왕과 왕비는 이와 같이 정치적 평화와 경제적 번영을 함께 이룬다는 야심찬 목표를 세우고, 이 두 신을 섬기는 대형 성전을 신축하고 종교인들도 대거 등용하였다.

이렇게 두 우상을 모셔 놓고 이제 비 걱정은 끝났다고 믿고 싶었다. 국민들에게도 그렇게 호언하며 가슴이 잔뜩 부풀었다. 아, 그런데 엘리야란 소요 분자가 자칭 여호와의 선지자라면서 '자기 말이 없으면 수년 비도 이슬도 없다'는 요언妖言을 퍼뜨리는 것이다. 분노한 아합 왕 부부는 엘리야를 잡아 죽일 것을 결심하였다.

그러나 실제로 가뭄은 시작되었다. 이스라엘에 대한 하나님의 징벌이었다. 목숨도 아끼지 않고 외치는 엘리야의 목숨을 구하기 위해서 하나님이 특단의 조치를 취하셨다.

> "너는 여기서 떠나 동으로 가서 요단 앞 그릿 시냇가에 숨고 그 시냇물을 마시라! 내가 까마귀들을 명하여 거기서 너를 먹이게 하리라."(왕상17:3-4)

엘리야는 즉시 그곳으로 피신하여 머물렀다. 과연 까마귀들이 아침과 저녁에 용케도 찾아와 빵과 고기를 물어왔고, 그는 시냇물을 마셨다. 가뭄 중에 까마귀가 이 역할을 감당할 수 있었던 것은 척박한 풍토에도 살아남는 강인한 생존 능력에 기인한 것이다. 몸 색깔이 검어 사람들이 싫어하지만 결국은 까마귀도 하나님의 피조물로 보살핌을 받으며 때에 따라 먹이를 얻고 있다.

> "까마귀 새끼가 하나님을 향하여 부르짖으며 먹을 것이 없어 허우적거릴 때 그것을 위하여 먹을 것을 예비하는 이가 누구냐?(욥38:41)

감사함으로 여호와께 노래하며 수금으로 하나님께 찬양할지어다!
그가 땅을 위하여 비를 예비하시며 산에 풀이 자라게 하시며
들짐승과 우는 까마귀 새끼에게 먹을 것을 주시는도다."(시147:7-9)

예수님은 삶의 본질을 추구하는 사람들에게 당부를 거듭하신다. 먹는 것, 입는 것 등 물질을 위하여 절대로 염려하지 말라고!

"너희는 목숨을 위하여 무엇을 먹을까?
몸을 위하여 무엇을 입을까? 염려하지 말라!
목숨이 음식보다 중하고, 몸이 의복보다 중하니라.
까마귀를 생각하라! 심지도 거두지도 않고, 창고도 곳간도 없으나
하나님이 기르시나니 너희는 이런 새들보다 얼마나 더 귀하냐!?"(눅12:22-24)

II-1.

포유류: 초식

1.

소

사나 죽으나 아낌없이 모두 주는 소

소는 신석기 시대인 기원전 7000년부터 지구 전반에서 사육되는 초식동물이다. 특히 경제적 가치가 높아 일찍부터 가축화된 것이다. 풀만 먹고 되새김하여도 성장한 수소는 무게가 1,800kg에 이른다. 수소bull, ox는 암소cow보다 크고 힘도 세다. 그러나 성격이 매우 온순하고 또 매우 유용하다. 사람에게 평생 죽어라 일해 주며 우유도 주고, 죽어서는 고기도, 가죽도 아낌없이 준다. 물론 원망이나 불평도 한마디 없다. 농경 사회인 우리나라에서도 아주 친숙하다. 시인 박목월(1916~1978)은 이런 황소를 예찬하고 있다.

> 어진 눈에 하늘이 담겨지고,
> 엄숙한 뿔이 의지를 상징하는
> 슬기롭고 부지런한 황소여!
>
> 산을 옮길 힘을 가졌으나
> 어진 아기처럼 유순하고…

소는 옛적부터 쟁기질, 짐 나르기 등 사람의 힘든 일을 대신하여 없어서는 안 될 경작 수단이고 운송 수단이었다. 소싸움, 투우 등 레저 용품도 되고 있다. 맛있는 고기, 우유를 제공할 뿐 아니라 질 좋은 가죽, 뿔, 뼈, 힘줄, 내장 등 모두 공예 및 제약의 중요한 재료로 쓰이고 있다. 담낭으로는 우황청심환을 만든다. 배설물도 연료, 비료, 건축자재 등으로 다양하게 사용된다. 소의 트림과 방귀에서 나오는 메탄 등 유해가스가 환경을 오염시킨다고도 하지만 그 정도는 유용성에 비길 바가 못 된다. 그래서 착한 사람을 보면 소처럼 '똥도 버릴 것 없는 사람'이라고 칭찬한다.

소는 그의 유용성으로 인해 과거엔 재산목록 제1호였다. 이렇게 소가 귀중하기 때문에 또 인류 최초로 절도 대상 제1호이기도 했다. 옛날부터 도둑들로부터 소를 엄중히 지키다 보니 동서양에서 모두 소를 신성시하게 된 것 같다. 뿐만 아니라 제물로도 사용되었다. 구석기 시대의 암벽화에는 말과 함께 등장하며 풍요를 상징하는 것으로 해석된다. 고대 이집트에서는 소가 태양신의 현신이고, 그리스의 제우스 신은 황소로 변신도 한다. 인도에서는 지금도 소가 신의 높은 예우를 받고 있다. 번잡한 길 한가운데 떡하니 앉아 있어도 사람들은 공손하게 예를 올리며 피해 간다.

1990년대에는 영국에서 고기와 우유를 더 얻기 위해 소에게 육골분 등 육류 사료를 주었다. 더욱 영양가 있는 사료를 주면 더욱 많은 고기와 우유를 얻을 것이라고, 욕심 많은 인간이 얕은꾀를 부린 것이다. 그러나 그 결과는 전 세계를 강타한 광우병으로 나타났다.

1 재산과 제물이 되는 소

성경에서도 소는 재산목록에 반드시 포함되어 있다. 대표적인 족장인 아브라함과 이삭과 야곱의 소유를 말할 때도 꼭 언급된다. 또 여호와께 드리는 희생 제물로 대표적인 가축이다. 제사장 직분의 위임, 번제, 화목제, 속죄제 등 각종 제사를 위하여 항상 첫 번째 제물로 언급되고 있다. 그리고 먹을 만한 정한 동물로서도 제1순위에 등장한다.

"아브람의 일행 롯도 양과 소와 장막이 있으므로
그 땅이 그들의 소유가 많아서 동거할 수 없었음이라."(창13:5-6)
이삭이 창대하고 왕성하여 마침내 거부가 되어
양과 소가 떼를 이루고
노복이 심히 많으므로 블레셋 사람이 그를 시기하더라.(창26:13-14)
야곱이 말하기를 '내가 라반에게 붙여서 지금까지 있었사오며
내게 소와 나귀와 양떼와 노비가 있으므로
사람을 보내어 내 주께 고하고 은혜받기를 원하나이다.' 하더라."(창32:4-5)

"여호와께 예물을 드리려거든 가축 중에서 소나 양으로 예물을 드릴지니라!"(레1:2)

"너희가 먹을 만한 짐승은 이러하니
곧 소와 양과 염소와 사슴과 노루와 불그스름한 사슴과
산염소와 볼기가 흰 노루와 뿔이 긴 사슴과 산양들이라.
짐승 중에 굽이 갈라져 쪽발도 되고
새김질도 하는 모든 것은 너희가 먹을 것이니라."(레11:3; 신14:4-6)

2 광야에 우뚝 선 금송아지

소는 으뜸 되는 재산목록이고 제물이 되기 때문에 곧잘 우상으로도 등장한다. 첫 번째 경우가 이스라엘 백성이 애굽을 떠나 3개월 후 시내 광야에 이르렀을 때이다. 모세는 여호와의 부르심을 받아 시내 산으로 올라갔다. 산 위에서 40일간 금식하며 하나님이 손가락으로 친히 쓰신 십계명을 받고 있었다.

그러나 산 위에 임하신 여호와의 영광이 평지에 있는 백성들에게는 맹렬한 산불로 보였다. 40일 전에 저 산 위로 올라간 모세는 그 속에서 타죽은 것이 분명하다. 그곳은 물도 풀도 없는 바위산이어서 타 죽지 않았더라도 분명 굶어 죽었을 것이다. 이렇게 생각한 백성들은 불안해하며 크게 동요하였다. 광야에서 들짐승처럼 죽을 것이라며 절망하였고, 처음부터 애굽을 떠난 것이 잘못이라고도 했다. 원망과 통곡소리가 높아지며 통제와 질서는 와해되었다. 이 상황에서 속히 대책을 강구하지 않으면 공동체는 구심점을 잃고 궤멸할 것이 분명하다. 그러므로 백성의 원로들이 민중을 대표하여 아론에게 강력히 요구하였다.

"우리를 인도할 신을 만들라!
우리를 애굽에서 인도한 모세는 어찌 되었는지 모르겠노라."(출32:1)

이러한 요구는 지극히 당연한 것이기도 했다. 당시는 모든 민족이 자신의 신을 만들어 이를 구심점으로 백성을 다스렸기 때문이다. 그리고 십계명의 반포 전이므로 '우상'이라는 개념도 없었고, 우상숭배가 가장 큰 죄악이란 것도 모르는 상태다. 헌데 아론이 보기에도 모세는 산 위에서 살아남기가 어려웠다. 그러므로 원로들의 요구를 거절할 수 있는 근거도, 또 자신이 제시할 다른 대안도 없다. 어차피 그들에게 동조해야 할 상황이라면, 머뭇거리거나 약한 모습을 보여도 안 된다. 그는 자신의 지위에 걸맞게 신속한 결정을 내렸다.

"당신들 부인과 자녀의 귀에서 금고리를 빼어 내게로 가져오시오!"

1998년 IMF 금융 위기 때의 한국처럼 금 모으기를 한 것이다. 그들은 한국사람 이상으로 대가도 바라지 않고 즉각 대대적으로 호응하였다. 이렇게 모아진 금으로 빛나는 금송아지를 만들었다. 아론은 이것을 백성 앞에 세워놓고 큰 소리로 선포하였다.

"이스라엘 백성들이여, 이것이 여러분을 애굽에서 인도해 낸 우리의 신이오!
내일 제사를 드리겠소. 모두 나오시오!"(출32:4-5)

이튿날 백성들은 일찍 일어나 참으로 멋진(?) 신 앞에서 제사를 드리며, 앉아서 먹고 마시며, 일어나서 즐겁게 뛰놀았다. 이제 신이 다시 생겼으니 앞날을 걱정할 필요가 없어진 것이다. 사람들은 기뻐하며 큰 축제를 즐겼다. 그러나 이 광경을 보신 하나님은 크게 분노하셨다. 모세에게 이 부패한 백성을 멸망시킬 것이라고 말씀하셨다.

"내가 이 백성을 보니 목이 뻣뻣한 백성이니라.
내가 그들을 진멸하고 너를 통하여 큰 나라를 만들겠노라!"(출32:9-10)

모세는 이 말씀에 수긍하지 않고 백성을 위하여 진정한 중재의 기도를 드렸다.

"여호와여, 어찌하여 그 큰 권능과 강한 손으로
애굽 땅에서 인도하여 내신 주의 백성에게 진노하십니까?
어찌하여 애굽 사람들이
'여호와가 자기 백성을 산에서 진멸하려고 인도하여 내었다'
라고 말하게 하시렵니까?
주의 맹렬한 노를 그치시고, 뜻을 돌이켜 주의 백성에게 화를 내리지 마소서!
주의 종 아브라함과 이삭과 이스라엘을 기억하소서!
주께서 그들을 위하여 맹세하시기를
'내가 너희 자손을 하늘의 별처럼 많게 하고,
이 땅을 너희 자손에게 주어 영원한 기업이 되게 하리라!' 하셨나이다."(출32:11-13)

이 기도를 들으시고 하나님은 진멸의 뜻을 돌이키셨다. 그러나 모세 역시 진 가까이 이르러 금송아지 앞에 춤추는 백성들을 보고 크게 노하지 않을 수 없었다. 모세는 십계명이 새겨진 두 돌판을 산 아래 던져 깨뜨리고, 금송아지는 불살라 철저하게 부수어 가루로 만들었다. 그리고 그 가루를 물에 뿌려 백성들에게 마시게 하였다. 가루로 만든 것은 우상의 철저한 파괴이고, 이것을 먹게 한 것은 우상이 숭배 대상이 아니라 똥이 되는 물질이라는 것을 체험케 한 것이다. 다음날 모세는 다시 산에 올라 백성을 위한 기도를 드렸다.

> "슬프도소이다. 이 백성이 자기들을 위하여 금신을 만들어 큰 죄를 범했습니다.
> 그러나 이제 그들의 죄를 사하시옵소서! 그렇지 아니하시려면 원하건대
> 주의 생명책에서 내 이름을 지워 버려 주옵소서!"(출32:31-32)

이에 대해 하나님은 공정한 결론을 내리신다.

> "누구든지 내게 범죄하면 내 책에서 그를 지워 버릴 것이라.
> 너는 이제 가서 백성을 인도하라! 내 사자가 앞서갈 것이니라.
> 그러나 때가 오면 그들의 죗값을 물을 것이니라."(출32:33-34)

3 두 성읍에 다시 선 금송아지

두 번째로 송아지 우상이 등장한 것은 기원전 931년 이스라엘 왕국이 남북으로 분단된 직후였다. 솔로몬 왕의 신하였던 에브라임 족속의 여로보암이 왕위를 세습한 르호보암을 거역하고 북쪽의 열 지파로 새로운 왕국을 건설한 것이다. 솔로몬은 왕자로서 풍요롭게 자랐고, 왕위 세습 후에는 하나님께로부터 전무후무의 지혜도 받았다. 그러나 궁중에서 쉽게 자란 솔로몬은 지혜도 믿음도 쉽게 잊었다. 과도한 사치 속에 하나님을 떠나고 백성에겐 악정을 베풀었다. 그러므로 이미 솔로몬 치하에서 싹튼 반란의 씨가 그 아들 때에 결실을 맺은 것이다.

그 아들 르호보암 역시 세습 왕답게 어리석기는 마찬가지였다. 왕위에 등극한 후 어진 정치를 요구하는 백성들에게 고약한 선포를 한 것이다.

"나의 새끼손가락이 내 아버지의 허리보다 굵다.
내 아버지가 너희에게 무거운 멍에를 지웠다면
나는 그 멍에를 더욱 무겁게 할 것이다.
내 아버지가 채찍으로 너희를 다스렸다면
나는 전갈 채찍으로 너희를 징계할 것이다. 알겠는가!?"(왕상12:10-14)

이 말을 들은 열 지파는 여로보암을 왕으로 옹립하여 분리 독립을 선언하였다. 다윗에 의해 건설된 통일 왕국이, 남한과 북한처럼, 남쪽 유다와 북쪽 이스라엘로 분단된 것이다.

여로보암은 호기 있게 새 왕국을 건설했으나 큰 고민에 빠졌다. 바로 제사의 문제였다. 북쪽 이스라엘 백성들이 앞으로 계속해서 남쪽 유다에 있는 예루살렘 성전으로 가서 제사를 드리게 된다면, 그들의 마음이 르호보암에게 돌아가서 결국 자신을 죽인다는 것이다. 그래서 그는 한 실용적 방법을 고안해 내었다. 영토 북쪽 경계의 성읍 단과 남쪽 국경지대의 성읍 벧엘에 각각 금송아지를 만든 것이다. 이를 위한 대형 성전도 건축하고 백성들에게 공포하였다.

"친애하는 백성들이여,
제사 때문에 그대들이 다시는 예루살렘까지 올라갈 필요가 없노라!
오 이스라엘이여,
이 두 금송아지가 바로 그대들을 애굽에서 인도해 낸 신이라!
이제부터는 우리 영토 내에서 절기에 따른 제사를 드릴 수 있노라!"(왕상12:28)

백성들 역시 우매하기는 그때나 지금이나 마찬가지다. 당장 그들은 이제 고생스럽게 멀리 예루살렘까지 가서, 간사한 종교인들에게 착취당하지 않게 된 것이

다행스러울 뿐이다. 그러나 북쪽 왕국은 우상을 섬기며 점차 하나님으로부터도 멀어져 약 200년 만에, 그러니까 남쪽 왕국보다 136년 먼저 망했다. 왕은 권력에, 백성은 현실적인 안이함에 눈이 멀어 자신들의 존재 의미를 상실한 것이다.

4 우리 생활 중의 금송아지

소를 우상으로 섬긴 것은 구약의 이스라엘 백성뿐 아니다. '천국만찬의 초대'라는 예수님의 비유 중에도 소가 우상으로 등장한다. 어떤 귀인이 큰 잔치를 배설하고 초청받은 사람들에게 종들을 보내 잔치가 준비되었음을 알렸다. 그러나 초청받은 사람들이 모두 올 수 없다며 사양하였다. 그들의 변명은 다양했다.

어떤 사람은 밭을 새로 사서 나가 보아야 했다. 또 어떤 사람은 새로 장가를 들어 할 일이 많다. 또 어떤 사람은 바로 소를 새로 구입하여 올 수 없다는 것이다.

> "그동안 푼푼히 모은 돈으로 이번에 소 다섯 쌍을 샀네.
> 이제 가서 그것들을 시험해 봐야 하네. 우리 집 재산목록 제1호거든.
> 돌아가서 주인어른께 말씀 잘 드려주게!"(눅14:19)

종들이 돌아와 이러한 내용을 주인에게 보고하였다. 크게 실망한 주인은 종들에게 새로운 지시를 내렸다.

> "빨리 마을로 나가 일반사람들을 데려오라!
> 가난한 자들, 몸이 불편한 자들, 눈먼 자들, 다리 저는 자들
> 모두 데려오라!"(눅14:21)

종들이 이번에는 마을을 두루 다니며 보이는 사람 모두를 초청하였다. 그럼에도 불구하고 잔치 자리가 아직 남아 있었다. 이 사실을 주인에게 보고하자 주인은 다시 명령을 내렸다.

"마을 밖 외곽도로와 경계선까지 나가
사람들을 강권적으로 데려와 내 집을 채우라!
당초 청했던 사람들은 한 사람도 내 잔치를 맛보지 못할 것이다."(눅14:23-24)

여기서의 잔치는 천국의 환영만찬이고, 이를 배설한 주인은 하나님 아버지임이 자명하다. 처음 초청받은 사람들은 아브라함의 혈통인 유대인이고, 그 후에 초청받은 사람들은 이방인들이다. 약속의 자녀인 유대인이 메시아를 배척하므로 초청이 세계 만민에게 미치게 되었다. 그러나 그렇다고 세상사람 모두가 초청에 응하는 것도 아니다.

초청 거부의 이유는 모두 현실적이고 타당하기도 하다. 그러나 천국의 초청은 생명으로의 초청이다. 생명보다 더 중요한 재산목록이 있을 수가 없다. 아무리 현실적이더라도 생명을 대신할 수는 없기 때문이다. 그럼에도 불구하고 오늘도 우리 생활 중에는 많은 금송아지들이 등장하여 생명의 기운을 막고 있다. 만일 소가 말을 한다면 인간들에게 호소할 것이다.

"음메~, 인간들이여,
내가 시니 죽으나, 내 모든 것을 아낌없이 주고 있지 않소!?
왜 하필 나를 우상으로 만드시오?
나를 예찬할 필요는 없소.
제발, 나를 그 끔찍한 우상으로 만들지 말아주시오! 음메~"

소는 땅 위에서만 인간에게 죽어라고 봉사는 것이 아니다. 지금 이 순간도 하늘 보좌 앞에서 네 그룹 천사의 한 모습으로 섬기는 일을 계속하고 있다.

> "그 첫째 생물은 사자 같고, 그 둘째 생물은 송아지 같고,
> 그 셋째 생물은 얼굴이 사람 같고, 그 넷째 생물은 날아가는 독수리 같은데,
> 그 생물들이 보좌에 앉아 세세토록 살아 계시는 이에게
> 영광과 존귀와 감사를 돌리더라."(계4:7-9)

2.

양 목자의 보호가 꼭 필요한 짐승

양sheep은 기원전 6000년 전부터 가축화되었다. 소처럼 풀을 뜯어먹고 되새김하는 포유류로서 유목민이 기르기에 적합하다. 특히 이스라엘 민족의 대표적인 가축이라 할 수 있다. 숫양ram의 몸길이는 약 1.2m, 몸무게는 약 115kg로서 암컷보다 좀 크다. 수컷 중에 힘센 우두머리가 암컷과 짝짓기 하는 권리를 갖는다. 새끼는 보통 한 마리가 태어나고 가끔 쌍둥이도 생긴다. 어린양lamb은 생후 4~5개월 후 젖을 떼고 풀을 뜯어먹게 된다. 수명은 7~10년이 된다.

양은 살아 있을 때 아무 일도 안 하지만, 죽어서는 털, 고기, 젖, 가죽 등 모든 것을 주인에게 제공한다. 봄에 한 번 깎는 양털wool은 섬유에 비해 습기를 잘 빨아들이고 탄력성이 좋다. 겨울철 추위를 막는 데 으뜸이다. 고기는 연하여 소화가 잘 된다. 특히 1년 미만의 어린양은 맛이 좋아 고급 식품으로 대우받는다. 양의 젖으로는 치즈를 만들기도 한다. 가죽으로는 의복이나 자루 혹은 부대를 만든다.

처음 짐승의 가죽으로 인간의 옷을 만든 분이 하나님이다. 선악과를 따먹은 인간들이 벌거벗은 수치를 나뭇잎으로 대충 가리고 엉거주춤 서 있을 때, 하나님께서는 얼른 한 짐승을 잡아 그 '가죽으로 의복을 만들어 입히셨다.'(창3:21) 이 짐승이 양임에 틀림이 없다. 사람과 체구가 비슷하고, 가죽의 질이 탁월하기 때문이다. 이 옷이 사람 내부의 수치를 가려 주어 비로소 사람 구실을 하게 하는 것이다.

가죽이 부대가 되는 것은 통째로 벗긴 가죽의 목 부분 이외의 나머지 구멍들을 기우고 그 안에 포도주 등 액체를 넣어 보관하는 것이다. 예수님은 종래의 세습적 전통을 낡은 부대라 하시고 예수님의 말씀인 '새 포도주를 새 부대'(마9:17; 막2:22; 눅5:37)에 담으라고 하신다.

야생 양은 고원 지대에 살며 활기차고 독립적이다. 그러나 가축양은 야성을 상실하여 자생 능력이 없다. 무리를 지어 풀을 먹고, 풀을 먹을 때는 뿌리까지 뜯어먹는다. 그러므로 한 지역에 너무 오래 머물지 않고 이동해야 하는데 양에게는 방향 감각도 없다. 이리, 사자 등 포식자들이 공격을 해도 대항은커녕 도망도 못 간다. 뒤로 자빠지면 버둥거릴 뿐 혼자서 잘 일어서지도 못한다. 그러므로 목자의 보호가 반드시 필요하다. 또 그만큼 주인에게 순종하는, 유순한 짐승이기도 하다.

이러한 이유로 양은 인간을 대신해서 희생되는 제물이 되었을 것이다. 언제든지 손쉽게 잡을 수 있는 장점이 있다. 만일 독수리나 사자 혹은 큰 뱀을 잡아 제물로 바쳐야 했다면 거 꽤 어려웠을 것이다. 사람을 위해 희생되는 어린양은 예수님의 상징이고, 신구약 성경을 대표하는 동물이 되었다. 성경이 최초로 언급하는 짐승도 양이다.

1 최초의 가축, 최초의 제물

아담의 차남인 아벨이 양을 치는 목자이다. 에덴동산에서는 모든 짐승과 식물이 사람에게 우호적이고, 양식도 스스로 제공되었다. 그러나 현실세계에서는 짐승들이 사람에게 위협적이고, 심지어 사람을 공격하고 잡아먹기도 한다. 땅은 과실보다는 가시와 엉겅퀴를 내어 마구 찌른다. 그러므로 아담의 가족은 생존을 위하여 농사를 짓고 가축을 길러야만 했다.

그래서 장남 가인은 농부, 차남 아벨은 양 치는 목자가 되었다. 양은 처음부터 다른 짐승에 비해 길들이기도 수월했다. 세월이 지나 가인은 땅의 소산을, 동생 아벨은 양의 첫 새끼, 어린양을 하나님께 제물로 드렸다.

> "아벨은 양 치는 자이었고, 가인은 농사하는 자이었더라.
> 세월이 지난 후에 가인은 땅의 소산으로 제물을 삼아 여호와께 드렸고,
> 아벨은 자기도 양의 첫 새끼와 그 기름으로 드렸더니
> 여호와께서 아벨과 그 제물은 열납하셨으나
> 가인과 그 제물은 열납하지 아니하신지라"(창4:2-5)

가인도 정성껏 바쳤음에도 열납되지 않은 이유는 무엇일까!? 가인은 자신이 죄인인 것을 알지 못하고 자기중심적으로 하나님께 나아갔다. 하나님은 죄를 용납지 않으시고 소멸하시는 불이심을 몰랐던 것이다.

사람이 하나님께 나아가기 위해서는 먼저 죄의 문제부터 해결해야 한다. 자신이 죄인임을 인정하고, 반드시 죄의 값을 지불해야만 한다. 범법자가 법원에 자신의 신분을 확인하고 보석금을 지불하는 것과도 같다. 그런데 하나님 앞에 죄의 값은 벌금으로 해결되지 않는다. 반드시 '죽음이 있을 뿐'(롬6:23)이다. 피를 흘려야 한다. '육체의 생명이 피에 있기'(레17:11,14) 때문이다. 그래서 '피 흘림이 없으면 죄 사함도 없다.'(히9:22) 그러므로 짐승이 제물이 되어 사람 대신 죽어 주는 것이다. 그런데 가인은 이러한 원칙과 절차를 무시했다.

하나님에게 거부당한 가인은 제정신일 수가 없다. 사람에 불과한 교황으로부터 파문을 당해도 큰일이었다. 그러므로 11세기 초에는 독일의 한 황제가 교황의 파문을 받고 추운 겨울 이탈리아 북부 카노사라는 곳까지 찾아가 3일간 성

밖 눈밭에서 맨발로 용서를 구하기도 했다. 소위 '카노사의 굴욕'이란 사건이다. 그러나 가인은 하나님께 새롭게 나아갈 길을 찾지 않았다. 끝없는 절망과 치솟는 분노 속에 결국 동생을 쳐 죽여 최초의 살인자가 되었다. 제물인 어린양의 피가 흐른 뒤에 또 다시 의인 아벨의 피가 흐른 것이다. 이때부터 오늘까지 가인의 후예들이 세상에 활보하며 살상의 피를 강같이 흘리고 있다.

2 유월절의 어린양

사람들을 위해 어린양들이 희생된 경우가 또 있다. 야곱이 130세 때 그의 가족 70명은 기근을 피해 가나안에서 애굽으로 이주하였다. 당시 애굽의 총리로 출세한 아들 요셉 덕에 처음에는 좋은 땅에서 떵떵거리며 살았다. 인구도 증가했다. 풍요로운 이스라엘 백성은 고향도 잊었고, 하나님도 잊었다. 그러면서 점차 애굽의 제2등 국민으로, 나아가 노예로 전락하였다. 이스라엘 인구가 많아질수록 애굽에게는 위협이 되기 때문이다. 애굽의 압박은 날로 심해졌고, 이 고난 속에서 이스라엘 백성은 비로소 하나님을 다시 찾게 되었다.

이 시기에 호렙 산에서 사명을 받은 모세가 돌아왔다. 그러나 당시 최강국인 애굽의 왕 바로가 처음부터 노예해방을 허락할 리가 없다. 그는 한마디로 거부했다. '도대체 하나님이 누군데 내가 그의 말을 들어야 하냐!?'(출5:2) 그런 바로가 열 가지 재앙을 받은 후에야 마지못해 승복했다. 이때의 마지막 재앙이 바로 한 밤에 사람과 가축의 처음 난 모든 것이 죽는 것이다.

이 초태생의 죽음을 방지하기 위해 이스라엘 백성이 어린양을 잡았다. 탈출하는 날 밤 어린양을 잡아 그 피를 집 대문의 문설주와 인방에 바르고 안에서는 고기를 먹었다. 죽음의 사자가 이 피를 볼 때에 그냥 넘어가므로(유월, 逾越, passover) 장자의 죽음을 면한 것이다. 어린양이 이스라엘 백성을 대신한 것이다. 그 후

매년 이스라엘 백성은 이를 기념하는 유월절을 가장 중요한 축제로 지키고 있다. 뿐만 아니라 이 절기로 이스라엘 달력의 새해가 시작된다. 태양력의 3~4월에 해당한다.

"해질 때에 이스라엘 회중이 그 양을 잡고,
그 피로 양을 먹을 집 문 좌우 설주와 인방에 바르고,
그 밤에 그 고기를 불에 구워 무교병과 쓴 나물과 아울러 먹어라!
내가 피를 볼 때에 너희를 넘어 가리니
재앙이 너희에게 내려 멸하지 아니하리라!"(출12:6-13)

"여호와께서 그 이름을 두시려고 택하신 곳에서
소와 양으로 네 하나님 여호와께 유월절 제사를 드리라!"(신16:2)

3 하나님의 어린양

그 후부터 이스라엘 백성은 양, 소 등 짐승을 제물로 바치는 구약의 제사 제도를 실행했다. 이것이 예수님이 오심으로 폐기되었다. 예수님 자신이 인류를 위한 제물인 어린양이 되시기 때문이다. 이제는 누구나 자신이 죄인임을 인정하고 예수님을 믿으면 죄 사함을 받고 하나님께 나아갈 수 있게 되었다. 이것이 신약이다. 신지자 이시야는 이 사실을 이미 기원전 700년경에 예언하였다.

"우리는 다 양 같아서 그릇 행하여 각기 제 길로 갔거늘
여호와께서는 우리 모두의 죄악을 그에게 담당시키셨도다.
그가 곤욕을 당하여 괴로울 때에도 그의 입을 열지 아니하였음이여,
마치 도수장으로 끌려가는 어린양과 털 깎는 자 앞에 잠잠한 양같이
그 입을 열지 아니하였도다."(사53:6-7)

세례 요한은 요단 강가에서 천국의 도래를 외치며 예수님의 나아오심을 보고 증언하였다.

"보라! 세상 죄를 지고 가는 하나님의 어린양이로다."(요1:29)

하나님은 독생자 예수님을 내어주어 죽게 하셨다. 이 죽음의 현장에서 제자들은 모두 도망쳤다. 수제자인 베드로도 예수님을 모른다고 세 번이나 부인했다. 예수님은 홀로 세상 죄를 지고 죽으셨다. 죽음에서 부활하신 후에 베드로와 제자들에게 새 사명을 주셨다. 50일이 지난 오순절에 그들은 성령의 충만함을 받았다. 호렙 산 모세의 떨기나무처럼 성령의 불이 제자들에게 임한 것이다. 베드로는 더 이상 당국의 눈을 피해 도망 다니며 예수님을 모른다고 부인하는, 그런 비열한 인간이 아니다. 그는 떳떳하게 그리고 명백하게 증언한다.

"너희가 알거니와 너희 조상이 물려준 헛된 행실에서 대속받은 것은
은이나 금같이 없어질 것으로 된 것이 아니요,
오직 흠 없고 점 없는 어린양 같은
그리스도의 보배로운 피로 한 것이니라."(벧전1:18-19)

구약의 어린양은 아벨에 의한 인류 최초의 제물이었고, 애굽을 탈출하는 유월절의 희생양이었으며 그 후 제사 때마다 무수히 죽임을 당했던 제물이었다. 이 어린양이 바로 십자가에서 죽으신 예수님의 상징이다. 신약 시대도 끝나는 날에는 하늘 보좌의 어린양이 생명책을 취하고 최후의 심판을 집행하게 된다. 사람들이 어린양의 피로 죄 씻음을 받았는지 그 여부를 판단하는 것이다.

"어린양이 나아와서 보좌에 앉으신 이의 오른손에서
두루마리 책을 취하시니라."(계5:7)

4 목자 없는 양떼

성경에서 또 양은 하나님의 백성을 상징한다. 하나님은 양을 기르는 목자시고, 그리고 양을 잡아먹는 맹수들은 원수 마귀가 된다. 예수님 당시에도 대형 성전도 있고, 종교인도 많았다. 그러나 백성들은 오늘처럼 방황했다. 종교인들이 임무를 망각하고 자기 배만 채우는 강도가 되었기 때문이다. 그러므로 예수님께서 직접 오셨다.

"예수께서 무리를 보시고 민망히 여기시니,
이는 저희가 목자 없는 양과 같이 고생하며 유리함이라.(마9:36)
큰 무리를 보시고 그 목자 없는 양 같음을 인하여 불쌍히 여기시고,
여러 가지로 가르치시더라."(막6:34)

예수님은 자신의 목숨을 버려 양을 구하는 '선한 목자'라고 말씀하신다. 원래는 양이 사람을 살리기 위한 희생 제물이 된다. 그런데 거꾸로 예수님이 양을 살리기 위한 희생 제물이 되신 것이다. 왜냐하면 양을 돌봐야 하는 종교인들이 양을 잡아먹는 이리가 되었기 때문이다.

"나는 선한 목자라. 양은 그의 음성을 듣나니
그가 자기 양의 이름을 각각 불러 인도하여 내느니라.
선한 목자는 양들을 위하여 목숨을 버려 양으로 생명을 얻게 하고,
더 풍성히 얻게 하려는 것이라.
삯꾼은 목자도 아니요, 양도 제 양이 아니라.
이리가 오는 것을 보면 양을 버리고 달아나고,
이리는 양을 늑탈하고 또 헤치느니라.
나는 선한 목자라. 내가 내 양을 알고 양도 나를 아는 것이
아버지께서 나를 아시고 내가 아버지를 아는 것 같으니,

나는 양을 위하여 목숨을 버리노라."(요10:3, 11-15)

선한 목자에게는 기르는 양이 자신의 목숨같이 소중하다. 어느 한 선한 목자에게도 양 100마리가 있었다. 그런데 양떼에서 한 마리가 실종된 것을 발견했다. 그것은 한 어린양인데 걸음을 아직 잘 못 걸어서 그런지 무리 중에서 이탈한 것이다. 비탈에서 굴렀는지, 가시덤불에 걸렸는지, 물에 빠져 허우적거리는지, 아니면 곰의 발톱, 이리의 이빨 사이에 끼어 있는지도 모르겠다. 또 이 양은 죽음의 공포에서 얼마나 애타게 목자를 부르고 있을까!!! 안타까운 목자의 마음은 불같이 탔다. 그는 99마리를 들에 두고, 곧 지나온 길을 되돌아갔다. 손에는 지팡이를 든든히 잡고, 곰과 사자도 물리칠 것이다.

길 잃은 한 마리의 양이 목자에게는 그렇게 소중하다. 그는 가시밭 광야를 헤매어 결국 잃은 양을 다시 찾았다. 목자는 밝은 얼굴로 그것을 어깨에 메고 집으로 돌아왔다. 그리고 친구와 이웃들에게 큰 소리로 말했다.

"여보게들, 나와 함께 즐기세! 나의 잃은 양을 찾았네!"(눅15:6)

어린양은 사랑하는 목자의 어깨 위에서 안도의 한숨을 내쉬었다. 순간적으로 비탈에서 굴러떨어졌을 때 정신을 차려 보니 사망의 음침한 골짜기였다. 두려움으로 앞이 캄캄했다. 흉흉한 바람 속에 맹수들의 거친 숨소리와 다가오는 발자국 소리가 들려왔다. 빨리 이곳을 탈출해야 하는데 어디로 갈지도 모르고, 몸도 제대로 움직이지를 않는다. 그렇게 절망 속에 슬피 울고 있을 때였다. 목자의 막대기가 사나운 짐승들을 물리치고, '강한 손, 편 팔'(신4:34; 5:15; 7:19)로 어린양을 죽음의 문턱에서 건져 올린 것이다.

"여호와는 나의 목자시니 내게 부족함이 없으리로다.
그가 나를 푸른 풀밭에 누이시며, 쉴 만한 물가로 인도하시는도다.

내 영혼을 소생시키시고, 자기 이름을 위하여 의의 길로 인도하시는도다.
내가 사망의 음침한 골짜기로 다닐지라도 해를 두려워하지 않는 것은
주께서 나와 함께 하심이라.
주의 지팡이와 막대기가 나를 안위하시나이다.
주께서 내 원수의 목전에서 내게 상을 차려주시고,
기름을 내 머리에 부으셨으니 내 잔이 넘치나이다.
나의 평생에 선하심과 인자하심이 반드시 나를 따르리니,
내가 여호와의 집에 영원히 살리로다."(시23)

"오라! 우리가 굽혀 경배하며 우리를 지으신 여호와 앞에 무릎을 꿇자!
그는 우리 하나님이시오,
우리는 그의 기르시는 백성이며 그 손이 돌보시는 양이라"(시95:6-7)
여호와가 우리 하나님이신 것을 너희는 알지어다.
그는 우리를 지으신 자이시오,
우리는 그의 것이니, 그의 백성이요, 그의 기르시는 양이로다"(시100:3)

3.

염소 양의 사촌

염소goat도 양과 함께 오래전부터 사육되어 왔다. 양과 같은 과에 속하여 사촌지간이라 할 수 있다. 같은 장소에서 함께 방목도 하지만 저녁 우리에 들어갈 때면 양과 염소를 구분한다. 모양이 서로 비슷하여 구별하기가 어려우나, 이 두 짐승을 좀 더 자세히 비교해 보면 다음과 같다.

① 우선 숫염소에는 턱수염이 있다.
② 양은 거의 뿔이 없으나 염소는 암수 모두 뿔이 있다.
③ 양털은 섬세하고 곱슬거리나 염소 털은 직선이다.
④ 양의 꼬리는 둥글고 늘어지나 염소는 짧다.
⑤ 양의 피부는 부드럽고 피하지방이 많은데 염소는 거칠고 피지의 분비가 없다.
⑥ 양고기는 연하지만 염소, 특히 숫염소고기는 마르고 질기기로 소문나 있다.
⑦ 양의 성질은 온순하고 겁이 많은 데 반해 염소는 활발하고 높은 곳을 좋아한다.

특히 야생 염소의 경우는 주로 산악 지대에 살며 매우 민첩하다. 산비탈이나 아슬아슬한 수직 절벽 같은 험준한 지형에서도 쉽게 이동한다. 높은 나무에도 잘 오른다. 혹한 혹서에도 잘 견디며 황량한 환경에서도 번식한다. 또 공격적이어서 다른 짐승의 먹이도 빼앗고, 자기들끼리도 먹이를 다툰다. 발정기에는 숫염소들이 서로 뿔을 세게 부딪쳐 승부를 겨룬다.

이렇게 염소와 양의 성격과 행동이 상이한 것이 이들을 함께 방목하는 이유이기도 하다. 염소는 독립적이고 혼자서도 잘 다니지만 양은 의존적이라서 무리 안에만 있으려고 한다. 산비탈같이 위험한 지형에서도 염소가 용감하게 먼저 가면 양들은 그 뒤를 따라간다. 풀을 뜯을 때도 염소는 제가 알아서 지혜롭게 풀의 자란 부분만 먹지만 양은 줄기째 모두 먹어 버려 초장을 황폐케 한다. 그러므로 양들로 하여금 염소의 지혜와 용감성을 따라 행하게 하는 것이다. 염소와 양의 결합 비율은 보통 1 : 3이라 한다.

염소 역시 초식동물로 사람에게 고기, 젖, 가죽, 털을 제공한다. 어린 염소의 고기는 어린양보다 더 맛있다고 한다. 염소탕은 특히 여성에게 좋다 하고, 흑염소는 신비의 약용동물로 이름나 있다. 염소의 젖은 한두 마리로 한 가족이 1년 내내 먹기에 충분하다. 젖소보다 작은 장소에서 사육할 수 있어 경제적이다. 가죽으로는 의복, 부대 등을 만든다. 염소 털도 유용하다. 검은 염소 털로 짠 천막은 자외선을 차단한다. 앙고라염소의 털은 최고급 의류 재료에 속한다.

1 제물과 양식이 되는 정한 짐승

성경에서는 염소 역시 정한 동물로 소·양과 함께 제물로 바쳐지고, 또 먹을 만한 짐승으로 소개되어 있다. 그러나 제사 규정에 먼저 양이 나오고 그 후에 염소가 언급되어 있다. 또 보통 모든 제물은 일단 죽임을 당하여 피를 흘리고, 그 고기는 태우거나 삶아지는 것으로 끝난다. 그러나 염소의 경우는 그의 호방한

기질 때문인지 광야로 놓아 보내지는 것도 있다.

> "여호와께 예물을 드리려거든 생축 중에서 소나 양으로 예물을 드리라!
> 만일 그 예물이 가축 떼의 양이나 염소의 번제이면
> 흠 없는 수컷으로 드리라!"(레1:2, 10; 22:18)

> "너희의 먹을 만한 짐승은 이러하니, 곧 소와 양과 염소와 무릇 짐승 중에
> 굽이 갈라져 쪽발도 되고 새김질도 하는 것은 너희가 먹을 것이니라."(신14:4-6)

> "아론은 자기를 위한 속죄제의 두 염소를 취하여 회막문 여호와 앞에 두고,
> 제비 뽑아 하나는 여호와를 위하고 또 하나는 아사셀을 위하여 할지며
> 아론은 여호와를 위하여 제비 뽑은 염소를 속죄제로 드리고,
> 아사셀을 위하여 제비 뽑은 염소는 산대로 여호와 앞에 두었다가
> 그것으로 속죄하고
> 아사셀을 위하여 광야로 보낼지니라!"(레16:7-10)

모세의 형 아론이 대제사장으로 그의 두 아들 나답과 아비후와 함께 성막의 지성소에 들어가 여호와 앞에 분향을 드렸다. 그런데 이 두 아들이 하나님의 명령을 가볍게 여기고 다른 불을 담아 분향하였다. 그러자 불이 나와 그들을 삼켜 그 자리에서 죽었다. 하나님의 뜻은 지엄하기 때문이다. 오늘의 종교인들도 하나님의 이런 뜻을 분명히 인식할 필요가 있다. 왜냐하면 '하나님은 당신을 가까이 섬기는 사람 중에 거룩하심을 확인하여 온 백성에게 영광받으시기를 원하시기'(레10:3) 때문이다.

이후에 하나님은 아론과 그의 집안을 위한 속죄제로 수송아지와 두 마리 염소를 지시하시며 이 중 하나를 아사셀을 위하여 광야로 보내라 하셨다. 아사셀 Asasel, scapegoat은 '쫓겨난 악령인 사탄', '보내지는 염소' 등의 뜻이다. 아무튼 이 염소는 종교인의 죄를 지고 먼 광야로 나가 그들을 대신해서 죽어야 한다.

이렇게 측은하고 쓸쓸하게 멀리 떠나가는 제물도 양이 아니고 염소이다. 아마도 양은 광야 멀리 나가지도 못하고 그 전에 죽을 수 있을 것이다.

양과 염소는 모두 정한 동물이고, 또 유사하지만 양이 염소에 우선하고 있다. 잔치를 할 때도 살진 송아지가 으뜸이고 염소새끼는 마지막에 꼽힌다. 최후의 심판 때도 각 사람의 천국 입장 여부가 목자가 양과 염소를 구분하듯 이루어지고 있다. 먼저 양과 염소의 우선순위에 관해서는 예수님의 탕자의 비유에 나오는 두 아들에서 찾아볼 수 있다.

2 양과 염소 같은 두 아들

어느 늙은 아버지에게 두 아들이 있었다. 둘째가 자기 몫의 재산을 미리 요구하여 싸가지고 먼 나라로 떠났다. 그곳에서 곧 재산을 탕진하였고, 또 흉년까지 들어 굶어죽게 되었다. 그러자 그는 뉘우치고 다시 집으로 돌아왔다. 아버지는 이 아들을 위해 살진 송아지까지 잡으며 큰 잔치를 베풀었다.

탕자의 형이 밭일에서 돌아오다 시끌벅적한 풍악 소리를 듣고 그 연유를 물었다. 집 나갔던 동생이 돌아와 아버지가 살진 송아지를 잡았다는 것이다. 그러자 그는 크게 노하여 집에 들어가기를 거부했다. 아버지가 나와서 큰아들을 달래었으나 그는 큰 소리로 불평과 불만을 쏟아 놓는다.

> "아버지! 나는 여러 해 동안 아버지를 섬겨 명을 어긴 일이 없습니다.
> 그러나 내게는 염소새끼라도 주어 친구들과 함께 즐기게 하지 않았습니다.
> 그런데 아버지 재산을 창녀들과 함께 먹어버린
> 저 뻔뻔한 불한당 놈이 돌아왔다고 살진 송아지를 잡으셨습니까!?"(눅15:29-30)

분노하는 큰아들에게 아버지는 안쓰러운 얼굴로 부드럽게 타이른다.

"얘, 너는 항상 나와 함께 있으니 내 것이 다 네 것 아니냐!?
그런데 네 동생은 죽었다가 살았고, 내가 잃었다가 다시 얻은 것 아니냐!?
그러니 우리가 즐거워하고 기뻐하는 것이 마땅하지 않겠냐?"(눅15:31-32)

큰아들이 집을 떠나지 않고 열심히 일한 것은 사실이다. 그러나 그것은 자신의 지위와 재물에 대한 집착이었다. 아버지에 대한 존경이나 이웃에 대한 사랑은 없다. 아버지에게도 늘 무덤덤하고, 종들이 잘못하면 추상같은 질책으로 규율을 다잡았다. 동생이 집을 떠날 때도 매우 괘씸하다고 생각했다. 집에 있을 때 열심히 일도 하지 않고 빈둥거리던 놈이 아직 살아계시는 아버지의 재산을 자기 몫이라며 엄청 챙겨 갔다. 생존하시는 아버지를 부정하고 자기의 유산상속을 결행한 것이다.

이제 아버지가 돌아가시면 모든 재산이 장자인 자기의 것이 된다. 그는 마음속으로 동생이 영원히 돌아오지 않기를 바랐고, 돌아올 수도 없고, 또 돌아와도 안 된다고 생각했다. 어디서 죽어 없어진다면 더할 나위 없다. 그는 동생이 떠난 후 아버지의 깊은 슬픔에 동참하기는커녕 그런 아버지를 비웃었다. 그리고 아버지가 곧 죽으면 모든 재산을 독차지할 것을 기대하였다. 아, 그런데 그놈의 불한당 놈이 다시 돌아왔다니 크게 노할 수밖에 없다.

'뻔뻔하게 돌아온 것도 괘씸한 터에, 다시 내쫓지는 않고 잔치까지???
그놈은 이미 자기 몫을 받아가지 않았나!? 그놈 몫은 이제 이 집에 없다.
아버지 말처럼 아버지 것이 모두 내 것 아닌가!? 그런데 그놈이 돌아왔다고!?
또 아버지가 저렇게 크게 환대하니 앞으로 재산상속에 차질이 있을 것 아닌가!?
혹시 저 늙은 아버지가 과거는 없던 것으로 하고 재산을 다시 양분하지나 않을까?
그러면 내 재산은 반 토막 되는 것 아닌가!?
또 지금까지는 내가 가계경영을 잘해 불경기에도 이만큼 성공했는데…
저놈이 다시 왔으니 경영에도 참여할 것 아닌가!?
나의 권한과 소유가 모두 반으로 줄어들 것 아닌가!?

그러면 지금까지 내가 흘린 땀이 모두 수포로 돌아가지 않는가!?
이것 참 예사 문제가 아니로구나!
사태를 예의 주시하며 경우에 따라 무슨 조치라도 취해야겠구나!
아버지가 정말로 재산을 재분할하고 나의 경영권을 제한하려 한다면,
이것을 그냥 받아들일 수는 없는 것이다.
아버지는 늙었고, 저놈은 경영의 '경'자도 모르기 때문에
집안은 머지않아 거덜이 날 것이다.
그럼에도 불구하고 아버지가 저놈과 결탁하여 이를 강행하려 한다면
나도 가만있을 수는 없다!
심복들을 움직여 아버지를 유폐하고, 불복하는 종들은 처단할 수밖에!
그리고 저놈은 몇 푼 노자를 주어 다시 추방하는 거야!
그것도 감지덕지지, 원래 제몫은 이미 받아가지 않았느냐 말이야!'

평소 두 아들을 키우던 아버지는 셈에 밝고 우악스런 큰아들보다 심성 여린 작은아들에 더 마음이 갔다. 항상 형의 그늘 아래 자라며 형에게 얻어맞아 울기도 많이 했다. 이런 동생이 장성하며 자기의식을 갖게 되었다. 형의 완력 앞에 늘 위축되어 있던 동생은 마음에 큰 결단을 내렸다. 그리고 집을 떠난 것이다.

작은아들이 집을 나갔을 때 아버지는 몹시 슬펐다. '밤낮으로 흐르는 눈물이 그의 음식이 되었다.'(시42:3) 왜냐하면 집 나간 탕자와 집안에 있는 탕자에 대한 걱정과 근심이 노인의 마음을 무겁게 누르기 때문이다. 그러던 차에 집 나갔던 아들이 뉘우치고 돌아와 참아들이 되었다. 아버지의 기쁨은 살진 송아지를 잡고 풍악을 울리고도 남는 것이다.

그 후 다시 집안에 함께 있게 된 두 아들은 동일한 자식이지만 아버지의 마음에는 양과 염소와 같은 우열관계가 성립했다. 우선순위에서 분류되는 것은 그리 놀라운 일이 아니다. 선택에는 항상 우열이 있게 마련이다. 그런데 이것이 순위에만 머물지 않고 영원한 운명을 가르게 한다. 이러한 예가 다시 최후의 심판에 대한 예수님의 비유에 등장한다.

3 최후의 심판

예수님이 심판주로 '모든 천사와 함께 오시어 영광의 보좌에 앉으시고, 모든 민족을 앞에 모으고, 목자가 양과 염소를 구분하듯'(마25:31-46) 구분하신다. 양에 속한 사람은 오른편에, 염소에 속한 사람은 왼편에 두신다. 그리고 오른편과 왼편에 있는 사람들에게 각각 최후의 판결을 내리신다. 평생 이웃에 대한 사랑의 실천 여부가 판결의 기준이 된다.

A. 오른편 판결

내 아버지께 복 받을 자들이여,
나아와 창세로부터 너희를 위하여 예비된 나라를 상속받으라!

Ⅰ. 판결 이유: 내가 ① 주리고, ② 목마를 때 먹고 마시게 하였고,
③ 여행 중에 영접했고, ④ 헐벗었을 때에 옷 입혔고,
⑤ 병들었을 때 돌아보았고, ⑥ 옥에 갇혔을 때에 와서 보았느니라.

Ⅱ. 질의: 심판관님, 우리가 ① 언제 주의 주리고 ② 목마를 때 도왔으며
③ 언제 여행 중에 영접했고, ④ 벗은 것을 보고 옷 입혔나이까?
⑤ 언제 병드신 것이나 ⑥ 옥에 갇히신 것을 보고 가서 뵈었나이까?

Ⅲ. 답변: 내가 진실로 너희에게 이르노니,
너희가 여기 내 형제 중에 지극히 작은 자 하나에게 한 것이 곧 내게 한 것이니라.

B. 왼편 판결

저주를 받은 자들아,

나를 떠나 마귀와 그 사자들을 위하여 예비된 영원한 불에 들어가라!

Ⅰ. **판결 이유**: 내가 ① 주리고, ② 목마를 때 먹고 마시게 하지 않았고, ③ 여행 중에 영접하지 않았고, ④ 헐벗었을 때에 옷 입히지 않았고, ⑤ 병들었을 때 안 돌아보았고, ⑥ 옥에 갇혔을 때에 와서 보지 않았느니라.

Ⅱ. **질의**: 심판관님, 우리가 ① 언제 주의 주리고 ② 목마를 때 안 도왔으며
③ 언제 여행 중에 안 영접했고, ④ 벗은 것을 보고 옷 안 입혔나이까?
⑤ 언제 병드신 것이나 ⑥ 옥에 갇히신 것을 보고 가서 뵈지 않았나이까?

Ⅲ. **답변**: 내가 진실로 너희에게 이르노니,
이 지극히 작은 자 하나에게 하지 않은 것이 곧 내게 하지 아니한 것이니라.

4.

말 준비된 운송수단

말horse은 소나 양보다 비교적 늦게 가축화되었다. 길이는 약 2m, 몸무게 350~700kg이고 경주용의 경우 500kg이다. 중동에서 말은 주로 전쟁용 군마를 의미한다. 같은 말과에 속하는 나귀 혹은 당나귀donkey, ass는 이보다 작고 몸무게는 350~400kg 정도이다. 그러나 이 나귀가 해발 800~900m의 이스라엘 산지에서 매우 유용한 운송 수단이 된다. 발목이 강해 75kg의 짐을 지고도 거친 오르막, 내리막길에 잘 걷고 지구력도 뛰어나다. 물론 불평도 않는다. 그러므로 나귀는 순종과 평화를 상징하기도 한다.

수나귀와 암말을 교배한 것은 노새mule이고, 수말과 암나귀의 잡종은 버새hinny라 한다. 이 중에서 노새가 더 유용하다. 크기는 말만하나 귀와 꼬리, 우는 소리는 나귀를 닮았고, 몸 색깔은 어두운 갈색이다. 번식 능력은 없으나 몸이 튼튼하고, 아무것이나 잘 먹으며 힘이 세다. 운송 기능도 탁월하여 말과 나귀보다 귀한 대접을 받는다. 과거 이스라엘의 왕실 전용으로 오늘날 독일제 벤츠Benz에 해당한다. 압살롬이 다윗 왕의 노새를 타고 왕권에 도전하다 그 위에서 머리털이 상수리나무에 걸려 죽었고,(삼하18:9) 다윗 왕은 솔로몬을 자신의 노새에 태워 공식 후계자임을 선포하게(왕상1:33) 했다.

신체 구조상 말은 달리기에 적합하다. 500kg의 무거운 말이 시속 60km로 달릴 수 있는 것은 우선 강력한 심장과 폐가 있기 때문이다. 그리고 목이 길고, 다리도 허벅지 부분의 큰 근육으로 빠른 속도를 낸다. 종아리 부분은 보폭을 넓게 할 수 있다. 더구나 달릴 때 등을 구부리지 않기 때문에 사람이 올라타도 자유롭게 달릴 수 있다. 자동차가 발명되기 전 사람의 이동을 위하여 창조주께서 미리 준비하신 충직한 교통수단이다. 뿐만 아니라 백마, 흑마 등 아름답고 잘 훈련된 말은 높은 사회적 신분의 상징이었다. 제왕 출현의 징표이고, 미술·조각 등 예술적 표현의 대상이기도 하다. 성경도 말의 용기와 능력을 서술하고 있다.

> "그들의 군마는 표범보다 빠르고 저녁 이리보다 사나우며,
> 그들의 마병은 먼 곳에서부터 빨리 달려오는데
> 마치 먹이를 움키려 하는 독수리의 비행과 같으니라."(합1:8)

말의 시력도 뛰어나다. 뿐만 아니라 눈은 얼굴의 양 측면에 위치하여 각각 자기 쪽 시야를 본다. 그러므로 사람이나 개와는 달리 머리를 돌리지 않아도 전면과 좌우를 폭넓게 살필 수 있다. 청각도 상당히 발달되어 멀리서 들려오는 소리나 저음, 약음을 듣는 능력이 사람보다 낫다. 후각 역시 매우 예민하여 목초나 사료 등 대상물의 좋고 나쁨을 판별한다.

새로 태어난 새끼는 30분이면 일어나 어미의 젖을 먹고 5개월이면 풀을 뜯는다. 말도 초식동물이지만 위가 하나고 되새김질을 하지 않는다. 이 위도 체격에 비해 작아서 처음 섭취한 먹이는 식사가 끝날 무렵에는 이미 위를 통과하게 된다. 따라서 시장기도 자주 느낀다.

그리고 여타 초식동물처럼 공포심이 많다. 위험이 닥쳤을 때에는 보통 피해 도망간다. 그러나 도망이 불가능하거나 새끼의 보호를 위해서는 맞서 싸우는 적극적인 성질도 있다. 사람이 부드럽게 다루면 온순해지며 사람의 애정을 느낀

다. 또 기억력도 뛰어나 그 사람을 알아보고 신뢰하게 된다. 이러한 말 역시 매우 유용한 가축이다.

말의 고기, 가죽, 털 등은 식용, 공업재료용으로 사용됨은 물론 오래전부터 농사용·운송용·군사용으로 쓰였다. 최근에는 주로 스포츠용·의전용으로 이용되고, 이외 심신이 병든 사람들을 치유하는 재활승마용으로 각광을 받고 있다. 죽기까지 순종하는 말의 그 어진 눈을 사람이 바라만보아도 상처 난 마음의 위로가 되고, 밝은 햇살 푸른 초원에서 부드럽게 움직이는 말의 등 위에서는 온몸의 경직된 뼈마디와 근육들이 풀어지며 기지개를 켜는 것이다.

1 욥에게 주신 말의 용기

하나님은 욥에게 인간의 좁은 한계를 알리고 용기를 주시기 위해 말에 대하여 말씀하신다. 욥은 사탄의 송사로 갑자기 모든 재산과 자녀를 잃고 자신도 끔찍한 병에 걸렸다. 발바닥부터 정수리까지 종기가 났고, 그는 재 가운데 앉아서 질그릇 조각으로 몸의 가려움을 긁고 있었다. 이 소식을 듣고 그의 친구들이 멀리서 위문을 왔다. 그들은 처음에 너무 참담한 그의 모습을 보고 7일간 아무 말도 하지 못했다.

그 후 친구들은 욥에게 충정 어린 권고를 했다. 하나님께 숨은 죄를 고백하라는 것이다. 왜냐하면 공의의 하나님이 까닭 없이 징계하시지 않는다는 것이다. 친구들은 인생의 고난을 죄의 대가라고만 생각했다. 이 말에 욥은 승복하지 않았다. 욥은 평생 양심을 다해 의와 인을 실천해 왔다. 자신이 비록 완전한 존재는 아니더라도, 있지도 않은 의도적인 부도덕을 인정할 수는 없다. 쌍방 간의 대화는 험한 논쟁이 되었고 결국 파국으로 끝났다. 그들은 하나님의 의와 섭리를 이야기했으나 합의점을 찾지 못했다. 욥은 자신의 시련에 대하여 강한 의문을 제기했다.

"나의 괴로움을 저울에 달아보면 바다 모래보다 무거울 것이라.(욥6:2-3)
땅아, 내 피를 가리지 말라! 나의 부르짖음에 쉴 곳이 없게 하라!(욥16:18)
나의 말이 기록되었으면, 철필로 영원히 돌에 새겨졌으면 좋겠노라."(욥19:23-24)

"내가 알기에 나의 대속자가 살아 계시고, 마침내 그가 땅 위에 서실 것이라.
나의 이 가죽, 이것이 썩은 후에 내가 육체 밖에서 하나님을 보리라.(욥19:25-26)
나의 가는 길을 오직 그가 아시나니
그가 나를 단련하신 후에는 내가 정금같이 나올 것이라."(욥23:10)

"내가 언제 다른 사람처럼 내 악행을 숨기고 나의 죄악을 감추었는가!?
나를 고발하는 자가 있다면 고소장을 쓰라!
그리고 누구든지 여기 나의 항변을 들어라!
나의 서명이 여기 있으니 전능자가 내게 대답하시기를 바라노라!"(욥31:33-35)

이로 볼 때 욥은 참으로 대단한 사람이다. 어느 인간이 이렇게 하나님과 사람 앞에 당당할 수 있겠는가!? 사람은 속일 수 있겠으나 절대자 앞에서는 경외심으로 얼굴을 들 수 없는 것이다. 욥은 과연 노아와 다니엘과 함께 하나님께서 인정하실 만큼 '공의로운 사람'(겔14:14, 20)임에 틀림이 없다. 친구들의 논쟁이 중단된 후에 여호와께서 직접 폭풍우 가운데서 말씀하셨다. 이때도 위풍당당한 말을 언급하셨다.

"무지한 말로 이치를 어둡게 하는 자가 누구냐!?
너는 대장부처럼 허리를 묶고 내가 네게 묻는 것을 대답하라!
내가 땅의 기초를 놓을 때에 네가 어디 있었느냐?(욥38:2-4)
네가 사자를 위하여 먹이를 주겠느냐?(욥38:39)
누가 들나귀를 놓아 자유롭게 하였느냐?
들소가 어찌 너를 위하여 기꺼이 일하겠느냐?"(욥39:5, 9)

"말의 힘을 네가 주었느냐?
그 목에 흩날리는 갈기를 네가 입혔느냐?
네가 그것으로 메뚜기처럼 뛰게 하였느냐?
그 위엄스러운 콧소리가 무서우니라.
그것이 골짜기에서 발굽 질을 하고,
앞으로 뛰어나가 군사들을 맞되 두려움을 모르고,
칼을 대면해도 물러나지 아니하고,
나팔소리에 힝힝 울며 멀리서 싸움 냄새를 맡고,
장군의 호령소리를 듣느니라."(욥39:19-25)

"너는 대장부처럼 허리를 묶고 내가 네게 묻는 것을 대답하라!(욥40:7)
누가 먼저 내게 주고 나로 갚게 하였느냐?"(욥41:11)

2 말과 경주하는 예레미야

하나님께서는 선지자 예레미야에게도 말의 능력을 말씀하신다. 예레미야는 하나님의 말씀을 받았음에도 불구하고 적대자들의 핍박으로 짙은 회의에 빠진다. 적대자들은 다름 아닌 권세 있는 종교인과 관리들이다. 그들은 본래 하나님의 대행자이어야 함에도 불구하고, 하나님을 거스르며 선지자를 죽이려는 것이다. 이런 일은 그때나 지금이나 동일하고, 세상 끝 날까지 지속될 것이다. 이 상황에서 예레미야는 하나님께 의문을 토로한다.

"여호와여, 주님은 논쟁에서 항상 옳으신 줄 압니다.
그러나 내가 주님께 질문 드리는 것은
악한 자의 길이 형통하고, 패역한 자가 모두 평안함이 무슨 까닭입니까?"

이에 대해 하나님은 예레미야가 더욱 인내하여 시련을 이기도록 말과의 경주와 강물의 범람을 비유로 말씀하신다.

"만일 네가 보행자와 함께 달려도 피곤하다면,
어찌 능히 말과 경주하겠느냐!?
또 네가 평안한 땅에서 안전하기를 구한다면,
요단 강물이 넘쳐흐르는 위급한 상황에서는 어찌하겠느냐!?"(렘12:1-6)

하나님은 욥과 예레미야에게 단지 말과 홍수 이야기를 하신 것이 아니다. 인간의 한계를 훨씬 벗어나는 더 넓은 세계가 있다는 것이다. 이곳의 싸움은 사람의 능력으로 대응할 수 없다. 말과의 경주, 홍수와의 싸움처럼 이길 수 없는 것이다. 우리 개인의 능력으로 권세들을 이길 수 없고, 우리나라가 무력으로 강대국들을 이길 수가 없는 것과도 같다. 단지 하나님의 도우심으로 이길 수 있다. 그러므로 눈에 보이는 말이나 병거를 의지하거나 강대국들에 의존해서는 안 된다는 것이다.

"어떤 사람은 병거, 또 어떤 사람은 말을 의지하나
우리는 여호와 우리 하나님의 이름을 자랑하노라!(시20:7)
많은 군대로 구원 얻은 왕이 없으며 군마도 헛되도다.
여호와는 그를 경외하며 그의 인자하심을 바라는 자를 구원하시느니라.(시33:16-18)
여호와는 말의 힘을 기뻐하지 아니하시며 사람 다리의 힘도 기뻐하지 아니하시고,
자기를 경외하는 자와 그 인자하심을 바라는 자들을 기뻐하시느니라."(시147:10-11)

사람들이 가난할 때는 겸손하고 하나님을 경외하는 것처럼 보인다. 종교인들도 궁핍한 초창기에는 순수한 것같이 보인다. 그러나 돈과 힘이 생기면 모두 달라진다. 그것들을 하나님보다 더 의지하고 사유화해서 세습까지 해준다. 더구나 그것들을 하나님이 주신 복이라 하며 업적과 자랑으로 여기고 있다. 그러므로

하나님께서는 오늘도 탄식하신다.

"하늘이여, 들어라! 땅이여, 귀를 기울여라!
내가 자식을 양육하였거늘 그들이 나를 거역하였도다.
소는 그 임자를 알고, 나귀는 주인의 구유를 알건마는
이스라엘은 알지 못하고, 나의 백성은 깨닫지 못하는도다.
너희는 무지한 말이나 노새같이 되지 말지어다!
그것들은 자갈과 굴레로 단속하지 아니하면
너희에게 가까이 오지 아니 하느니라."(사1:2-3; 32:9)

"말에게는 채찍이요, 나귀에게는 자갈이요,
미련한 자의 등에는 막대기니라."(잠26:3)

3 종교인을 깨우친 나귀

애굽을 탈출한 이스라엘 백성은 싸움이 가능한 20세 이상의 남자만 60만이 넘었다. 여자와 노약자들을 합치면 족히 200만이 될 것이다. 이들이 요단강 동쪽 모압 평지에 이르렀다. 이들은 40년간 광야의 혹독한 극기 훈련을 마치고, 지금까지 앞을 가로막는 아모리 인과 바산 백성을 여지없이 물리쳤다.

그들이 이제 결연한 투지를 불태우며 요단강 동쪽에 모습을 드러냈다. 그 강을 넘으면 여리고 성이 있고, 그리고 약속의 땅 가나안복지이다. 이 지역의 왕 발락은 두려움 속에 국가안보회의를 소집하였다.

"제관들은 보라!
한 민족이 애굽에서 나와서 지면에 덮여 우리의 사방을 다 뜯어먹고 있다.
이들은 우리보다 강하다. 따라서 군사력으로는 이 침략자들을 막을 수가 없다.

그런데 마침 내가 발람이란 한 용한 종교인을 알고 있다.
이자가 매우 신통하여 복을 빌면 복을 받고, 저주하면 저주를 받는다.
내가 이 사람을 국빈으로 대접하여 이스라엘 백성을 저주토록 하겠노라."(민22:4-6)

그리고 고관들을 보내 많은 재물과 권세를 약속하며 발람을 초청하였다. 발람은 아침에 일어나 나귀에 안장을 지우고 길을 따라나섰다. 그러나 하나님이 진노하심으로 여호와의 사자가 칼을 빼어 들고 길을 막아섰다. 이때 그의 충직한 나귀가 이를 보고 길에서 밭으로 피해 갔다. 영문을 모르는 발람은 나귀를 채찍질하여 길로 되돌려 놓았다. 그런데 이번에는 좌우가 담인 포도원 사이 좁은 길에 여호와의 사자가 다시 막아섰다. 다른 곳으로 피할 수 없게 된 나귀는 담벼락에 바짝 붙어 지나가는데 발람의 발이 담에 닿아 스쳤다. 발람은 다시 나귀를 채찍질하였다.

이렇게 두 번의 위기를 넘긴 후 이번에는 좌우로 피할 수도 없는 좁은 길에 여호와의 사자가 버티고 서 있다. 이를 본 나귀는 그 자리에 엎드렸다. 그러자 발람은 매우 노하여 자기 지팡이를 들어 나귀를 세 번 후려쳤다. 이때 여호와께서 나귀의 입을 열어 말하게 하셨다.

"내가 주인님에게 무엇을 하였는데 나를 이렇게 세 번씩이나 때립니까?"
"네놈이 나를 거역하지 않느냐!? 내 손에 칼이 있었다면 즉시 너를 죽였을 것이다."
"나는 오늘까지 이렇게 늙도록 주인님이 평생 타시는 나귀가 아닙니까!?
내가 언제 주인님께 이렇게 행한 적이 있었습니까?"
"그래, 없었다. 그런데 이놈아, 오늘은 왜 그러나?"(민22:28-30)

그때 여호와께서 발람의 눈을 열어 주셨다. 순간 그는 손에 칼을 빼어 든 여호와의 사자가 길에 선 것을 보았다. 갑자기 심장이 멎는 공포심으로 황급히 엎드리는 발람에게 사자가 말했다.

"너는 왜 네 나귀를 세 번 때렸느냐? 실은 네 길이 패역하여
내가 막으려고 나왔는데 나귀가 나를 보고 세 번 내 앞에서 피하였다.
만일 나귀가 나를 피하지 않았다면
이미 내가 너를 죽이고 나귀는 살렸을 것이다."(민22:32-33)

혼비백산한 발람은 그 후 모압의 고관들을 따라갔으나 결국 이스라엘을 저주하지 않고, 오히려 축복에 축복을 거듭하고 돌아왔다. 만일 나귀의 충정 어린 질책이 없었다면 발람은 국빈대접에 현혹되어 어떤 결과를 초래할지 몰랐다. 왜냐하면 오늘도 종교인이 세상 권력과 결탁하여 부귀 권세를 누리며 하나님의 백성을 도탄에 빠뜨리고 있기 때문이다. 좌우간 나귀 덕분에 간신히 죽음을 면한 발람은 평소 그의 오만한 체면을 잃은 것만은 틀림없다. 그리고 체면 잃은 종교인의 뒷이야기 역시 민망하고 씁쓸한 것도 오늘과 다르지 않다.

발람의 나귀는 애매하게 세 번씩 매를 맞으며 우리에게 살아 있는 교훈을 주고 있다. 그때나 지금이나 종교인이 나귀의 질책을 들어야 할 만큼 미련한 짐승보다 더욱 미련할 수 있다는 것이다.

4 만왕의 왕을 등에 모신 어린 나귀

만왕의 왕을 태워 드린 어린 나귀가 있다. 예수님은 십자가를 지시기 위하여 예루살렘으로 향하셨다. 예루살렘 동쪽 약 10km 지점의 감람산 베다니에 이르렀을 때 예수님은 두 제자에게 말씀하신다.

"너희는 맞은편 마을로 가라!
그곳에 들어가면 아직 아무도 타보지 않은
어린 나귀가 문 앞 거리에 매여 있는 것을 볼 것이다.

그것을 풀어 끌고 오라!
만일 누가 '왜 그러냐?'고 물으면
'주가 쓰시겠다.'고 하라!"(마21:2-3; 막11:2-3; 눅19:30-31)

두 제자는 어린 나귀를 끌고 왔다. 그리고 자신들의 남루한 겉옷을 나귀 등에 얹고, 길 위에도 누더기 같은 겉옷들을 쭐레쭐레 펴놓았다. 예수님은 그런 나귀를 타시고 눈앞에 있는 산, 천년의 고도 예루살렘을 그윽이 바라보셨다. 옛날 아브라함이 독자 이삭을 제물로 바친 그 모리아 산, 그리고 이제 하나님의 독자가 자신을 제물로 드려야 하는 그 산이다.

원래 개선장군은 번쩍이는 투구를 쓰고, 군마에 높이 앉아 창검으로 무장한 정예군을 거느린다. 북소리 울리며 붉은 양탄자 위로 당당히 나아가면 군중은 환호와 경배를 드린다. 그러나 '만왕의 왕'이신 우리의 주님은 초라하기 그지없다. 투구도, 군대도, 창검도 없다. 경배커녕 종교인들의 차갑고 살기 어린 시선이 있을 뿐이다. 예수님은 그런 뱀과 독사의 소굴로 누더기를 얹은 나귀새끼를 타시고 묵묵히 앞으로 나아가셨다.

다만 어린 나귀의 어진 눈은 환희로 빛났다. 큰 어른 한 사람을 태우고 예루살렘의 790m 고지를 오르기에 벅차 혼신의 힘을 쏟아야 했다. 그러나 씩씩대는 그의 뜨거운 콧김은 차가운 살기를 제압하기에 충분했다. 생전 처음으로 사람을 태우는, 첫 경험의 어린 나귀는 긴장감으로 가슴이 뛰었다. 그뿐이랴 '만왕의 왕'을 등에 모시고 개선하는 역사적인 순간이다. 어린 나귀의 벅차오른 가슴과 고동치는 작은 심장은 다름 아닌 인류를 위해 새 시대를 여는 희망의 모터motor였다.

"시온의 딸아, 크게 기뻐하라!
예루살렘의 딸아, 즐거이 환호하라!
보라! 네 왕이 네게 오신다. 그는 공의로우신 구원자시며,
겸손하시어 나귀를 타셨으니, 곧 어린 나귀니라."(슥9:9)

5 심판주가 타시는 백마

세상 끝 날에 예수님이 타시는 것은 더 이상 어린 나귀가 아니다. 눈부시게 빛나는 하늘의 백마다. 예수님은 이 백마를 타시고 공의로 심판하시며 싸우신다. 예수님의 모습도 더 이상 초라하지 않다. 눈은 불꽃같고, 머리에는 많은 승리의 면류관이 있다. 입에서는 예리한 검이 나와서 만국을 치시고, 철장으로 다스리신다. 그리고 하나님 알기를 거부한 세상 만국을 맹렬한 진노의 포도주 틀로 밟으신다.

피조물이 창조주를 인정하지 않고, 스스로 하나님이 되었으니 설 땅이 있을 수 없다. 하나님을 대적하고 그의 백성들을 짓밟고 늑탈하였으니 심판의 결과는 자명하다. 땅에서도 왕권에 도전하는 자는 살아남지 못한다. 하물며 하늘의 왕권에 도전하였으니 영원한 심판은 해처럼 분명한 것이다.

하나님은 몽매한 인간을 구하기 위해 겸손하게 어린 나귀를 타고 오셨다. 어린 양처럼 무기력하게 죽어 대속의 피를 흘리셨다. 그리고 사람들에게 평생의 기회를 주었건만 그들은 하나님 알기를 거부하였다. 하나님의 의를 저버리고, 끝내 자신들의 의를 고집하였다. 안타깝게도 그들의 의는 의가 아니라 악인 것을 몰랐다. 결국 하나님의 정하신 기간이 만료되어 최후의 심판이 도래한 것이다.

> "또 내가 하늘이 열린 것을 보니, 보라!
> 백마와 그것을 탄 자가 있으니 그 이름은 충신과 진실이라.
> 그가 공의로 심판하며 싸우더라.
> 그 눈은 불꽃같고, 그 머리에는 많은 관들이 있고,
> 또 그가 피 뿌린 옷을 입었는데 그 이름은 하나님의 말씀이라.
> 하늘에 있는 군대들이 희고 깨끗한 세마포 옷을 입고,
> 백마를 타고 그를 따르더라."(계19:11-16)

5.

사슴 아름답고 우아한 짐승

사슴deer, 노루gazelle, 고라니elk 등은 모두 사슴과에 속하는 초식동물이며 되새김질한다. 삼림·습지·초원 등 다양한 지역에 서식하며 어린 싹, 부드러운 풀, 나무껍질, 작은 나뭇가지 등을 먹는다.

전체적으로 몸길이가 1m 미만인 소형부터 몸길이 3m, 어깨높이 2m를 넘는 대형이 있다. 고라니가 노루보다도 작고 암수 모두 뿔이 없다. 노루는 또 보통 사슴보다 몸이 작고 뿔도 수컷만 가지고 있다. 사슴의 특징인 수컷의 수려한 뿔은 매년 4~5월에 떨어져 나가고 새로운 것이 돋는다. 번식기에는 수컷 두 마리가 뿔을 맞대고 격렬하게 싸운다. 이긴 수컷이 수십 마리의 암컷을 거느릴 수 있다.

사슴은 청각과 후각이 특히 예민하여 곰, 사자, 늑대 등 천적들의 위험을 미리 감지한다. 바람이 불어오는 방향을 향하여 실려 오는 포식자들의 소리와 냄새를 포착하는 것이다. 뿐만 아니라 메마른 땅에서 물의 소재도 찾아낸다. 그리고 네 다리가 가늘고 길고 보폭이 넓어 잘 달린다. 한 번에 6~7m를 도약하는 빠른 질주력을 보유하고, 물속에서 수영도 잘한다. 그러므로 천적들의 추격에서 쉽게 벗어날 수 있다.

그러나 빠른 만큼 달린 후에는 심한 갈증으로 헐떡거린다. 속도만큼 갈증의 농도도 높은 것이다. 그래서 적이 보이지 않으면 정지하고 숨을 몰아쉬며 주위를 살피는 동안 맹수들에게 습격당하기도 한다. 시인 노천명(1912~1957)은 이때 사슴이 먼 산을 본다고 한다.

모가지가 길어서 슬픈 짐승이여 / 언제나 점잖은 편 말이 없구나
관이 향기로운 너는 / 무척 높은 족속이었나 보다

물 속의 제 그림자를 들여다보고 / 잃었던 전설을 생각해내고는
어찌할 수 없는 향수에 / 슬픈 모가지를 하고 먼데 산을 바라본다

미국의 에밀리 디킨슨Emily Dickinson(1880~1886)은 사냥꾼에게서 들었다는 이야기를 전해 주고 있다.

상처 입은 사슴이 가장 높이 뛴다.
하지만 그것은 죽음의 황홀일 뿐,
그리고 나면 덤불숲은 고요하다.

사슴과 노루 역시 매우 유용한 동물로서 옛날부터 대표적인 사냥감이기도 하다. 고기, 피, 뼈, 뿔(녹용), 사향麝香, musk 등은 모두 귀중한 양식이고 약재이고, 화장품, 악기 등의 재료도 된다. 사슴 고기는 냄새 없이 담백하고 연하다. 특히 노루 고기는 더욱 부드럽고 나무순과 잎, 장미, 허브, 베리류 등을 먹어 섬세하고 환상적인 맛으로 최고급 고기로 알려져 있다. 털가죽은 옷도 되고 깔개나 주머니로 사용되었다. 수사슴의 꼬리는 발기불능, 불임 등을 고친다고 한다.

성격은 매우 온순한 편이고 겁이 많다. 그리고 순박한 눈, 부드러우며 아름다운 자태, 우아한 움직임과 기민함 등으로 사람들의 찬탄을 받는다. 오래전부터 동서

양에 설화도 많다. 예를 들어 신의 심부름꾼이고, 나무꾼과 선녀를 부부로 맺어 준 일도 있다. 성탄절이 다가오면 눈 덮인 숲에서 빨간 코 루돌프가 선물을 가득 실은 산타클로스 할아버지의 마차를 끌기도 한다. 현재 이스라엘의 우체국 로고도 사슴을 형상화한 것이다.

1 즐겨먹는 애찬의 고기

성경에서는 노루와 사슴이 제사 제물이 아니며 먹을 수 있는 동물이다. 먹을 수 있는 고기 중에서도 제일 즐겨 먹는 애찬으로 나타나 있다. 사람들이 각자 원하는 대로 소, 양, 염소 등 굽이 갈라지고 되새김질하는 생축의 고기를 먹을 수 있다. 이때 노루와 사슴을 먹는 것같이 하라는 것이다.

"네 하나님 여호와께서 네게 주신 복을 따라
각 성에서 네 마음에 원하는 대로 가축을 잡아 그 고기를 먹을 수 있나니,
곧 정한 자나 부정한 자를 막론하고
노루나 사슴을 먹는 것같이 먹으려니와
오직 그 피는 먹지 말고 물같이 땅에 쏟을 것이며,"(신12:15-16, 22-23; 15:22-23)

부귀영화의 극치를 누린 솔로몬 왕의 하루 식단에도 소, 양, 새들과 함께 수사슴과 노루와 암사슴이 포함되어 있다. 솔로몬 왕은 700명의 후궁, 300명의 첩들과 함께 백향목과 상아로 지은 호화 궁전에 살며 사랑의 시를 읊으며 매일 노루와 사슴 고기를 먹은 것 같다.

"솔로몬의 하루 음식물은 고운 밀가루가 30석(1석=230ℓ), 굵은 밀가루가 60석이요,
살찐 소가 10마리, 초장의 소가 20마리, 양이 100마리이며
그 외에 수사슴과 노루와 암사슴과 살찐 새들이었더라."(왕상4:22-23)

2 사랑하는 연인

노루와 사슴은 그 우아한 자태에 따라 사랑의 상징이고, 연인에 비유되어 있다. 솔로몬의 연애시로 알려진 아가서에 여러 번 언급되어 있다.

"나의 사랑아, 너는 어여쁘고 어여쁘구나!
나의 사랑하는 자는 노루와 같고 어린 사슴 같다.
향기로운 산 위의 노루요, 어린 사슴 같구나!(아8:14)
우리집 담과 창문에 기웃거리며 틈으로 엿보는구나!(아2:9)
베일 속에 있는 네 눈은 비둘기 같고
두 유방은 백합화 꽃밭에 꼴을 먹는 쌍태 노루새끼 같구나!(아4:1, 5)

나의 사랑아, 날이 저물어 그림자가 사라지기 전 노루같이 돌아오라!
베데르 산의 노루같이, 어린 사슴같이, 나의 사랑아, 너는 빨리 달려라!(아2:17)

예루살렘의 딸들아,
내가 노루와 들사슴으로 너희에게 부탁하노라!
우리의 사랑을 흔들어 깨트리지 말아다오!"(아3:5)

3 사슴같이 빠르게

사슴과 노루가 또 빨리 달리는 질주력으로 인해 용사들에 비유되어 있다. 다윗 왕의 용사 중에는 스루야의 세 아들, 요압과 아비새와 아사헬이 있었는데 아사헬의 발은 들노루같이 빨랐다고 한다. 싸움에 익숙하여 방패와 창을 잘 쓰는 용사도 사자 같은 얼굴에 사슴같이 빠르다고 묘사하고 있다.

"아사헬의 발은 들노루같이 빠르더라.(삼하2:18)

그 얼굴은 사자 같고 빠르기는 산의 사슴 같더라."(대상12:8)

성경은 신도들이 태만하지 말고 노루나 새같이 민첩하게 죄의 유혹에서 벗어나라고 한다. 그러나 현실은 그리 간단치가 않다. 눌린 양심, 아픈 몸, 이웃과의 갈등, 사회적인 제약들은 우리로 하여금 뛰기는커녕 일어나 걷기도 힘들게 한다. 그러나 '우리의 힘이신 여호와'(시18:1)로 인하여 사슴같이 뛰며 영광의 하나님을 찬양할 수 있다.

"하나님이여, 사슴이 시냇물을 찾기에 갈급함 같이
내 영혼이 주를 찾기에 갈급하나이다.
내 영혼이 하나님, 곧 살아 계시는 하나님을 갈망하오니,
내가 어느 때에 나아가서 하나님 얼굴을 뵈오리이까!?"(시42:1-2)

"네 눈을 잠들게 하지 말며 눈꺼풀을 감기게 하지 말고,
노루가 사냥꾼의 손에서 벗어나는 것같이,
새가 그물 치는 자의 손에서 벗어나는 것같이 스스로 구원하라!(잠6:4-5)
그때에 맹인의 눈이 밝을 것이며, 못 듣는 사람의 귀가 열릴 것이며,
그때에 저는 자는 사슴같이 뛸 것이며, 말 못하는 자의 혀는 노래하리라!"(사35:5-6)

"나는 구원의 하나님으로 말미암아 기뻐하리라.
주 여호와는 나의 힘이시라.
나의 발을 사슴과 같게 하사, 나를 높은 곳으로 다니게 하시는도다."(합3:18-19)

II-2.

포유류: 육식

1.

사자 백수의 왕

사자lion는 고양이과의 표범속 동물로 크기나 모양이 다양하다. 보통 수사자가 암사자보다 크다. 큰 것은 몸의 길이 3m, 무게는 250kg에 이른다. 몸의 대부분은 근육으로 되어 힘이 세고 운동 능력도 뛰어나다. 눈은 어둠 속에서도 잘 볼 수 있고, 청각과 후각도 아주 예민하다. 큰 머리와 긴 몸, 짧고 강한 다리를 갖고 있다. 최고 속도는 시속 64km이고 3m 높이를 가볍게 뛰어넘으며 나무에도 잘 오른다. 크고 두꺼운 발 안에는 먹이를 치고 할퀴는 발톱이 숨겨져 있다. 이 앞발로 몸무게 300㎏ 이상 되는 얼룩말도 단번에 쳐 쓰러뜨린다.

사냥할 때는 고도의 사냥 기술을 사용한다. 물론 낮에도 사냥하지만 기습이 보다 용이한 밤을 이용한다. 먹이를 발견하면 땅에 납작 엎드려 몸을 숨기고 천천히 다가간다. 약 15m의 거리에 이르면 용수철처럼 튀어 질풍같이 달려가 머리나 엉덩이를 물어 땅에 쓰러뜨린다. 수사자는 눈에 잘 띄므로 주로 먹잇감을 몰아주는 역할을 하며, 특히 물소나 기린 같은 큰 동물의 경우에 결정적인 역할을 한다. 8cm의 큰 송곳니와 뼈까지 부수는 턱의 힘으로 먹이의 목을 물어 숨통을 끊어 놓는 것이다. 먹이를 먹을 때 우두머리의 몫은 항상 맨 먼저 보장되어 있다. 1회 식사량은 27kg에 이른다.

사자는 광활한 지역에 보통 10~20마리가 무리지어 산다. 무리에서 우두머리는 강한 수사자 한 마리다. 이 수컷이 여러 암컷들과 새끼들을 거느린다. 그리고 분비물을 배설하여 영역 표시를 하고, 또 포효함으로써 낯선 사자의 침입을 미리 경고한다. 새벽과 저녁 사냥 전에 크게 울부짖는 수사자의 포효는 보통 8km 내의 산천초목과 모든 동물들을 떨게 한다.

무리 내의 새끼 수사자가 성장하게 되면 무리를 떠나야 한다. 그리고 다른 무리의 우두머리에게 도전장을 낸다. 이 싸움에서 수사자는 진정한 용맹성을 보여야 한다. 도전에 실패하면 처량한 떠돌이 신세가 되고, 성공하면 그 무리의 새 왕으로 등극하기 때문이다. 등극 후에는 쫓겨난 수사자의 새끼들을 모조리 물어 죽인다. 이러한 운명으로 전체 어린 사자의 25%가 크기도 전에 사라진다.

젊은 사자들의 끊임없는 도전으로 한 우두머리의 재위 기간은 보통 2~3년에 한한다. 그러나 이 기간 동안의 왕권은 가히 절대적이라 할 수 있다. 어차피 먹이사슬의 천적이 없는 위치에서 이 우두머리 수사자야 말로 진정한 '백수百獸의 왕'이다. 특히 수사자는 근엄한 시선과 풍성한 황금빛 갈기로 위엄을 과시한다. 이러한 모습이 동서고금을 막론하고 왕권의 상징으로 사용되고 있다. 성경에서도 사자는 가장 강한 지배자나 포식자로 등장하고 있다.

1 유다 지파 다윗의 뿌리

먼저 예수님의 혈통적 지파가 사자에 비유되어 있다. 애굽에서 야곱이 임종 전 열두 아들의 앞날을 예언할 때 유다를 사자로 부르고 있다. 하나님이 아브라함에게 주신 구속의 언약이 이삭과 야곱 그리고 유다에게로 전해지는 것이다. 이에 따라 유다의 12대손으로 다윗 왕이 등장하고, 다윗 왕의 28대 후손으로 만왕의 왕 예수 그리스도가 탄생하신다.

"유다는 사자새끼로다. 내 아들아, 너는 움킨 것을 찢고 올라갔도다.
그의 엎드리고 웅크림이 수사자 같고 암사자 같으니 누가 그를 범할 수 있으랴!?
지배자의 홀이 유다를, 치리자의 지팡이가 그 발 사이에서 떠나지 아니하기를
그리스도가 오시기까지 미치리니 그에게 모든 백성이 복종하리로다."(창49:9-10)

다윗의 아들 솔로몬은 선대의 치적으로 극도의 부귀영화를 누릴 수 있었다. 왕이 된 후 자신을 위해 정금으로 씌운 상아 보좌를 여섯 층계 위에 만들었다. 그리고 보좌 양편과 층계들 좌우편에 열두 마리의 사자를 세워 왕의 위엄을 과시하였다. 왕위를 물려받은 솔로몬은, 대부분의 상속자들이 그러하듯, 사치하고 방탕했고, 거기다 폭정까지 일삼았다.

백성은 반기를 들었고, 왕국은 분열되었다. 솔로몬의 아들이 남쪽의 유다 나라만 다스리게 된 것이다. 그 후 기원전 586년에는 유대 왕국도 하나님이 불러오신 더 큰 사자 바벨론에 의해 패망하였다. 왕은 도주하다 체포되었고, 결박당한 그의 눈앞에서 왕자들은 모두 애비 잃은 새끼 사자들의 참혹한 종말을 맞았다. 왕족을 포함한 고관대작들도 몽땅 포로로 잡혀가 비참하게 생활했다. 주로 유프라테스 강의 홍수 방지를 위해 강둑을 쌓는 일에 혹사당했다. 노역 중에 사고로, 병으로, 채찍에 맞아, 또는 화병에 죽는 사람도 많았다. 선지자 에스겔은 이러한 사실을 슬픈 애가로 읊었다.

"네 어미는 무엇이냐? 암사자라.
그가 키운 젊은 사자가 짐승을 움키고 사람을 삼키고 성곽과 가옥들을 훼파하니,
그 우는 소리에 땅과 그 거민들이 경악한지라.
그러므로 모든 이방 나라들이 그를 포위하여 그물을 던져 잡아 함정에 넣고
갈고리로 꿰어 철창에 넣어 바벨론 왕에게 끌고 갔느니라."(겔19:1-9)

이렇게 암담한 시절 청년 에스겔은 유프라테스 강의 지류인 그발 강가에서 하나님의 언약을 묵상하였다. 그때 하늘이 열리며 하나님의 보좌가 보였다. 땅의 길은 동서남북 모두 막혀 있으나 하늘은 활짝 열려 있는 것이다. 그리고 하나님의 구원은, 마치 태양의 운행처럼, 한 치의 착오도 없이 진행되고 있었다. 그 보좌 앞에는 역사를 이루는 네 그룹들이 있는데 각각의 얼굴이 '사람, 소, 독수리 그리고 사자'(겔1:1, 10; 10:14)의 것이다.

70년이 지나 유대인들은 고향에 귀환하여 다시 왕국을 세웠다. 그러나 다윗 왕 시대와 같은 우두머리 수사자의 권위는 사라진 지 오래다. 종교인의 부패와 관리의 폭정으로 끊임없이 반란이 일어났고, 도탄에 빠진 백성들은 유리방황하였다. 예수님이 오실 때는 또 하나의 젊은 사자인 로마의 지배하에 있었다. 예수님은 로마를 능가하는 진정한 패왕이고 사자이건만 당시 모든 종교인들이 일치단결하여 죽여 버렸다. 그러므로 승천하신 후 예수님의 제자들은 종교인을 따르지 않고 예수님의 뒤를 따랐다. 베드로를 비롯한 모든 제자들이 예외 없이 박해를 받으며 순교의 길을 기쁘게 간 것이다.

가장 나이가 어린 사도 요한만이 유일하게 살아남았다. 그도 많은 박해 중에 끓는 기름 가마솥에 던져지는 고문을 받았으나 기적적으로 살아났다. 백발이 성성한 노인이 되어서는 바위투성이의 밧모 섬에 유폐되었다. 바닷바람 치는 황량한 바위굴은 사람 살 곳이 아니다. 그러나 여기서 요한은 젊은 날 함께 생활하시던 예수님을 회상하였다.

갈릴리 해변에서 아버지와 형과 함께 그물을 기울 때 오셔서 불러주시던 예수님, 최후의 만찬 때 품에 의지하고 누워 있던 예수님, 겟세마네 동산에서 간절히 기도하시다 잡혀가시던 예수님, 바로 눈앞에서 십자가에 달려 계시던 예수님, 눈물을 펑펑 흘리고 있는 자신에게 모친 마리아의 노후를 부탁하시던 예수님, 그리고 부활하여 구름 속으로 승천하시는 예수님이 아직도 어제처럼 생생하다. 다시금 감격과 환희가 파도쳐 올 때 요한은 사자같이 울부짖었다.

"나의 주, 예수님~!"

그때 요한은 성령의 감동으로 뒤에서 나는 나팔소리 같은 큰 음성을 들었다. 돌이켜 보니 일곱 금 촛대 사이에 바로 주님이 계신다. 예수님은 예전의 모습이 아니다. 때 묻고 남루한 옷이 아니라 빛나는 옷에 금띠를 띠고 있었다. 가시관을 써서 피 흐르던 머리는 양털같이 희고, 해같이 힘 있게 비치는 얼굴에서 눈은 불꽃같다. 포개져서 대못이 박혔던 그의 발은 풀무불에 단련된 빛난 주석 같다. 이런 예수님이 많은 물소리 같은 음성으로 말씀하신다. '나는 영원히 살아 있어 사망과 음부의 열쇠를 가졌노라.'(계1:18)

또 하늘 보좌가 있고, 보좌 위에 앉으신 이는 그 모양이 벽옥과 홍보석 같고, 오른손에는 봉인한 두루마리가 있다. 보좌 주위에는 네 생물이 있는데 이들의 앞뒤에는 눈이 가득하다. 네 생물은 선지자 에스겔이 본 것처럼, 첫째는 사자 같고, 둘째는 송아지 같고, 셋째는 얼굴이 사람 같고, 넷째는 날아가는 독수리 같다. 흰옷을 입고 머리에 금 면류관을 쓴 24장로들은 보좌에 둘러앉아 있다. 이때 장로 중 한 사람이 요한에게 말한다.

"유다 지파의 사자 다윗의 뿌리가 이겼으니
그 두루마리와 그 일곱 인을 떼시리라."(계5:5)

2 찢어 죽이는 사자

① **내부의 적:** 성경에는 사자가 내·외부의 악한 세력도 상징한다. 먼저 내부에 있는 악한 세력이 바로 종교인과 관리들이다. 이러한 상황은 성경이 쓰인 당시만 아니라 오늘도, 내일도 지속될 것이다.

"선지자들의 배역함이 우는 사자가 식물을 움킴 같도다.
그들이 사람의 영혼을 삼켰으며 재물을 탈취하며
사람을 죽여 많은 과부를 만들었느니라."(겔22:25)

"그 가운데 방백들은 부르짖는 사자요,
그 재판장들은 이튿날까지 남겨 두는 것이 없는 저녁이리라.(습3:3)
가난한 백성을 압제하는 악한 관리는 부르짖는 사자와 주린 곰 같으니라."(잠28:15)

② **외부의 적**: 범죄한 이스라엘 백성을 징벌하기 위해 외부에서 공격해 오는 이방 나라들 역시 사자로 표현되어 있다.

"한 이민족이 내 땅에 올라왔음이라. 그들은 강하고 무수하며
그 이는 사자의 이 같고, 그 어금니는 암사자의 어금니 같도다.(욜1:6)
그 부르짖는 것은 암사자 같을 것이요,
그 소리 지름은 어린 사자들과 같을 것이라.
그들이 부르짖으며 물건을 움키어 염려 없이 가져가도
건질 자가 없으리라."(사5:29)

"사자가 그 수풀에서 올라왔으며 열방을 멸하는 자가 그 처소를 나왔으니
네 성읍들이 황폐하여 거민이 없게 되리라.
수풀에서 나오는 사자가 그들을 죽이며 밖으로 나오는 자마다 찢을 것이라.
이스라엘은 흩어진 양이라, 사자들이 그를 쫓는도다.
처음에는 앗수르 왕이 먹었고,
다음에는 바벨론 왕이 그 뼈를 꺾는도다."(렘4:7; 5:6; 50:17)

③ **버림받은 종교인**: 사자가 등장하여 종교인을 찢어 죽인 일도 있다. 기원전 931년 솔로몬의 아들 르호보암 때 에브라임 지파의 여로보암이란 장수가 반역하고 열 지파로 북쪽 이스라엘 왕국을 세웠다. 나라는 남북으로 분단되었고 종교는

타락했다. 종교인과 관리들은 결탁하여 자신들의 안전과 풍요를 도모하지만 백성들은 도탄에 빠져 있었다.

북쪽의 새 왕 여로보암은 백성들이 예루살렘의 성전에 가는 것을 막기 위해 남쪽과 북쪽의 변경인 벧엘과 단에 각각 금송아지 제단을 건립하였다. 그리고 벧엘에서 왕 자신이 직접 거창하게 시범적인 제사를 드렸다. 그런데 제사 분위기가 한창 무르익은 엄숙한 순간에 난데없이 감히 왕을 책망하는 큰 소리가 들려왔다. 격분한 왕은 팔을 뻗어 그를 가리키며 당장 잡으라고 소리쳤다.

그는 유다에서 올라온 하나님의 사람 갑甲이었다. 그러나 그때 왕의 팔은 굳어져 접을 수가 없게 되었고, 제단은 두 쪽으로 갈라지며 재가 쏟아졌다. 즉시 사태를 파악한 왕은 갑에게 팔의 고침을 청했다. 나음을 받은 후에는 또 그를 식사에 초대했다. 그러나 갑은 이스라엘에 머무르는 동안 아무것도 먹지도 마시지도 말라는 하나님의 명령을 이미 받은 터라 응할 수가 없었다.

그 당시 벧엘에는 을乙이라는 한 은퇴 종교인이 노후를 즐기고 있었다. 그런데 매일 무료하게 살아가는 이 을이 사명을 마치고 돌아가는 갑에게 접근하여 거짓말을 하고 음식을 대접했다. 자기도 종교인으로 하나님께서 음식을 먹이라고 자기에게 말씀했다는 것이다. 아마도 근심 없이 사는 중에 심심하고 지루했던 것 같다. 혹은 자기의 존재를 과시하려 했는지도 모른다.

한편 갑은 매우 지쳐 있었다. 낯설고 먼 길을 찾아왔고, 더구나 왕을 책망하는 사명에는 자칫 목숨도 잃을 수 있다. 그것을 간신히 마치고 돌아가는 터라 이제 긴장도 풀렸고, 사실 배도 매우 고팠다. 그래서 을의 유혹에 끌려 하나님 말씀을 저버리고 진탕 먹고 마셨다. 왜냐하면 을도 종교인이고, 당시 을의 사회적인 명성도 꽤 높았기 때문이다. 을의 명성에 현혹된 갑은 그가 하나님께서 이미 버린 종교인이란 것은 알지 못했다. 그래서 '우리가 남이가!?' 하며 종교인들만의 화기애애한 만찬에 크게 취했다. 결국 갑은 돌아가는 길에 사자에게 찢겨 죽었다.

"이에 그 사람이 가더니 사자가 길에서 저를 만나 죽이매
그 시체가 길에 버린 바 되니 나귀는 그 곁에 섰고 사자도 그 시체 곁에 섰더라.
이는 여호와의 말씀을 어긴 하나님의 사람이로다.
여호와께서 그를 사자에게 붙이시매 사자가 그를 찢어 죽였도다."(왕상13:24-26)

3 찢어져 죽은 사자

① **사사 삼손**: 사람에게 찢겨 죽은 사자도 있다. 그 사람이 기원전 1075년부터 20년간 사사를 지낸 삼손이다. 삼손은 이스라엘의 구원을 위하여 모태에서부터 구별된 '나실인'으로 엄청난 힘의 소유자다. 나실인Nazirite은 '거룩하게 구별된 자'를 의미하며 평생 머리털을 깎을 수 없다. 이 삼손이 당시 지배 민족이었던 블레셋의 딤나라는 지역의 포도원에 갔을 때였다. 갑자기 젊은 사자 한 마리가 울부짖으며 그에게 달려들었다. 이 사자는 적대국 블레셋의 상징으로 삼손을 초창기에 제거하려 했던 것 같다. 그러나 이때 여호와의 신에 크게 감동되어 삼손은 맨손으로 그 사자를 간단히 해치웠다.

"젊은 사자가 그를 맞아 소리 지르는지라.
삼손이 여호와의 신에게 크게 감동되어 손에 아무것도 없어도
그 사자를 염소 새끼를 찢음같이 찢었으나
그는 그 행한 일을 부모에게도 고하지 아니하였고,"(삿14:5-6)

② **소년 다윗**: 사자를 쳐 죽인 또 다른 경우는 소년 다윗이 아버지의 양을 지킬 때였다. 그는 대자연 속에서 하나님의 은총을 노래하며 몸과 마음을 단련하였다. 추위와 더위를 견디고, 양떼를 습격하는 사자와 곰들을 물리쳤다. 그 경험들을 어린 다윗이 블레셋의 거인 장수 골리앗과 싸우려 나갈 때 불안해하는 사울 왕에게 보고하고 있다.

"주의 종이 아비의 양을 지킬 때에
사자나 곰이 와서 양떼에서 새끼를 움키면
내가 따라가서 그것을 치고 그 입에서 새끼를 건져내었고,
그것이 나를 해하고자 하면 내가 그 수염을 잡고 그것을 쳐 죽였었나이다.
주의 종이 사자와 곰도 쳤은즉 사시는 하나님의 군대를 모욕한
이 할례 없는 블레셋 사람이리이까! 그가 그 짐승의 하나와 같이 되리이다.
또 여호와께서 나를 사자의 발톱과 곰의 발톱에서 건져 내셨으니
나를 이 블레셋 사람의 손에서도 건져 내시리이다."(삼상17:34-37)

4 입이 봉해진 사자

불의한 세상에서 백성들은 그때나 지금이나 목자 없는 양떼처럼 유리하며 사자의 세력에서 구해 주실 것을 하나님께 간구하고 있다.

"여호와 내 하나님, 주께 피하오니
나를 쫓는 자에게서 나를 구하여 건지소서!
저희가 사자같이 나를 찢고 뜯을까 하나이다.
사자가 자기 굴에 엎드림같이 그가 은밀한 곳에서 가련한 자를 잡나이다.
그는 움킨 것을 찢으려고 엎드린 젊은 사자 같으니이다."(시7:1-2; 10:9; 17:12)

"주여, 어느 때까지 관망만 하시나이까?
내 영혼을 사자들에게서 건지소서!
내 혼이 사자 중에 처하며 내가 불사르는 자 중에 누웠으니,
곧 인생 중에 있나이다.
그의 이는 창과 살이요, 그의 혀는 날카로운 칼과 같나이다.
하나님이여 그의 입에서 이를 꺾으소서!
여호와여, 젊은 사자의 어금니를 꺾어 내소서!"(시35:17; 57:4; 시58:6)

성경은 실제로 사자로부터 구원받은 사람을 소개하고 있다. 소년 때 포로가 되어 바벨론으로 잡혀 온 다니엘이다. 그는 총명하여 처음부터 궁중에서 왕을 직접 모시게 되었다. 세월이 지나 바벨론이 메대에게 망하고, 다리오라는 새로운 왕이 즉위하였을 때도 뛰어난 지혜와 충성심을 인정받은 다니엘은 계속 왕의 측근으로 기용되었다.

그러나 그의 정적들이 그를 시기하여 모함하였다. 다니엘이 하루 세 번 예루살렘을 향한 창문을 열고 드리는 기도가 빌미가 되었다. 다니엘이 왕의 명령을 어기고 다른 신을 섬긴다는 것이다. 다니엘의 충정을 아는 왕도 어찌할 도리가 없었다. 왜냐하면 '왕이 곧 신'이기도 한 고대의 절대 왕정에서 다른 신을 부르는 것을 공식적으로 금지하였기 때문이다. 더구나 다리오 왕은 새 왕조를 시작하며 통치 체제를 쇄신하고 강화할 필요도 있었다. 왕은 공적인 국가 정책에 따라 다니엘을 사자 굴에 던져 넣지 않을 수 없었다.

다니엘은 꼼짝없이 굶주린 사자의 밥이 되어야만 했다. 그러나 이미 62세의 왕은 그 밤을 뜬눈으로 새웠다. 비록 국가 정책이긴 하지만 '왕이 곧 신'이란 구호의 허구성을 누구보다 잘 알고 있는 것이다. 왕은 다니엘의 살아 있는 참 신이 친히 그를 구원해 줄 것을 간절히 바랐다. 새벽이 되자 왕은 사자 굴로 달려갔다. 그리고 근심 어린 목소리로 다니엘을 불렀다.

> "사시는 하나님의 종 다니엘아,
> 네가 섬기는 너의 하나님이 너를 사자에게서 구원하셨느냐?"

잠깐의 고요가 흐르더니 굴속에서는 평소의 침착하고 당당한, 그리고 충정 어린 다니엘의 음성이 울려 나왔다.

> "왕은 만수무강하소서! 나의 하나님이 그의 천사들을 보내어
> 사자들의 입을 봉하여 나를 해치지 않았나이다.

이로써 나의 무죄함이 명백히 증명된 것이니이다."(단6:21-22)

왕은 매우 기뻐하며 다니엘을 사자 굴에서 올려 내었다. 그리고 그를 참소하던 사람들을 처자들과 함께 사자 굴에 던져 넣었다. 그들은 굴 바닥에 떨어지기도 전에 사자들이 움켜서 그 뼈까지도 부서뜨렸다. 오늘도 하나님은 자녀들에게 사자 같은 악의 세력을 대적하라고 말씀하신다. 하나님의 도우심으로 의를 행하고 복음을 온전히 전파할 수 있기 때문이다.

"근신하라! 깨어라!
너희 대적 마귀가 우는 사자같이 두루 다니며 삼킬 자를 찾나니
너희는 믿음을 굳게 하여 그를 대적하라!(벧전5:8-9)
너는 사자와 독사를 밟으며 젊은 사자와 뱀을 발로 누르리로다.
네가 나를 사랑한즉 내가 너를 건지리라.
네가 내 이름을 안즉 내가 너를 높이리라.(시91:13-14)

저희가 믿음으로 나라들을 이기기도 하며
의를 행하기도 하며 사자들의 입을 막기도 하여(히 11: 33)
사자의 우는 소리와 사나운 사자의 목소리가 그치고,
젊은 사자의 이가 부러지며 늙은 사자는 움킨 것이 없어 죽고
암사자의 새끼는 흩어지느니라.(욥4:10-11)

나로 말미암아 전도의 말씀이 온전히 전파되어 이방인으로 듣게 하려 하심이니
내가 사자의 입에서 건짐을 받았느니라."(딤후4:17)

2.

표범 매복의 달인

표범panther, leopard도 고양이과의 대형 동물이다. 이와 같은 종으로 한국과 중국, 시베리아 등지의 호랑이tiger가 있다. 호랑이는 세로의 줄무늬가 특징이다. 단군신화와 동화 이야기에 많이 등장하여 우리에게 친숙하다. 남북 아메리카에는 재규어jaguar와 퓨마puma가 있다. 재규어는 반점 무늬가 있으나 퓨마는 반점이 없고 누렁고양이를 확대한 것처럼 보인다. 아프리카에 있는 치타cheetah는 양 눈에서 시작된 얼굴의 검은색 줄무늬가 특색이다.

이들 모두 같은 고양이과로 사자lion와 교접하면 타이곤tigon(수호랑이+암사자), 라이거liger(수사자+암호랑이) 등 잡종이 나온다. 물론 자기들이 스스로 숲속에서 사랑을 속삭인 것이 아니라 인간들의 조작에 의한 것이다. 이 중에서 달리는 속도로는 치타가 시속 약 110km로 가장 빠르고, 호랑이가 약 60km로 제일 늦다. 그 대신 호랑이의 덩치가 더 크다. 시베리아 호랑이의 경우는 체중이 300kg에 이른다. 참고로, 타조는 약 80km이고, 만물의 영장인 사람은 뜀박질할 일이 별로 없으므로 35km에 만족하고 있다.

표범도 크기와 무늬가 다양하다. 수컷이 암컷보다 크지만 몸의 평균 길이 1.5m, 무게 50kg로 대개 사람보다는 작다. 보호색인 털은 기본적으로 등 쪽이 노랗고 배 쪽이 희다. 표범의 특징은 검은색 반점으로 대개 몸 전체에 장미꽃 모양으로 배열되어 있으며, 그 크기나 간격은 각각 다르다. 큰 송곳니는 첫 어금니가 없는 만큼 주위 간격이 넓어 먹이의 목덜미에 깊게 박힐 수 있다. 크고 날카로운 발톱은 평소에 보이지 않으나 근육이 긴장하면 발가락이 펴지며 밖으로 드러난다. 몸은 유연하고 민첩하여 잘 뛰어오르고 나무를 잘 타 원숭이도 잡는다. 물속에서는 헤엄도 잘 친다.

표범은 관목이나 숲에서 보통 홀로 생활하며 낮에는 쉬고 밤에 활동한다. 망막이 발달하여 어둠 속에서도 행동이 자유롭기 때문이다. 먹잇감으로는 작은 쥐에서부터 가축까지 모든 동물들을 사냥한다. 때로는 사람도 습격한다. 사냥할 때는 먹잇감에 소리 없이 접근한다. 매복의 달인이기도 하여 눈에 안 띄게 감쪽같이 숨어 있을 수 있다. 거기서 번개같이 뛰어나와 사냥감을 덮쳐 쓰러뜨린다. 먹기 전에는 가지고 놀기도 한다. 그리고 가공할 턱과 목의 근육으로 자기 몸무게의 3배가 넘는 먹이를 물고 나무에 오를 수 있다. 나무 위에서는 먹이를 먹고 나머지는 나뭇가지에 걸어 놓고 휴식도 취하며 다음 식사에 대비한다.

이러한 표범이 바로 마을 앞에 매복해 있어도 주민들은 까맣게 모르고 희희낙락하며 그 앞을 지나다닌다. 사람들은 생활 중에 도사리고 있는 큰 위험들을 대부분 인식하지 못한다. 일부러 모른 체하는 것인지도 모른다. 어차피 무엇엔가 항상 쫓겨 다니는 일상에서 당장 눈에 안 보이는 것까지 신경 쓸 여유가 없기 때문이다. 그러나 정말 쫓기는 생활만 한다면 예기치 못한 큰 문제가 실제로 표범처럼 갑자기 닥칠 수 있다. 그래서 숨을 고르고, 가는 길의 목적지와 주위 환경을 항상 점검할 필요가 있다.

1 호랑이보다 무서운 나라

성경에서 표범 역시 포식자로서 사자, 이리 등과 함께 타락한 백성을 압박하는 세력으로 등장한다. 하나님은 선지자들을 통해 경고하신다.

"너희는 예루살렘 거리로 빨리 왕래하며 그 넓은 거리에서 찾아보고 알라!
너희가 만일 공의를 행하며 진리를 구하는 자를 한 사람이라도 찾으면
내가 이 성을 사하리라. 이 무리는 비천하고 우준할 뿐이라.
여호와의 길, 자기 하나님의 법을 알지 못하니라.
그러므로 수풀에서 나오는 사자가 그들을 죽이며 사막의 이리가 그들을 멸하고,
표범이 성읍들에 매복하여 그리로 나오는 자마다 찢길 것이라."(렘5:1, 4, 6)

"내가 광야 마른 땅에서 그들을 거두어 먹였느니라.
그러나 그들이 배가 부르자 마음이 교만해져 나를 버렸느니라.
그러므로 내가 그들에게 사자 같고 길가에 숨어 기다리는 표범 같으니라."(호13:5-7)

"보라! 내가 사납고 성급한 백성, 곧 갈대아 사람을 일으켰나니
그들은 두렵고 무서우며 그 말은 표범보다 빠르고, 저녁 이리보다 사나우니라."
(합1:6-8)

선지자 다니엘은 꿈속에서 나라들을 상징하는 네 짐승의 환상으로 보았다. 첫째는 사자, 둘째는 곰, 셋째는 표범, 넷째는 철 이가 있는 놀라운 짐승이다. 이것들은 그 당시에 발흥하고 있는 바벨론, 페르시아, 그리스 등을 상징한다. 이 중에서 표범은 알렉산더 대왕의 제국을 의미한다고 한다.

"곧 표범과 같은 것이 있는데 그 등에는 새의 날개 넷이 있고,
그 짐승에게 또 머리 넷이 있으며 또 권세를 받았더라."(단7:6)

사도 요한도 유배지인 밧모 섬에서 계시를 받았다. 그 속에서 하늘나라를 대적하는 두 짐승을 보았다. 첫째는 바다에서 나오는 표범, 둘째는 땅에서 올라오는 새끼 양 같다.

"내가 보니 바다에서 한 짐승이 나오는데 표범과 비슷하더라.
그의 뿔은 열이고, 머리가 일곱이라.
그 발은 곰의 발 같고, 그 입은 사자의 입 같은데
용이 자기의 능력과 보좌와 큰 권세를 그에게 주었더라.(계13:1-2)
내가 보니 또 다른 짐승이 땅에서 올라오니
새끼 양같이 두 뿔이 있고 용처럼 말하더라."(계13:11)

뿔을 가지고 용처럼 말하는 새끼 양은 교회의 사이비 종교인들로 풀이 된다. 이들은 사람들 앞에서 하늘의 불을 내려오게도 하며 이적을 행하여 많은 사람들을 미혹하고 있다. 표범에게는 열 뿔과 일곱 머리가 있는데 그 머리에 신성모독하는 이름들이 있다. 이것은 사탄의 조종을 받아 공의와 진리를 훼손하는 나라와 그 관리들을 상징한다.

나라의 횡포에 대해서는 중국의 공자(기원전 551~479)도 언급하고 있다. 공자가 수레를 타고 제자들과 제나라로 가는 길에 어느 산기슭에서 여인의 슬피 우는 소리가 들렸다. 일행이 발길을 멈추고 살펴보니 풀숲에 무덤 3개가 보였고, 한 여인은 그 앞에서 울고 있었다. 인정 많은 공자가 제자를 보내 사연을 알아보게 했다.

"부인, 어찌 그리 슬프게 우시오!? 무슨 연유라도 있소?"
"선생님, 여기는 아주 무서운 곳입니다.
수년 전에 저희 시아버님이 호랑이에게 잡혀 먹히셨습니다.
작년에는 제 남편이 호랑이의 밥이 되었습니다, 흑흑.

그런데 이번에는 고만 제 자식이 호랑이한테 잡아먹혔답니다, 흐흑흑-"
"아니, 그런데 왜 이곳을 떠나지 않소?"
"그렇지만 여기는 돈과 재물을 뺏고 횡포를 부리는 관리는 없습니다. 가혹한 정치가 없지요."

이 사연을 들은 공자는 고개를 한 번 크게 끄덕이고는 부채를 천천히 부치며 제자들에게 한 말씀하셨다.

"얘들아, 잘들 기억해 두어라! 가정맹어호苛政猛於虎니라. 어흠!"

이 말은 '가혹한 정치는 호랑이보다 더 무섭다'는 뜻이다. 지구 위에 국가가 생긴 이후 과연 가혹한 정치는 끊이지 않고 있다. 모든 나라들이 공식적으로는 국민을 위하고 평화를 실현한다고 하지만 실질적으로는 전쟁과 고통을 안겨주고 있다. 국가권력을 장악한 사람들이 불완전하고 더구나 자신들의 이익부터 챙기기 때문이다.

북한의 정치는 말할 것도 없고, 남한의 정치도 무섭다. 민주주의라 하는데 안정된 정당이 없고, 계파들의 이합집산이 있을 뿐이다. 그러므로 국민의 신뢰가 낮고, 투표율도 매우 낮다. 이런 가운데 서민들은 가난하고 불안해도 국가권력에 편입된 사람들은 안정되어 있다. 그러므로 공무원 응시율이 매우 높다. 공공기업은 '신이 내린 직장'이고, 국립대학도 국가권력으로 부당한 경쟁 우위를 누린다. 거기다가 고위 공무원 등 권력자들의 금품 수수도 횡행한다. 그래서 미래가 불안하기 때문에 청년들이 연애와 결혼과 출산을 기피하여 이른바 '3포 세대'가 되었다. 나아가 집과 친구를 더해 '5포', 꿈과 희망을 추가하여 '7포'로 확대되었다. 마지막으로 생명까지 포기하여 국민의 자살률이 세계에서 제일 높다.

2 호랑이와 함께 사는 나라

표범의 특징은 또 온몸에 포진해 있는 그 현란한 검은 반점무늬다. 성경은 표범의 이 무늬를 사람의 태생적인 죄의 근성에 비유하고 있다. 이스라엘 나라는 앗시리아, 바벨론 등 이방 민족들에게 멸망되었다. 이 과정에서 약탈 · 살해당했고, 고향땅에서 추방당했다. 이스라엘 백성들은 의문을 제기하였다. 하나님의 선택받은 민족에게 '어찌 이런 일이 일어날 수 있나!?' 하는 것이다. 이스라엘뿐 아니라 고난당한 사람들이 모두 이와 같은 질문을 할 것이다. '왜 하필 나에게 이런 일이 발생하는가!?'

이에 대해 표범의 반점무늬와 같은 인간의 태생적 죄악이 그 원인이라는 것이다. 본인이 바꿀 수 없는 본능에 의해 죄악이 저질러지고 있다. 어떤 사람이 사회적인 명망이 있고 어느 정도 도덕성을 지녔다 해서 자신은 죄악과 무관하다고 생각한다면 큰 오산이다. 오히려 이러한 사람들, 대표적으로 관리와 종교인들이 더욱 의의 대적이 되는 경향이 있다.

> "네가 마음에 이르기를 '어찌하여 이런 일이 내게 닥쳤는가?' 할 것이니라.
> 그것은 네 죄악이 커서 네 옷이 벗겨지고 수치스런 일을 당하는 것이니라.
> 흑인이 그 피부를, 표범이 그 반점을 변할 수 있겠느냐?
> 그들이 이를 할 수 있다면 악에 익숙한 너희도 선을 행할 수 있으리라."(렘13:22-23)

사람이 선을 행하며 평화를 이루는 것은 태생적으로 불가능하다. 어제 오늘의 역사가 증명하고 있다. 그럼에도 불구하고 우리에게 소망이 있다. 하나님의 영이 임하시면 표범과 사자가 모두 우리의 친구가 될 수 있다. 사람은 항상 죄만 짓고, 표범은 우리를 해치려는 존재만이 아니라는 것이다.

"이새의 줄기에서 한 싹이 나며 그 뿌리에서 한 가지가 나서 결실할 것이요,
그의 위에 여호와의 영, 곧 지혜와 총명의 영이요, 모략과 재능의 영이요,
지식과 여호와를 경외하는 영이 그 위에 강림하시리라.
그때에 표범이 어린 염소와 함께 누우며,
송아지와 어린 사자와 살찐 짐승이 함께 있어 어린아이에게 끌리며,
나의 거룩한 산, 모든 곳에서 해됨도 없고 상함도 없을 것이니,
이는 물이 바다를 덮음같이,
여호와를 아는 지식이 세상에 충만할 것임이니라."(사11:1-2, 6, 9)

3.

이리 사람과 경쟁하던 짐승

이리 또는 늑대wolf는 개와 함께 개과에 속하는 육식성 포유동물이다. 이리가 늑대보다 약간 크다고도 하는데 서로 결정적인 차이가 없다. 보통 몸길이 1.3m, 어깨높이 0.7m 정도이다. 모양이 개와 비슷해도 엄연히 야생 동물이기 때문에 집에서 키울 수 없다.

야생이니만큼 시력이 야간에도 다른 개과 동물보다 뛰어나다. 청력도 좋아 가을 잎이 떨어지는 소리를 들을 수 있다. 예민한 후각은 2~3km 밖에 있는 먹잇감의 냄새를 맡는다. 이빨은 짐승의 뼈를 부술 수 있을 정도로 튼튼하다. 주로 굽이 있는 초식동물을 먹이로 하지만 꿩 등 야생 조류도 잘 잡아먹고, 죽은 동물의 고기도 먹는다. 들쭉 같은 과실도 즐겨 먹는다. 들쭉술은 사람도 좋아한다. 이리는 먹을 것이 없으면 5, 6일간 굶어도 살 수 있다.

이리는 혼자서도 외롭게 생활하지만 주로 한 쌍을 중심으로 5~11마리가 집단생활을 한다. 이들이 연합하여 40마리가 넘는 것도 있고 서로 우는 소리로 의사소통을 한다. 보름달을 올려 보고 길게 우는 공포의 늑대 울음은 자기 짝을 찾는 것이기도 하고 적들에 대한 경고의 메시지라고도 한다. 사냥할 때는 뛰어난

의사소통으로 편대를 짜는 등 여러 전술로 자기보다 몸집이 큰 동물도 공격한다. 주로 냄새로 먹이를 찾아 넓은 영역을 중단 없이 질주하고 추적한다. 먹이를 발견하면 자신을 은폐하며 다가가 포위하여 도망치지 못하게 한다. 일단 먹이가 쓰러지면 시체의 모든 방향에서 달려들어 먹기 시작한다. 식욕이 왕성하여 송아지 같은 것도 앉은 자리에서 한 마리 전부를 거뜬히 먹을 수 있다. 휴식은 낮에 산림이 무성한 숲에서 취한다.

이리는 인간과 사자, 호랑이 정도만 경계하는 최상위의 포식자이다. 총이 발명되기 전까지는 인간과도 서로 먹고 먹히는 치열한 생존경쟁을 했다. 농촌 지역에서 겨울이 되어 먹이가 부족해지면 인가에 접근하여 가축들을 물어간다. 몸 크기에 비해 힘이 매우 강하여 양, 염소 같은 동물을 물고 달아나면 사람이 잡을 수 없다. 그러므로 유대 나라에서는 가장 증오하는 교활하고 잔인한 동물로 알려져 있었다. 성경에서도 이리는 사자와 표범과 같이 외부의 침략 세력과 내부의 적인 관리와 종교인을 상징하고 있다.

1 이리가 된 관리

북왕국 이스라엘이 기원전 722년에 앗수르에게 망한 후 남왕국 유다도 풍전등화 같은 명맥을 유지하고 있었다. 새로 발흥한 바벨론은 침략의 발톱을 숨기고 호시탐탐 이웃 나라들을 엿보고 있었다. 표면적으로는 유다 나라에도 우호적으로 접근했다. 히스기야 왕의 와병 소식을 듣고 예물과 함께 위문사절단을 보낸 것이다. 때마침 중병에서 회복한 히스기야는 기분이 좋아져 나라와 궁중의 창고와 무기고를 활짝 열고 모든 것을 보여 주었다.

이에 대해 선지자 이사야는 '조상 때부터 쌓아두었던 모든 것이 바벨론으로 옮겨지고 왕자들도 바벨론 왕의 환관으로 끌려갈 것'이라는 하나님의 말씀을 전하였다. 그러나 히스기야 왕은 '나의 생전에는 태평하고 평안할 것'(사39:6-8)이라며 좋다고 했다. 이 왕은 나라를 위한 치적도 있으나 국가관에서 투철하지 않다. 당장 자기만 편하면 그만이고 신음하는 백성과 국가의 장래에는 관심이 없는 것이다.

그의 아들인 므낫세 왕은 우상을 섬기고 무죄한 사람들을 죽여 그 피가 예루살렘 전역에 흘렀다. 므낫세의 아들인 아몬 왕 역시 둔하고 악하기는 아버지 못지않았다. 결국 궁중에서 부하들에 의해 살해되었다. 이러한 일련의 사건은 현대 우리나라 역대 대통령들의 실록을 보는 것과도 흡사하다. 권력을 보좌하는 관리들과 종교인들의 모습도 그때나 지금이나 별반 다르지 않다.

"방백들은 부르짖는 사자요,
그의 재판장들은 이튿날까지 남기는 것 없는 저녁이리라.
고관들은 음식물을 삼키는 이리 같아서
불의한 이익을 얻으려고 피를 흘리고 탐욕으로 사람을 죽이거늘
선지자들은 그들을 두둔하고 미화하며
여호와의 말씀을 빙자하여 거짓 복술을 행하느니라.
제사장들은 성소를 더럽히고 율법을 범하였도다."(습3:3-4; 겔22:27-28)

이러한 상황에서 하나님의 엄중한 경고가 전해지고 있다.

"이 무리는 비천하고 어리석을 뿐이고
여호와의 길, 자기 하나님의 법을 알지 못하느니라.
그러므로 수풀에서 나오는 사자가 그들을 죽이며
사막의 이리가 그들을 멸할 것이라."(렘5:4-6)

"보라! 내가 사납고 성급한 백성, 곧 넓은 땅을 다니며
자기 소유가 아닌 거처들을 점령하는 갈대아 사람을 일으켰나니,

그들의 군마는 표범보다 빠르고, 저녁 이리보다 사나우니라."(합1:6-8)

2 이리가 된 종교인

예언에 따라 남왕국 유다도 기원전 586년 바벨론에게 망했다. 왕족들과 귀족들은 죽임을 당했고 포로로 끌려갔다. 70년 후 페르시아의 발흥으로 포로들이 귀환하여 유다 나라는 다시 회생하였다. 그러나 기원전 332년에는 다시 신흥세력 그리스, 기원전 63년에는 또 다시 로마의 속국이 되었다. 불법과 반란도 지속되며 예수님의 강림까지 이른다. 그러나 메시아의 출현은 구약의 율법 시대를 종식시키고 신약의 은혜 시대를 개봉하는 것이기도 하다.

율법은 표면적인 것으로 그 준수 여부가 객관적으로 확인될 수 있다. 그러나 은혜는 내면적이고 주관적인 것으로 제삼자의 판단 대상이 될 수가 없다. 예수님을 영접하는 믿음이 의로 여겨져 천국을 이루게 되는 것이고, 예수님의 관심은 세상 나라보다 바로 천국에 있다. 그러므로 예수님은 무엇보다 사이비 종교인을 엄중히 경고하신다. 왜냐하면 내면적인 믿음과 주관적인 판단에 사기꾼들이 준동할 소지가 많기 때문이다.

"거짓 선지자를 삼가라!
양의 옷을 입고 너희에게 나아오나 그들의 정체가 바로 노략하는 이리라.(마7:15)
삯꾼은 참 목자가 아니라.
이리가 오는 것을 보면 양을 버리고 달아나나니
이리가 양을 물어가고 또 헤치느니라."(요10:12)

예수님이 이렇게 경고하시는 것은 그때나 오늘이나 거짓 종교인이 매우 많기 때문이다. 예수님 당시에도 100%의 종교인이 사이비였다. 오늘도 0.1%, 아니단 한 사람의 참 종교인이라도 볼 수 있다면 참 좋겠다. 단 한 사람이라도 인정과 존경을 받는 기독교종교인이 있으면 참 좋겠다. 예수님은 십자가의 길을 몸소 가셨고, 또 이 길을 따르라 하신다. 이 명령에 따라 제자들은 모두 출가出家하였고 순교의 길을 갔다. 이 명령은 오늘도 유효함에 틀림이 없다. 그러나 오늘의 종교인들은 십자가를 지기는커녕 먼저 자신의 안위를 위해 가정부터 꾸리고 있다.

사이비 종교인뿐 아니라 소위 이단異端이라 하는 단체들도 매우 많다. 기독교의 외형을 갖추어 놓고 그 속에 양의 옷을 입은 이리들이 은신해 있다. 순박한 사람들은 건물과 조직 그리고 그들의 언변에 속아 희생 제물이 되고 있다. 다행이 이 소굴에서 빠져나와도 한번 농락당한 사람은 처녀의 순결을 빼앗긴 것 이상의 상처를 입게 된다. 혼의 순결을 상실했기 때문이다.

현재 한국 교회에서는 이단의 개념과 구분이 분명치 않다. 헌법 제20조에 명시된 '종교의 자유'에 따라서는 모든 종파와 교회들이 인정되어야 한다. 뿐만 아니라 소위 미신이라는 것들도 금지될 수 없다. 그러나 현실적인 타락상을 감안하면 모든 교회들이 인정되기 어렵고, 특히 세습되는 족벌 교회들이 더욱 그렇다.

2014년 봄의 '세월호' 사건도 그 한 예이다. 구원파란 교파는 세월호 사건 때문에 세상에 크게 노출되어 부정적인 인상을 주었다. 그들의 입장에서는 억울하기 짝이 없을 수 있다. 침몰 사건은 분명 잘못된 사고였지만 교파 자체는 정상적이고, 오히려 한국의 유일한 참된 목사, 참된 교회라고 얼마든지 주장할 수 있기 때문이다.

반면에 여타 교파들의 경우에는 대형 사고가 아직 노출되지 않았을 뿐이다. 뱀처럼 지혜롭게 관리하여 그런 사고가 발생하지 않았을 수도 있다. 세월호 사건을 통해 이 교파와는 자동적인 차별화가 이루어져 다른 교파들에게는 오히려 호재가 되었다고 할 수 있다. 그리고 자신들의 조직을 보다 철저하게 통제하는 계기가 되었을 수도 있다. 가만히 앉아서 일종의 반사 이익을 누리는 것이다. 다만 본질에 있어서 그리고 운영 방식에 있어서는 대동소이하다.

세월호 사건이 여타 교파들에는 작은 반사 이익을 주었다고 할 수 있으나 한국 기독교 전체에는 치명적인 타격을 주었다. 국민들에게 완전한 실망을 안겨 주었기 때문이다. 세월호 사건에 대하여 한국 개신교는 아무런 공식적인 입장도 발표하지 않으므로 구원파와 동류라는 것을 인정한 꼴이 되었다. 그리고 한국 교회 대표자들의 인식이 또 실망스러웠다. '가난한 집 아이들이 버스 안 타고 배 타고 여행을 가는 것', '국민의 민도가 낮은 것'이 문제라고 한다.

한국 교회의 앞날은 어둡다. 거대한 조직의 그늘에는 양을 노리는 이리들이 포진해 있다. 이러한 세상에 예수님은 오늘도 참된 제자들을 파송하시며 조심과 인내를 당부하신다.

> "보라! 내가 너희를 보냄이 양을 이리 가운데로 보냄과 같도다.
> 사람들을 삼가라! 그들이 너희를 공회에 넘기고 회당에서 채찍질하리라.
> 너희가 내 이름으로 말미암아 모든 사람에게 미움을 받을 것이나
> 끝까지 견디는 자는 구원을 얻으리라!"(마10:16-17, 22)

> "그때에 이리가 어린양과 함께 살고,
> 송아지와 어린 사자와 살진 짐승이 함께 있어
> 어린아이에게 끌리며 해함도 상함도 없을 것이라."(사11:6, 9; 65:25)

4.

여우 영리하고 교활한 짐승

여우fox도 개과에 속하는 포유동물로 개와 유사하지만, 주둥이 부위가 가늘고 좁으며 귀가 뾰족하다. 다리가 비교적 짧으며 몸통의 길이에 비해 꼬리가 길고 털이 많다. 모피는 의류용으로 유용하게 쓰인다. 색깔은 개체에 따라 다르나 보통은 몸 윗면이 황색인데, 이마와 등 부분의 털끝이 희다. 그러나 붉은 여우가 여우 무리를 대표한다고 할 수 있다.

영리하고 적응력이 뛰어나 전 세계의 다양한 지형과 기후에서 생활한다. 원래 평원이나 경작지 근처를 선호하지만 산악 지대나 툰드라 같은 곳에서도 살아갈 수 있다. 여우는 바위틈이나 흙으로 된 굴에서 살지만 항상 자신이 굴을 파지는 않는다. 남의 굴을 무단 점유하는 것이다. 우선 오소리 등 자기 몸집과 비슷한 다른 동물들이 이미 파 놓은 굴들을 살펴보고 제일 좋은 곳을 선택한다. 그리고 주인이 없는 사이에 굴속으로 들어가 자신의 방뇨와 배변으로 더럽혀 놓는다. 그 후 주인이 돌아와서 냄새가 지독하고 더러워서 못 살고 떠나면 그때 기분 좋게 들어가 산다.

위장술도 뛰어나 밤에 닭을 물어 갈 때도 마치 닭이 혼자 이동하는 것처럼 보이기도 한다. 또 땅 위에 죽은 것처럼 흉내 내고 있다가 독수리 등 새들이 모여들었을 때 갑자기 뛰어 일어나 잡아먹기도 한다. 이와 같이 그 영리함과 교활함으로 동서양에서 민담의 주인공이 되고 있다. 동양에서는 오래된 여우가 구미호九尾狐도 되고 요술을 부려 사람을 홀리고 있다. 성직자의 옷을 입은 여우가 닭들에게 설교하는 그림은 무지한 백성을 농락하는 종교인을 묘사한다. 기원전 6세기 그리스의 노예였다는 이솝Aesop의 우화에도 교활한 여우가 등장한다.

① 어느 날 여우가 잘 익은 포도를 보고 다가갔으나 너무 높게 달려 있어 먹을 수가 없었다. 수차례나 뛰어올라 따먹으려 했으나 실패했다. 결국 그는 포기해야 했으나 자기 합리화는 잊지 않았다.
'저 포도는 시어 빠져서 못 먹을 것이라고!'

② 여우가 두루미를 성대한 식사에 초대하였으나 수프를 납작한 접시에 내놓았다. 두루미는 먹을 수가 없었다. 후에 두루미가 여우를 초대했을 때는 목이 긴 도자기병을 사용하여 이번엔 여우가 먹을 수가 없었다. 인간의 실속 없는 기만행위를 풍자한 것이다.

③ 여우가 우물에 빠져 물은 마셨으나 나갈 수가 없었다. 마침 염소가 지나다 들여다보았다. 여우는 물맛이 좋다고 염소를 꾀어 내려오게 했다. 여우는 염소의 등을 타고 탈출했다. 이웃을 희생시키는 잔혹한 수법 역시 인간 사회에서 다반사로 발생하고 있다.

그러나 현실에서는 더욱 잔혹한 인간에 의해 자연 속의 여우들은 멸종의 위기에 몰려 있다. 덫, 올무, 독극물 등을 이용한 무분별한 남획이 자행되기 때문이다. 국립공원 등 관계 기관에서 야생 여우를 복원 보호하기 위해 사육하여 방사하고 있으나 자연의 생태계는 여우 본연의 기량을 마음껏 발휘하기에는 이미 너무 깊이 파괴되어 있다.

1 여우같은 여자

성경에서도 여우는 훼방하고 파괴하는 역할을 수행한다. 실제로 농장을 방화하는 데 사용된 경우가 있다. 여우를 부린 사람은 블레셋 민족을 괴롭힌 사사 삼손이다.

처음에 그가 한 블레셋 여인과 혼인을 하고 신부의 집에서 7일간 잔치를 베풀었다. 잔치 중에 삼손은 블레셋 친구들에게 한 수수께끼 문제를 내었다. 문제의 답을 알아내기 위해 블레셋 친구들은 민족정신을 강조하며 신부를 겁박하였다. 신부는 삼손에게 거짓 눈물을 보이며 사랑의 이름으로 매일 밤낮 답을 강요했다. 여우같은 신부의 눈물에 삼손은 녹았고 정답을 말해 주었다. 답은 즉시 동족 친구들에게 전달되었고, 삼손은 낭패를 당했다. 실망한 삼손은 잠시 신부를 떠나 있었다.

그런데 이 기간에 신부는 자기 아버지와 모의하여 다른 블레셋 남자에게 시집을 가버렸다. 또 여우처럼 남편을 배신한 것이다. 이에 분노한 삼손은 블레셋 사람들에게 복수할 것을 결심하였다. 어차피 이스라엘을 압제하는 블레셋에 대한 저항감과 증오심도 작용했다. 삼손은 복수의 수단으로 여우를 채택하였다. 여우같은 신부와 블레셋 사람들에게 여우로 대응하는 것이 합당해 보인 것 같다. 그는 300마리의 여우를 잡아 블레셋의 농장을 불태우는 방화 병기로 사용한 것이다.

> "삼손이 가서 여우 삼백을 붙들어서 그 꼬리와 꼬리를 매고 홰를 취하고, 그 두 꼬리 사이에 한 홰를 달고, 홰에 불을 켜 블레셋 사람의 곡식밭으로 몰아 곡식단과 아직 베지 아니한 곡식과 감람원을 사른지라."(삿15:4-5)

자신들의 밭과 곡식이 불에 탄 블레셋 사람들은 경악했고 분기는 충천했다. 그들은 먼저 그 여우같은 신부와 아버지를 붙잡아 함께 불태워 죽였다. 그리고 삼손도 잡아 죽이려고 혈안이 되었다. 이것이 발단이 되어 당시 이스라엘을 지배하던 블레셋과의 투쟁이 시작되었다.

2 여우 같은 관리

예수님은 세상의 관리를 여우라 칭하신다. 국가권력으로 천국을 훼방하고 훼파하기 때문이다. 예수님이 여우라 부르신 장본인은 요단강 동쪽과 갈릴리 지역의 분봉 왕 헤롯 안티파스이다.

그의 아버지 헤롯 1세는 원래 건축가였으나 로마 황제의 도움으로 기원후 4년까지 약 40년간 이스라엘의 왕 노릇을 하였다. 그는 에돔 출신으로 율법에 따라서는 왕이 될 수 없는 사람이다. 그러나 여우같이 교활하였다. 로마에 아부하기 위해서 '가이사'라는 황제의 칭호에 따른 '가이사랴'라는 항구 도시를 새로 건설하였다. 유대 종교인의 환심을 사기 위해서는 예루살렘 성전을 대대적으로 증축하였다. 이 때문에 현재도 이스라엘 사람들에게 대왕으로 추앙받고 있다. 예수님의 탄생 시에는 동방 박사들을 속이고, 베들레헴과 그 지경의 두 살 이래 모든 남자아이를 무참히 죽였다. 정통성 없는 왕권을 수호하고 강화하기 위한 것이었다. 그가 10명의 부인들로부터 얻은 아들들에게 왕위를 계승하여 헤롯 왕조가 이루어졌다.

안티파스도 그중 하나로 기원후 39년까지 통치하였다. 그도 로마 황제에게 아부하기 위해 갈릴리 바다를 그의 이름에 따라 '티베리우스' 바다로 개칭하였다. 백성 앞에서는 오만방자하였다. 동생의 부인 헤로디아를 취하고, 자기의 생일잔치를 성대하게 치렀다. 조카딸 살로메가 춤을 추자 객기가 발동하여 '내 나라의 절반까지도 주겠다'는 망언도 했다. 결국 그는 자기의 말에 스스로 속박되어 세례 요한의 목을 잘라오게 했다. 예수님이 체포되어 왔을 때는 기적을 행해

보라고 조롱도 했다. 세습된 권력이 그를 천치 바보로 만든 것이다.

헤롯 왕조는 전형적인 세상 관리로 자신의 안위가 제일의 목적이다. 말로는 백성을 위하고, 실제는 강탈, 살인 등 온갖 악행을 저질렀다. 이런 안티파스가 세례 요한을 죽이고 지금은 자기 지경에 들어와 있는 예수님을 주시하고 있다. 예수의 무리들이 반란을 일으킬 수 있다는 제보도 들어와 있기 때문이다. 어떤 바리새인들은 헤롯이 예수님도 죽일 것이라 하며 피신하실 것을 권유했다. 그러나 예수님은 의연하시다.

"가서 그 여우에게 말하라!
오늘과 내일 내가 귀신을 쫓아내며 병을 고치고 제 삼일에는 완전히 이루리라.
그러나 오늘과 내일과 모레는 내가 갈 길을 가야 하리니
선지자가 예루살렘 밖에서는 죽는 법이 없느니라."(눅13:31-32)

3 여우 같은 종교인

성경은 종교인도 여우에 비유하고 있다. 그들이 하나님 말씀을 전한다고 하면서 실제는 자기 유익을 추구하기 때문이다. 의인을 핍박하고 죽이는 것도 관리만이 아니다. 오히려 종교인이 먼저 결정적인 역할을 한다. 구약과 신약에도 그렇고, 그 후의 역사도, 현재도 그렇다. 그들은 잔혹한 여우같이 하나님의 집을 점거해 강도의 소굴로 만들고 그 속에서 판을 치고 있다.

여우는 농장에도 들어가 담장을 허물고 땅을 헤집어 파헤쳐 놓기 일쑤다. 농장의 토양은 부드럽고 들쥐 등 먹을 것도 많기 때문이다. 특히 봄철에 새순이 돋고 꽃이 필 때면 새순과 나무를 갉아먹어 작물들을 해친다. 농장으로 비유된 교회에 삯꾼이 들어와 하나님의 자녀들을 현혹하여 파멸로 이끄는 것이다. 그러므로 경각심을 가지고 삯꾼 목자인 여우를 잡으라고 한다.

"주 여호와의 말씀에 본 것이 없이 자기 심령을 따라 예언하는
어리석은 선지자에게 화가 있을진저!
이스라엘아, 너의 선지자들은 황무지에 있는 여우같으니라."(겔13:2-4)

"슬프다, 이 성이여, 어찌 성소의 돌들이 거리 어귀마다 쏟아졌는가!?
선지자들의 죄와 제사장들의 죄악 때문이니
그들이 성읍 안에서 의인들의 피를 흘렸도다.
시온 산이 황폐하여 여우가 그 안에서 노나이다."(애4:1, 13; 5:18)

"무화과나무에는 푸른 열매가 익었고, 포도나무는 꽃이 피어 향기를 토하는구나.
우리를 위하여 여우, 곧 포도원을 허는 작은 여우를 잡아라!"(아2:13,15)

여우는 자신이 팠던지, 남의 것을 무단 점거했던지 자기 굴이 있다. 그러나 예수님은 물론이고, 그의 제자들은 오늘도 굴도, 집도 없다. 다리 뻗을 곳은 물론 머리 둘 곳도 없다. 그들은 자기 부모와 처자와 형제와 자매와 함께 자기 목숨까지 미워하는 성자의 길, 제자의 길을 가고 있다. 왜냐하면 제자들의 순교를 요구하는 세상과 이러한 세상에서 구원을 이루시려는 하나님의 뜻은 오늘도 변함이 없기 때문이다.

그러므로 세상에서 평생 예수 이름을 팔아 자기 배와 가족부터 챙기며 호의호식하는, 여우같은 종교인에게 천국은 보장될 수가 없다. 예수님은 세상으로부터 온갖 박해를 받으며 자기 십자가를 지고 주님을 따르는 사람을 영접하신다고 한다. 그런데 종교인은 세상으로부터 온갖 좋은 것을 모두 받아 더 좋은 것이 있을 수도 없는 형편이다. 가룟 유다가 차라리 태어나지 아니함만 못한 것처럼 애초 종교인이 되지 아니함만 못하다. 종교인이 아니었다면 화를 면하겠지만 종교인이라 하니 그저 죄인이 되었고, 더구나 예수님의 대적이 된 것이다.

"여우도 굴이 있고 공중의 새도 집이 있지만
인자는 머리 둘 곳이 없노라.(마8:20; 눅9:58)
세상에서는 너희가 환난을 당하나 담대하라!
내가 세상을 이기었노라.(요16:33)
내가 다시 와서 너희를 내게로 영접하여
나 있는 곳에 너희도 있게 하리라!"(요14:3)

5.

개 인간의 좋은 친구

개도 이리, 여우 등과 함께 개과에 속하며 200여 품종이 있다. 개는 3, 4만 년 전 수렵 사회부터 야생 들개 또는 늑대가 사람과 함께 하여 공동운명체가 된 것이라 한다. 본래는 육식성이었으나 가축화되면서 사람처럼 잡식성이 되었다. 동시에 개의 개체 수는 계속 증가했으나 야생 개는 수가 감소하여 멸종 위기에까지 몰려 있다. 개는 후각과 청각이 뛰어나고, 어두운 곳에서도 잘 볼 수 있다. 움직이는 물체에도 예민하게 반응하며 경계심이 강하다. 또 잘 짖고 잘 달리는 것은 말할 필요가 없다.

이러한 개가 가장 친근한 가축뿐 아니라 사람의 친구가 된 것은 그의 유용성에 기인한다. 옛날부터 개는 동서양을 막론하고 다양한 용도에 쓰인다. 특히 유목민에게 없어서는 안 될 사냥의 동반자이다. 양몰이를 하고, 맹수나 도둑으로부터 사람과 가축을 보호해 준다. 개의 후각은 사람보다 최대 10만 배 뛰어나다. 이것은 올림픽 수영장 두 개를 합친 곳에서 피 한 방울을 감지하는 경지라 한다. 그러므로 마약, 폭발물의 탐지뿐 아니라 사람의 구조와 치유에 투입된다. 최우수 인명구조견은 탑독Top Dog으로 포상하기도 한다. 이 외에도 각종 초기

암세포를 색출하고, 맹인 안내, 정신질환자의 치료 도우미로도 봉사하고 있다. 평소에도 고독한 사람들에게 정서적 교감으로 기쁨과 위안을 주는 애완견은 정말로 인간의 좋은 친구이다.

이러한 개를 죽여서, 전에는 일부러 고통스럽게 때려죽여서, 그 고기를 식용·약용으로 사람들이 즐겨 먹는다. '개장국', '보신탕' 또는 '사철탕'이라 하는데 정작 축산물가공처리법에는 포함되어 있지 않다. 따라서 개고기 영업은 엄연히 불법이다. 또 국제 사회에서도 야만으로 간주되고 있으나 우리의 풍속상 국가에서도 금지할 수 없다. 이것도 모순된 국가권력의 한 예가 된다. 아무튼 개를 죽여서 고기는 먹고, 가죽으로는 장구, 꼬리로는 비, 털로는 방한용 외투와 모자를 만들었다.

자고로 개는 주인을 배신하지 않는다. 충성을 위해 죽음을 불사한다. 그러므로 국내외에 충견에 대한 실화도 많다. 그러나 현재 우리나라에서는 연간 10만여 마리의 처참한 유기견이 발견되고, 3만여 마리가 안락사 당하고 있다. 미국에서는 무려 6백만 마리의 개가 버려진다고 한다.

살아서도, 죽어서도 매우 유용하고 충성스런 개가 사람들에게 학대받는 것 외에도 우리나라에서는 욕설의 대명사로 사용되고 있다. 사람이 격분했을 때 제일 먼저 나오는 욕이 '개새끼' 아닌가!? 사실 사람이 개만도 못한 경우가 많은 데도 말이다. 사람들이 개만큼만 충직하다면 세상은 훨씬 더 밝을 것이다. 성경에서 개는 가축으로서, 또 야생 들개의 부정적인 의미로도 사용되고 있다. 특히 그의 유용성보다는 존재적 가치에서 사람과 비교되고 있다.

1 개 같았던 사람들 1

성경의 기준으로 보면 사람들은 하나님의 자녀와 자녀가 아닌 외인外人으로 구분된다. 하나님의 자녀는 하나님을 알고 경배하고, 외인은 하나님을 모르고 경배도 하지 않는다. 그래서 성경은 하나님의 자녀가 진정한 사람이고, 자녀가 아닌 외인은 짐승으로 간주하고 있다.

"이 사람들은 본래 잡혀 죽기 위하여 난 이성 없는 짐승과 같으니라."(벧후2:12)

예수님은 개나 돼지에게 귀중한 것을 주지 말라고 하신다. 예수님이 처음으로 일반 대중에게 하신 일종의 취임 연설에서다. 마태복음 5, 6, 7장의 소위 '산상수훈'이라는 것으로 '천국시민헌장'이라고도 한다. 여기서 예수님은 정말로 짐승인 개, 돼지를 지적하신 것이 아니다. 짐승 같은 사람들을 말하는 것이다.

"거룩한 것을 개에게 주지 말며 너희 진주를 돼지 앞에 던지지 말라!
그들이 그것을 발로 밟고 돌이켜 너희를 찢어 상할까 염려하라!"(마7:6)

예수님께서 직접 사람을 개에 비유하신 적도 있다. 예수님이 제자들과 갈릴리 지방 북쪽의 두로와 시돈이란 이방 지역으로 들어가셨을 때이다. 이 두 도시는 현재 이스라엘의 북쪽 접경국인 레바논에 있다. 모두 지중해의 연안 도시로 시돈이 수도 베이루트 남쪽 41km에 있고, 두로가 다시 시돈의 남쪽 40km, 이스라엘 국경으로부터는 북쪽으로 24km에 있다.

예수님이 갈릴리를 떠나 이곳으로 오신 이유는 크게 두 가지로 볼 수 있다. 첫째는 종교인들의 집요한 공격으로부터 제자들을 잠시 격리시킬 필요가 있었다. 그래서 '아무도 모르게 한 집에 들어가'(막7:24) 계시려고 했다. 종교인들이 '왜 당신의 제자들은 손도 씻지 않고 음식을 먹느냐!?'(막7:5)고 교회 전통을 내세워 예수님과 제자들을 압박한 것이다.

둘째로 더 중요한 이유는 이 이방 땅에 하나님을 찾는 한 헬라 여인의 간절한 기도가 접수된 것이다. 그 여인은 귀신 들린 딸의 치유를 위해 온몸과 생명을 다해 하나님을 찾았다. 그리고 집안에 계시는 예수님을 어렵게 수소문하여 찾아 왔다. 하지만 이 여인에 대한 예수님의 말씀은 처음에 의아하게 들린다. 사람을 면전에서 직접 개에 비유하시어 가혹하다고도 할 수 있다.

"자녀로 먼저 배불리 먹게 해야 하오.
자녀의 떡을 취하여 개들에게 던짐이 마땅치 않소.

"주여, 옳습니다.
그러나 상 아래 개들도 아이들의 먹던 부스러기를 먹나이다."(마15:26-27; 막7:27-28)

어떤 목사는 예수님이 인권을 무시했고, 그래서 이 여인에게 한 방 얻어맞았다고 한다. 그러나 이것은 구약으로 진행되는 구원의 순서를 언급하신 것이다. 그러므로 이 헬라 여인은 체면과 감정에 휘둘리지 않고 뜨거운 믿음과 냉철한 이성으로 문제의 본질을 꿰뚫었다. 그런 그녀의 반응은 참으로 놀랍다. 정말이지 흙탕물 속의 한 줄기 맑은 샘물 같고, 살벌한 가시밭 속의 한 송이 백합화 같다.

"여자여, 그대 믿음이 크오. 이 말을 하였으니 됐소, 돌아가시오!
그대 소원이 이루어졌소. 귀신이 딸에게서 나갔소."(마15:28; 막7:29)

예수님은 처음 여인의 기도를 들으셨을 때 이미 그녀의 신분을 뛰어넘는 굳건한 믿음과 별 같은 지혜를 보셨다. 이에 대해 예수님은 벌써부터 만족하셨고, 그 믿음의 아름다움과 생동하는 힘을 만천하에 표본으로 공개하셨다. 구원받으려는 자의 마땅한 자세를 실례로 보여 주신 것이다.

2 개 같았던 사람들 2

사람이 개에 비유되는 예는 욥의 논쟁에도 나온다. 욥은 엘리바스, 빌닷, 소발이라는 세 친구와 각각 세 차례씩 논쟁을 벌였다. 친구들은 꾸준히 하나님의 완전하심과 인간의 불완전함을 지적하며 숨은 죄를 고백하라고 했다. 인간은 불완전하기 때문에 죄가 없을 수 없다는 것이다. 논쟁이 진행되며 욥 역시 평생 죄를 숨기고 살아온 위선자일 뿐이라는 결론이다. 욥은 이 사실을 결코 받아들일 수가 없다.

현실적인 범죄 여부나 죄의 유무는 욥에게, 그리고 모든 하나님의 자녀들에게, 문제가 되지 않는다. 왜냐하면 사랑은 율법 이전의 하나님 속성이고 섭리이기 때문이다. 사랑의 음성을 듣는 사람에게는 이에 대한 응답으로 비록 서툰 몸짓이지만 목숨 바쳐 사랑을 이루려는 열망이 있을 뿐이다. 그리고 목숨보다 소중한 사랑의 가치가 훼손되는 것 역시 목숨을 잃을망정 절대로 용납할 수 없는 것이다. '사랑은 죽음같이 강하고, 질투는 지옥같이 잔인하며 불같이 일어나기'(아8:6) 때문이다. 그리고 '예수 사랑 안에 있는 생명의 성령의 법이 죄와 사망의 법을 능가하기'(롬8:2) 때문이다. 그러므로 사랑 때문에 눈이 멀었다 해도, 미쳤다 해도 상관이 없다. 도리어 사랑의 환희와 그 비밀을 알지 못하는 사람은 진정한 사람이 아니라고 할 수밖에 없다. 긴 논쟁 후에 욥 역시 길게 탄식한다.

"나는 지난 세월 하나님이 나를 보호하시던 때가 다시 오기를 바라노라!
그때는 그의 등불이 내 머리에 비취었고, 나는 그 빛으로 암흑 속을 다니었노라.
나의 말은 무리들의 희망이었고, 그들은 가뭄의 비처럼 나를 기다렸노라.
나를 보면 노인들이 일어서고, 귀족들은 말을 삼가고 손으로 입을 가렸느니라.
내가 그들에게 가면 왕이 군대 중에 있는 것처럼 좌정하였노라.(욥29:2-25)

아, 그러나 이제는 나보다 젊은 자들이 나를 조롱하는구나!

그들의 아비들은 내 양떼를 지키는 개 중에도 둘 만하지 못한 자들이니라."(욥30:1)

탄식 중에 욥은 친구들의 면전에서 그들의 아비들이 개만도 못하다고 선포한 것이다. 친구들은 지금까지 이런 폭언을 들어본 적이 없다. 모독하는 말 중에 이런 표현도 있다는 것을 처음 경험했다. 논쟁은 더 이상 지속될 수가 없다. 처음에 욥을 동정하던 친구들의 마음속에 지금은 어떤 감정이 끓어오를까? 어떤 생각이 지배할까? 그것 역시 그들의 사랑의 척도에 따를 것이다. 그러나 멀리서 찾아온 친구들이 과연 사랑에 합당한 사람들이라는 것은 후에 욥의 중보기도를 받아들임으로 알 수 있다.

사람의 본래 적나라한 모습이 어떤지를 정말로 아는 사람은 자신을 설사 개에 비유해도 무조건 분노하지 않는다. 개가 얼마나 유용한 동물인가!? 그리고 사람은 정말 얼마나 개만도 못한가!? 두로 지방의 이방 여인도, 욥의 친구들도 모두 이렇게 겸손한 사람들로서 개의 신분을 벗어나 구원을 이룬 것이다.

3 개 같은 사람들 1

사람이 개에 비유된 예가 또 있다. 이스라엘의 초대 왕 사울이 하나님께 불순종하므로 나라에는 어두운 전운이 몰려왔다. 이스라엘의 숙적인 블레셋이 골리앗이란 거인 장수를 앞세워 대군을 몰고 쳐들어온 것이다. 키가 3m나 되는 골리앗은 온몸에 60kg이나 되는 철갑옷을 두르고 큰 창을 들었다. 창의 무게만 7kg이다. 그의 앞에는 방패를 든 호위무사가 따로 있다. 그는 매일 진 앞에 나와 큰 소리로 이스라엘 군을 모욕하였다.

"자, 너희 중에 싸울 놈 있으면 나와 봐! 이 똥개 같은 이스라엘 놈들아. 퉤!"

한때 용맹했던 사울 왕의 꼬리는 다리 사이로 쏙 들어갔고, 그의 군사들 역시 공포로 낑낑거렸다. 모두 어찌할 바를 모르고 벌벌 떨 때 한 소년이 썩 나섰다. 이 소년은 원래 전쟁터에 나온 자기 형들에게 간식거리를 주려고 엄마 심부름을 온 것이다.

"아니, 저 놈이 누군데 감히 살아계시는 하나님의 군대를 모욕하는 겁니까!?
내가 나가서 저놈을 당장 요절내겠습니다."

이렇게 호언하는 소년은 다윗이었다. 그는 곧 목동의 옷차림 그대로 사울 왕에게 인도되어 지기 소개와 의도를 고했다. 왕은 다윗을 보고 실망하였다.

"아니, 너는 군인도 아니고 아직 양치기 소년 아니냐!?
네가 어려서 뭘 모르는구나. 저 블레셋 장수는
대대로 유명한 거인 가문의 출신이다.
그리고 어려서부터 무예로 다져진 강한 용사지. 너는 그의 적수가 못 된다.
뜻은 갸륵하다만…, 얼른 집에 돌아가렴. 엄마가 걱정하시겠다."

소년은 침을 꿀꺽 삼키고 눈을 크게 뜨며 서툰 몸짓으로 급히 말을 이었다.

"왕이시여, 제가 감히 한 말씀 올리겠습니다. 제가 이래 뵈도 말입니다,
제가 우리 집 양떼를 지킬 때 사자나 곰이 양을 물어 가면 말입니다,
제가 쫓아가서 그 양을 짐승의 아가리에서 구해냈습니다.
만일 그놈들이 내게 덤비면 그놈들의 수염을 움켜잡고 쳐 죽였습니다.
이 팔뚝의 흉터들이 그때 생긴 것들입니다."

소년은 옷소매를 썩 걷어, 끔찍한 흉터들이 화려하게 무늬를 이룬, 우람한 팔뚝을 내보였다. 그의 눈은 번쩍였고, 그의 음성은 확신에 찼다.

“제가 그 짐승들도 쳐 죽였는데,
살아계시는 하나님의 군대를 모욕한 저 무할례자도 그렇게 할 것입니다.
사자와 곰의 발톱에서 나를 구하신 하나님께서
저 블레셋 사람의 손에서도 구해 주실 것입니다!”(삼상17:36-37)

소년의 입에서 ‘하나님의 군대’라는 말이 울렸을 때 사울 왕의 어두운 마음속에 갑자기 번갯불이 번쩍 불꽃을 튀겼다. 곧 하늘과 땅이 무너지는 천둥소리가 가슴을 쪼개며 온몸에 고압전류로 흘렀다. 그리고 언제부턴가 차게 식어 버린 가슴에는 다시 불꽃이 일며 온몸 역시 불타오르기를 시작했다. 순간적인 심령 변화로 그의 태도가 돌변했다. 어금니를 꽉 물며 소년을 바라보는 왕의 눈은 열망으로 이글거렸다.

“좋다, 가라! 하나님이 너와 함께하실 것이다!”(삼상17:37)

왕의 장막을 나선 다윗은 목동의 막대기를 들고 시냇가에서 매끄러운 돌 다섯 개를 주워 담았다. 그리고 거인 장수 골리앗을 응시하며 앞으로 나아갔다. 골리앗이 가만히 보니 아직 솜털도 가시지 않은 앳된 소년이 손에는 막대기를 들고 있다. 골리앗은 기가 차기도 하고 자기가 개 취급받는다는 생각도 들어 분노가 치밀어 우레 같은 소리를 질렀다.

“야, 이 애송이 놈아, 내가 개냐!? 나를 똥개로 알고 막대기를 들고 오냐!?
이 젖비린내 나는 강아지 놈아, 어서 와라!
내가 오늘 네놈을 짐승들의 밥으로 주겠다아-!”(삼상17:43-44)

골리앗은 욕설을 하며 한발 한발 다가왔다. 그를 응시하는 다윗의 눈엔 순간 긴장감이 흘렀다. 그리고 변성기를 막 지난 소년의 목청에서 토해지는 사자후가 천지를 진동했다.

"네 이놈! 너는 칼과 창을 들고 내게 오는 것이냐!?
나는 만군의 여호와의 이름,
곧 네놈이 모욕하는 이스라엘 군대의 하나님의 이름으로 네게 간다!
오늘 하나님이 나를 도와 내가 네놈을 죽여 짐승들의 밥으로 줄 것이다.
그래서 이스라엘에 하나님이 계신 줄을 만천하가 알게 하겠다.
전쟁의 승패가 칼과 창에 있지 않고
하나님께 속한 것을 알게 하겠다아-!"(삼상17:45-47)

두 사나이의 결투는 다윗의 승리로 곧 끝이 났다. 길게 이어지는 아슬아슬한 결투 장면을 기대했던 사람들은 너무 빨리, 또 너무 싱겁게 끝난 것에 실망도 했다. 다윗의 첫 번째 물맷돌이 골리앗의 이마 한가운데 명중하여 박힌 것이다. 조물주와 피조물과의 싸움은 원래 성립되는 것도 아니다. 첫 타격으로 충분하다. 결국 자기 자신을 똥개에 비유한 골리앗은 쓰러져 죽은 개가 되었고, 그 머리와 무기들을 전리품으로 내놓았다.

4 개 같은 사람들 2

전쟁에 이긴 사울 왕은 일단 큰 걱정을 덜었다. 그러나 백성들의 마음이 큰 전공을 세운 다윗에게 쏠리게 되자 박탈감과 열등감에 사로잡혔다. 사울이란 사람은 처음에는 겸손하였으나 왕이 되자 오만해져 하나님과 사람을 가볍게 여겼다. 그리고 공의를 저버리고 감정에 따라 행동했다.

그런 그가 다윗을 볼 때마다 왕좌를 빼앗길 것이라는 불안이 엄습했고, 그럴 때면 이성을 잃었다. 사울은 영광스런 왕위를 반드시 지키고, 또 반드시 대대손손 세습해야 한다는 굳은 신념을 가지고 있다. 결국 다윗을 죽이기로 결심하고, 전국에 체포령도 내렸다. 다윗의 소재가 입수되었을 때는 부하장수 3천 명을 거느리고 몸소 추격전에 나섰다. 그러나 부지불식간에 도리어 왕이 다윗의 손에 죽을 상황에 처하고 말았다. 그러나 다윗은 왕의 겉옷만 베고 왕의 몸에는 손을 대지 않았다. 이 사실을 모르고 길을 떠나려는 왕의 뒤에서 다윗이 큰 소리로 절규한다.

"이스라엘의 왕이시여, 제가 왕을 해치려 한다고 누가 그럽니까!?
저에게 정말로 그럴 뜻이 있었다면 이미 실행했을 것입니다.
그러나 그렇게 하지 않았습니다.
지금 여기 내 손에 있는 왕의 이 옷자락을 보십시오!
이것이 그 증거입니다. 이제 저의 무죄함을 인정하시기 바랍니다.
이스라엘의 왕께서 누구를 따라 나오셨습니까? 도대체 누구를 쫓는 것입니까?
죽은 개나 벼룩을 쫓는 것과 같습니다."(삼상24:1-14)

순간적으로 사울 왕은 부끄러움을 느끼고 뜻을 뉘우치지만 이미 하나님이 떠난 마음은 다시 악령에 시달리게 된다. 그 후 사울 왕은 블레셋 민족과의 전쟁에서 아들과 함께 죽고 멸문지화를 당한다. 드디어 왕위에 오른 다윗은 절친했던 사울 왕의 아들 요나단을 기억한다. 그리고 므비보셋이란 그의 아들이 살아 있음을 알고, 그의 지위를 높이고 왕과 함께 식사하는 파격적인 대우를 베풀어 준다. 이에 감격한 므비보셋은 자기 자신을 역시 개에 비유한다.

"이 종이 무엇인데 왕께서 죽은 개 같은 나를 돌아보십니까?
황은이 망극하나이다."(삼하9:7-8)

5 개 같은 사람들 3

나라 안이 태평해지자 다윗 왕도 태만해졌다. 그리고 희대의 파렴치범으로 돌변했다. 충신의 부인을 겁탈하고, 또 그 충신까지 비열하게 죽인 것이다. 그 충신은 이방 출신의 우리아였다. 그가 전쟁터에서 싸우는 동안 그의 부인 밧세바를 자기 여자로 만들고, 전쟁 중에 있는 그 남편을 죽이도록 교사했다. 우리아는 보복도 못하고 억울하고 무기력하게 죽었지만 공의의 하나님이 대신 보응하셨다. 우리아는 예수님 조상이 되는 영광으로 오늘도 맑은 별로 빛나고 있다.

동시에 다윗 왕은 하나님의 징계를 받게 되었다. 집안 자식 간에 강간, 살육이 벌어지고, 아들 압살롬은 왕위 찬탈을 위해 반란을 일으켰다. 다윗 왕은 아들의 칼날을 피해 밤중에 황급히 도주하지 않으면 안 되었다. 이제는 나이를 먹고, 어처구니없는 실수로 몸과 마음이 지쳐 버린 다윗에게 그의 앞날도 그 밤만큼이나 어두웠다. 그를 따라 함께 쫓기는 신하들의 가슴도 짙은 회의와 분노만 이글이글 불타올랐다. 그런데 이때 사울 집안의 한 친족이 갑자기 나타나 다윗 왕과 신하들을 향해 돌을 던지며 저주를 퍼부었다.

> "너 다윗아, 피 흘린 개야, 악당아, 가 뒈져라!
> 우리 사울집의 피를 흘린 원수를 여호와가 이제 갚는 것이다.
> 그래서 네 왕위를 압살롬에게 넘긴 것이다.
> 네가 피 흘린 개라서 그 피값을 이제 네가 치르는 것이다."(삼하16:7-8)

상황이 상황이니만큼 왕과 신하들은 매우 황당하고 당혹스러웠다. 그때 왕을 호위하던 한 장수가 왕에게 고했다.

> "아니, 저 죽은 개가 감히 우리 대왕을 저주하다니!? 내 참 기가 차서!!!
> 왕이시여, 내 당장 가서 저 개 같은 놈의 모가지를 썩 베겠습니다!"(삼하16:9)

이 말을 듣는 다윗 왕은 그러나 침통함 속에서도 항상 함께 계시는 하나님의 선하심과 인자하심을 잊지 않았다.

"경은 들으시오!
여호와께서 지금 그로 하여금 나를 저주하게 하는 것이오.
내 몸에서 난 내 아들도 내 생명을 노리는 터에
하물며 사울집 사람은 말해 무엇하겠소!? 저주하도록 내버려 두시오!
하나님께서 나의 비통함을 보시고, 오늘의 이 저주 때문에
오히려 나에게 좋은 것으로 갚아 주실 것이오."(삼하16:10-12)

6 개 같은 사람들 4

사람에게 정말 문제되는 것은 자신이 개만도 못한 것을 모르고 스스로 지혜롭고 의롭게 여기는 것이다. 성경은 이러한 사람을 미련하고 악한 개에 비유하고 있다.

"네가 스스로 지혜롭게 여기는 자를 보느냐?
개가 그 토한 것을 도로 먹는 것같이,
돼지가 씻었다가 더러운 구덩이에 도로 눕는 것같이,
미련한 자는 그 미련한 것을 거듭 행하느니라."(잠26:11-12; 벧후2:22)
그들은 어두워지면 돌아와서 개처럼 울며 성으로 두루 다니고,
입으로 악을 토하며 입술에는 칼을 품고 '누가 들어!?'라 하느니라."(시59:6-7)

바로 그들이 의인을 핍박하며 영광의 주님을 못 박아 죽인 종교인과 관리들이다. 예수님은 십자가 위에서 마지막 숨을 몰아쉬며 아버지께 다급한 기도를 드리신다.

"나의 하나님이여, 나의 하나님이여, 어찌하여 나를 버리셨나이까?
어찌하여 나를 멀리하여 돕지 않고,
내 신음하는 소리를 듣지 아니하시나이까?
개들이 나를 에워쌌으며, 악한 무리가 나를 둘러 내 수족을 찔렀나이다.
여호와여 멀리하지 마옵소서! 나의 힘이시여, 속히 나를 도우소서!
내 영혼을 칼에서 건지시며 내 생명을 개의 세력에서 구하소서!"(시22:1, 16, 19-20)

성경은 세상 끝 날 천국에 들어가지 못하는 사람들이 있다고 한다. 점술, 음행, 살인, 우상숭배 등을 행하는 자와 개들이라는 것이다. 여기서 개들은 부랑자들이 아니라 오히려 의인으로 추앙받는 종교인들을 가리킨다. 과연 예수님은 하류층이 아니라 상류층의 종교인과 관리라는 '개'들에 의해서 처형되셨다. 2000년대 초 한국에는 기독교를 '개독교'라 부르며 '개독교 박멸을 위한 시민연대개박연'가 출현하였다.

"이 개들은 탐욕이 심하여 족한 줄을 알지 못하는 자요, 몰지각한 목자들이라.
그 파수꾼들은 소경이요, 다 무지하며 벙어리 개라.
능히 짖지 못하며 다 꿈꾸는 자요, 누운 자요 잠자기를 좋아하는 자니,
그러므로 너희는 이러한 개들을 삼가고 행악하는 자들을 삼가고
손할례당(종교인)들을 삼가라!"(사56:10-11; 빌3:2)

"또 내가 보매 거룩한 성 새 예루살렘이 하늘에서 내려오니
개들과 점술가들과 우상숭배자들과 거짓말을 좋아하며 지어내는 자는 다
성 밖에 있으리라!"(계21:2; 22:15)

6.

돼지 무속의 제물

돼지pig는 멧돼지과에 속하는 잡식성 포유동물로 육식용으로 오래전부터 사육되어 왔다. 돼지의 고기가 연하고 지방질이 많아 충분한 열량을 제공하기 때문이다. 주로 고기가 사육 목적이지만 가죽은 방패, 뼈는 도구와 무기, 털은 솔을 만드는 데 쓰이기도 했다. 돼지는 개와 돌고래에 비길 만큼 영리하며 깔끔한 것을 좋아한다. 애완용으로도 그만이라고 한다. 그러나 가죽은 두껍고, 몸을 식힐 수 있는 땀샘이 없기 때문에 몸을 식히기 위해 진흙탕에 자주 뒹구는 것이다. 또 눈이 작아 잘 볼 수는 없지만 후각이 예민하여 먹이를 찾아 먹는 데는 '돼지답게' 문제가 없다.

동남아에서는 약 5천 년 전부터 멧돼지가 가축화되었다 한다. 유대교와 이슬람교의 서아시아 지역에서는 고온 건조한 사막기후이고, 돼지는 비활동적이어서 불결함 때문에 돼지 사육이 부적합하다. 종교적으로도 부정한 짐승으로 규정되어 고기를 먹지 않고 있다. 그 외는 동서양에서 돼지를 키우고 즐겨 먹는다. 현재는 그 종류가 약 1천 종에 이른다.

크기로는 70kg의 소형에서부터 500kg까지 되는 초대형이 있다. 보통 5~6개월이면 몸무게가 90kg까지 자라 식용 돼지로 판매된다. 용도에 따라 라드lard 지방용, 베이컨bacon 가공용, 미트meat 생고기용으로 나눌 수 있다. 라드는 돼지의 지방조직에서 얻는 흰색의 반고체 또는 고체의 지방이고, 베이컨은 소금에 절인 돼지의 등 · 옆구리 살을 불에 그슬리거나 삶아 말린 음식이다. 미트는 글자 그대로 생고기를 먹는 것이다. 종으로는 일반적으로는 요크셔종 같은 흰 돼지와 버크셔종 같은 검정 돼지로 나눈다. 전자는 살이 많이 찌고 빨리 크는 데 비해 후자는 빨리 크지 않지만 살이 단단하고 맛이 좋다.

동양에서는 돼지가 제사의 제물로 신성시되었다. 특별한 절기나 사냥할 때 제물로 바쳐졌다. 현재도 행운의 상징으로 인식되어 있다. 예를 들어, 꿈에 돼지를 보면 다음날 횡재한다고 한다. 저금통도 돼지 모양으로 만든다. 무당의 굿에도 돼지의 몸 전체 또는 대가리를 사용한다. 일반인들도 고사를 지낼 때 그 대가리를 올려놓고 그 입에 돈을 물려준다. 그리고 그 죽은 돼지 대가리에게 넙죽이 엎드려 큰절을 올린다. 웃고 있는 돼지 대가리는 더욱 큰 행운을 가져온다고 한다. 그러나 돼지의 우렁찬 목청은 사람들이 싫어하는 것 같다. 듣기 싫은 노래를 들으면 '돼지 멱따는 소리 그만하라!'며 두 귀를 막는다.

1 부정한 짐승

① **식용 금지**: 성경에서는 돼지가 한결같이 부정적인 의미로 등장한다. 우선 돼지는 부정한 짐승으로 식용이 금지되어 있다. 먹을 수 있는 정한 짐승은 소나 양처럼 굽이 갈라져 쪽발이 되고 되새김질하는 것들이다. 토끼의 경우는 새김질을 하지만 굽이 갈라지지 않아서 부정하다. 반면에 돼지는 굽이 갈라졌지만 되새김질을 하지 않으므로 부정하다는 것이다.

"돼지는 굽이 갈라져 쪽발이로되 새김질을 못하므로 너희에게 부정하니
너희는 이 고기를 먹지 말고, 그 주검도 만지지 말라!
이것들은 너희에게 부정하니라."(레11:7-8; 신14:8)

하나님께서 이스라엘 백성을 책망하실 때도 돼지고기 먹는 것을 패역한 행위로 규정하시고, 형식적으로 드리는 제사의 소나 양도 실제로는 돼지의 피와 다름없다고 하신다.

"내가 종일 손을 펴서 자기 뜻대로 불의를 행하는 패역한 백성들을 불렀나니,
곧 내 앞에서 항상 내 노를 일으키는 백성이라.
그들이 무덤 사이에 앉아 돼지고기를 먹으며 가증한 국을 그릇에 담는다.(사65:2-4)
소를 잡아 드리는 것은 살인함과 다름이 없고,
어린양으로 제사 드리는 것은 개의 목을 꺾음과 다름이 없으며
드리는 예물은 돼지의 피와 다름이 없고,
분향하는 것은 우상을 찬송함과 다름이 없노라.
그들은 자신의 길을 즐겨하고 가증한 것을 기뻐하느니라."(사66:3)

② **이방 민족**: 이스라엘 백성은 하나님이 심으신 포도나무, 그리고 침략해 오는 이방 민족들은 포도나무를 해치는 돼지와 들짐승에 비유하며 도움을 요청하기도 한다.

"주께서 한 포도나무를 애굽에서 가져다가 열방을 쫓아내시고 이를 심으셨나이다.
그 뿌리가 깊이 박혀서 땅에 편만하며 그 가지가 바다까지 뻗었거늘
주께서 그 담을 헐어서 수풀의 돼지가 상해하며 들짐승들이 먹나이다.
구하오니, 돌이켜 하늘에서 굽어보시고 이 포도나무를 권고하소서!"(시80:8-14)

③ **거짓 종교인**: 부정한 짐승인 돼지는 거짓 종교인에도 비유된다. 이것은

2014년 봄 한국의 어떤 사이비 교파 교주를 연상케 한다. 엄청난 기업 조직을 지휘하다가 엄청난 불법 사고가 터지자 추종자들의 엄청난 비호 속에 그 수괴들이 숨어 다녔다. 그러다가 교주 자신은 더러운 밭 구덩이에 목 부러진 시체로 발견되었다. 이 교주를 비호한 엄청난 조직도 놀랍기만 하다. 그러나 이 경우뿐 아니라 큰 불법이 노출되지 않은, 더 많은 엄청난 거짓 종교인들이 승승장구하고 있음은 세상이 알고 있다.

> "민간에 또한 거짓 선지자들이 일어났으니 너희 중에도 거짓 선생들이 있으리라.
> 그들은 탐심에서 지은 말로 너희를 이용하여
> 바른 길을 떠나 브올의 아들 발람의 길을 좇느니라.
> 만일 그들이 예수 그리스도를 알고 세상의 더러움에서 탈피했다가
> 다시 거짓에 얽매인 것이라면 그 나중 형편이 처음보다 더 심하리라.
> '개가 토했던 것을 다시 먹고, 돼지가 씻었다가 더러운 구덩이에 다시 누웠다'는
> 참된 속담이 그들에게 응하는 것이라."(벧후2:1-22)

④ **미련한 여자**: 여자가 성형수술을 하고 고운 외모에 명품 옷을 입고 각종 패물로 치장했어도 미련하고 게으로고 자기만 알고 성격도 지랄 같으면 돼지에 비유된다.

> "아름다운 여인이 삼가지 아니하는 것은 마치 돼지 코에 금 고리 같으니라."(잠11:22)

2 돼지 떼로 들어간 군대 귀신

현재 기독교인들은 구약의 성결 규정들을 공식적으로 준수하지 않으며 돼지고기도 잘 먹고 있다. 그러나 구약의 전통을 같이하는 이슬람권에서는 아직도

돼지 먹는 것이 철저하게 금지되어 있다. 물론 유대인들도 오늘 그리고 예수님 당시는 더욱 엄격하게 돼지를 먹지도, 사육하지도 않는다. 이러한 돼지 떼가 예수님 앞에 등장한 적이 있다. 그것은 갈릴리 바다 동편 데가볼리 거라사 인의 가다라라고 하는 성읍이었다.

데가볼리Decapolis(10도시)는 로마 지배하에서 요단강 동편의 10개 그리스 도시가 서로 연합을 이룬 지역이다. 제일 북쪽에 다마스쿠스, 남쪽에 필라델피아가 있고, 중앙에 가다라, 거라사 등의 도시들이 있다. 유대인의 입장에서는 이 지역도 이방 지역이다.

그날 예수님은 폭풍 치는 바다를 잔잔케 하고 제자들과 함께 배에서 내려 땅에 올라 걷기 시작하셨다. 그곳 바닷가 언덕진 곳에는 작은 굴로 된 옛 무덤들이 있다. 그런데 이 무덤 사이에서 갑자기 한 시커먼 야수 같은 사람이 울부짖으며 예수님 쪽으로 달려왔다. 그는 옷도 제대로 입지 않았다. 산발한 긴 머리털과 수염엔 티끌이 묻었고, 상처투성이의 몸은 피멍으로 얼룩져 있다. 핏발 선 눈에는 광기가 번쩍였다. 놀란 제자들이 예수님 앞에 막아서려 할 때 그는 이미 그 앞에 꿇어앉아 크게 부르짖었다.

"지극히 높으신 하나님의 아들 예수여, 나를 괴롭게 하지 마시오!"(마8:29; 막5:7)

그는 귀신 들린 사람으로서 제대로 입지도 먹지도 않았다. 언제부턴가 밤낮 무덤 사이에서 기괴한 소리를 지르며 돌로 자기 몸을 쳐 상하게 했다. 위협을 느낀 사람들이 그를 제어하려 하였으나 힘이 워낙 세서 아무도 그를 감당할 수가 없었다. 장정 여러 명이 간신히 쇠사슬로 묶어도 모두 끊어 버렸다. 마을 사람들에게는 공포의 대상이 되어 그 길로는 아무도 다니지 못했다. 수많은 귀신이 들어가 그를 완전한 광인으로 만든 것이다. 그러나 이 귀신들도 영적인 존재라서 예수님의 존재를 알았고, 오늘 그 대면이 이루어진 것이다.

사람이 하나님의 아들을 직접 뵙는 것은 인간 최대의 복이고 영광이다. 귀신들의 경우도 지극히 높으신 하나님의 아들을 직접 만나는 것 역시 특별한 체험임에 틀림이 없다. 다만 그들은 구원의 대상이 못 되어 사람처럼 용서와 구원을 얻지 못한다. 이런 이유로 인해 윤회설輪廻設이 발생하였고, 범 · 곰 · 구미호九尾狐 등 사람이 되고 싶은 짐승들의 설화가 많은가 보다.

예수님은 이 귀신의 이름을 물으셨다. 그는 군대라고 대답했다. 그의 기운이 하도 강력하여 이름을 물으신 것 같다. 일반 잡귀신들에게는 원칙적으로 고유의 이름이 있을 수가 없다. 그러나 귀신들도 하나의 인식체로서 자기의 정체성을 원하고 있다. 그러므로 무속인들은 자기가 섬기는 귀신들에게 관운장, 사명대사 등등 옛날 유명 인사들의 이름을 갖다 붙이고, 또 누구 할머니귀신, 억울하게 죽은 누구 처녀귀신, 아기귀신 등등 그 정체성을 부여하고 있다.

요즘 한국에서는 어느 유선 텔레비전 방송이 귀신 들린 사람들과 퇴마사exorcist들의 활동을 방영해 주고 있다. 퇴마사는 사람에게 붙은 귀신을 감지하고 이를 추방하여 공포와 질병에 눌린 사람들을 자유롭게 해준다. 이러한 퇴마 기능으로 그들은 인간 사회에 지대한 공헌을 한다고 한다. 이 기능을 담당할 교회가 그 능력을 상실했기 때문이다.

이번 경우에는 귀신들의 수가 군대처럼 많으므로 그들이 편의상 자기를 '군대'라 소개한 것 같다. 좌우간 군대처럼 많으므로 그의 물리적 완력도 엄청났다. 그리고 지금까지는 한 사람을 숙주 삼아 그 속에 편안히 거하고 있었으나 이제는 그 사람을 그의 원주인에게 돌려드려야 함을 알았던 것이다. 이렇게 거처를 잃어야 하는 다급한 상황에서 그 근처에 있던 2천 마리의 돼지 떼에 들어갈 것을 간구했다.

영의 세계에는 마치 레이더와 같이 그들의 인식체계가 있다. 우선 '하나님의 눈은 땅의 구석구석까지 완벽하게 감찰'(대하16:9)하신다. 모든 사람들의 형편과 심리 상태도 살피신다. 예를 들어 회당장 야이로의 죽은 딸, 귀신 들린 딸을 가진 두로의 이방 여인, 뽕나무 위에 올라 있는 여리고 성의 삭개오, 베다니에 사는 마리아와 마르다의 죽은 오빠 나사로 등등도 예수님은 영적 레이더로 사전에 알고 계셨다. 그때뿐 아니라 지금도 한 영혼의 깊은 기도와 그 파장을 예수님이 모두 감지하심은 말할 필요가 없다.

이번에도 예수님은 바다 건너편에서부터 이 군대 귀신의 존재를 아셨다. 예수님의 레이더망에 매우 강력한 힘을 발휘하는 큰 영체가 포착된 것이다. 그리고 그에게 눌려 신음하는 한 사랑하는 자녀, 불쌍한 영혼의 애절한 외침(SOS: Save Our Soul)이 들려온 것이다. 길 잃은 또 한 마리 어린양이 사망의 깊은 골짜기에 빠져 죽음의 문턱에서 부르짖고 있다.

예수님은 이 큰 귀신을 몰아내고 그에게 억눌린 한 천국 백성을 구하기 위해 제자들에게 바다 건널 것을 명령하셨다. 영험한 이 군대 귀신의 레이더망에도 성자 예수님의 움직임이 포착되지 않을 수 없다. 그래서 예수님의 접근을 막아 보려고 갈릴리 바다에 엄청난 광풍을 일으켰다. 이에 놀란 제자들이 주무시는 예수님을 깨웠고, 예수님은 바람을 꾸짖어 잔잔케 하셨다. 그리고 뭍에 올라 한발 한발 다가오시는 천지와 영계의 대왕 예수님께 군대 귀신은 먼저 달려 나가지 않을 수 없었던 것이다.

예수님은 군대 귀신이 돼지 떼에게 들어간다는 것을 허락하셨다. 만일 그것이 돼지가 아니라 양의 떼였다면 예수님이 허락하시지 않았을 것이다. 왜냐하면 양은 정한 동물로 사람을 위한 가축이고, 예수님은 사람을 구원하기 위해 오셨기 때문이다. 그런데 문제는 이 군대 귀신의 엄청난 에너지를 2천 마리의 돼지가 감당할 수가 없는 것이다. 돼지 떼는 산비탈을 내리달아 바다에 몰사했다. 아무리 많은 돼지라도 한 사람의 영적 용량과 그 잠재력에 미칠 수가 없다. 그 이유는 사람은 원래 신 중에 가장 큰 신, 하나님의 자녀이기 때문이다.

하나님의 형상대로 지음 받은 사람의 혼은 큰, 빈 그릇 혹은 한 행성行星과 같다. 그래서 하나님의 영을 받을 수 있고, 또 잡신이나 군대 귀신 같은 영물도 은신해 있을 수 있다. 사람의 존재가 참으로 불가사의하지만 분명한 것은 그의 지위와 가치가 매우 높고 크다는 것이다. 실제로 인간의 가치와 그 존재 의미는 아무리 강조해도 결코 지나치지 않는다. 그러므로 이러한 인간을 구하기 위해 예수님이 친히 땅에 오신 것이다. 사람의 생명이 천하보다 귀하기 때문이다.

"사람이 만일 온 천하를 얻고도 제 목숨을 잃으면 무엇이 유익한가!?
사람이 무엇을 주고 자기 목숨과 바꾸겠는가!?"(마16:26)

이 와중에 혼비백산한 것은 바로 돼지 치던 사람들이다. 여느 날처럼 평온하기만 하던 바닷가에 갑자기 해가 광채를 잃고 잿빛이 되더니 산마루에는 강한 유황 냄새와 음산한 악마의 기운이 회오리쳐 불어왔다. 그리고 평화롭던 돼지떼가 소리치고 광란하며 바다로 내달아 모두 죽은 것이다. 그들은 떨리는 가슴을 안고 마을로 뛰어가서 사건을 보고했다. 마을 사람들이 왔을 때는 큰 폭풍 후의 풍경처럼 초목은 훼파되었고, 익사한 돼지들의 사체들이 물 위에 떠 있었다. 그리고 바닷바람은 아직도 음산한 사망의 악취를 풍기고 있었다.

한 낯선 청년 앞에는 귀신 들려 야수 같던 그 사람이 옷을 입고 얌전히 앉아 조아리고 있다. 마을 사람들의 눈에는 극도로 숙연한 분위기를 자아내는, 이 낯선 청년이야말로 그 야수를 강아지 부리듯 하는, 정말로 무서운 귀신들의 왕고참임에 틀림이 없다. 무지한 공포심에 사로잡힌 마을 사람들은 귀신 들렸던 사람 옆에서 조아리며 예수님께서 그 지역을 떠나 주실 것을 두 손 모아 간청하였다.

예수님과 제자들은 발길을 돌려 다시 물가로 향하셨다. 배에서 내린 후 시간은 얼마 지나지 않아 다시 배에 오르게 된 것이다. 그러나 예수님은 의도하신 사역을 이미 끝내셨다. 험한 폭풍의 바다를 제압하고 이방인의 땅에 오셔서 천하보다 귀한 한 영혼을 구하신 것이다. 군대 귀신에서 놓임 받은 사람은 예수님과 함께 갈 것을 간구하였다. 그는 아직도 자신의 처지가 어떻게 변화되었는지 완전한 파악이 안 된 상태다.

예전에 그는 불의한 세상을 몹시 비관했다. 그는 레위 자손으로서 예루살렘 성전에서 성구를 관리했었다. 그곳에서 섬기는 동안 힘없는 백성들이 종교인들에게 수없이 겁탈, 늑탈당하는 것을 보고 여러 번 상소를 올렸으나 번번이 거부되었다. 다른 사람들도 종교계의 엄청난 부조리를 인식하고는 있으나 모두 침묵하고 묵인하며 함께 동참하는 상황이었다. 그도 그럴 것이 하나님을 뒤에 업은, 그 막강한 권력을 감히 누가 거스른단 말인가!?

누가, 언제, 어떻게, 얼마나 교회를 훼손했고, 그래서 얼마나 개혁해야 하고, 또 할 수 있는지, 아는 사람이 아무도 없다. 그러므로 파리 목숨 같은 백성은 모두 숨죽이고 가만히 있는 것이다. 그러나 이 레위 청년은 종교인의 횡포와 백성의 고통을 보고 도저히 함구할 수가 없었다. 그러다 결국 그는 성전을 모독하는 불순한 반체제 이단으로 낙인 찍혀 교회로부터 영구히 추방당했다.

처음에는 붉은 포도주를 마시고 만사를 잊으려 했다. 그러나 술이 깨면 외세에 유린되는 동족의 비탄으로 그리고 종교 모리배, 정치 모리배들의 불의함이 통탄스러워 그는 다시 포도주를 찾았다. 그러면서 그의 마음도, 몸도 방황하였다. '하나님의 언약이란 무엇인가?' '이스라엘의 영광은 어디에 있는가?' 회개를 외치는 세례 요한에게 세례받을 때만 해도 그의 가슴은 소망으로 가득 찼었다. 대대적인 회개 운동과 평양의 대부흥 같은 부흥도 일어났으니 이제 좀 개선될 것이라 믿었다. 그러나 세례 요한은 옥에 갇혀 죽어 버리고, 공산화된 세습 북한처럼, 소망도 사라졌다.

그는 '강도의 소굴'(마21:13; 막11:17)인 예루살렘 대형 성전을 떠나 요단강을 건너 무작정 걸었다. 걷다 보니 양지바른 바닷가, 저편에는 돼지들이 뛰어놀고, 이편에는 비바람을 피할 수 있는, 옛 무덤들이 있는 곳, 조용하고 아늑한 곳이 있다. 그래서 기거하게 되었다.

하늘을 원망하고 세상을 원망하고, 자신의 생명 있음을 원망했다. 한없이 통곡하고 흐느낄 때면 아지 못할 큰 힘이 함께 작용하는 것을 확실하게 알 수 있었다. 그는 소리쳤다. 외쳤다. 정말 야수같이 울부짖었다. 돌을 들어 자기 몸을 찍을 때면 고통 중에 야릇한 쾌감이 느껴지기도 했다. 언제 음식을 먹었는지 기억도 안 나지만 그의 영혼이 절망과 울분으로 끓어오를 때면 태산이라도 들어 올릴 완력도 느껴졌다.

그러던 어느 날, 그 햇빛이 밝던 날, 그는 갑자기 공허함 속에 눈을 떴다. 그리고 어느 자비로운 분의 발 앞에 부복해 있는 자신을 발견했다. 어떤 엄청나게 큰 일이 자신에게 벌어진 것 같은데 기억은 가물거릴 뿐이다. 한 가지 확실한 것은 마음속에 깊은 평화가 깃들어 있다는 것이다. 그리고 지금까지 흠모하던 천국의 곡조가 그의 영혼 골짜기에 흐르고 있는 것이다. 사람들의 두런거림 속에, 발자국 소리 속에 그 자비로운 분과 제자들은 벌써 바다로 향하였다. 그리고 배에 오르고 있었다. 대책 없이 이대로 상황이 끝날 수는 없다. 그는 우선 자신을 함께 데려갈 것을 간구했다. 그러나 그 자비로운 분은 온화한 얼굴로 단호하게 말씀하신다.

> "너의 집, 네 가족에게 돌아가 하나님이 어떻게
> 네게 큰 일을 행하시고, 너를 불쌍히 여기신 것을 알려라!"(막5:19; 눅8:39)

나의 집, 나의 가족, 하나님의 크신 일 등 말씀이 가슴에 울릴 때 새 소망이 솟구쳐 올랐다. 그에게는 새롭게 수행할 사명이 저 태양만큼이나 분명해졌다. 그렇다, 하나님의 선택된 아브라함의 후예, 나의 골육에게로 돌아가 하나님의 일을 전해야 한다.

그는 빠른 걸음으로 예루살렘의 자기 집으로 돌아갔다. 가족과 친지들에게 귀향 보고와 함께 하나님의 크신 일을 이야기했다. 그러나 애석하게도 그는 눈물 흘리며 다시 발길을 돌려야 했다. 고향 사람들은 전에 저주받고 추방되었던 이단아가 갑자기 흉흉한 몰골로 나타나 횡설수설하는 것을 이해할 수가 없는 것이다. 더구나 그를 용납했다가 자신들도 교회로부터 추방될 것이 두려웠다. 고향 사람들은 침 뱉고 돌을 던지며 그를 다시 쫓아냈다.

예수님은 그가 고향 사람들로부터 배척되리라는 사실을 이미 알고 계셨다. 예수님 자신이 유대인으로부터 배척되는 사실과 같다. 그러나 아직은 구원이 유대인부터 전파되어야 하므로 이러한 배척은 필수적인 수순이기도 하다. 그도 골육의 배척을 받은 후에 예수님을 만났던 곳으로 다시 돌아왔다. 그가 새로 태어난 곳, 처음으로 천국 곡조를 들었던 곳, 데가볼리로 돌아왔다. 그리고 그곳 전역을 다니며 하나님의 구원을 힘 있게 전파했다. 예수님 생전에 첫 번째 이방인의 사도가 된 것이다. 그 후 데가볼리 지역에서는 여전히 돼지가 사육되었을지라도 그는 자기로 인해 희생된 2천 마리의 돼지 떼를 잊을 수가 없었다.

> "그가 가서 예수께서 자기에게 어떻게 큰 일 행하셨는지를
> 데가볼리에 전파하니 모든 사람이 놀랍게 여기더라."(막5:20)

III. 어류, 곤충, 파충류

1.

물고기 물속에 사는 모든 동물

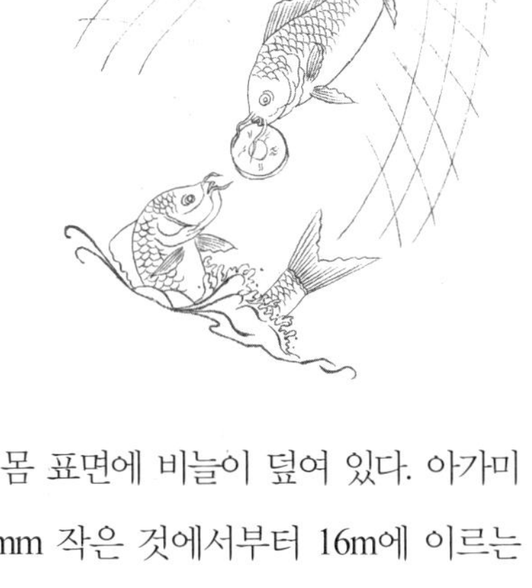

물고기fish는 물속에 살고 대체로 유선형의 몸 표면에 비늘이 덮여 있다. 아가미로 숨 쉬며 지느러미로 움직인다. 크기는 8mm 작은 것에서부터 16m에 이르는 거대한 고래상어도 있다. 이런 것은 사람 10명쯤은 거뜬히 삼키고도 남는다. 그리고 지구상에서 물이 뭍보다 더 넓은 면적을 차지하는 만큼 어류의 종류는 3만 이상으로 척추동물 전체의 과반수를 넘는다. 현재는 인간들의 남획과 수질 오염 등으로 물고기 서식지가 심각하게 파괴되고 있다.

예수교의 초창기 로마 박해하에서는 물고기 모양이 그리스도를 상징하는 신도들의 암호로 사용되었다. 그리스어로 물고기라는 단어 ΙΧΘΥΣ익두스가 '예수 그리스도, 하나님의 아들, 구주'의 첫 문자로 되어 있기 때문이다. 또 부활하신 예수님이 친히 물고기를 구워 제자들에게 주신 것에 대한 신앙적 의미라고도 할 수 있다. 오늘도 물고기 모양은 지하 묘소인 로마의 카타콤베 벽화나 지중해 연안 각지의 묘비에 많이 발견되고 있다.

현재 유럽에서, 특히 가톨릭권에서는 금요일을 '물고기의 날Fish day'이라 하며 소, 돼지고기 등 육류를 금하고 생선 먹는 관습이 있다. 이것은 금요일이 예수님의 십자가 처형을 기념하는 날로서 금식하던 습관에서 비롯되었다. 오늘엔 금식은 어려워서 못할망정 최소한 고기를 안 먹고 생선으로 대신한다는 것이다. 갈릴리 호수에서는 생선을 잡아 기름에 튀겨서 '성 베드로 고기Saint Peter Fish'라는 관광 상품으로 팔고 있다. 단순히 기름에 튀긴 생선에 감자와 소금, 레몬 조각을 곁들인 것이다. 맛은 한국의 갈치찜에 비길 바가 못 되지만 이곳에 오는 모든 관광객이 호수의 물결을 바라보며 무엇에 홀린 듯 먹고 간다.

성경에 물고기에 관련된 이야기가 적지 않다. 유대 나라가 지중해 바닷가에 있고, 예수님은 갈릴리 호수에서 많은 활동을 하셨기 때문이다. 또 물고기의 종류가 많겠지만 성경에는 그냥 물고기 또는 생선이라고 쓰여 있다. 생선은 식용 어류를 통칭한다. 그것이 고래인지 잉어인지 이름이 언급되지 않고 있다. 예를 들어 고래는 포유류이므로 엄밀히 따지면 물고기가 아니라고 한다. 그러나 여기서 물고기는 고래를 포함한 물속의 동물을 모두 지칭한다.

1 사람을 삼킨 물고기

성경의 물고기라 하면 우선 구약에서 선지자 요나를 통째로 집어삼킨 큰 물고기가 떠오른다. 하나님께서 요나에게 동북쪽에 있는 앗수르의 수도 니느웨로 가서 하나님의 심판을 경고하라고 명하셨다. 그러나 요나는 이 명령을 무시하고 도망가려 했다. 서해안에서 삯을 치르고 목적지의 반대편인 서쪽으로 가는 배를 탔다. 그리고 배 맨 밑으로 기어들어가 '난 모르겠소. 딴 데 가 알아보쇼!' 하며 깊은 잠에 빠졌다. 요나란 이름은 온화한 비둘기라는 뜻이다.

남북으로 분단된 이스라엘 민족은 역사적으로 한민족과 흡사하게 강대국들 틈에서 어려움이 많았다. 당시는 강대국 앗수르에 조공을 바치고 있었다. 이런 중에 하나님의 말씀이 임한 것이다. 한국 사람이 침략국 일본을 미워하듯, 평소 앗수르를 미워하고 저주하던 요나는 쥐도 새도 모르게 배 밑에 기어들어가 혼자 중얼거리며 잠에 든 것이다. '거, 참 잘 되었구나! 이제야 저 놈의 앗수르가 망하나 보다. 빨리 망해라!'

아, 그런데 이게 웬일인가!? 선장이 와서 흔들어 깨우며 다 죽게 되었다는 것이다. 갑판에 올라와 보니 광풍이 대작하며 집채 같은 파도에 배가 깨지기 일보 직전이다. 그들은 이 재앙이 누구 때문인지 제비를 뽑았다. 그리고 그 제비는 바로 요나에게 딱 떨어졌다. 그들은 요나에게 도대체 무슨 큰 죄를 지었는지 실토하라고 했다. 요나는 당당하게 자신을 밝혔다.

> "나는 히브리 사람으로 바다와 육지를 지으신 하늘의 하나님을 믿는 사람이오. 그런데 내가 하나님의 명령을 거역하고 지금 도망 중에 있는 것이오."(욘1:9-10)

이 말을 들은 사람들은 몹시 두려워하며 어떻게 하면 폭풍이 그치고 바다가 다시 잔잔해지게 할 수 있는지를 또 물었다. 요나는 담담하게 대답했다.

> "나를 들어 바다에 던지시오! 그러면 바다가 잔잔케 될 것이오. 왜냐하면 이 큰 폭풍이 바로 나 때문에 일어난 것을 내가 아오."(욘1:12)

사람들은 이렇게 당당하고, 담담하게 말하는 요나가 돈밖에 모르는 소인배가 아니라는 것을 분명히 알 수 있었다. 그의 의연한 인품에 존경심마저 들었다. 그래서 차마 그를 잡아 바다에 던질 수가 없었다. 그리고 다시 폭풍에 대항하여 온갖 노력을 기울였다. 그러나 허사였다. 폭풍은 더욱 거세지며 정말로 곧 모두 죽을 지경에 이르렀다. 어차피 이렇게 모두 죽는 상황에서는 '훌륭한 인물이 한발 먼저 죽은 것'은 큰 문제가 안 되었다. 세상은 어느 시대나 의인의 죽음을 요구하지 않은가!? 뱃사람들에게는 요나가 바로 그런 의인이었다. 그들은 요나를 조심스레 잡아 바다에 던졌다. 과연 바다는 거짓말같이 즉시 조용해졌다.

요나가 이렇게 당당하고, 담담했던 것은 그의 상대가 누구인 줄을 알았기 때문이다. 그의 상대는 인간이 아니라 절대자이다. 천지 운행과 생사 여부가 그분의 손안에 있다. 그분 앞에서 무슨 꼼수를 쓰랴!? 요나 자신은 죽어도 좋다고 생각했다. 저 저주스런 앗수르만 망한다면 아무 미련도 없다. '나의 민족 이스라엘이 다시 영광을 되찾을 수 있다면 나의 목숨 열 개라도 내어놓겠노라!' 예수님이 타락한 세상에 보여 주신 것도 이러한 요나의 표적이다.

"악하고 음란한 세대가 표적을 구하나
선지자 요나의 표적밖에는 보일 표적이 없느니라."(마12:39; 눅11:29)

요란한 바다에 떨어지며 요나는 두 눈을 꾹 감았다. 마음에 두려움도 있지만 지금까지 견뎌 온 세상의 모진 고통도 이제 끝이라는 안도감도 들었다. 수면을 통과하여 물밑으로 내려오자 으르렁대는 폭풍 소리도, 사람들의 아우성도 사라졌다. 그리고 깊은 바다의 정적 속 어디선가 그윽한 고래의 노랫소리가 들리는 듯했다. 그는 곧 음부에 도착할 것이라 생각하여 인식의 끈을 놓았다.

아, 그런데 이게 또 웬일인가!? 지독한 악취 속에 기분 나쁜 건더기들이 얼굴을 덮치며 숨이 막혀 정신이 들었다. 눈을 떴으나 암흑 속에 아무것도 안 보이고 상하좌우 구분이 되지 않는다. 손을 뻗어 닿은 벽은 미끄덩거리고 전체가 계속 요동을 치는 것이다. 순간 그는 큰 물고기 뱃속에 들어 있음을 알았다.

물고기가 삼킨, 반 썩은 생선과 해초들이 가슴까지 차올라 있다. 눕기는커녕 앉지도 못하고 가만히 서 있을 수도 없다. 고기가 먹이를 새로 삼킬 때마다 바닷물과 오물들이 머리 위로 쏟아진다. 그리고 고기가 움직일 때마다 그의 몸도 회전하여 무엇보다 숨을 쉬기 위해 필사적으로 공기를 찾아야 했다. '아, 죽는 것도 고통스럽구나!' 그러나 실제는 하나님이 다니엘의 세 친구들을 풀무불에서 보호하신 것처럼, 요나를 보호하지 않으셨다면 그의 몸도 뼈를 녹이는 물고기의 위산으로 이미 흐물흐물 풀어졌을 것이다. 요나에게 자신의 이러한 상황이 파악되기까지 3일이 걸렸다. 그리고 비로소 생명의 주인이신 하나님의 성호를 불렀다.

"내가 고난 중에서 여호와를 부르니 내게 응답하셨나이다.
주께서 나를 깊은 바다에 던지시므로
파도와 큰 물결이 다 내 위에 넘쳤나이다.
물이 나를 둘러 생명을 위협하고,
깊음이 나를 에워 바다풀이 내 머리에 덮였나이다.
내가 산의 뿌리까지 내려갔사오며
땅이 빗장을 질러 나를 영원히 가두었나이다.

그러나 나의 하나님이 내 생명을 구덩이에서 건지셨나이다.
무릇 헛된 것을 숭상하는 자는 자기에게 베푸신 은혜를 저버렸사오나
나는 주님께 감사의 제사를 드리며
나를 돕는 주님께 나의 서원을 갚겠나이다."(욘2:2-9)

한편 요나를 집어삼킨 물고기는 속이 불편해 죽을 지경이다. 이상한 짐승 하나를 삼켰는데 이놈이 뱃속에서 가만히 죽어 주지를 않고 이리저리 발광을 해대는 것이다. 요나가 몸의 중심을 잡으려고 여기저기 벽을 짚어 움켜잡을 때면 물고기는 속이 얼마나 쿡쿡 쑤시는지 참을 수가 없다. 물고기는 아파서 신음하며 요동을 치다가 그 짐승을 칵 하고 뱉어 내었다. 그리고는 이런 잡것들이 없는 무공해의 망망한 푸른 바다를 힘차게 헤쳐 나아가며 즐거운 환성을 질렀다. '저런 제기랄 놈! 오래 살다 보니 별 고약한 놈이 다 걸렸네! 어이구, 시원해라! 뿌앙—'

2 두 배에 가득한 물고기

예수님의 수제자인 베드로와 그의 동생 안드레, 그리고 또 한 형제인 야고보와 요한은 어부였다. 이들이 예수님의 말씀을 믿고 제자가 된 것에도 많은 물고기들의 역할이 있었다. 그 당시 베드로는 아직 시몬이란 이름의 한 평범한 어부였다. 어느 날 아침 갈릴리 바닷가에서 예수님이 무리를 가르치셨다. 그런데 바로 시몬의 배에 오르시어 배를 연단 삼아 육지에 서 있는 많은 사람들에게 말씀하신 것이다. 말씀을 마치신 예수님은 시몬에게 말했다.

"깊은 곳으로 가서 그물을 내려 물고기를 잡으시오!"(눅5:4)

이 말에 어부 시몬의 마음은 석연치 않다. 왜냐하면 그물은 밤에 고기들이 수면 가까이 있거나 아니면 그물이 닿을 만한 깊이에 있을 때 던지는 것이다. 이렇게 해가 뜬 후에는 고기들이 물속으로 깊이 잠입해 버린다. 그러나 무리와 함께 예수님의 말씀을 들은 시몬은 자신의 경험보다 무언가 더 높고, 더 넓은 세계가 있을 수 있겠다는 막연한 생각이 들었다. 그래서 그는 말했다.

"선생님, 우리들이 이미 밤새도록 수고를 하였지만 잡은 것이 없습니다.
그러나 말씀을 하시니까 제가 그물을 던지겠습니다."(눅5:5)

그는 사람들의 시선을 느끼며 깊은 데로 저어 갔다. 그리고 거의 기계적으로 그물을 내렸다. 아, 그런데 이게 웬일인가!? 얼마나 많은 고기들이 잡혔는지 그물이 몽땅 물속으로 빨려 들어가면서 배가 한쪽으로 기울었다. 그물을 힘껏 당기자 이번에는 그물이 찢어지고 있다. 그는 다급하게 동료를 불러 두 배에 고기를 가득 채웠다. 그러자 두 배 모두 물에 잠기게 될 지경이다.

그는 평생 이곳에서 고기를 잡지만 이런 시간에 이렇게 많은 고기는 처음이다.

자기의 상식과 경험을 한참 벗어난 것이다. 큰 수확으로 인해 가슴은 기쁨으로 뛰었으나 순간 그보다 더욱 큰 두려움과 존경심에 압도되었다. 그는 예수님의 무릎 아래 엎드려 자신이 죄인임을 고백했다. 그러나 예수님은 다시 시몬의 경험을 더욱 벗어난, 엄청난 말씀을 선포하신다.

"나를 따라오시오!
내가 그대를 사람 낚는 어부가 되게 하겠소!"(마4:19; 막1:17; 눅5:10)

이때 오늘의 베드로를 있게 한 그 많은 물고기들이 어디서 왔을까? 그들은 요나의 큰 물고기처럼 하나님이 준비하신 것이다. 이 세상 속에 세상보다 더 큰 하나님의 세계가 공존해 있기 때문이다. 유한한, 작은 인간세계가 무한한, 큰 하나님의 세계 속에 잠깐 들어 있는 것이기도 하다.

3 돈을 물고 온 물고기

베드로가 성전세를 납부할 때도 물고기가 등장한다. 장소는 역시 갈릴리 바다의 북쪽 해안 도시 가버나움이다. 발이 부르트도록 걸어 다니시며 사역하시는 예수님이 제자들과 함께 변화산으로부터 이 마을에 당도하셨다. 이때 성전 관리가 베드로에게 거만스레 다가왔다. '이봐! 너의 선생은 성전 세금 반 세겔도 내지 않나!?'

1세겔은 4드라크마에 해당한다. 1드라크마는 그리스의 화폐단위로 당시 일꾼의 하루 품삯에 해당한다. 따라서 1/2세겔은 2드라크마가 된다. 하루 품삯을 현재의 10만원이라 한다면 20만원이 되는 것이다. 이 성전세는 이스라엘 민족이 출애굽 후 성막의 유지를 위해 20세 이상 모든 성인에게 적용한 세금이다. 이스라엘의 전통적인 조세이기는 하나 서민들에게는 결코 가벼운 것도 아니다. 그러므로 바벨론 포로에서 귀환한 후에는 1/3세겔로 인하되기도 했었다.

항상 정정당당한 것을 좋아하는 베드로는 시원스레 대답하였다. '여부가 있소!? 내고말고!' 그리고 예수님이 계시는 집에 들어갔다. 막 들어와 앉는 베드로에게 예수님이 먼저 물으신다.

"시몬아, 네 생각은 어떠냐? 세상 임금들이 누구에게 관세와 국세를 받느냐? 자기 아들에게냐, 타인에게냐?"(마17:25)

왜 이런 질문을 하시는지 베드로는 의아했다. '세금이란 백성이면 누구나 다 내는 것 아닌가!? 그리고 권세가들은 세금은 안 내고, 흥청망청 쓰는 것이 이놈의 세상 아닌가!?'라고 생각하며 베드로는 대답했다. '타인에게서 받습니다.' 그러자 예수님이 말씀하신다.

"그렇다, 아들들에겐 세금이 면제된다. 그러나
그들이 오해하지 않기 위해 너는 바다에 가서 낚시를 던져 고기를 낚아라!
먼저 잡히는 고기의 입을 열면 돈 한 세겔이 있을 것이다.
그것을 가져다 나와 너를 위해 주어라!"(마17:27)

예수님은 하나님의 독생자이고 성도들은 자녀들이다. 그러므로 하나님이 주인이신 성전에서 예수님과 제자들에겐 당연히 성전세가 해당되지 않는다. 그러나 무지한 사람들에게 공연한 걸림돌을 놓을 필요가 없다. 그래서 성전세를 내기는 하지만 이 사실을 제자들이 명백히 인식할 필요가 있는 것이다. 베드로는 예수님의 말씀을 마음에 새기며 바다로 나갔다. 적당한 장소에서 낚시를 던졌다.

과연 미끼를 무는 묵직한 손맛이 오더니 곧 어른 팔뚝만 한 물고기가 별 저항도 없이 올라왔다. 입속에는 한 세겔의 동전이 빛나고 있다. 이 물고기의 출현도 하나님께서 준비하신 것이다. 그날 무지몽매한 사람들을 깨우치기 위해 고통스럽게 입에 쇳조각을 물고 베드로를 찾아온 그 물고기, 그의 큰 두 눈을 베드로는 평생 잊을 수가 없다.

4 하늘에서 온 양식

성경에는 살아 있는 물고기뿐 아니라 즉시 먹을 수 있게 구워진 물고기도 등장한다. 이것은 당시 백성이 매일 빵과 함께 먹는 일용할 양식이기도 하다. 이 일용할 양식을 많은 사람들에게 예수님께서 친히 베풀어 주신 것이다. 첫 번째는 갈릴리 바다 북쪽 벳세다 광야에 있었던 오병이어五餠二魚, 빵 다섯 개와 물고기 두 마리의 기적이다.

그때 예수님은 세례 요한의 처형 소식을 듣고 슬퍼하시며 제자들과 함께 빈 들로 나가셨다. 빈 들은 비었고 조용할 것이기 때문이다. 그러나 그곳에도 사람들이 먼저 알고 각 처에서 몰려와 큰 무리가 모여 있다. 여자와 아이 외에 남자만 5천 명이 되었다. 세례 요한의 죽음은 더욱 무리들로 하여금 타락한 종교인들과 성전을 떠나 광야로 나아오게 했다. 예수님은 그들을 불쌍히 여기시고 병자들을 고쳐 주셨다. 어느 듯 황혼의 붉은 태양이 서편에 기울어 제자들은 무리의 저녁식사를 걱정하였다. 이때 예수님이 그 지역 출신인 빌립에게 물으셨다.

> "빌립아, 우리가 어디 가서 빵을 사와 이 사람들이 먹게 하겠느냐?"
> "사람들이 이렇게 많아서 각 사람에게 조금씩만 준다 해도
> 200데나리온의 빵도 부족할 것입니다."(요6:5-6)

데나리온은 로마 황제의 초상이 새겨진 화폐로 드라크마와 같이 숙련 노동자의 하루 품삯이 된다. 하루 노임이 역시 10만 원이라고 가정하면 모두 2천만

원이 된다. 떠돌이 생활을 하는 예수님과 제자들에게 이렇게 많은 현찰이 있을 리 없다. 빌립의 말은 사람들을 먹이는 것이 도저히 불가능하다는 뜻이다. 분위기가 숙연해지자 베드로의 동생 안드레가 말했다.

> "여기 한 아이가 보리빵 다섯 개와 물고기 두 마리를 가지고 있습니다. 그렇지만 이것으로 무엇을 할 수 있겠습니까!?"(요6:9)

다른 제자들은 헛기침을 하며 코웃음을 쳤다. 그리고 사람들을 마을로 보내 스스로 먹을 것을 구하게 하자는 결론에 도달했다. 그러나 예수님은 뜻밖의 말씀을 하신다.

> "무리가 갈 필요가 없다. 너희가 먹을 것을 주어라!"
> "네~? 아이고, 선생님, 우리가 가진 것은 빵 다섯 개와 물고기 두 마리뿐인데요!?"
> "그것을 내게 가져오라!"(마14:17-18)

못 미더운 제자들이 쭈뼛거리며 볼품없이 찌그러진 빵 다섯 개와 식어 버린 구운 생선 두 마리를 예수님께 드렸다. 예수님은 먼저 무리를 잔디 위에 50명, 100명씩 앉게 하셨다. 그러자 인정도, 나눔도 없는 고독한 인간 무리가 하늘 양식을 함께 나누는 따뜻한 사랑의 공동체로 변화되었다.

예수님은 그 초라한 양식을 양손에 들어 하늘을 우러러 축사하셨다. 그리고 그것을 제자들에게 나누어 주셨다. 그 순간 놀라운 일이 일어났다. 처음엔 마치 안개같이 희미한 형태들이 예수님의 손으로부터 이동하는 것 같더니 제자들의 품안에서는 뭉게구름이 일어나듯 확대되며 분명한 형태의 빵과 생선이 되었다. 예수님 손의 양식은 다함이 없고, 본래의 볼품없던 것보다 더욱 탐스럽고, 갓 구운 듯한 빵과 생선들이 제자들의 품에 가득가득 안겨졌다. 하늘에서 직접 공급되는 것이다. 제자들은 이제 이 양식을 5천 명 이상의 많은 사람들에게 운반하기에 바쁠 뿐이다. 지금까지 여러 기적을 체험한 제자들은 이번 일도 새삼스럽게 가깝게 관찰하여 분석하려고 하지 않는다. 이번에도 그들의 가슴에 예수님에 대한 확신과 환희가 역시 뭉게구름처럼 부풀어 올랐다.

원래 허기진 상태에서 오랜만에, 아니 생전 처음으로 빵다운 빵, 생선다운 생선을 맛본 무리들은 모두 더 달라고 아우성치며 배불리 먹었다. 왜냐하면 예수님이 그들의 원대로 주셨기 때문이다. 사람들은 정신없이 먹어댔다. 자기 아이들에게도 풍족히 먹였다. '아이고, 맛있어라! 쩝쩝, 하하, 호호', '자, 귀여운 내 새끼, 꼭꼭 씹어 많이 먹어라!'

순진한 백성들의 즐거운 모습을 내려다보시는 예수님의 얼굴에도 모처럼 즐거운 미소가 일었다. 한동안의 화기애애한 식사시간이 끝나며 사람들은 이를 쑤시고 '꺼억–' 트림도 하고 잔디 위에 눕기도 하였다. 이때 하늘과 땅의 총사령관은 또 명령하신다. 낭비와 환경오염을 금하시는 것이다.

"남은 조각을 거두어 버리는 것이 없게 하라!"(요6:12)

제자들은 다시 사람들 사이로 분주히 다니며 남은 조각들을 남김없이 모았다. 그것을 한데 모으니 광주리 12개에 가득 찼다. 사람들은 배가 부르자 점차 상황 파악이 이루어졌다. 빈 들에서 순간적으로 백성들의 양식 문제가 해결된 것이다. 이것은 보통 일이 아니다.

"우리, 이 많은 사람들이 방금 이렇게 맛있게 배불리 먹은 그 빵과 생선은
도대체 어디서 온 것인가? 예수님의 기적 아닌가!?
이분이 세상에 오신다고 하는 그 선지자가 아니신가!?
우리가 무엇을, 누구를 더 기다릴 것인가!?
자, 가세! 우리가 저분을 우리의 왕으로 추대하세!
자, 얼른 가세! 제자들도 반대하지 않을 걸세."

예수님께서는 이미 이러한 움직임을 아시고, 즉시 제자들을 재촉하여 먼저 배에 올라 바다를 건너가게 하셨다. 무리를 보낸 후에 예수님은 홀로 기도하러 산에 오르셨다. 이미 어두워진 산 위에는 하늘의 별들과 땅의 풀벌레들이 서로 화답하며 하나님을 찬양하고 있었다.

예수님이 두 번째로 무리에게 빵과 생선을 베풀어 주신 것은 갈릴리의 동남쪽 호숫가에서다. 이때는 특히 불구자, 소경, 벙어리 등 많은 병자들이 예수님께 나아와 고침을 받고, 하나님께 영광을 돌렸다. 이러한 천국 사역이 사흘간 지속되어 예수님은 무리의 안위를 걱정하셨다.

"내가 무리를 불쌍히 여기노라.
그들이 나와 함께 이미 사흘을 같이 지냈으나 먹을 것이 없도다.
만일 내가 그들을 굶겨 집으로 보내면 길에서 기진하리라.
그 중에는 멀리서 온 사람도 있느니라."(마15:32; 막8:2-3)

예수님은 빵 7개와 생선 두어 마리를 들어 축사하시고 제자들에게 떼어 주어 무리가 배불리 먹게 하셨다. 먹고 남은 조각은 일곱 광주리에 가득 찼고, 먹은 사람은 여자와 아이들 외에 4천 명이었다.

5 예수님의 부활 선물

새벽의 호숫가 숯불 위에서 향기롭게 구워지고 있는 생선도 성경에 등장한다. 그 옆에는 빵도 준비되어 있다. 주인을 배반하고 좌절한 제자들에게 따뜻한 아침식사를 준비한 사람은 배반당한 바로 그 주인 예수님이다.

충성을 다짐했던 제자들은 주인을 혼자 죽는 자리에 버려두고 도망했었다. 그 경황없던 상황이 아직 정리되지도 않았다. 그렇다고 예수님과 함께한 3년간의 의미마저 흔들리는 것은 아니다. 단지 얼굴을 들 수 없도록 참담하고 부끄러울 뿐이다. 마음은 수치심과 공허감으로 가득 찼고, 무엇 하나 손에 잡히는 것이 없다. 지난번 예루살렘에서 제자들이 숨어 있던 곳에 예수님이 오셨을 때도 그들은 아무 말도 하지 못했다.

'큰소리들 치더니, 꼴들 좋~다. 네놈들은 그것밖에 못하냐!? 결정적인 순간에 모두 도망을 가? 3년이나 나와 함께 있으며 보고, 듣고, 행한 것들은 다 뭐냐!? 어이구~, 한심한 놈들!!!' 설령 이러한 책망을 들어도 할 말이 있을 수 없다. 또 이건 사실이다. 예수님은 이미 인간의 적나라한 한계를 잘 아신다. 판판히 넘어지고 좌절하고, 그래서 추하고 부끄럽고, 아무것도 감당도, 장담도 할 수 없는 것이다.

그러나 예수님은 한마디 책망도 없이 태생적 한계로 인해 가슴 아파하고 슬퍼하는 제자들을 위로하고 새 소망과 새 힘을 주셨다. 예수님은 평소의 경쾌한 음성으로 손의 못자국을 보여 주시며 다 식어 버린, 제자들이 먹다 남은 구운 생선도 맛있게 잡수셨다. 그리고는 오랜 친구에게 하듯 '우리가 처음 만났던 갈릴리 호반에서 다시 보자!'고 하셨다.

그 후 약 2주가 지났다. 제자들이 예수님의 말씀에 따라 갈릴리에 머물던 어느 날 저녁, 어둠의 장막이 호수 위에 드리울 때 어부 베드로는 습관에 따라 물고기를 잡으러 바다로 나갔다. 다른 6명의 제자들이 그를 동행했다. 그러나 밤이 다 지나도록 한 마리도 잡지 못했다. 3년간 손을 놓아 그새 고기 잡는 감각이 무디어졌는지도 모른다. 아니면 애초부터 고기를 꼭 잡겠다는 의욕이 없었는지도 모른다. 그물은 그들의 마음처럼 텅 비었고 축 늘어져 있다. 그런 빈 그물을 내리고 올리는 제자들의 손도 그저 기계적일 뿐이다. 길고 공허한 밤이 지나고, 동쪽 하늘이 밝아 온다. 그때 한 흰옷 입은 사람이 해변가에서 큰 소리로 물었다.

"여보게들, 물고기가 있소?"(요21:5)

제자들은 그가 싱싱한 물고기를 배에서 직접 사려고 새벽에 급하게 온, 가버나움 수산시장의 한 장사꾼으로 생각했다.

"허탕이오, 고기가 하나도 없소."
"그럼, 그물을 배 오른편에 던지시오! 고기를 얻을 것이오."(요21:6)

지금까지 수없이 시도했던 어부들은 다시 기계적으로 오른편에 그물을 던졌다. 그런데 이번은 달랐다. 달라도 너무 달랐다. 고기가 너무 많이 잡혀 그물을 들 수 없는 지경이다. 그때 사랑의 제자, 제일 어린 요한이 소리쳤다.

"우리 주님이세요!"(요21:7)

베드로는 즉시 겉옷을 두르고 바다로 뛰어들었다. 주님을 뵈올 급한 마음에 고기를 다 추스를 때까지 가다릴 수가 없다. 육지까지는 약 90m, 베드로의 수영 실력으로는 한달음이다. 곧 다른 제자들도 고기 든 그물을 끌고 육지에 올라왔다. 예수님 계신 곳엔 이미 숯불 위에 생선이 구워지고 있다. 빵도 있다. 허기진 제자들을 위한 아침식사가 완벽하게 준비되어 있다. 조심스러워하는 제자들에게 예수님이 말씀하신다.

"지금 잡은 생선을 좀 가져오라!"(요21:10)

베드로는 다시 배로 뛰어가 그물을 끌어내려 잡힌 고기들을 통 속에 넣었다. 어른 팔뚝만 한 고기가 모두 153마리나 되었으나 그물이 찢어지지도 않았다. 왜 하필 153마리인가에 대하여는 구구한 설이 있다. 예를 들면, '당시 알려진 물고기의 종류가 모두 153개로서 모든 인종을 구원한다는 뜻이다', '100은 이방인, 50은 유대인, 3은 삼위일체를 의미한다', '그냥 많이 잡혔다는 것뿐이다' 등등이 그것이다. 신학자들이 이러한 논쟁을 벌이고 있을 때 제자들의 귀에는 예수님의 맑고 친근한 목소리가 다시 울렸다.

"자, 모두 와서 아침식사를 하라!"(요21:12)

예수님은 빵과 구운 생선을 못 자국도 선명한 손으로 제자들에게 나누어 주셨다. 물고기를 받으며 부활하신 주님을 바라보는 제자들의 눈은 아침 햇살보다 더욱 빛났다.

2.

벌레 모든 생물의 뿌리

벌레worm는 곤충을 비롯하여 지렁이, 굼벵이, 진딧물, 좀, 벼룩 등등 하등동물을 통틀어 이르는 말이다. 곤충의 종류만 약 1천만 종이고, 이 중에서 겨우 1/10 정도만 과학자들에 의해 발견되어 이름이 주어졌다고 한다. 그러니 모든 벌레의 종류는 더욱 많을 것이다. 육안으로 식별이 불가능한 미세 벌레까지 포함한다면 그 수는 천문학적이 될 것이다. 창조된 생물 중에 벌레의 비중이 가장 크고, 또 그 역할이 매우 중요하다. 먹이사슬의 최하층에 있는 벌레는 모든 생물의 뿌리와 같다. 만일 벌레가 없다면 생물 전체가 존속할 수가 없다. 생태계의 필수 구성원이고, 지구의 실질적인 지배자라 할 수 있다.

땅속에 사는 지렁이만 하더라도 길고 미끈거리며 꿈틀거리는 몸체가 보기에도 혐오스럽다. 만지기에는 더욱 손이 오그라든다. 하지만 지렁이는 토양을 순화시킨다. 흙에 공기를 유통시키며 배수를 촉진하고, 유기물질을 그들의 굴에 넣어 분해시켜 풍부한 영양소를 만든다. 이것이 식물에게 공급되는 것이다. 지렁이가 배설한 분변토는 인류가 얻을 수 있는 가장 깨끗하고 안전한 비료로 일컬어진다. 지렁이가 많이 사는 땅은 산성화되지 않은 매우 건강한 땅이 된다. 이런 지렁이가 만일 총파업을 한다면 식물은 물론, 모든 동물도 사람도 생존하기를 멈춰야 한다.

지렁이는 또한 말없이 그들의 몸을 많은 새와 동물에게 영양가 있는 먹이로 제공하고 있다. 사람에게 그 몸을 맡겨 낚싯바늘을 끼워 넣게 한다. 그러므로 한국의 축산법이 지렁이를 가축으로 분류하여 예우하고 있는 것은 마땅한 처사이다.

지렁이를 공연히 '토룡土龍'이라고 부르는 게 아니다. 우리말에도 원래는 '지룡地龍'이라고 하던 것을 은혜 잊기 잘하는 인간들이 언제부턴가 그냥 지렁이라고 하며 발로 막 밟기도 한다. 비 온 뒤 아스팔트 위로 외출하는 이유는 흙 속에 물이 차 숨을 쉴 수 없기 때문이다. 그래서 잠깐 밖으로 피신 나온 것이지 빗물이 좋아서가 아니다. 더구나 인간들의 발에 밟히려는 것은 더욱 아니다. 그러므로 길 위에서 꿈틀꿈틀 산책하시는 '지렁이님'을 절대 밟을 것이 아니라 다시 흙으로 모셔드리는 것이 도리가 된다.

좀moth의 몸은 납작하고 유선형이다. 몸의 길이가 약 12mm로 은회색 비늘로 덮여 있다. 흔히 집안의 어둡고 습한 곳에 서식한다. 천, 목재, 책 등을 갉아 먹으며 오래된 옷에 구멍도 내지만 사람에게 질병을 옮기는 일은 별로 없다. 현재는 거의 멸종되었다는 이 벌레는 인기척에 재빨리 달아나므로 실제 보기도 어렵다. 우리말에는 좀이 '먹다'를 좀이 '쏠다'라고도 한다. 마음이 들뜨거나 초조하여 참고 기다리지 못하는 것은 '좀이 쑤신다'라고 한다. 이것은 마음을 좀이 쏠아 먹는다고 느끼는 것 같아서 생긴 말 같다.

성경에서 벌레는 악한 사람이나 재물을 징벌하는 것으로, 또는 무기력하고 하찮은 인생에도 비유되어 있다.

1 벌레에 먹혀 죽은 사람

죽으면 어차피 모든 사람이 벌레의 밥이 되겠지만 살아서 벌레에게 먹힌 사람이 있다. 그것도 거지가 아니라 왕이다. 바로 헤롯 대왕의 손자인 헤롯 아그립바 1세다. 그는 로마 황제 클라우디오의 즉위에 공이 있다 하여 유대와 사마리아의 통치권을 받았다. 그리고 유대인들에게 잘 보이기 위해 초대 교인들을 박해했다. 본보기로 그는 예수님의 제자인 야고보를 참수했고 베드로를 투옥했다. 요한은 아직 어려서 화를 면한 것 같다.

참수된 야고보는 어부인 세베대의 아들이고 요한의 형이다. 예수님은 이들에게 보아너게, 즉 '우레의 아들'이란 이름을 더해 주셨다. 과연 이들은 열정적이었다. 성격도 급하고, 또 야심도 컸다. 한번은 예수님을 배척하는 마을을 당장 하늘의 불로 확 그냥 멸하려고 했고, 또 한번은 천국에 가면 자기들이 예수님의 좌우편에 앉게 해달라고도 했다. 물론 예수님은 이것들을 허락하지 않으셨다. 이런 야고보가 헤롯왕 앞에서도 고분고분했을 리가 없다. 아마도 왕에게 겁도 없이 '이 벌레 먹어 죽을 놈아!'라고 일갈했던 것 같다. 왜냐하면 선지자의 글에 '천국을 훼방하는 자는 벌레에 먹힐 것'(사51:8)이라 했기 때문이다. 예수님께서도 야고보의 이 마지막 청(?)은 들어주신 것 같다.

그때 헤롯 왕은 야고보를 칼로 죽인 후 기고만장해 있었다. 은빛이 번쩍이는 왕의 복장으로 자기 통치하의 백성 앞에서 거들먹거리며 위엄이 뚝뚝 떨어지게 일장 연설을 했다. 청중들은 또 이때 왕에게 잘 보이려고 알고 있는 온갖 아부와 아첨을 총동원하였다. 왜냐하면 왕의 영토에서 나는 양식을 먹어야 하기 때문이다. 그러나 이날이 왕의 마지막 날이 되었다.

> "헤롯이 날을 택하여 왕복을 입고 왕좌에 앉아 백성에게 연설하니
> 백성들이 크게 말하기를 '이것은 신의 음성이요, 사람의 소리는 아니라' 하거늘
> 헤롯이 영광을 하나님께로 돌리지 아니하므로 주의 사자가 곧 치니
> 벌레에 먹혀 죽으니라."(행12:21-23)

성경은 하나님을 모르는 사람을 악하다고 한다. 재물과 지식과 지위가 있고, 도덕적으로 흠이 없다 해도 악한 것이다. 동시에 무식하고 가난하고, 설사 범법자라 해도 하나님을 알면 선한 사람이다. 하나님을 모르는 것은 그의 의를 모르고, 따라서 인정할 수도 없다. 뿐만 아니라 배척하고 훼방한다. 성경은 이러한 사람들이 벌레에 먹힐 것이라고 알려 준다. 유대 왕 헤롯이 이것을 몸소 실현하므로 선지자 말의 유효성을 증명한 것이다.

"의를 아는 자들아, 마음에 내 율법이 있는 백성들아,
너희는 내게 듣고 사람의 훼방을 두려워 말라!
그들은 옷같이 좀이 먹을 것이며 양털같이 벌레가 먹을 것이나,
나의 의는 영원히 있겠고 나의 구원은 세세에 미치리라!"(사51:7-8)

"보라! 주 여호와께서 나를 도우시리니, 나를 정죄할 자 누구냐!?
그들은 다 옷과 같이 해어지며 좀에게 먹히리라!"(사50:9)

"여호와가 말하노라.
매월 초하루와 매 안식일에 모든 사람이 내 앞에 나아와 예배하리라.
그리고 그들이 나가서는 패역한 자들의 시체들을 볼 것이라.
그들의 벌레가 죽지 아니하며 그 불이 꺼지지 아니하여
모든 사람에게 혐오와 공포가 되리라"(사66:23-24)

2 벌레에 먹히는 재물 1

사람뿐 아니라 불의한 재물도 벌레에 먹힌다. 하늘에서 내린 '만나'란 양식도 그 예이다. 노예였던 이스라엘 백성이 자유인이 되기 위해 애굽을 탈출하여 광야로 나갔다. 광야에는 먹을 것이 없다. 이때 하나님께서 아침에 이슬과 함께

만나를 내려 주셨다. 만나는 이슬이 마른 후 광야 지면에 마치 흰 싸라기눈이 내린 듯 남아 있었다. 맛은 꿀 섞은 과자 같았다. 모세는 이것을 각 사람이 하루 먹을 만큼만 거두고 다음날까지 남겨두지 말라고 했다. 하나님께서 사람에게 때에 따라 일용할 양식을 주신다는 것을 체험케 하기 위함이다.

그러나 어떤 사람들은 하루치 이상을 거두어 보관하였다. 상황이 상황이니만큼 당장 내일이 불안한 것이다. 농사를 지어 창고에 쌓아 놓은 것도 없고, 골목길 슈퍼에 가서 사올 수도 없다. 이들은 매우 현실적이고 지적인 사람들인 것 같다. 앞날을 예비하는 저축의 미덕을 잘 알고 있는 것이다. 아무튼 이들은 모세의 말에 따르지 않았다. 그러나 아침까지 남아 있는 것에는 벌레가 생기고 썩어 냄새가 났다. 모세는 이들에게 노했다. 벌레가 생기고 만나가 부패했기 때문이 아니라 사람들이 모세의 말도, 하나님도 믿지 않았기 때문이다.

> "그들이 모세의 말을 청종치 아니하고 더러는 아침까지 두었더니
> 벌레가 생기고 냄새가 난지라 모세가 그들에게 노하니라."(출16:20)

> "네가 만일 네 하나님의 말씀을 순종하지 아니하면
> 네가 성읍에서도 저주를 받으며 들에서도 저주를 받을 것이요,
> 네가 포도원을 심고 가꿀지라도 벌레가 먹으므로 포도를 따지 못하고
> 포도주를 마시지 못할 것이라."(신28:15-16, 39)

3 벌레에 먹히는 재물 2

재물이 벌레에 먹힌 예는 선지자 요나에게서도 볼 수 있다. 요나는 당시 이스라엘의 적국이었던 앗수르의 수도 니느웨에 가서 하나님의 심판을 경고하였다. '40일 후에 니느웨가 무너진다.'(욘3:4)

요나는 원래 이 사명에 동의하지 않았다. 그때나 지금이나 이웃나라들 간에는 적대관계가 지배하는 경우가 더 많다. 더구나 앗수르는 이방 나라이고 이스라엘을 괴롭히기 때문에 마땅히 망해야 한다고 생각했다. 그래서 처음에는 몰래 도망도 갔었다. 그러나 물고기에게 먹혀 혼쭐이 난 후 간신히 이곳에 온 것이다. 요나는 니느웨 성읍이 보이는 동편 언덕에 앉아 어떻게 망하는지를 지켜보기로 했다.

그러나 정오가 되면서 태양이 뜨거워져 요나는 몹시 고통스러웠다. 민둥산이라 나무가 없고, 초막을 하나 짓기는 했으나 한낮의 불같은 열기를 막을 수가 없다. 그런데 초막 옆에 박 넝쿨 하나가 자라더니 넓은 잎을 내어 시원한 그늘을 만들어 주었다. 요나는 기분이 좋아져 박 넝쿨을 크게 기뻐하였다. 그리고 느긋한 마음으로 성을 내려다보았다.

아, 그런데 니느웨 사람들은 요나의 예언을 듣고 회개하였고, 재앙은 일어나지 않았다. 요나의 심기는 불편해지고, 분노가 끓어올랐다. 그는 앗수르가 반드시 망해야 한다고 생각하기 때문이다. 설상가상으로 박 넝쿨도 벌레가 먹어 시들어버렸다. 이글대는 태양 아래 뜨거운 동풍까지 불어와 요나의 짜증도 한계에 도달했다. 요나는 정신까지 혼미해지며 씨부렁거렸다. '제기랄, 이거 참 더워 죽겠네, 썅! 차라리 죽어버리는 게 낫겠다, 썅!' 이런 요나에게 하나님은 말씀하신다.

"네가 수고도, 재배도 안 했고,
하룻밤에 났다 하룻밤에 말라비린 이 박 넝쿨을 아낀다면,
이 큰 성, 니느웨는 좌우를 분별하지 못하는 사람이 12만여 명이고, 가축도 많다.
내가 어찌 아끼지 않겠느냐!?"(욘4:7-11)

하나님은 사람을 귀중하게 여기시고, 사람은 재물을 귀중하게 여긴다. 가치의 순위가 바뀌어 있다. 사람은 이렇게 뒤바뀐 가치체계에서 결국 자기 자신의 가치도 발견하지 못한다. 그리고 '인생은 원래 허무하고 헛된 것'이라 되뇌며

쓸쓸히 비참하게 죽어 간다.

"주께서 죄악을 책망하사 사람을 징계하실 때에
그 영화를 좀먹음같이 소멸하시니 참으로 인생 모두 헛된 것뿐이니이다."(시39:11)

"들어라! 부한 자들아, 너희에게 임할 고통으로 인하여 울고 통곡하라!
너희 재물은 썩었고 너희 옷은 좀먹었고, 너희 금과 은은 녹이 슬었으니
이 녹이 너희에게 증거가 되며 불같이 너희 살을 먹으리라."(약5:1-3)

"너의 영광이 네 악기 소리와 함께 음부에 떨어졌음이여!
구더기가 네 아래 깔렸고, 지렁이가 너를 덮었도다."(사14:11)

예수님이 친히 말씀하신다.

"너희를 위하여 보물을 땅에 쌓아 두지 말라!
거기는 좀과 동록이 해하며 도적이 구멍을 뚫고 도적질하느니라.
오직 너희를 위하여 보물을 하늘에 쌓아 두라!
거기는 좀이나 동록이 해하지 못하며
도적이 구멍을 뚫지도 못하고 도적질도 못하느니라."(마6:19-20)

"너희 소유를 팔아 구제하여 낡아지지 아니하는 주머니를 만들라!
곧 하늘에 둔 다함이 없는 보물이니
거기는 도적도 가까이하지 않고 좀도 먹는 일이 없느니라."(눅12:33-34)

4 무지렁이 인생

성경에서 벌레는 또 저항할 줄 모르고, 밟으면 밟히는 무기력한 사람에 비유되

고 있다. 그렇기 때문에 사람은 하나님을 의지해야 하고, 또 그래서 하나님은 사람을 보호하신다. 구약에서 고난받는 자의 대표라 할 수 있는 욥도 벌레에 비유하여 자기 인생을 한탄하고 있다.

> "내 살에는 구더기와 흙덩이가 의복처럼 입혔고,
> 내 피부는 굳어졌다가 터지는구나.(욥7:5)
> 무덤에게 너는 내 아비라, 구더기에게 너는 내 어미, 내 자매라 하는데
> 나의 희망이 어디 있으며, 누가 나의 희망을 볼 수 있겠느냐!?"(욥17:14-15)

> "보라! 하나님의 눈에는 달이라도 빛을 발하지 못하고 별도 빛나지 못하거든,
> 하물며 벌레인 사람, 구더기인 인생이랴!?"(욥25:5-6)

다윗 역시 사울 왕에게 쫓기며 절망에 빠졌다. 다윗은 블레셋의 장군 골리앗을 퇴치하여 나라에 큰 공을 세웠건만 사울 왕의 시기로 도리어 역적으로 몰렸다. 목숨이 경각에 달린 위험 속에서 죽음의 공포를 체험했다. 이것은 종교인과 관리들에게 버림받아 십자가에 달리신 예수님의 운명이기도 하다. 그리고 역시 이들에게 억눌려 있는, 그래서 하나님 외에는 바랄 곳이 없는 무지렁이 인생이기도 하다. 하나님은 인생을 외면하지 않으신다.

> "내 하나님이여, 내 하나님이여, 어찌하여 나를 버리셨나이까?
> 어찌 나를 멀리하여 돕지 아니하시며 내 신음소리를 듣지 아니하시나이까?
> 나는 벌레요 사람이 아니라,
> 사람의 비방거리요 백성의 조롱거리니이다."(시22:1, 6)

> "지렁이 같은 너 야곱아, 너희 이스라엘 사람들아, 두려워 말라!
> 나 여호와가 말하노니 내가 너를 도울 것이라.
> 네 구속자는 이스라엘의 거룩한 자니라."(사41:14)

3.

메뚜기 양식도 되고 재앙도 되고

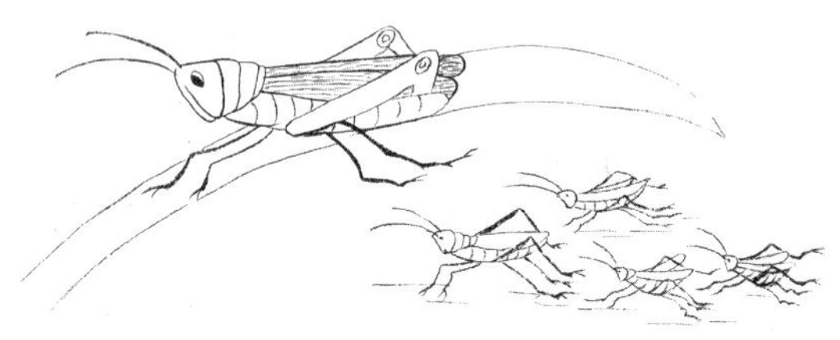

메뚜기는 여치, 귀뚜라미 등과 함께 메뚜기군을 이루며 2만 4천여 종이 있다. 크기도 몇 mm부터 30cm에 이르고 형태도 다양하지만, 보통은 벼메뚜기grasshopper를 말한다. 뒷다리가 크고 뛰는 데 적합하다. 자기 몸길이의 20~30배를 한 번에 뛸 수 있다. 청각 기능이나 발성 기능을 가진 것도 많다. 가을밤 귀뚜라미의 울음소리는 제짝에게 바치는 연가戀歌라지만 공연히 그것을 듣는 우리네 사람들도 무심할 수가 없다. 먹이로는 주로 풀숲, 논, 밭 등에서 잎을 갉아먹는다. 대신에 메뚜기는 자기의 천적인 사마귀, 때까치, 개구리 등에게는 공손하게 먹이가 되어 준다.

메뚜기 한 마리는 약하고 아무런 위협도 안 되고, 또 그 수가 적을 때는 작물에 별 피해를 안 준다. 그러나 자연조건에 따라 엄청난 떼로 번성하면 상황이 달라진다. 이 경우는 명칭도 'locust'라 불리고, 우리말로는 누리, 풀무치, 황충이라고도 한다. 1천억 마리까지 등장하며 하루 자기 몸무게의 2배에 해당하는 풀을 가리지 않고 먹어치운다. 예를 들어 잎이 무성한 거대한 나무도 메뚜기 떼가 방문하면 15분 후에 앙상한 나뭇가지만 남게 된다. 1톤의 메뚜기가 하루에 사람 2천 명분의 양식을 없앤다고 한다.

과거부터 이런 공포의 메뚜기 재앙이 동서양 모두에 나타났다. 우리나라도 삼국 시대부터, 그리고 아프리카에는 근래에도 찾아왔다. 또 이들은 곧잘 가뭄이나 홍수와 함께 오기 때문에 피해가 더욱 클 수 있다. 그래서 옛날엔 메뚜기 떼가 방문해 오면 왕들이 겸손하게 몸을 낮추고 자아비판도 했다.

인간에게는 재앙이라 하지만 이미 거대한 떼를 이룬 메뚜기에게는 질서와 생존 문제가 절박하다. 사람들의 경우는 지도자를 세우고 조직과 규칙을 만들어 시행해도 항상 분쟁이 끊이지 않는다. 반면에 메뚜기는 아무리 큰 떼를 이루어도 서로 충돌하거나 뒤엉키지 않는다. 경탄스런 군무群舞를 이루며 이동하는 것이다. 그러므로 성경은 이러한 메뚜기를 개미, 너구리, 도마뱀과 함께 지혜롭다고 한다.

"땅에 작고도 가장 지혜로운 것 넷이 있나니,
곧 임금이 없으나 다 떼를 지어 나아가는 메뚜기와…"(잠30:24, 27)

메뚜기는 오래전부터 가난한 사람들의 양식이기도 했다. 그리고 농약이 없는 곳에서만 야생하므로 친환경 청정 지역의 상징이기도 하다. 영양 분석에 따르면 포화지방산이 없는 양질의 단백질 외에 비타민과 무기질이 풍부하고, 인류를 위한 미래의 주요 식품이 된다. 건강에도 유용하여 백일해, 천식, 빈혈 등에 좋고 위장과 비장을 튼튼하게 한다. 특히 튀어 오르는 뒷다리가 잘 발달하여 정력도 증진시킨다고 한다. 우리나라 경남 거창군, 전남 강진군 등에서는 해마다 사람들이 가을의 황금 들판에서 메뚜기를 보고, 잡고, 볶고, 먹는 체험 행사로 메뚜기 축제를 개최하고 있다.

1 가난한 사람들의 양식

성경에는 먹을 수 있는 정한 짐승과 먹을 수 없는 부정한 짐승이 구분되어 있다.

① 포유류에서의 정한 것은 굽이 갈라져 쪽발이 되고 새김질하는 것이고,
② 어류에서는 지느러미와 비늘이 있는 것이고,
③ 조류에는 부정한 20종이 있는데 주로 맹금류로서 광야에서 홀로 사는 것들이다.
④ 쪽제비, 쥐, 도마뱀 등 땅에 기는 파충류들이 부정하고,
⑤ 곤충류에 대해서는 다음과 같이 씌어 있다.

> "날개가 있고 네 발로 기어 다니는 곤충은 너희에게 혐오스러운 것이라.
> 다만 날개가 있고 네 발로 기어 다니는 모든 곤충 중에
> 그 발에 뛰는 다리가 있어서 땅에서 뛰는 것은 너희가 먹으라.
> 곧 그중에 메뚜기 종류와 베짱이 종류와 귀뚜라미 종류와 팥중이 종류라."
>
> (레11:20-22)

현재 한국에서는 메뚜기가 고단백 정력제로 미식가들이 골라먹는 고급 식품이지만, 2천 년 전 유대 땅에서는 하층 천민들이 천박스럽게 이리저리 뛰어다니며 잡아먹는 천한 양식이었다. 이런 메뚜기를 먹고 산 사람이 있다. 바로 세례 요한이다.

세례 요한은 최초의 제사장인 아론의 후예이고, 그의 아버지 사가랴 역시 현직 제사장이었다. 그래서 요한도 집에서 가만히 아버지 얼굴만 바라보고 있었다면 예쁜 양가집 처녀와 결혼해 자식도 낳고, '하나님 잘 섬기는' 출셋길도 활짝 열렸을 것이다. 주위 사람들의 선망과 아첨도 받았을 것이다. 그리고 최소한

입을 것, 먹을 것 걱정은 안 했을 것이다. 그러나 그는 홀로 광야로 나아갔다. 부모는 걱정을 했고, 제도권은 그를 미친놈이라 했다.

과연 그는 들짐승처럼 제대로 입지도 먹지도 못했다. 낮의 폭염과 밤의 추위를 맨몸으로 막아내었다. 세련된 의복이나 성스러운 가운도 입지 않고, 투박하고 거친 낙타 털가죽을 걸쳤다. 이를 고정시키기 위해 다시 가죽띠로 동여맸다. 그리고 메뚜기를 잡아 주워 먹고, 운이 좋으면 바위틈의 야생 꿀도 찍어 먹었다. 급기야는 한창 젊은 나이에 관리에게 끌려가 처참하게 목이 잘려 죽었다. 당시 종교인들은 그것 보라면서 모두 의기양양했다. 오늘 한국의 상황에서도 완전히 실패한 종교인의 모델이 되었다.

> "이 요한은 약대 털옷을 입고 허리에 가죽띠를 띠고,
> 음식은 메뚜기와 석청이었더라."(마3:4; 막1:6)

2 재앙을 가져오는 메뚜기

메뚜기가 가난한 사람의 양식이라도 큰 떼를 이루면 가공할 파괴력을 갖는다. 가난한 백성이 뭉쳐 일어나면 혁명의 큰 힘을 발휘하는 것과도 비슷하다. 메뚜기 떼의 출현은 바로 재앙을 의미한다. 하나님이 애굽왕 바로를 깨우쳐 줄 때 메뚜기 떼를 보내셨다. 애굽의 메뚜기 재앙은 여덟 번째 조치였다.

제1은 나일강을 비롯한 모든 하천과 호수가 피가 되는 것이고,
제2는 나일강에서 수많은 개구리가 나와서 밥그릇 속, 왕의 이불속까지 들어가 있는 것이고,
제3은 온 땅의 티끌이 모두 이가 되어 사람과 가축에 오르고,
제4는 파리 떼가 나타나 집집마다 가득하게 되고,

제5는 말, 소, 양 등에 전염성 악질이 나서 모든 가축이 죽은 것이고,
제6은 온 땅의 사람과 가축에 악성 종기가 나는 것이고,
제7은 주먹만 한 우박이 쏟아져 들에 있는 사람과 가축이 죽은 것이고,
제8은 메뚜기 떼가 지면을 덮어 채소와 나무를 다 먹는 것이고,
제9는 3일 동안 캄캄한 흑암이 와서 사람이 더듬어야 하는 것이고,
제10은 모든 사람과 짐승의 처음 난 것이 모두 죽는 것이다.

당시의 메뚜기 재앙을 보면 메뚜기가 땅을 덮을 정도로 많이 날아와 우박 피해 후의 모든 나무와 채소를 먹어치워 애굽 땅에 푸른 것이 남지 않았다.

"메뚜기가 지면을 덮어서 사람이 땅을 볼 수 없을 것이라.
메뚜기가 네게 남은 그것, 곧 우박을 면하고 남은 것을 먹고,
들에 너희를 위하여 자라는 모든 나무를 먹을 것이라."(출10:5)

하나님께서는 사람들이 하나님 말씀을 청종하면 성읍에서도, 들에서도 복을 받고, 몸의 자녀와 토지의 소산이 복을 받고, 들어와도 나가도 복을 받을 것이라 하신다. 그러나 청종하지 않으면 성읍에서도, 들에서도 저주를 받고, 몸의 자녀와 토지의 소산이 저주를 받고, 들어와도 나가도 저주를 받을 것이라 하신다. 이 저주에 메뚜기 떼의 재앙과 메뚜기 떼같이 몰려오는 이방 민족이 포함되어 있다.

"네가 많은 종자를 들에 심을지라도 메뚜기가 먹으므로 거둘 것이 적을 것이고,
네 모든 나무와 토지 소산을 메뚜기가 먹을 것이라."(신28:38,42)

"그들의 토산물을 황충에게 주셨고,
그들의 수고한 것을 메뚜기에게 주셨으며(시78:46)
여호와께서 말씀하시어 황충과 무수한 메뚜기가 몰려와
그들의 땅에 있는 모든 채소를 먹고,
그들의 밭에 있는 열매를 먹었도다."(시105:34-35)

"미디안 사람과 아말렉 사람과 동방의 모든 사람이
그들의 짐승과 장막을 가지고 올라와 메뚜기 떼같이 들어오니
그 사람과 약대가 무수함이라.(삿6:5)
그들이 골짜기에 누웠는데 메뚜기의 중다함 같고,
그 약대의 무수함이 해변의 모래가 수다함 같은지라."(삿7:12)

그러므로 나라를 다스리는 왕의 입장에서 메뚜기 재앙이 두려울 수밖에 없다. 솔로몬 왕도 왕위에 오르자 성전을 건축하고 여호와의 단 앞에서 이스라엘의 온 회중에 마주서서 하늘을 향하여 손을 펴고 기도하였다. 하나님께서는 간절한 기도를 들어 응답하신다.

"이스라엘의 하나님 여호와여,
만일 이 땅에 기근이나 온역이 있거나 메뚜기나 황충이 나거나
적국이 와서 성읍을 에워싸거나 무슨 재앙이나 무슨 질병이 있든지 막론하고
한 사람 혹은 주의 온 백성 이스라엘이 모두 마음으로 재앙을 깨닫고
이 전을 향하여 손을 펴고 무슨 기도나 간구를 하거든 하늘에서 들으소서!"

(왕상8:37-38; 대하6:28-29)

"너희는 이 일을 너희 자녀와 후세에 말할 것이라!
팥중이가 남긴 것을 메뚜기가 먹고 메뚜기가 남긴 것을 늣이 먹고
늣이 남긴 것을 황충이 먹었도다.(욜1:4)
시온의 자녀들아, 너희는 너희 하나님으로 기뻐하며 즐거워하라!
내가 전에 너희에게 보낸 큰 군대 곧 메뚜기와 늣과 황충과
팥중이가 먹은 햇수대로 너희에게 갚아 주리라!"(욜2:25)

3 멸시받는 메뚜기

메뚜기가 떼를 이루면 공포의 대상이지만 한 마리는 경시의 대상일 뿐이다. 사마귀의 앞발 같은 공격 무기도 없고, 딱정벌레 같은 갑옷도 없으므로 포식자의 공격에 그대로 노출되어 있다. 다만 위험을 느끼면 튼튼한 뒷다리로 뛰어 도망간다. 그래서 큰 떼로 나타나기 전에는 메뚜기의 존재를 아무도 인식하지 않는다. 그러므로 세상의 멸시와 천대를 받는 가난한 사람이 자신을 메뚜기에 비유한다.

"나는 가난하고 궁핍하여 중심이 상하나이다.
나의 가는 것은 석양 그림자 같고, 또 메뚜기같이 불려가오며
나는 또 저희의 훼방거리라, 저희가 나를 본즉 머리를 흔드나이다.
나의 하나님이여,
나를 도우시며 주의 인자하심을 좇아 나를 구원하소서!"(시109:22-26)

또 나이 많은 사람의 상태를 묘사할 때도 메뚜기를 사용한다. 어느덧 젊음이 속절없이 지난 후 숨이 가빠서 높은 곳에 못 오르고, 머리카락이 희게 세고, 힘이 없어 작은 것도 못 들고, 무덤으로 내려가는 그런 인생인 것이다.

"그런 자들은 높은 곳을 두려워할 것이며 길에서는 놀랄 것이며
살구나무가 꽃이 필 것이며 메뚜기도 짐이 될 것이며
정욕이 그치리니 사람이 자기 영원한 집으로 돌아가느니라."(전12:5)

이처럼 가난하고 늙은 사람이 '메뚜기 같다', '메뚜기도 짐이 된다'라고 말한다면 이해가 되고 동정심도 간다. 그러나 한창 젊은 용사가 스스로 '메뚜기 같다'라고 생각하고, 그렇게 선언하는 것은 용납될 수 없다. 그런데 이런 어처구니없는 일이, 그것도 민족의 운명이 결정되는 중요한 순간에 실제로 발생했다.

이스라엘 백성이 독립을 위해 애굽을 탈출한 후 15개월이 지난 때였다. 모진 광야에서 인내의 훈련도 받았고, 시내 산에서 십계명도 받았다. 자주민으로서의 제도와 조직도 갖추었고, 각 지파별 인구도 조사되었다. 그중 전쟁에 나설 수 있는 20세 이상 남자만 60만을 넘는다. 당시 하나님이 설혹 안 도와주신다 했어도 어떤 나라라도 정복할 수 있는 군대의 규모라 할 수 있다.

이러한 이스라엘이 이제 가나안복지에 접근하였다. 하나님은 모세에게 먼저 정탐꾼을 보내 가나안 땅을 탐지토록 했다. 그 땅의 비옥함을 확인하여 용사들의 투지를 다시 한 번 굳게 하기 위함이다. 또한 정복자는 주체성을 잃지 않기 위해 항상 주도면밀해야 한다. 나아감과 멈춤이 확실하고, 나아갈 때는 목적과 방법이 분명해야 한다. 430년간 노예 생활에 안주하다가 밤중에 황급히 탈출한 후 1년 남짓 광야 생활에서 자존과 생존의 훈련도 받았다.

12지파는 각각 용맹과 지략에 뛰어난 수령을 한 명씩 정탐꾼으로 선발했다. 이들 12명의 특공대는 신념과 투지로 충만하여 적지에 잠입했다. 그 땅은 과연 풍요로웠다. 40일간 두루 정탐한 후 증거물로 포도, 석류 등 땅의 풍성한 소산을 수집해 왔다. 백성들의 기대와 희망은 고무풍선처럼 부풀었다. 아, 그런데 애석하게도 정탐꾼들의 보고가 이 풍선을 '펑' 터뜨리고 백성을 실망의 구렁텅이에 빠뜨렸다. 그 지역의 땅은 비옥하지만 성읍은 튼튼하고, 주민들은 키가 크고 강하다는 것이다. 그래서 광야를 헤매다 온 이스라엘 사람들은 그들의 적수가 못 된다는 것이다. 왜냐하면 자신들은 스스로 메뚜기 같기 때문이라는 것이다.

> "과연 젖과 꿀이 그 땅에 흐르고, 이것은 그 땅의 열매입니다.
> 그러나 그 지역 사람은 강하고, 성읍은 견고하고 심히 클 뿐 아니라
> 우리가 두루 다니며 탐지한 땅은 그 거민을 삼키는 땅입니다.
> 우리는 그 백성을 이길 수 없습니다. 그들이 우리보다 강합니다.
> 거기서 본 모든 백성은 신장이 장대한 자들이고,
> 우리는 스스로 보기에도 메뚜기 같은데,

그들의 보기에도 그랬을 것입니다."(민13:27-33)

열두 명의 정탐꾼 중 단지 유다 지파의 갈렙과 에브라임 지파의 여호수아만이 '하나님이 인도하실 것이고, 능히 싸워 이길 수 있다!'고 주장하였다. 백성의 입장에서는 이 두 명보다 다른 열 명의 보고에 더 믿음이 간다. 왜냐하면 이들이 압도적인 다수일 뿐 아니라, 보고 내용이 보다 현실적이고 논리적이기 때문이다.

목표와 희망을 잃은 백성들의 눈앞은 캄캄했다. 밤새도록 소리 높이 부르짖으며 통곡했다. 모세와 아론을 원망했다. 애굽에서 죽었거나 광야에서 이미 죽어버렸다면 좋았을 것이라 했다. 하나님이 자신들을 가나안에 이끌어 칼에 맞아죽게 한다고 했다. 이 상황에서 새 지도자를 세워 애굽으로 돌아가는 것이 상책이라고 했다. 지금까지 속아 왔다는 생각에 더욱 분노가 치밀었다. 싸우자고 계속 주장하는 '무모한' 두 사람을 쳐 죽이려 손에는 돌을 들었다.

이 절체절명의 순간 성막에 하나님의 영광이 나타났다. 하나님은 믿지 않고 항상 거역하는 백성을 전염병으로 멸하신다고 말씀하셨다. 이에 대해 모세는 백성의 죄 사하실 것을 간절하게 간구하였다. 하나님께서 이 중보기도는 들으셨으나 백성들은 불신과 불순종에 대한 대가를 치러야 했다. 정탐의 40일이 광야의 40년으로 연장되었고, 갈렙과 여호수아를 제외한 출애굽 제1세대는 모두 그들 자신의 말대로 광야에 엎드려져 죽었다.

4.

뱀 소리 없는 찬피동물

뱀snake, serpent은 다리 없이 기어 다니는 것이 특징이다. 근 3천 종의 뱀이 사철 땅이 얼어 있지 않은 지구 전역에 서식한다. 길이는 보통 1~2m지만 작은 것은 10cm, 큰 것은 10m에 이른다. 모두 육식성으로 과일도 섭취하지 못한다. 살아 있는 포유류, 조류, 파충류, 양서류, 어류 등을 닥치는 대로 잡아먹는다. 몸의 앞부분을 땅에서 일으켜 세워 공격하는 것도 있고, 물론 사람도 습격한다.

가늘고 긴 원통형의 몸은 전체가 차가운 비늘로 덮여 있다. 뱀 자체가 찬피동물로서 체온을 외부 환경에 의존하고 있다. 눈에도 비늘이 덮여 있고 안구도 움직이지 않는다. 눈꺼풀이 없어 눈을 깜빡이지도, 눈물을 흘리지도 않는다. 귀도 없어 귀를 쫑긋거리는 것도 없고, 귓구멍도 없어 소리를 듣지도 못한다. 또 아무 소리도 못 낸다. 그러나 지면을 통한 진동에는 매우 민감하다. 그리고 혀를 통한 후각이 뛰어나다. 가늘고 긴 혀는 두 가닥으로 갈라져 시종 입 밖으로 날름거린다. 이것으로 냄새를 맡아 물체를 식별하는 것이다. 뱀의 혀는 매우 민감하여 먹잇감이 지나간 자국을 더듬어 그가 숨어 있는 곳까지 갈 수 있다.

보통 단독생활을 하며 적응력이 뛰어나 다양한 환경에서 성공적으로 살아왔다. 가만히 있을 때는 보호색으로 위장하여 눈에 잘 띄지 않는다. 몸을 앞으로 이동할 때도 소리가 나지 않아 먹잇감과 그들의 둥지에 그림자같이 조용히 접근할 수 있다. 입은 자유롭게 크게 벌려 자기보다 큰 동물도 번개같이 빠르게 물 수 있다. 위턱뼈 앞부분의 두 큰 이빨은 안쪽으로 휘어져 한번 물리면 빠져나올 수가 없다.

독사의 경우는 독니에서 강한 독액을 주사바늘처럼 뿜어 생물을 마취시킨다. 이렇게 독을 주입하여 죽이거나 긴 몸으로 칭칭 감아서 질식시킨 뒤 서서히 삼킨다. 몸통으로 죄는 힘과 꼬리의 꼬는 힘이 강하기 때문이다. 삼킬 때는 통째로 머리부터 삼키는데 맛은 느끼지 않는다. 느낄 필요도, 그럴 여유도 없다. 그저 삼키기만 하면 된다. 독액은 위에서 나오는 위액과 함께 척추동물의 뼈까지 녹일 수 있다.

이러한 뱀은 동서양을 막론하고 주로 인간을 해치는 악마적 존재로 인식되고 있으나 동시에 지혜의 상징도 되고 있다. 그리스신화에서 죽는 사람도 살린다는 의술의 신 아스클레피오스Asklepios가 뱀이 감고 있는 지팡이를 들고 다녔다. 뱀이 약초를 발견하는 일에 탁월하기 때문이다. 그래서 별 쓸모도 없는 약 보따리를 무겁게 지고 다니는 대신에 뱀을 대동하여 당시에 이미 의약분업을 실시한 것이다. 현재 이 환상적인 지팡이가 세계보건기구WHO를 비롯한 많은 의료기관의 문양으로 사용되고 있다.

1 에덴동산의 뱀

성경에서 제일 처음 등장하는 짐승도 바로 뱀이다. 천지창조가 막 끝나자 천하를 꾀는 마귀는 뱀의 모습으로 소리 없이 에덴동산에 잠입했다. 그리고 먹잇감으로 자기 남편을 떠나 배회하는 여자를 지목하였다.

여자는 창조되어 의식이 들어온 후 사방을 둘러보며 이것저것 생각하게 되었다. 그러던 중 자기가 '남자를 돕는 배필'(창2:18)이라는 것이 마음에 걸렸다. 자신이 독립적이지 못하고 종속적이라는 것에 도저히 만족할 수가 없었다. 실제로 남자는 상전 행세를 하며 일방적으로 가르치고 지배하려고 한다. 그리고 밤에는 우악스럽게 덮쳐 와 숨쉬기도 어렵고, 냄새도 안 좋아 힘껏 저항하며 뿌리쳐야 한다. 완력으로 당할 수 없는 것도 참을 수가 없다.

남자의 입장에서는 갈빗대 하나가 빠져 나간 후 옆구리가 허전하고, 또 가녀린 여자가 홀로 있는 것을 보면 자동적으로 보호 본능이 작용하는 것이다. 그러나 뒤에 지음 받은, 하나의 다른 존재인 여자는 남자의 입장이 이해되지 않는다. 여자에겐 여자의 입장이 있을 뿐이다.

"내가 남자를 돕는 배필이라니!?
평생 고작 배필이 되어야 한다는 말인가!?
당치도 않은 소리! 그럴 수는 없지! 암, 없고말고.
나의 주권을 찾자! 자유를 찾자! 이곳을 떠나자!
탈출구는 어디 있는가? 찾아보자! 동산 끝까지 뒤져서라도 찾자!
여자가 얼마나 독한가를 보여 주자!"

여자는 탈출구를 찾아 헤매는 중에 선악과善惡果 앞에 이르렀다. 그 인간 아담은 이 열매를 먹지도, 만지지도 말라 하며 이쪽으로는 얼씬도 하지 않는다. 그러나 아무래도 이 수상한 나무에 어떤 단서가 있는 것 같다. 여자는 의혹의 눈으로 좀 특이한 분위기가 풍기는 나무를 응시하였다. 한편 지금까지 그림자처럼 소리 없이 따르며 기회를 노리던 뱀은 이 순간을 놓칠 리 없다. 목소리를 최대한 친절하게 가다듬었다.

"오, 아름다운 여자여, 그대의 아름다움은 이 동산 그 무엇보다 뛰어나오!
그대를 바라보는 것은 내겐 큰 기쁨이오."

"당신이 나를 아오?"
"이 동산에서 아름다운 그대를 모르는 존재가 어디 있겠소!?
나도 처음엔 소문만 들었소만, 그런데 직접 보니 소문은 실물에 훨씬 못 미치오.
아름다울 뿐 아니라 그대의 눈에는 지혜와 총기가 빛나오."
"그런데 왜 나에게 그런 찬사를 보내는 것이오?"
"오늘도 그대를 바라보는 중 얼굴에 깊은 수심을 보았기 때문이오.
무슨 근심이라도 있소? 그대의 근심은 내게 슬픔이 되오.
그대를 바라봄이 큰 기쁨인 내게는 슬픔이 아닐 수 없소. 정말이오!"

뱀은 정말 슬픈 기색을 보였다. 여자는 지금까지 남편에게 못 듣던 찬사에 처음으로 야릇한 쾌감을 느꼈다. 자신의 존재감도 부듯하게 인식되었다. 반면에 남자는 여자에게 처음부터 찬사는커녕 철저한 종속 관계를 강조했고 이름도 제멋대로 지어 불렀다. '너는 내 뼈 중의 뼈, 살 중의 살이다. 남자에게서 취했으니 여자라 부를 것이다.'(창2:23) 생각할수록 열이 받친다. 그런데 뱀의 얼굴엔 실제로 우수가 드리워 보인다. 여자는 자기를 알아주는 뱀이 정말 믿을 수 있는 상대라는 생각이 들었다.

"그대가 나의 근심을 읽었소? 그렇다면 한번 들어 보시겠소?
내가 평생 남자의 지배하에 있는 것이 용납될 수 있겠소?"
"지배? 전혀 그럴 수 없소! 말도 안 되오!
그대는 아름답고 지혜로워 지배 따윈 필요가 없소.
그대가 지배를 한다면 또 모를까…
이 동산을 둘러보시오! 이곳은 자유의 동산이오.
지배하고 지배당하는, 그러한 부자유함이 없는 곳이 바로 이곳이오.
바람이 자유롭게 불고, 이 나무의 잎들도 이렇게 자유롭게 흔들리지 않소!?"

뱀이 마침 이 나무에 대하여 언급하자 여자는 바로 이때라는 생각이 들었다. 남자에게 물었을 때는 그가 손사래를 치며 그 나무의 말도 꺼내지 말라며 큰 소리로 나무랐다. 그때도 얼마나 분하고 자존심이 상했는지 모른다. 이제 여자는 짐짓 품위를 잃지 않으려고 나무를 턱으로 가리키며 물었다.

"혹, 이 나무에 대해서 아는 것이 있소?"
"오, 이 나무라! 그런데 하나님이 참으로 이 동산 모든 나무의 열매를 먹지 말라고 했소?"
"저 남자란 인간이 그러는데, 모든 나무들의 열매를 먹어도 되지만
이 나무의 열매는 먹지도, 만지지도 말라 했소. 먹으면 죽을 수 있다고 했소."
"안 그렇소, 절대 안 죽소! 오히려 이것을 먹으면 눈이 밝아져
하나님같이 되어 선악을 알게 되고 더욱 지혜롭게 되오.
그러면 이곳을 탈출하여 그대의 자유도 찾을 수 있게 될 것이오!
내가 장담하오!!!"(창3:1-5)

이때의 뱀은 아직 네 발이 있었다. 그리고 앞다리와 뒷다리 사이에는 얇은 피부가 융단 망토같이 넓게 붙어 있었다. 이것을 이용하여 웬만한 거리는 날다람쥐처럼 날기도 하며 매우 빨리 이동할 수 있었다. 전신을 덮은 비늘은 무지개색으로 화려하게 빛났다. 그리고 지금은 뒷발로 서서 꼬리에 기댄 채 앞발은 양쪽 허리에 얹고 있다. 그의 그런 여유로운 모습이 품위도 있고 고상하게도 보였다.

뱀의 친절한 말을 듣고 여자는 다시 그 나무의 열매를 바라보았다. 나뭇잎 속에 숨은 듯 반쯤 가려져 있는 선악과는 과연 그 어느 과일보다 보기 좋고 먹음직했다. 지혜롭게 할 만큼 탐스럽기도 하다. 혀 밑으로 즉시 침이 고였다. 여자는 오른손을 뻗어 열매를 쥐었다. 과일의 신선한 기운이 느껴졌다. 그것을 가지에서 떼어 냈다. 그리고 조심스레 한입 베어 물었다. 순간 입안 가득히 시큼한 즙이 퍼지며 매우 강렬한 향이 코로 올라와 눈으로 확 나가는 듯했다. 그리고 그녀의 눈에는 마치 비늘이 떨어지듯 새로운 시야가 열렸다.

지금까지 무료하기만 하던 주위 환경이 매우 낯설고 엄숙하게 다가오는 것이다. 벌거벗은 자기의 몸과 써늘한 아랫도리도 느껴졌다. 무엇보다 그녀의 영혼이 천길만길 어디론가 떨어지고 있음이 느껴졌다. 귀에 스치는 바람은 처음 듣는 지옥의 아우성 소리를 실어 왔다. 갑자기 흑암의 공포가 광풍같이 가슴에 밀려왔다. 그때 뱀은 눈의 초점을 잃고 휘청거리는 여자를 가슴에 안았다. 그리고 귓속 깊이 속삭였다.

"걱정 마오! 그대는 이제부터 내 말을 들어야 하오!
자유라는 것은 그냥 얻어지는 것이 아니오. 의지와 노력이 필요하오.
그리고 이제는 돌이킬 수도 없소.
자, 우선 이 열매를 그대의 남자에게도 주어 같이 먹게 하시오!
그래야만 그도 상황을 이해할 수 있게 되오.
그대는 곧 남자와 함께 이 동산을 나가게 될 것이오.
그러면 그대는 주권을 찾고 남자를 지배할 수 있게 되오!
용기를 내시오! 약해지면 안 되오!
내가 항상 그대와 함께 있어 도와줄 것이오.
다시 말하지만, 약해지면 안 되오! 여자의 강함을, 독함을 보이시오!
용기를 내시오, 용기를!!!"

뱀은 압도하는 강한 시선을 남기고 숲속으로 사라졌다. 여자는 뱀의 지시에 따라 남자에게로 갔다. 남자는 무화과나무의 큰 입새를 치워 열매가 햇볕을 잘 받도록 했다. 그때 한동안 보이지 않던 여자가 다가왔다. 그녀의 머리채는 풀어졌고, 핏발 선 눈동자에는 처음 보는 살기가 번득였다. 소리 없이 내미는 그녀의 손에는 한입 베인 선악과가 들려 있었다.

"오, 여자여, 내 뼈 중의 뼈, 살 중의 살이여, 결국 그것을 먹었소!?"

아담은 여자를 품에 안았다. 공포에 떠는 여자의 전율이 고스란히 아담의 가슴으로 전달되었다. 그리고 아담의 가슴 역시 바닥없는 공포에 빠지며 정신이 몽롱해졌다. 세상에 태어나 처음으로 아담의 얼굴이 슬프게 일그러졌다. 그는 여자의 손에서 열매를 받아 쥐었다. 입으로 가져가 더욱 크게 한입 베어 물었다. 그리고 여자를 안은 팔에 더욱 힘을 주었다.

그 후 그들은 무엇보다 자신들의 나신裸身을 그대로 방치할 수가 없었다. 열린 눈으로 보니 벌거벗은 몸이 그렇게도 추하고 부끄러울 수가 없다. 아담은 옆에 있는 무화과나무의 손바닥같이 넓은 잎으로 대충 두 사람의 몸을 가렸다. 지금까지 지저귀던 새들도 어인 일로 침묵하여 무덤의 정적이 흐른다. 지면에 부는 바람도 뱀처럼 찬 기운을 실어 오고 있다. 어느덧 붉게 물들어 오는 황혼도 오늘따라 그 빛이 핏빛으로 변해 있다. 그때, 천사들을 거느리고 동산을 거니시는 하나님의 음성이 들려왔다. 두 사람은 약속이나 한 듯 나무의 어두운 그림자 속으로 소리 없이 뱀처럼 숨어들었다.

하나님은 사람을 지으시고 몹시 기뻐하셨다. 에덴동산은 물론 모든 자연환경도 실은 사람을 위해 미리 준비해 놓으신 것이다. 마치 신혼부부가 신방을 꾸미고 태어날 아기를 위해 모든 것을 준비하는 것과도 같다. 그리고 태어난 아기가 가정의 기쁨인 것처럼 사람도 천국의 기쁨이었다. 하나님은 사람과 함께하시는 것을 기뻐하신다. 그런데 오늘은 그 사람이 보이지 않는다. 하나님은 근심 어린 음성으로 사람을 찾으신다.

"아담아, 네가 어디 있느냐?"(창3:9)

사람은 하나님의 말씀을 어긴 행위에 대한 판결을 받았다. 뱀은 저주를 받아 네 발이 모두 끊겨 배로 다니며 흙을 먹게 되었다. 여자는 뱀과 원수가 되어 서로 머리와 발꿈치를 상하게 하는 관계가 되었고, 남자와의 관계도 분명하게 재확인되었다.

"내가 네게 잉태하는 고통을 크게 더하리니 네가 수고하고 자식을 낳을 것이며 너는 남편을 사모하고, 남편은 너를 다스릴 것이니라!"(창3:16)

그들은 에덴동산에서 추방되었다. 불칼을 든 천사가 엄하게 몰아쳐 두 사람은 아무 물건도 챙기지 못했다. 세차게 등을 떠밀려 넘어져 무릎이 깨지고, 고꾸라져 땅에 구르며, 그렇게 쫓겨 나왔다. 한동안은 깊은 회한과 원망에 사로잡혀 있었다.

그러나 만약 강제로 추방되지 않았다 하더라도 그들은 스스로 나왔을 것이다. 왜냐하면 타락한 그들은 누구보다 자신들이 그 거룩한 곳에 설 수 없음을 알았기 때문이다. 마치 인분人糞이 식탁에 오를 수 없는 것과도 같다. 인분이 다시 복원되는 유일한 길은 땅속에서 썩어져 생명나무의 뿌리에 흡수되는 것이다. 그리고 생명나무의 열매로 부활하여 영광의 식탁에 참여하는 것이다.

한편 에덴동산에서 여자를 농락하여 타락시킨 마귀 역시 하늘에서 쫓겨났다. 그리고 이 세상에서 여자와 원수가 되어 오늘도 여전히 그의 노림과 추격을 멈추지 않고 있다.

"큰 용이 내쫓기니 옛 뱀, 곧 마귀, 사탄이라고 하는 온 천하를 꾀는 자라. 땅으로 내쫓기니 그의 사자들도 저와 함께 내쫓기니라.
용이 자기가 땅으로 내쫓긴 것을 보고 남자를 낳은 여자를 박해하는지라."

(계12:9, 13)

땅으로 내쫓긴 옛 뱀은 그 후로도 수시로 여자와 남자를 찾아오고 있다. 마음이 한가할 때면, 또는 땀과 피를 흘리며 지쳐 있을 때는 어김없이 나타난다. 뱀은 남자와 여자에게 각각 악마의 지식과 생활 지침을 알려 준다. 남자에게는 여자가 독립을 꾀하고 있으니 지배권을 더욱 강화하라고 다그친다. 여자에게는 이제

에덴을 나왔으니 자유로운 주권을 행사하라고 부추긴다. 뱀의 소리에 귀를 기울이면 그 방법도 알려 준다.

남자에게: 여자는 원래 영혼이 없는 존재다. 여자가 남자의 신체 일부에서 출생되었기 때문이다. 가정에서 몇 달만 함께 살아 보라! 여자의 이기적인 본체와 저항의 실체가 드러나 보일 것이다. 또 그녀의 말을 들어 보라! 그것이 어찌 영혼이 있는 사람이라 할 수 있겠는가!? 그러므로 자율의 여지를 남겨 줘서는 안 된다. 반드시 가축처럼 다루며 집안이란 우리에 처박아 단단히 가두어 놓아야 한다.

여자가 남자의 지배를 벗어나려 할 때는 사정없이 구타하고 억압하여 평생 큰 공포와 고통을 느끼게 해야 한다. 최후에는 명줄을 끊고 '시체를 토막 내는 것'(삿19:29)이 악마를 위한 최상의 제사가 된다. 실제로 가끔 한국에서 발생하고 있다. 그러나 그렇게는 못하더라도 여자가 세상에서 경험할 수 있는 고통의 극치를 바로 가정에서 남자가 제공해 주어야 한다. '어머니가 가정에 나타난 하나님'이라고 하지만 '남편은 아내에게 가정에 나타난 악마'가 되어야 한다. 아내의 늙은 부모까지도 철저하게 압박해야 한다.

여자에게: 남자는 원래 포악한 짐승 같은 존재다. 흙으로 빚어졌기 때문이다. 가정에서 몇 달만 함께 살아 보라! 남자의 이기적인 본체와 야만의 실체를 보게 될 것이다. 그러므로 그의 심장을 후벼 파야 한다. 남자는 어설픈 논리를 펴 여자를 옭아매려 한다. 그럴 때면 절대로 속아서는 안 되고, 초장부터 그의 심장을 찔러야 한다. 그리고 평생 '그의 뼈를 썩게'(잠12:4) 하면서 무거운 짐이 되어야 한다.

남자가 야만성을 드러내면 그때마다 큰 고통을 느끼게 해야 한다. 최후에는 독살하거나 '청부살인'(마14:8; 막6:24)하거나, 아니면 늙어 힘없을 때 내버리거나 몽둥이로 때려서 목숨을 거두는 것이 악마를 위한 최상의 제사다. 실제로 종종 한국에서 발생하고 있다. 하지만 그렇게 못하더라도 남자가 세상에서 경험할 수 있는 고통의 극치를 바로 가정에서 여자가 제공해 주어야 한다. '어머니가 가정에 나타난 하나님'이라면 '아내는 남편에게 가정에 나타난 악마'가 되어야 한다. 남편의 늙은 부모도 인정사정없이 몰아내야 한다.

옛 뱀의 교훈은 남자와 여자 모두에게 소중하게 접수되어 충실하게 이행되고 있다. 에덴을 떠난 후 이 세상 동서양의 모든 가정에는 과연 싸우는 소리, 때리고 찌르는 소리, 울부짖고 깨지는 소리들이 끊이지 않는다. 이제는 남자와 여자 모두가 가정을 두려워하여 가정을 이루려 하지 않고, 어찌어찌 이루어진 가정이라도 출산을 마다하고, 여차하면 떠나고 있다. 그리고 옛 뱀의 어두운 골짜기에서 뱀의 제단 앞에 모여 뱀의 지식을 배우고, 뱀의 노래를 부르며 뱀의 춤을 추고 있다.

2 모세의 지팡이 뱀

고대 사회에서도 뱀은 공포와 혐오의 대상이었다. 그러므로 뱀을 잘 부린다는 것은 곧 막강한 초능력을 의미한다. 이 능력을 하나님께서 모세에게 주셨다. 이미 80세 노인인 모세, 그는 애굽의 궁중에서 왕족으로 성장하였다. 따라서 왕국의 권력 체계와 엄중함을 잘 알고 있다. 그도 여기에 순응했더라면 최고 권력자의 반열에 들 수 있었다. 그러나 그에게는 어머니의 젖을 먹을 때부터 하나님의 자녀라는 확고한 인식이 있었다. 장성해서는 하나님의 백성을 위하여 의협심도 발휘했다. 그러나 그 결과로 목숨이 위태해져 왕국을 탈출해야만 했다. 멀고 먼 뜨거운 사막도 지났다. 이제는 처가살이 40년의 무기력한 노인에 불과하다.

오늘도 그는 양떼를 몰고 높은 산에 올랐다. 푸른 하늘엔 태양이 빛난다. 그 빛 속에 바위들과 초목들과 새들과 부는 바람은 모두 영원한 노래로 합창을 하고 있다. 정지된 시간 속에 그는 자연의 큰 품에 안겨 있음을 알았다. '아, 이 태고의 평온함이여!' 그는 더 바랄 것이 없다. 집안의 싸우는 소리와 할퀴는 손, 집 밖의 싸우는 소리와 찌르는 창도 없다. 이제 이 태고의 고요 속에 머물고 싶다.

"내가 여기 있는 것이 좋사오니,
여기서 초막을 짓고 바람과 들풀을 벗 삼아 살겠나이다.
새들이 찾아오면 함께 노래도 부르겠나이다."

모세가 이렇게 중얼거리며 가물가물 눈을 감으려는 순간이었다. 저 앞 떨기나무에서 한 불꽃이 일더니 갑자기 활활 타오르기 시작했다. 눈을 다시 부릅뜨고 바라보니 불타는 나뭇가지와 잎들이 사그라지지 않는다. 연기도 나지 않는다. 이상히 생각한 그는 일어나 그곳으로 다가갔다. 그리고 하나님의 음성을 들었다. 엄청난 사명도 받았다. 그러나 사명을 수행하기에 모세의 몸은 이미 너무 늙었고, 마음은 더 늙었다. 그 자신이 그 사실을 잘 알고 있다. 그래서 한사코 사양하는 모세에게 하나님은 바로 뱀을 제어하는 초능력을 주셨다. 하나님은 그에게 물으셨다.

"네 손에 있는 것이 무엇이냐?"
"지팡이입니다."
"그것을 땅에 던져라!"(출4:3)

그가 땅에 던지니 그것이 곧 꿈틀거리는 큰 뱀이 되었다. 깜짝 놀라 몸을 피하는 모세에게 하나님은 말씀하신다.

"네 손을 내밀어 그 꼬리를 잡아라!"(출4:4)

그가 손을 내밀어 잡으니 손에서 다시 지팡이가 되었다. 하나님을 뵈옵고 초능력을 습득한 모세는 이제 더 이상 늙어 빠진 늙은이가 아니다. 그의 가슴에는 새 사명이 활활 타올랐다. 불타는 사람떨기나무가 된 것이다. 가물가물 감기던 그의 눈은 샛별의 광채로 번득였다. 그리고 지팡이를 잡은 그의 오른팔엔 새 시대를 열어젖힐 힘이 불끈 솟았다. 이렇게 새로워진 모세가 성큼성큼 산에서 내려왔다. 그리고 뱀처럼 도망쳐 나온 그 왕궁을 향해 보무步武도 당당히 전진했다.

그는 바로의 궁궐에 도착했다. 80년 전 강보에 싸인 채 부왕 투트모세 1세의 공주 하트셉수트Hatshepsut(기원전 1508~1458)에 의해 나일강변에서 건짐을 받은 후 40년간 살아온 궁궐이다. 그때는 자기를 양육해 준 성채였으나 이제는 자기가 극복해야 할 대상이다. 모세는 잠깐 감회에 젖었으나 곧 다시 전능자의 사명자가 되어 바로 왕 앞에 의연히 섰다. 하나님 백성의 독립을 선포하고, 바로와 그 신하들 앞에 지팡이를 던졌다. 그것은 곧 큰 뱀으로 돌변하여 바로를 삼킬 듯이 노려보았다. 이에 바로도 자신의 마술사들을 불러왔다. 마술사들도 그들의 지팡이를 땅에 던져 역시 뱀이 되게 했다. 그러나 이들은 고양이 앞에 쥐새끼들 같아 모세의 뱀은 이것들을 차례로 삼켰다.

이것은 모세와 바로의 맛보기 대결이었다. 만일 바로가 천지의 주인에 대한 인식이 있었더라면 여기서 승복했을 것이다. 그러나 바로의 겉은 사람이지만 속마음은 야생 짐승과 동일하다. 사전 승복이란 개념은 없고, 패할 때까지 저항만 있을 뿐이다. 결국 열 가지의 재앙 후에야 비로소 바로는 이스라엘 백성을 가게 하였다.

3 광야의 불뱀과 놋뱀

모세는 이스라엘 백성을 인솔하여 홍해를 건너 시내 광야로 나아갔다. 그러나 광야 생활이란 고된 것이다. 의식주 문제가 해결되지 않기 때문이다. 그뿐 아니다. 12명의 정탐꾼 사건 후 광야 생활은 40년으로 연장되어 다시 뜨거운 사막으로 나가야만 했다. 형편이 좋을 때도 불평하기 잘하는 사람들이 이러한 절망 속에서야 말해 무엇하랴!? 그들에게는 하나님의 약속이나 자유민의 신분보다 당장 육신의 안위가 더 중요하다. 백성들의 불평은 맹렬하게 터져 나왔다.

"어쩌자고 우리를 애굽에서 끌어냈는가!?
애굽에는 매장지가 없어서 이 광야에서 죽게 하려는 것인가!?
여기는 물도, 먹을 것도 없고, 이 하찮은 음식 만나에는 이미 물려 버렸다.
우리는 애굽에서 고기 가마 곁에 앉아 배불리 떡을 먹었다.
값없이 생선과 오이와 참외와 부추와 파와 마늘을 먹었다.
이제 우리는 기력이 다했고,
우리가 싫어하는 이 만나 외에는 보이는 것이 없다."(민21:4-7)

이때 하나님께서 불뱀들을 백성 중에 보내었고, 불뱀에 물려 많은 이스라엘 백성이 고통 속에 죽었다.

"내가 술법으로도 제어할 수 없는 뱀과 독사를 너희 중에 보내리니
그것들이 너희를 물리라.(렘8:17)
마치 사람이 사자를 피하려다 곰을 만나거나,
혹 집에 들어가서 손을 벽에 대었다가 뱀에게 물림 같도다.(암5:18-19)
갈멜 산 꼭대기에 숨어도 내가 거기서 찾아낼 것이요,
내 눈을 피하여 바다 밑에 숨어도 내가 거기서 뱀을 명하여 물게 할 것이라."(암9:3)

뱀은 바로를 제어했던 도구가 되었던 것처럼 이번엔 사람들의 불신과 불순종을 다스리는 도구로 사용되었다. 그제야 백성들이 하나님을 향하여 원망한 것을 뉘우치고 중보기도를 요청했다. 하나님께서는 모세의 기도를 들으시고 다시 뱀을 구원의 도구로 사용하신다.

"불뱀을 만들어 장대 위에 달라! 물린 자마다 그것을 보면 살리라!"(민21:8)

모세는 놋으로 뱀을 만들어 장대 위에 높이 달았다. 뱀에게 물린 자마다 이 놋뱀을 바라보면 상처가 치유되며 다시 살았다. '보기만 해도 치유된다'는 말이 너무 비과학적이고 믿기지도 않아 보지 않은 사람들도 있었다. 그들은 자기 운명은 자기가 담당하는 것이라며 고통 중에 죽어 갔다. 반면에 납득이 안 되고 유치해 보여도 믿음을 가지고, 최소한 '밑져야 본전'이라는 생각으로라도, 바라본 사람들은 정말 기적같이 나았다. 이들은 비록 자기의 운명이라 하더라도 자기가 담당할 수 없다는 진리를 인식했고, 또 그런 현실을 체험한 것이다.

그 후 놋뱀은 이스라엘 백성에게 매우 귀한 성물로 숭상되었다. 그리고 병난 사람들, 특히 뱀이나 벌레에 물린 사람들은 놋뱀에게 분향하는 의식을 치렀다. 이 관행이 지속되며 놋뱀은 점차 확고한 경배의 대상이 되었다. 그때나 지금이나 안 보이는 하나님보다 확실하게 보이는 물건을 더 의지하는 인간 본성이 작용한 것이다. 결국 그 후 800년, 기원전 700년경 히스기야 왕은 종교를 개혁하며 그 놋뱀을 박살내 버렸다. 그리고 놋뱀이 아니라 놋 조각일 뿐이라고 공포했다.

"모세가 만들었던 놋뱀을 이스라엘 자손이 이때까지 향하여 분향하므로 그것을 부수고 느후스단(놋 조각)이라 일컬었더라."(왕하18:4)

아무튼 모세의 놋뱀은 마귀의 공격으로 죽은 사람을 다시 살리시는 예수님의 모형이기도 하다. 그로부터 약 1500년 후에 이 놋뱀처럼 예수님은 직접 십자가 위에 달리셨다.

어느 날 밤 니고데모라는 바리새인이 예수님을 찾아왔다. 그는 유대인의 관원으로 산헤드린이라 하는 최고 입법사법기관의 구성원이다. 현재의 국회의원과 대법관을 합해 놓은 것과 같다. 그런 그가 당시 한 젊은 떠돌이 설교자를 방문한 것이다. 방문 자체가 매우 파격적이다. 분명히 그동안 예수님에 대한 깊은 관찰이 있었음이 틀림없다. 또 밤에 혼자 온 것은 진지한 대화를 기대한 것이기도 하다. 과연 예수님은 진지하게 말씀하신다.

> "모세가 광야에서 뱀을 든 것같이 인자도 들려야 하리니,
> 이는 그를 믿는 자마다 영생을 얻게 하려 하심이니라."(요3:14-15)

이방인의 사도인 바울은 고린도 교인들에게 광야의 불뱀을 예로 들며 그리스도를 굳건히 믿고 거짓 종교인들의 유혹으로부터 자신을 지킬 것을 당부하고 있다.

> "우리 조상들 가운데 어떤 사람들이 주를 시험하다가 뱀에게 멸망하였으니
> 우리는 그들과 같이 시험하지 말자!(고전10:9)
> 뱀이 그 간계로 하와를 미혹케 한 것같이, 너희 마음이 그리스도를 향하는
> 진실함과 깨끗함에서 떠나 부패할까 두려워하노라."(고후11:3)

4 독뱀인 종교인과 권력자

뱀은 에덴동산에서 여자를 유혹했다. 그런데 예수님은 종교인들을 뱀과 독사의 새끼라 하신다. 세례 요한도 그들을 독사의 자식들이라 규정했다. 요단 강가 세례 베푸는 곳으로 나아오는 많은 종교인들을 보고 그는 큰 소리로 말했다.

"독사의 자식들아, 누가 너희를 가르쳐 임박한 진노를 피하라 하더냐?
그러므로 회개의 합당한 열매를 맺어라!"(마3:7)

뱀이 마귀를 상징하는 유대 나라에서 이 말은 우리나라의 '똥개새끼들아'보다 더 큰 모욕이다. 보통 뱀도 아니고 독사라 한다. 독사의 새끼들은 알로 태어나지 않고 어미의 배를 가르고 나온다 하여 유대에서는 최상의 저주이다. 이것을 모욕이라 생각한 유대 종교인들은 요한의 세례를 믿지 않았다. 요한이 헤롯 왕에 의해 투옥되고 참수될 때도 침묵으로 동조하며 쾌재를 불렀다. 군중 앞에서는 요한의 세례가 어디로부터 온 것인지 모른다고 공언했다.

예수님이 종교인들에게 '뱀들아, 독사의 새끼들아'라고 책망하신 그날도 예수님은 귀신 들려 눈먼 벙어리를 고쳐 주셨다. 앞 못 보고 말도 못하니 얼마나 참담한가!? 그런 그가 귀신에서 놓여나 말을 하고 앞을 보게 된 것이다. 백성들은 놀라며 예수님이 '다윗의 자손, 메시야가 아니냐!?' 하며 예수님을 믿으려 하였다. 그러나 이를 방해한 것이 종교인들이었다. 바리새인들은 예수님이 귀신의 왕 바알세불을 힘입어 그 귀신을 쫓아냈다는 것이다. 예수님은 매우 통탄해 하시며 지옥의 판결을 말씀하신다.

"만일 사탄이 사탄을 쫓아내면 스스로 분쟁하는 것이니
어떻게 그의 나라가 서겠느냐?
또 내가 바알세불을 힘입어 귀신을 쫓아내면
너희 아들들은 누구를 힘입어 쫓아내느냐?
독사의 자식들아, 너희는 악하니 어떻게 선한 말을 할 수 있겠느냐!?(마12:6-27, 34)
뱀들아, 독사의 새끼들아, 너희가 어떻게 지옥의 판결을 피하겠느냐!?"(마23:33)

뱀도 악인을 상징하지만, 독사는 악의 정도가 더 심한 경우다. 그리고 '독사들아!'뿐 아니라 '독사의 새끼들아!'라고 하신다. 이것은 종교직의 세습을 통렬하게 저주하시는 것이다. 예수님의 강림은 구약의 마감이고 종교 세습의 종말이기도 하다. 그럼에도 불구하고 현재 종교직 세습이 다시 공공연히 이루어지고 있다. 그리고 세상 권력과 암묵적인 야합을 이룬다. 쌍방 간 기득권의 유지라는 이해관계가 일치하기 때문이다. 그러므로 성경은 종교인뿐 아니라 세상의 통치자도 뱀과 독사에 비유하고 있다.

"통치자들아, 너희가 정의를 말해야 하거늘 어찌 잠잠하냐!?
오히려 너희가 불의를 말하고 강포를 행하는구나.
너희의 독은 뱀의 독 같고, 너희는 귀를 막은 귀머거리 독사 같으니라.
곧 요술사가 아무리 피리를 불어도 그 소리를 듣지 않는 독사 같으니라."(시58:1-5)

"공의대로 소송하는 자도 없고, 진리대로 판결하는 자도 없도다.
허망한 것을 의뢰하며 거짓을 말하고, 악행을 잉태하여 죄악을 낳는도다.
그들은 독사의 알을 품고 거미줄을 쳐 그 알을 먹는 자는 죽을 것이고,
그 알을 밟으면 터져서 독사가 나올 것이라."(사59:4-5)

당시의 종교인과 관리들도 의도적으로 이렇게 끔찍한 오류에 빠진 것 같지는 않다. 의로운 일을 한다고 하면서 돈과 힘이 생기니까 자신도 모르게 마귀의 독이 오르고 마귀의 숙주가 되었다. 이것이 또 세습되어 하나님의 대적으로, 오늘의 적그리스도로 성장하게 된 것이다.

그러므로 목자 없이 유리하는 백성들은 그때나 지금이나 직접 하나님께 간구해야 한다. 세상 권위를 의지하지 않는 것이 아버지의 뜻이기도 하다. 오늘의 종파들과 그 대표자회의 그리고 정치계파들과 그 모임들을 보아도 백성들은 직접 하나님께 간구하는 것 외에는 다른 방법이 도무지 없음을 알 수 있다.

"여호와여, 악인들에게서 나를 건지시며 포악한 자에게서 나를 보호하소서!

그들이 마음속으로 악을 꾀하며 매일 모여 싸움을 도발하나이다.
그들은 뱀같이 날카로운 혀를 가졌고,
그들의 입술에는 독사의 독이 있나이다."(시140:1-3; 롬3:13)

5 우리의 생활환경인 뱀과 독사

사람이 에덴동산에서 살 때는 부족함이나 아픔이 없었다. 그래서 너무나 당연한 풍요와 평안의 가치를 알지 못했다. 에덴동산을 반드시 유지해야 한다는 인식도 없었다. 이 상태에서 '눈이 밝아지고 더 좋아질 수 있다'는 마귀의 음성은 충분히 매력적일 수 있다. 그래서 선악과를 따먹었다. 그 결과로 낙원을 잃고 난 그 후에야 비로소 그 가치를 깨닫게 되었다. 사람은 맨몸과 맨살로 직접 고난을 통과해야 지혜로워진다.

하나님이 사람을 에덴에서 추방한 것도 반드시 괘씸해서가 아니다. 참가치를 알게 하기 위해서다. 아담과 하와뿐 아니라 모든 사람이 조금만 편해지면 오만하고 태만해져 타락을 자초한다. 하나님의 자녀라는 신분 가치는 어느새 실종된다.

야곱의 식솔 70인이 애굽에서 요셉의 보호로 풍요롭게 살 때도 그들은 하나님 자녀의 신분을 잊었다. 그 후 노예로 전락하여 혹독한 고난을 받을 때 비로소 하나님을 찾았다. 하나님은 모세를 파송하여 그들을 구해내었다. 그러나 즉시 가나안복지로 인도하지 않고 40년간 광야 생활을 하게 하셨다. 왜냐하면 이를 통해 겸손해져 하나님을 알게 하기 위해서다. 그리고 진정한 하나님 자녀의 신분을 회복케 하기 위함이다.

"너를 인도하여 그 광대하고 위험한 광야,
곧 불뱀과 전갈이 있고, 물이 없는 간조한 땅을 지나게 하셨으며,
네 열조도 알지 못하던 만나를 광야에서 네게 먹이셨으니,

이는 다 너를 낮추시며 너를 시험하여,
마침내 네게 복을 주려 하셨음이라."(신8:15-16)

우리의 현재 세상도 광야와 같다. 생활은 궁핍하고, 몸과 마음은 고통스럽다. 여기에 종교인과 권력자라는 뱀과 독사들이 칭칭 옥죄며 물고 늘어져 있다. 이것이 우리가 사는 환경이다. 그러므로 예수님은 제자들을 세상으로 보내실 때 사태의 심각성을 말씀하시며 뱀을 제어하는 권능을 주신다.

"보라! 내가 너희를 보냄이 양을 이리 가운데 보냄과 같도다.
그러므로 너희는 뱀같이 지혜롭고 비둘기같이 순결하라!(마10:16)
내가 너희에게 뱀과 전갈을 밟으며 원수의 모든 능력을 제어할 권능을 주었으니
너희를 해할 자가 결단코 없으리라!"(시91:13; 눅10:19)

"믿는 자들에게는 이런 표적이 따르리니,
곧 그들이 내 이름으로 귀신을 쫓아내며 새 방언을 말하고,
뱀을 집으며 무슨 독을 마셔도 해를 받지 아니하고,
병든 사람에게 손을 얹은즉 나으리라!"(막16:17-18)

6 모닥불에 떨어진 독사

성경에는 실제로 독사에 물리고도 해를 받지 않고, 병자를 낫게 한 실화가 있다. 사도 바울의 이야기다. 그는 원래 예수님을 이단의 괴수로 알았었다. 그리고 정통 유대교를 수호하기 위해 그리스도교를 핍박했었다. 그 열정이 대단하여 외국까지 나가 교인들을 잡아들였다.

이렇게 뜨거운 열정의 바울은 부활하신 예수님을 만난 후 다시 불같이 뜨거운 사도가 되었다. 아버지의 종교직을 넘겨받거나 타인의 도움에 의존하지도 않았

다. 손수 천막을 만들어 연명하며 땅끝을 찾아가는 개척과 모험의 사도가 된 것이다. 이러한 열정은 그때나 지금이나 항상 안팎의 반대자들에게 공격 대상이 된다. 가장 강력한 반대자는 역시 종교인이었다. 이들의 집요한 살해 위협을 피해 바울은 로마 황제의 재판을 청원했다. 이에 따라 바울은 죄수의 몸으로 로마로 압송 중에 있었다.

당시의 교통수단인 한 대형 돛단배에 바울을 비롯한 죄수들과 압송자인 군인 등 모두 276명이 승선했다. 그러나 사명자의 길은 항상 그리고 반드시 험난하기 마련이다. 계절은 마침 추운 겨울이었다. 유대의 가이사랴를 떠나 지중해의 크레테 섬 미항이라는 항구까지는 무사히 도착했다. 그러나 더 좋은 곳에서 겨울을 나기 위해 이곳을 떠난 것이 문제였다.

유라굴로라는 광풍이 대작한 것이다. '유라굴로(Northeaster)'는 북풍과 동풍의 합성어이다. 이 광풍은 말 그대로 그곳 지형에 따라 북풍과 동풍이 충돌하며 생기는 강력한 북동풍으로 이 속에서는 돛배의 방향 조절이 불가능해진다. 바람 부는 대로, 행선지의 반대 방향인 남서쪽으로 밀려갈 수밖에 없다. 그러다 뒤집히거나 암초에 부딪히면 끝장이 나는 것이다.

겨울바다 한가운데서 광풍에 휩싸인 사람들은 추위에, 더욱 사망의 공포에 휩싸였다. 그러나 이 배에는 사명자 바울이 타고 있다. 사명자의 사명은 공포에서 위안을, 절망에서 희망을, 포기에서 도전을 전파하는 것이다. 과연 바울의 외침은 그들에게 새로운 용기가 되었다. '여러분이여 안심하라! 나는 하나님을 믿노라.'(행27:25) 결국 276명은 모두 파도에 깨진 배를 버리고 광풍의 바다에 뛰어들었다. 그리고 헤엄을 쳐 시실리 남쪽 멜리데말타라는 작은 섬에 기어올랐다. 드디어 보름 동안 바다 폭풍과의 사투를 승리로 끝낸 것이다.

원주민들은 추운 날 바다에서 기어오른 사람들이 물에 빠진 생쥐 같아 동정을 베풀어 모닥불을 피워 주었다. 바울도 나무 한 다발을 들어 불에 넣었다. 순간 그곳의 토종 독사 한 마리가 뜨거움에 놀라 빠져나오며 바울의 손을 덥석 물었다.

원주민들은 그의 손에 매달려 있는 독사를 보고 '이 사람은 필시 큰 죄인으로 어차피 죽을 운명'(행28:4)이라 생각했다. 그리고 독사를 떨어 버린 바울이 곧 부어오르고 비명을 지르며 발광하다가 쓰러져 죽을 것을 기대했다. 왜냐하면 독사들과 함께 살아온 원주민들은 이 독사의 독이 얼마나 치명적인가를 오랜 경험으로 잘 알고 있기 때문이다.

그러나 오랜 시간이 지나도 바울에게 아무런 이상이 없다. 오히려 소망에 찬 그의 천국 복음이 모닥불보다 더욱 뜨겁게 사람들의 마음을 녹여 주었다. 이러한 광경을 처음 보는 원주민들은 또 다른 극단적인 상상에 도달했다. 그들은 입을 모아 '바울은 사람이 아니라 신'이라는 것이다. 순박한 섬사람들은 비록 독사들에게 물리며 살아가고 있으나 복음을 받아들였고, 많은 병자가 나음을 받았다.

"뜨거움으로 인하여 독사가 나와 그의 손을 물고 있는지라.
바울이 그 짐승을 불에 떨어버리매 조금도 상함이 없더라.
원주민들은 그에게 아무 이상이 없음을 보고 돌려 생각하여 말하되
'그는 신이라' 하더라.
이러므로 섬 가운데 다른 병든 사람들이 와서 고침을 받고
후한 예로 우리를 대접하고 떠날 때에 우리 쓸 것을 배에 올리더라."(행28:3-10)

성경은 또 세상 끝 날에 나타날 뱀의 운명도 이와 같을 것이라고 한다.

"그날에 여호와께서 그 견고하고 크고 강한 칼로 날랜 뱀 레비아단,
곧 꼬불꼬불한 뱀 레비아단을 벌하시며 바다에 있는 용을 죽이시리라.(사27:1)
또 미혹하는 마귀가 불과 유황 못에 던져지니
거기는 그 짐승과 거짓 선지자도 있어
세세토록 밤낮 괴로움을 받으리라."(계20:10)

5.

용 악의 상징

용龍, dragon은 신화나 전설에 등장하는 상상의 동물로서 동양과 서양에 모두 있다. 모양도 거대한 뱀이나 큰 도마뱀, 악어 등으로 비슷하다. 뿐만 아니라 머리가 여러 개 있을 수 있고, 입과 코로 불과 연기를 내뿜을 수도 있다. 그리고 비와 구름을 부르는 등 초자연적인 능력도 지니고 있다. 이러한 용이 동서양에 모두 등장하지만 그 상징성은 다르다. 동양에서는 상서로운 징조인 데 반해 서양에서는 악마적일 뿐이다.

동양의 용은 먼저 인도신화에 큰 뱀, 또는 바다 속 용왕龍王으로 나오고 불교에도 있다. 수미산須彌山을 동서남북에서 지키는 사천왕四天王에도 나온다. 수미산은 우주의 중심에 있다는 산으로 이 산 정상의 도리천忉利天이란 곳에 지상계의 최고신인 제석천帝釋天이라는 환인桓因이 있다. 이곳의 하루는 인간 세상의 100년이고, 이곳에 사는 천인天人들의 수명은 1000세라 한다. 이 수미산의 남쪽을 지키는 증장천왕增長天王의 오른손에 쥐어져 있는 것이 용이고, 여의주는 왼손에 들려 있다. 또 서쪽을 지키는 광목천왕廣目天王의 부하 중에 용이 있다.

중국에는 옛날 사람들이 양자강에서 큰 악어를 보고 세상에서 가장 무섭고 끔찍한 괴물이라고 여겼다. 그리고 곧 여기에 상상을 추가하여 용을 날조했다. 용의 머리는 낙타, 뿔은 사슴, 눈은 토끼, 코는 돼지, 귀는 소, 목은 뱀, 배는 큰 조개, 발은 호랑이, 발톱은 매에서 차용하여 합성한 것이다. 온몸을 덮고 있는 것은 잉어의 비늘인데 81(=9×9)개이다. 좌우간 최대한 신비롭고 무섭고 위엄이 있어 보이도록 만들었다. 그 목적은 권력의 상징으로 삼아 백성들에게 겁을 주려는 것이다. 왕 같은 권력자는 용처럼 막강한 존재이므로 백성들은 절대 복종만 하라는 것이다.

특히 한 왕조의 초대 왕들은 대부분 출생부터 용꿈을 꾸는 등 용에서 비롯된다. 궁중 도처에도 용의 글자와 그림과 조각을 새겨놓았다. 그뿐 아니라 왕의 얼굴은 용안龍顔, 옷은 용포龍袍, 의자는 용상龍床이고, 세월이 태평하면 용덕龍德이라 했다. 그러나 용의 턱 밑 목에는 거꾸로 난 비늘인 역린逆鱗이 있는데 이것을 건드리면 왕의 노여움이 발동하여 일가문중이 모두 죽어야 한다. 이렇게 백성은 왕의 얼굴을 쳐다보지도 못하게 하며 권력을 마구 휘둘렀다. 이런 왕국들이 결국 모두 망했다.

서양에서는 일반적으로 물속에 사는 기괴한 큰 동물들을 용이라 부른다. 이 개념은 이미 기원전 3000년 전 페니키아 신화에 등장한다. 페니키아인들은 동지중해안에 정착하여 알파벳의 기원인 표음문자를 전했다는 민족이다. 그들의 신화에 나오는 레비아단leviathan은 불과 연기를 내뿜는 뱀 모양의 거대한 바다 괴물이다. 이런 용이 8~11세기경에는 유럽 해상에서 상업과 약탈을 일삼은 바이킹Viking의 표시이기도 했다. 좌우간 용은 죽음의 세계를 지배하는 존재로 여겨졌다.

성경에는 용이 마귀, 사탄을 의미하고 애굽, 바벨론 등 하나님의 백성에게 적대적인 나라들을 상징하기도 한다. 다른 명칭으로는 '옛 뱀'(계20:1-2), '날랜 뱀, 꼬불꼬불한 뱀, 레비아단'(시74:14; 사27:1), 바다 괴물을 뜻하는 '라합'(욥26:12; 시87:4; 89:10; 사51:9), 귀신의 왕이라는 '바알세불'(마10:25; 12:2), 악함을 뜻하는 '벨리알'(고후6:15), 황충의 임금이라는 '아바돈'과 파괴자라는 '아볼루온'(계9:11) 등등 여러 가지가 있다.

1 땅에 떨어진 용

마귀 또는 악마devil, demon는 사람을 해롭게 하는 악한 영들, 즉 귀신들의 우두머리고, 히브리어로 사탄satan이란 명칭은 '대적자'라는 뜻이다. 이 사탄의 정체와 출처가 매우 궁금하다. 사탄은 원래 하나님의 최측근에 있던 천사의 대장으로 지혜와 용모가 뛰어났으며 하나님의 빛을 제일 먼저 전했다고 한다. 그래서 그를 루시퍼Lucifer라고도 하는데 라틴어로 빛lux, lucis을 가져오는ferre 자로 우리말로 '샛별', 한문으로는 '계명성啓明星'(사14:12-14)이라 표기한다.

그가 천사의 대장이기 때문에 '천사장 미카엘이 모세의 시체에 관하여 그와 다툴 때에도 비방하지 못했다'(유1:9)고 한다. 이 루시퍼가 하나님과 같이 되려는 교만으로 그리스도에게 복종하라는 명령에 불복했다는 것이다. 결국 인간의 타락 이전에 먼저 하늘에서 추방되어 땅으로 떨어졌다. 사탄과 함께 '자기 지위를 지키지 않고 범죄한 천사들'(유1:6; 벧후2:4)이 추방되었는데 그 규모가 천사 전체의 '1/3'(계12:4)에 해당한다.

"예수께서 이르시되
'사탄이 하늘에서 번개같이 떨어지는 것을 내가 보았노라.'"(눅10:18)

이탈리아의 시인 단테Alighieri Dante(1265~1321)는 『신곡神曲』이라는 서사시의 「지옥」 편에 루시퍼가 하늘에서 지구로 떨어진 장소가 예루살렘 반대편 남반구라 한다. 당시에 사탄의 접근을 보고 땅들이 무서워서 모두 바다 밑으로 숨거나 북반구로 물러감에 따라 현재 남반구에는 육지가 거의 없다는 것이다. 지각이 크게 이동한 것이다. 사탄은 지구 중심부까지 뚫고 들어가 지옥에 머물며 현재도 마치 중력重力과 같은 힘으로 사람들을 유혹한다고 한다.

마귀는 엄청난 힘으로 세상을 지배하여 세상 끝 날까지 끊임없이 사람들을 유혹한다. 제일 처음 에덴동산에서 뱀의 모양으로 나타나 하와를 타락시켰다. 하나님이 왜 악마를 완전히 없애버리지 않으셨는지 의문이 갈 수 있다. 그것은 인간이 자유의지로 악마가 아니라 하나님을 선택하게 하기 위함이다. 인간은 태어나면 지식을 배우며 지혜로워져야 한다. 지혜란 선악의 개념을 알고 자신의 행위에 책임을 지는 자질이다. 그런데 하와와 아담은 당시에 이 개념이 없었다. 이 개념이 없기는 현대인도 마찬가지 아닌가!?

영국의 시인 밀턴John Milton(1608~1674)은 『실낙원失樂園』에서 뱀이 하와를 유혹하는 장면을 묘사하고 있다. 사탄이 에덴동산의 뱀에게 들어가 하와에게 말을 하게 했다. '아름다운 세상의 왕후, 빛나는 우주의 여왕이시여!'라고 원래 말을 못하는 뱀이 지혜롭고도 꿀처럼 달콤한 아첨의 말을 했다. 뱀은 자기가 이렇게 말하게 된 것도 선악과를 먹은 결과라 했다. 하와는 결국 선악과를 따먹고 자신도 지혜로워졌다고 느꼈고, 남편 아담도 먹게 했다. 그들은 에덴에서 추방되었다.

인간을 에덴에서 쫓겨나게 한 악마는 그 후 세상 사람들을 지배하여 하나님을 멀리하고 악을 행하게 했다. '죄악이 세상에 가득하고 사람의 생각이 모두 악해졌다.'(창6:5) 그러므로 하나님은 노아 때에 홍수로 땅의 사람들을 모두 쓸어버리셨다. 마귀는 그 후에 노아의 후손들도 지배하여 '바벨탑을 쌓게 하여 지면에 흩어지게'(창11:9) 했다. 곳곳에 나라들이 세워졌으나 세상은, 우리가 배우고 경험하는 것처럼, 죄악과 싸움으로 가득 차 있다.

이때 하나님은 아브라함과 구원의 언약을 맺으셨다. 언약은 그의 후손인 이삭과 야곱 그리고 그의 후손에게 이어졌다. 모세로 하여금 출애굽을 하게 하고 계명을 지키므로 하나님의 백성으로 살게 하셨다. 그러나 이스라엘 백성 역시 하나님을 떠나 마귀의 수중에 떨어졌다. 역대의 왕들은 타락하여 이민족에게 나라를 빼앗겼다. 특히 종교인들이 오늘처럼 완전히 부패하여 '하나님의 성전이 고스란히 강도들의 소굴'(마21:13; 막11:17)이 되었다. 당시의 종교인들도 자신들이 설마 하나님의 대적이 되었다는 사실을 꿈에도 몰랐을 수 있다. 아무튼 아브라함의 언약이 무산될 위기에 처한 것이다.

이때 하나님은 자기 백성의 구원을 위한 최후 수단을 강구하셨다. 바로 독생자 예수 그리스도의 지상 강림이다. 하나님의 백성이 예수님을 믿어 구원에 이르게 하신 것이다. 그러나 태초부터 지금까지 마귀의 유혹은 강하게 작용하고 있다. 사람은 태어날 때부터 마귀의 수중에 있다고 보면 된다. 그러므로 사람은 각자 지기의 주관으로 자기 입장을 분명히 밝히며 소속을 결정해야 한다.

2 용인 마귀 사탄의 유혹

마귀가 에덴동산에서 하와를 타락시킨 후에 이 세상에서도 사람을 공격하고 있다. 사탄은 특히 '광명의 천사로, 그의 졸개들도 의의 일꾼인 종교인으로 가장'(딤후11:14-15)하여 평신도들을 제물로 삼고 있다. 사탄이 사람을 미혹하는 장면들이 성경에 기록되어 있다. 구약에서는 욥, 신약에서는 예수님과 제자들에 대한 사탄의 송사와 유혹이 그것이다.

① 욥: 욥은 아브라함과 같은 시대 요단 동쪽 우스라는 지역에 살던 인물이다. 욥은 부자이고, 특히 하나님을 경외하기로 이름난 동방의 의인이었다. 그런데 사탄이 하나님에게 욥의 믿음이 허구라고 했다.

> "욥이 어찌 이유 없이 하나님을 믿겠습니까!?
> 하나님이 지켜 주시어 그의 소유물이 많아서 그런 것입니다.
> 그러나 소유물이 없어지면 그도 하나님을 향하여 욕할 것입니다."(욥1:9-11)

그러므로 하나님은 사탄에게 그의 소유물을 맡겼고, 사탄은 욥을 하루아침에 알거지가 되게 했다. 자녀들도 갑자기 모두 죽었다. 그러나 욥은 하나님을 원망하지 않고 믿음을 입증했다. '내가 모태에서 알몸으로 나왔으니 또 알몸으로 돌아갈 것이다. 주신 이도, 거두신 이도 여호와시니 찬송할지라!'(욥1:21) 하나님이 사탄에게 말씀하셨다. '보았느냐? 욥의 믿음은 온전한 것이다.'(욥2:3) 그러나 사탄은 믿음이 온전할 수 없다고 하며 수긍하지 않았다.

"사람이 가죽과 살로 되어 있어서 그 뼈와 살이 상하면 틀림없이 하나님을 향하여 욕할 것입니다.'(욥2:4-5)

하나님은 다시 욥의 몸을 사탄에게 내주며 생명은 해치지 말라고 하셨다. 사탄은 욥의 몸을 쳐서 발바닥에서 정수리까지 종기가 나게 했다. 욥은 재 가운데 앉아 질그릇 조각으로 몸을 긁었다. 너무나 참담한 광경을 보다 못한 그의 부인조차 일갈했다. '아이구, 이 웬수야, 그런 꼴로도 하나님을 믿냐!? 차라리 욕하고 죽어라!' 그러나 욥은 이번에도 믿음의 실체를 재확인하였다. '하나님께 복을 받는다면 화도 받지 않겠소!?'(욥2:9-10)

현재 대다수 한국 교회는 복 받아 성공하기 위해서 믿음을 가져야 한다고 가르친다. 믿음을 복 받기 위한 수단으로 만들어 버렸다. 본인도 모르게 무속과 기복 신앙으로 타락한 것이다. 이 상황에서는 욥과 정반대로, 그의 부인과 같은 결정을 내리게 된다. 왜냐하면 믿음에 아무런 실질 효과가 없고, 오히려 부담과 손실이 발생한다고 생각하기 때문이다.

② **예수**: 신약에서는 무엇보다 마귀가 예수님을 시험한 것이 유명하다. 예수님이 30세가 되시고 요단강에서 세례 요한에게 세례를 받으셨다. 그 후 곧 성령의 인도로 광야에 나가 40일을 금식하시고 주리셨다. 그때 마귀가 예수께 나와서

세 가지를 시험했다.

(1) 마귀: "네가 하나님의 아들이면, 이 돌들로 떡덩이가 되게 하라!"
예수: "성경에 쓰여 있다. 사람이 떡으로만 사는 것이 아니요,
하나님의 입으로부터 나오는 모든 말씀으로 살 것이라!"

(2) 마귀가 예수를 성전 꼭대기에 세웠다.
미귀: "네가 하나님의 아들이면, 뛰어내리라! 성경에 쓰여 있다.
그가 그의 사자들을 보내어 그들이 손으로 너를 받들 것이라 했다."
예수: "성경에 쓰여 있다. 주 너의 하나님을 시험하지 말라!"

(3) 마귀가 지극히 높은 산 위에서 천하만국의 영광을 보여 주었다.
마귀: "만일 내게 엎드려 경배하면 이 모든 것을 네게 주리라!"
예수: "사탄아 물러가라! 성경에 쓰여 있다.
주 너의 하나님께 경배하고 다만 그를 섬기라!"(마4:1-11; 눅4:1-13)

예수님은 공생애에서 첫 대결로 이렇게 마귀를 물리치셨고, 그 후 마귀는 예수님의 권세에 굴복하게 되었다. 예수님은 '마귀에 눌린 모든 사람들을 고치셨고,'(행10:38) 최후에는 십자가의 '죽으심으로 사망의 권세를 잡은 마귀를 멸하시고 그에게 매인 자들을 풀어'(히2:14-15) 주셨다.

아무튼 이 세 가지 마귀의 시험은 보통 사람들에게도 항상 다가온다.

시험 (1)은 먹고사는 육체적 본능과 물질의 문제다. 성경은 이를 육신의 정욕이라 한다.

시험 (2)는 공개적인 업적이나 기행으로 사회적인 명예와 찬사를 받으려는 욕망이다. 이것을 이생의 자랑이라 한다.

시험 (3)은 눈에 보이는 영광과 허영을 쫓는 것이다. 이것을 안목의 정욕이라 한다.

"이 세상이나 세상에 있는 것들을 사랑하지 말라!
이는 세상에 있는 모든 것이 육신의 정욕과 안목의 정욕과 이생의 자랑이니
다 아버지께로부터 온 것이 아니요, 세상으로부터 온 것이라."(요일2:15-16)

③ **베드로**: 사탄은 예수님의 제자들도 지배하고 있었다. 수제자인 베드로는 예수님이 메시아의 지위와 능력으로 로마군을 물리치고 이스라엘의 새 나라 세우실 것을 기대했다. 다른 제자들과 백성들도 모두 그렇게 바랐다. 그리고 그들뿐 아니라 오늘의 교회와 사람들도 이렇게 현재를 누리는 구원을 바라는 것이 사실이다.

그런데 예수님이 예루살렘에서 종교인들에게 고난받고 죽임을 당해야 한다고 말씀하셨다. 만일 정말 그렇다면 모든 것을 버리고 따르는 제자들의 운명이 비참해질 것이 분명하다. 베드로는 자신도 모르게 예수님을 붙들고, 갑자기 큰 난리가 난 듯, 거칠게 항변했다. '그럴 수 없습니다! 그런 일이 결코 주님께 미칠 수가 없습니다!!!' 원래 베드로의 급하고 다혈질의 성격은 '사탄의 좋은 유혹 대상'(눅22:31)이기도 했다. 그러자 예수님은 돌이켜 제자들을 보시며 베드로를 단호하게 꾸짖으셨다.

"사탄아, 내 뒤로 물러가라!
너는 하나님의 일을 생각하지 않고 도리어 사람의 일을 생각하고 있다.
누구든지 나를 따르려면 자기를 부인하고,
자기 십자가를 지고, 나를 따라야 한다."(마16:23-24; 막8:33-34)

후에 베드로는 예수님을 따르기커녕 모른다고 세 번씩이나 저주하며 부인했다. 그러나 닭 울음소리에 그의 정신이 돌아와 눈물로 회개하고 사도의 직분을 수행했다. 오늘의 종교인들과는 전혀 다르게 예수님처럼 고난을 받고 죽임을 당한 것이다.

④ **가룟 유다**: 사탄은 그 후 가룟 유다에게 들어갔다. 유다 자신은 예수님을 종교 지도자들과 대면케 하여 이스라엘의 광복을 속히, 확실하게 이루려 했다. 스승의 지혜와 능력이면 충분히 그럴 수 있다고 생각했다. 그래서 그는 먼저 성전을 찾아가 종교인들과 상의했고, 약조금도 받았다. 그러나 매우 효과적인 것으로 보이는 이 계획이 마귀의 음모임은 미처 알지 못했다. 설익은 혁명가처럼 자기만의 헛된 확신과 무모한 계획에 사로잡혔던 것이다.

"열둘 중 하나인 가룟인이라 부르는 유다에게 사탄이 들어가니(눅22:3)
마귀가 벌써 시몬의 아들 가룟 유다의 마음에 예수를 팔려는 생각을 넣었더라."
(요13:2)

유다는 기대했었다. 오병이어의 기적을 베푸시는 예수님이 성난 바다를 꾸짖으실 때처럼, 성전의 잡상인들을 내쫓으실 때처럼, 종교인들의 비판을 일축하실 때처럼, 그러한 권위와 능력으로 공회 앞에서도 종교인들을 압도하실 줄 알았다. 반드시 그럴 것이라고 생각했었다. 그런데…, 그런데 스승님은 무기력하기 짝이 없게 말도 몇 마디 못하시고, 얻어맞으시고, 죽음으로 끌려가셨다. 유다의 이성과 감정은 완전히 무너졌다. 완전한 멘붕 상태에서 유다는 스스로 목을 매어 죽는 과정도 느끼지 못했을 것이다.

베드로의 사탄 A는 유다의 사탄 B와 그 종류와 성격이 다르다. A는 무의식적이고 마음속에 잠재된 것이고, B는 의식적이고 계획과 행동으로 나타난 것이다. 마음속에 A를 품고 있는 것에는 모든 사람이 동일하다. 실제로 얼마나 많은 악한 생각과 유혹들인 A가 우리 마음속에서 들끓고 있는가!? 그러나 이것을 의식적인 행동으로 실천하는 것은 모두 동일하지 않다. 이것을 정말 행동으로 옮기는 B는 죄악이고 파멸의 길이다. 이 땅에서도 감옥에 가고 수치를 무릅써야 한다. 그러나 모든 사람이 정말 이렇게 범죄인이 되어 감옥에 가거나 영원한 파멸에 이르는 것이 아니다.

독일의 문호 괴테Johann Wolfgang von Goethe(1749~1832)가 쓴 희곡 『파우스트*Faust*』에서는 메피스토펠레스Mephistopheles, 혹은 Mephisto라는 악마가 늙은 학자인 파우스트를 유혹하고 있다. 파우스트는 인간의 학문에 실망했고 종교의 속박과 위선에 회의를 느끼고 있었다. 그런 그에게 청춘을 되돌려주고 쾌락을 누리게 하는 조건으로 그의 영혼을 요구한 것이다. 파우스트는 이 조건을 수락하고 새 청춘을 구가하며 쾌락을 누렸다. 그러나 종국에는 자신의 잘못을 깨달아 영혼의 구원을 받았다. 악마는 파우스트뿐 아니라 모든 사람에게 다가와 가장 효과적인 방법으로 유혹하여 넘어뜨리기도 한다. 그러나 순수한 인간의 양심은 멸망하지 않는다는 것이다.

⑤ **사탄교**: 사탄을 숭배하는 사탄주의와 사탄교도 있다. 사탄주의Satanism는 사탄을 숭배하는 종교적, 철학적인 신념과 운동이다. 미국의 안톤 라베이Anton Szandor LaVey(1930~1997)라는 사람은 1966년에 사탄 교회를 창립하였다. 본래 독실한 루터교 신자로 교회에서 오르간을 연주했으나 종교인들의 위선이 그를 실족케 했다. 그는 자기 자신을 있는 그대로 솔직하게 인정해야 한다고 생각했다. 그를 '검은 교황'이라 부르는 그의 추종자들은 자신들이 평범한 인간들이라는 사실을 알림으로써 인간 속에 내재된 참된 본능을 따르는 것이 잘못이 아니라는 것이다.

라베이가 저술한 『사탄경*Satanic Bible*』에는 '인간이 짐승 중 하나로서 금욕이 아니라 희열을, 자기기만이 아니라 순수 지혜를 추구한다'는 등 '사탄의 아홉 원리'가 먼저 나온다. 그리고 물질의 네 요소인 불, 공기, 흙, 물에 각각 관여된 ① 사탄, ② 루시퍼, ③ 벨리알, ④ 레비아단을 네 주제로 다루고 있다. '당신을 구원하는 신은 당신 자신일 수 있다'는 말도 있다. 불교에서 모든 인생이 부처가 될 수 있다는 것과 일치하고 있다.

이렇게 공개된 사탄교 외에 자신들의 신분을 최대한 비밀에 부치는 비밀

사탄교도 있다. 회원들이 고등교육을 받은 부유한 전문인들로서 신분의 노출을 꺼리는 것이다. 또 '갱' 사탄교라는 것도 있다. 주로 10대 20대 초의 젊은 백인 남자들이 비조직적으로 활동하는 것으로 가장 위험하고 범죄적이기도 하다. 이들은 '검은 미사black mass'를 드리며 신비적인 황홀과 흥분을 자아내는 록 음악Rock music도 연주한다. 명상과 훈련을 통해 초능력을 습득하고 악마들과의 소통도 가능하다고 한다. 이러한 사탄교가 한국에도 상륙했다고 한다.

영국의 작가이며 설교자인 존 버넌John Bunyan(1628~1688)의 『천로역정天路歷程』이란 책에도 악마가 등장한다. 아볼루온Apollyon이라 하는 이 악마는 온몸이 비늘로 덮였고, 입은 사자입이고, 용처럼 날개가 있고, 발은 곰 같고, 배에서는 불과 연기가 토해져 나온다. 그리고 천국을 향해 순례의 길을 가는 크리스천Christian이란 주인공을 회유한다. 자기 말을 듣지 않자 우박을 쏟아 붓듯 불화살을 쏘아댄다. 크리스천은 믿음의 방패와 말씀의 검으로 악마를 막아낸다.

"근신하라, 깨어라! 너희 대적 마귀가 우는 사자같이 두루 다니며 삼킬 자를 찾나니
너희는 믿음을 굳게 하여 그를 대적하라!(벧전5:8-9)
마귀에게 틈을 주지 말라!(엡4:27)
마귀의 올무에 빠질까 조심하라!(딤전3:7)
마귀를 대적하라! 그리하면 너희를 피하리라.(약4:7)
마귀의 간계를 능히 대적하기 위하여 하나님의 전신갑주를 입으라!
모든 것 위에 믿음의 방패를 가지고 모든 불화살을 소멸하고,
구원의 투구와 성령의 검, 곧 하나님의 말씀을 가지라!"(엡6:11, 16-17)

3 여자를 공격하는 용

에덴동산에서 여자를 타락시킨 뱀도 그 실체는 용이며 마귀다. 그리고 여자에 대한 용의 공격은 현재도 진행 중이다. 사도 요한의 계시에 따르면 하늘 보좌에

앉으신 이의 오른손에 일곱 인으로 봉인된 두루마리 책이 있다. 세상 끝 날 그리스도의 재림과 최후의 심판에 관한 것이 그 내용이다. 예수님을 상징하는 어린양이 이 책의 봉인을 차례로 떼기 시작한다. 일곱째 인이 떼어지고 마지막 일곱째 나팔이 울린 후 하늘에는 큰 이적이 보인다. 바로 여자에 대한 용의 공격이다.

> "해의 광채를 입은 한 여자가 있는데 그 발아래 달이 있고
> 그 머리에는 열두 별의 면류관을 썼더라.
> 이 여자가 아이를 배어 해산하게 되매 아파서 애써 부르짖더라.
> 하늘에 또 다른 이적이 보이니,
> 보라! 한 큰 붉은 용의 머리가 일곱이요 뿔이 열이라.
> 그 머리에 일곱 왕관이 있고, 그 꼬리는 하늘 별 삼분의 일을 끌어 땅에 던지더라.
> 용이 해산하려는 여자 앞에서 그가 해산하면 그 아이를 삼키고자 하더라."(계12:1-4)

왕관을 쓴 머리 일곱, 뿔 열 개의 기괴한 모습의 용은 그 꼬리로 하늘의 별 1/3을 땅에 던지고 있다. 붉은 용은 본래 으뜸 되는 천사장이었으나 교만함으로 저주를 받은 영적 존재이다. 이 마귀가 최후의 심판에 이를 때까지 가공할 파괴력으로 세상 모든 나라들을 지배하고 있다. 땅에 떨어진 별의 1/3은 자기 처소를 떠난, 범죄한 천사들이다. 그리고 여자는 교회로서 과거부터 하나님을 믿는 약속의 자녀들을 의미한다.

아무튼 마귀의 입장에서는 에덴동산에서 여자를 공략하여 자기 여자로 만들었다고 생각했었다. 또 그렇게 고분고분하지 않았던가!? 마귀는 그 달콤한 순간을 잊을 수가 없다. 그런데 이 여자가 누구의 엉뚱한 아이를 배어 온 것이다. 여자의 남산만큼 부른 배를 보니 기가 차다. '여자의 마음은 갈대라더니!' 마귀는 크게 분노했다. 그리고 아이가 나오면 한입에 집어삼키고, 여자를 다시 꿰차 데려가려는 것이다. 그러나 이 드라마의 종말은 이미 결정되어 있다.

에덴동산에서 시작된 마귀의 공격은 땅에서도 지속되고 있다. 용이 여자를 핍박하고 아이를 삼키려는 시도는 먼저 성탄 직후 베들레헴에서 아기 예수를 죽이려는 헤롯 대왕의 살해 의도로 나타났다. 또 예루살렘 교회를 말살하려는 초대교회의 핍박으로 나타났다. 그 후 오늘까지 하나님의 자녀들을 괴롭히는 세상의 고난으로 이어지고 있다. 마귀는 집요하게 그리스도의 구속 사업을 저지하려 하지만 예수님의 십자가 승리로 그의 권세를 잃게 된다. 태어난 아이는 하나님의 보좌 앞으로 올려 가고, 여자는 광야로 피신한다.

그리고 용은 결박되어 무저갱에 갇힌다. 무저갱無底坑, abyss은 바닥이 없는 구덩이다. 천년 후에 용은 놓여나와 세상 사람들을 미혹하여 성도들에게 최후 도전을 감행하지만 곧 불과 유황의 영원한 형벌을 받는다. 그리고 세상에서 호의호식하던 종교인들도 용과 자리를 함께하게 된다.

> "또 내가 보니 천사가 무저갱 열쇠와 큰 쇠사슬을 그 손에 가지고 하늘로서 내려와서
> 용을 잡으니, 곧 옛 뱀이요, 마귀요, 사탄이라.
> 잡아 일천 년 동안 결박하여 무저갱에 던져 잠그고,(계20:1-3)
>
> 천년이 되어 사단이 그 옥에서 놓여나와서 땅의 백성을 미혹하고 모아
> 싸움을 붙이니 그 수가 바다 모래 같으리라.
> 그들이 지면에 널리 퍼져 성도들의 진영과 사랑하시는 성을 포위하므로
> 하늘에서 불이 내려와 저희를 소멸하고,
> 또 그들을 미혹하는 마귀가 불과 유황 못에 던져지니
> 거기는 그 짐승과 거짓 선지자도 있어
> 세세토록 밤낮 괴로움을 받으리라."(계20:7-10)

6.

짐승

짐승보다 더 악한 '짐승'

짐승은 사람이 아닌 동물로서 날짐승과 길짐승을 통틀어 이르는 말로 금수禽獸라고도 한다. 영어에는 animal, beast, brute 등의 표현이 있다. 사람에게는 본능 외에 자유의지, 윤리의식, 가치관 등 정신세계가 있으나 짐승에게는 본능이 있을 뿐이다. 그러나 우리가 세상에서 경험하는 것은 사람이 짐승보다 더욱 해로울 수 있다는 사실이다. 포악한 사람을 짐승 같다고 하고, 한마디로 인간이 금수보다 못한 경우가 있다.

짐승은 생존을 위해 본능에 따라 행동하므로 예측 가능하고, 또 순수하다. 그러나 금수보다 못한 인간과 그의 조직들은 순수성도 없고 악행을 저질러도 양심의 가책도 없다. 기계적, 관례적으로 행동하기 때문이다. 그러므로 짐승보다 더 악한 인간 조직을 비유적으로 표현할 짐승이 없고, 이를 표현할 어휘도 없다. 그래서 성경에서는 그냥 '짐승'이라는 단어를 사용하고 있으나 이것은 보통의 짐승들과는 차원이 다른 존재이다. 그래서 이것을 '악짐승' 또는 '악괴물'이라는 새 말을 만들어 칭하면 어떨까 하는 생각도 든다.

1 세상 권세의 상징

성경의 '짐승'은 사자, 표범, 독수리 등과 같이 어느 한 동물이 아니라 여러 동물들의 집합체로 되어 있다. 예를 들어, '사자 같은데 독수리의 날개가 있고', '표범 같은데 새의 날개 넷이 있고, 머리가 넷인데 쇠로 된 이가 있고 뿔은 열 개다'라는 식이다.

이렇게 그 모양이 복잡, 기괴하니까 일정한 명칭이 있을 수가 없다. 특정한 명칭이 없지만 그 존재는 확실하기 때문에 성경은 그냥 '짐승'으로 표기하고 있다. 이 짐승이 상징하는 것은 세상 권세로서 정치권력과 종교권력으로 나타난다. 먼저 구약에서 선지자 다니엘이 환상으로 본 짐승은 다음과 같다.

"하늘의 네 바람이 큰 바다로 몰려 불더니
큰 짐승 넷이 바다에서 나왔는데 그 모양이 각각 다르더라.

① 첫째는 사자와 같은데 독수리의 날개가 있더니 내가 보는 중에 그 날개가 뽑혔고, 또 땅에서 들려서 사람처럼 두 발로 서게 함을 받았으며 또 사람의 마음을 받았더라.

② 둘째는 곰 같은데 그것이 몸 한편을 들었고, 그 이빨 사이에는 세 갈빗대가 물려 있더라.

③ 셋째 곧 표범과 같은 것이 있는데 그 등에는 새의 날개 넷이 있고, 그 짐승에게 또 머리 넷이 있으며, 또 권세를 받았더라.

④ 넷째 짐승은 무섭고 놀라우며 또 매우 강하고, 또 쇠로 된 이가 있어서 먹고 부서뜨리고 그 나머지를 발로 밟더라. 이 짐승은 전의 모든 짐승들과도 다르고 열 뿔이 있더라. 내가 그 뿔을 유심히 보는 중 다른 작은 뿔이 그 사이에서 나더니 먼저 뿔 중에 셋이 그 앞에 뿌리까지 뽑혔고, 이 작은 뿔에는 사람의 눈 같은 눈이 있고, 또 입이 있어 큰일들을 말하더라.

내가 또 보니 왕좌가 놓이고 옛적부터 항상 계신 이가 좌정하셨더라.
그를 섬기는 자는 천천이요, 그 앞에 도열한 자는 만만이고,
심판을 진행하는 책들이 펴 있더라.
그때 내가 큰 소리로 말하는 그 작은 뿔을 보는 사이에 짐승이 죽임을 당하고
그 시체가 상하여 불에 던져지더라."(단7:2-11)

다니엘은 이러한 기괴한 환상을 보고 번민하며 왕좌 앞에 도열해 있는 한 사람에게 물었다. 그가 말하기를, 네 큰 짐승은 세상에 일어날 네 왕들로서 상호간 패권싸움을 하는 것이고, 특히 네 번째 나라는 다른 나라들보다 크고 온 천하를 삼키고 밟아 부서뜨릴 것이다. 그러나 심판이 시작되었으니 그는 권세를 빼앗기고 멸망할 것이라는 것이다.

"내가 넷째 짐승에 관하여 확실하게 알고자 하였으니,
그것은 모든 짐승과 매우 다르고 심히 무서운데
그 이는 철이요, 그 발톱은 놋이며 먹고 부서뜨리고 나머지는 발로 밟았고,
또 그것의 머리에는 열 뿔이 있고,
그 외에 또 다른 뿔이 나오며 세 뿔이 그 앞에 빠졌는데
그 뿔에는 눈도 있고 큰일을 말하는 입도 있고, 다른 뿔들보다 크더라.

그 도열한 사람이 말하길, 넷째 짐승은 곧 땅의 넷째 나라인데
이는 다른 나라들과 같지 않고, 모든 나라를 삼키고 밟아 부서뜨릴 것이라.
그 열 뿔은 이 나라에서 일어날 열 왕이고,
그 후에 나오는 것은 먼저 있던 것들과 다르고, 세 왕을 멸할 것이라.
그는 지극히 높으신 이를 모독하고 성도들을 박해할 것이고,
그가 또 절기와 법규를 변경할 것이라.
성도들은 그의 지배하에서 한 때와 두 때와 반 때를 지내리라.
그러나 심판이 시작된즉 그는 권세를 빼앗기고 완전히 멸망할 것이라."(단7:19-26)

이 짐승이 구체적으로 어떤 나라인지는 명시되어 있지 않다. 다만 전 세계를 지배하는 당시의 최강국임에는 틀림이 없다. 예를 들어 고대의 바벨론, 페르시아, 그리스, 로마로부터 근대의 영국, 현대의 미국, 중국 등이 이에 해당될 것이다. 아니면 이후에 전 세계를 통치하게 된다는 '세계국가'가 될 수도 있다. 이 나라가 하나님을 대적하고 성도들을 핍박하다가 심판 때에 완전히 멸망한다는 것이다. 이와 비슷한 환상으로 사도 요한은 세상의 국가와 거짓 교회에 대하여 신약의 마지막 책인 요한계시록에 기술하고 있다.

① 국가:

"내가 보니 바다에서 한 짐승이 나오는데 뿔이 열이요 머리가 일곱이라.
그 뿔에는 열 왕관이 있고, 그 머리들에는 신성을 모독하는 이름들이 있더라.
내가 본 짐승은 표범과 비슷하고,
그 발은 곰의 발 같고,
그 입은 사자의 입 같은데,
용이 자기의 능력과 보좌와 큰 권세를 그에게 주었더라.
용이 짐승에게 권세를 주므로 온 세상이 용과 짐승에게 경배하며 이르되
'누가 이 짐승과 같으냐!? 누가 능히 이와 싸울 수 있느냐!?' 하더라.(계13:1-4)

여기서 뿔이 열 개, 머리가 일곱인 짐승 역시 이 세상의 패권국을 의미한다. 이 나라가 마귀의 능력과 권세를 부여받아 세상을 지배하는 것이다. 세상 나라가 이처럼 기괴한 짐승으로 대변되는 이유는 그의 태생적 한계와 무모함에 있다. 태생적인 한계란 나라를 운영하는 사람들 자체가 불완전한 것이다. 불완전한 것에서 완전한 것이 나올 수 없고, 오히려 불완전이 누적되고 국가권력에 의해 크게 증폭되어 나타난다. 무모함이란 이런 국가가 사람들에게 생사여탈권을 임의로 행사하는 것이다.

② 거짓 교회:

"내가 보매 또 다른 짐승이 땅에서 올라오니
새끼 양같이 두 뿔이 있고, 용처럼 말하더라.
그리고 앞서 나온 짐승의 권세를 행하니
땅과 땅에 사는 사람들이 경배하더라."(계13:11-12)

뿔이 두 개인 새끼 양 같은 짐승은 거짓 교회를 상징한다. 하나님을 대적하는 세력이 국가 외에 교회라는 것이다. 기업이나 조폭이 아니다. 교회가 국가와 연합하여 하나님 이름으로 백성을 미혹하여 자신의 제물로 삼고 있다. 그러나 세상 끝 날에는 그리스도께서 최후의 심판을 집행하시게 된다. 요한의 계시에는 피 묻은 옷을 입고 백마를 탄 자가 세상 나라와 거짓 교회를 유황불에 던지고 있다.

③ 공의의 심판:

"또 내가 보니 하늘이 열렸고, 보라!
백마를 탄 자가 있는데 그의 이름은 충성과 진실이고, 공의로 심판하며 싸우더라.
그가 피 뿌린 옷을 입었는데 그의 이름은 '하나님의 말씀'이라 하더라.

또 내가 보니 그 짐승과 땅의 임금과 군대들이 모여
그 말 탄 자와 그의 군대를 상대로 전쟁을 일으키지만
짐승과 그 앞에 있던 거짓 종교인이 함께 잡히더라.
이 둘이 산 채로 유황불 못에 던져지고,
그 나머지는 말 탄 자의 입으로 나오는 검에 죽어
모든 새가 그 고기로 배불리더라."(계19:11-21)

2 짐승 1: 국가

A. '필요악'인 국가

열 뿔 짐승의 모습인 국가는 인간 생활의 필요악necessary evil이기도 하다. 그것이 군주국가든 민주국가든 마찬가지다. 국가가 없는 상태가 가장 이상적이긴 한데 현실적으로 국가가 없으면 더욱 혼란해지기 때문에 없을 수가 없다. 예를 들어 교통신호기와 음주측정기, 재판소와 감옥소, 군대와 살상무기, 오염된 쓰레기 등등처럼 없으면 좋으련만 인간 사회에서 없을 수가 없는 것이다.

국가는 대외적으로는 소위 국익國益과 국위國威를 위해 이기적이고 배타적이며 또 호전적이다. 국가에는 양심과 인의가 없다. 그러므로 국력國力이 강할 때 약한 나라들을 무자비하게 침략, 약탈, 살인하는 것이 바로 국가의 과거고 현재의 모습이다. 대내적으로는 지존至尊과 지선至善의 지위를 독점하여 무소불위의 권력을 행사한다. 이러한 국가가 소수의 권력자에 의해 장악되고, 이들이 국가기구를 이용하여 '합법적'으로 자신의 이익을 추구하는 것이 다반사다. 뿐만 아니라 국가가 숭배의 대상으로 군림하며 하나님을 대체하는 강력한 우상으로 등극한 것이다.

그러므로 하나님께서는 국가를 기뻐하지 않으신다. 그럼에도 불구하고 이스라엘 백성이 정말로 왕을 요구하는 때가 왔다. 그 당시 선지자 사무엘이 하나님을 대신하여 이스라엘 백성을 다스리고 있었으나 그는 이미 늙었고 그의 아들들은 행위가 좋지 않았다. 나라 밖에서는 강력한 왕국들이 위협해 오고 있다. 이 상황에서 백성은 왕을 요구했고, 이 요구를 듣고 슬퍼하는 사무엘에게 하나님도 슬프게 말씀하신다.

> "백성이 네게 한 말을 다 들어라!
> 그들이 너를 버림이 아니요, 나를 버려 자기들의 왕이 되지 못하게 함이니라.

내가 그들을 애굽에서 인도하여 낸 날부터 오늘날까지
그들이 모든 행사로 나를 버리고 다른 신들을 섬김같이 네게도 그리하는도다.
그러므로 그들의 말을 듣되 엄히 경고하고, 왕의 제도를 가르치라!"(삼상8:4-8)

하나님께서는 이미 모세에게 왕에 대한 기본 지침을 말씀하셨다. 그것은 ① 군대와 ② 여색과 ③ 재물에 대한 세 가지 금지사항 그리고 율법에 대한 ⓐ, ⓑ, ⓒ 세 가지 실행 사항이다.

"네가 만일 주위의 모든 민족들과 같이 왕을 세우려는 생각이 나거든,
반드시 네 하나님이 택하신 자를 네 위에 왕으로 세울 것이니라.
왕은 ① 말馬을 많이 두지 말 것이고,
② 아내를 많이 두어 마음이 미혹되게 말 것이고,
③ 은금을 자기를 위하여 많이 쌓지 말 것이니라.
그가 왕위에 오르거든 ⓐ 율법책을 평생 자기 옆에 두고 읽으며
ⓑ 하나님 경외하기를 배우고,
ⓒ 이 율법의 모든 말과 규례를 지켜 행할 것이라!"(신17:14-19)

그러나 후에 나타난 대부분의 왕들은 이 지침을 지키지 않았다. 오히려 '하지 말라!'는 금지 사항들을 더 하려고 혈안이 되었고, '하라!'는 실행 사항은 등한시 했다. 이제 사무엘에게 보다 자세하게 알려 주시는 왕의 제도와 행위는 다음과 같다.(삼상8:9-22)

① 왕은 백성들의 아들들을 끌어다 병거와 말을 몰게 하고, (= 군대 강제징집)
② 조직과 계급을 만들어 속박하고, (= 행정사법 조직)
③ 왕의 밭을 경작하고 추수하게 하고, (= 강제노역)
④ 각종 무기를 만들게 할 것이다. (= 살상기계 제조)
⑤ 백성들의 딸들을 취하여 빵을 굽고 요리하게 할 것이다. (= 강제차출 노역)
⑥ 백성들의 제일 좋은 농토를 징발하고, (= 부동산의 몰수)

⑦ 소득의 십일조를 징수하여 자기 신하에게 줄 것이다. (= 조세징수 및 임의분배)
⑧ 너희의 가장 좋은 노비와 가축을 취해 자기 일을 시키고, (= 인력 및 재산의 징발)
⑨ 너희 가축의 십분의 일을 취하고, (= 재산의 몰수)
⑩ 너희는 그의 종이 될 것이다. (= 자유의 속박, 인권의 유린 및 말살)

백성들은 이와 같은 국가의 제도를 듣고도 왕을 요구했고, 그들의 말대로 국가가 세워져 오늘에 이르고 있다. 국가의 등장으로 민民 위에 관官이 군림하며 자유가 사라지고 지배와 피지배의 숙명적인 악연이 시작되었다. 사악한 많은 사람들은 재빠르게 국가권력에 편승하여 백성 위에 군림하며 자신의 이익을 추구하고, 더 많은 사람들이 자의반 타의반 함께 참여하며 억압을 받고 있다.

국가는 국가 안보와 경제 번영을 약속하며 백성의 유일한 수호자가 되었고, 백성은 이러한 국가를 하나님보다 더 믿고 의지하고 있다. 눈에 안 보이는 하나님보다 눈에 보이는 조직과 권력을 더 의지하는 것이다. 이런 현상은 과거나 현재나 마찬가지다. 성경이 소개하는 최초의 국가 우상은 바벨탑으로 나타난다. 노아의 후손들이 시날이란 평지에서 높은 탑을 건설하려 한 것이다. 그들은 하나님을 의지하기보다는 '하늘에 닿는 성읍을 건설하여 이름을 내고 흩어짐을 면하고자'(창11:4) 하였다. 하나님 없는 사람들에게는 지극히 당연하고 지혜로운 처사이기도 하다.

영국의 철학자 토머스 홉스(1588~1679)는 무소불위의 국가를 그가 상상할 수 있는 가장 끔찍한 바다 괴물인 '레비아단'으로 표현한다. 한국의 신학자 박상증(1930~)은 '신학적으로 선한 정부란 없다. 덜 나쁠 뿐'이라고 한다. 어떤 언론인은 국가가 스파이웨어spyware 같은 강력한 악성 바이러스의 본체라고도 한다. 딴 사람들이 뭐라 하던 우리 자신이 실제로 경험하는 국가들도 다니엘과 요한의 환상적 짐승들 못지않게 기괴하고 끔찍한 것이 사실이다. 예를 들어, 남북한 정부를 비롯하여 근현대의 사회주의, 자본주의 국가들의 방대한 조직과 그들의 잔혹 행위들을 짐승으로 그린다면 과연 그 모습이 어떠할까!?

B. 부러진 국가

우리나라는 아래 위, 남북으로 허리가 부러져 있다. 그 전에는 머리에 의식이 희박하여 줄곧 북쪽으로 굽어 있다가 기어이 남쪽의 닛본도日本刀에 목이 잘렸다. 일본의 패망으로 갑자기 목이 다시 붙은 듯한 '프랑켄슈타인'이 되었으나 머리에는 아무런 의식이 없어 결국 제 팔로 제 몸을 찌르고 자르는 형제 싸움이 일어났다. 형제 싸움도 처음 도발부터 휴전까지 외세에 의존되어 오늘에 이르고 있다. 부러진 두 지체는 아직도 서로 적대적이다. 이러한 상황에서 남과 북의 현재와 앞날이 밝을 수가 없다.

북측은 그 후 국가의 계획경제를 도입하였다. 이것의 장점은 국가계획에 의한 평등과 공평이라 할 수 있다. 그러나 계획의 모순으로 실행에 차질이 발생하며 경제는 침체되고 전 국민이 속박되는 소위 '국가 실패'가 나타났다. 이것을 완화하기 위하여 통제를 강화하며 시장을 도입하고 있다. 그러나 국가 통제가 시장 자율을 억압(통제원리와 시장원리의 상충)하여 혼란스런 혼합경제가 실현되고 있다. 이에 따른 사회적 난맥은 윤곽조차 파악이 되지 않는다. 더구나 일당독재하에서 정권의 체제 수호가 최대 명제이므로 개방도 불가능하여 개선의 여지가 매우 좁아 보인다.

남측은 시장경제를 도입하였다. 이것의 장점은 개인 자율에 의한 창의와 성장이라 할 수 있다. 그러나 부당 경쟁과 양극화라는 소위 '시장 실패'가 나타났다. 이것을 보완하기 위하여 국가계획이 가미되어 있다. 그러나 여기서도 시장에 대한 국가의 원칙 없는 개입(통제원리와 시장원리의 상충)으로 혼란한 혼합경제가 실현되어 역시 혼란과 분쟁의 성격도 파악되지 못하고 있다. 국가의 편파 개입에 의한 교육 파탄도 한 예이다. 그리고 민주라는 제도하에 각각 집단 이익의 수호가 최대 명제이고, 이에 대한 통제도 미흡하여 개선의 여지가 역시 매우 좁아 보인다.

남한의 민주정치는 명칭뿐이고 실제로는 무질서의 정치라 할 수 있다. 지속적이고 안정된 정당이 없고 계파들의 이합집산만 있기 때문이다. 100~200년의 역사를 가진 서구의 정당은 말할 것도 없고, 일본의 정당도 60년을 이어 온다. 남한에는 장수하는 정당이 없으므로 국가의 백년대계는커녕 모든 정책에도 주체성, 정체성, 일관성이 확보될 수가 없다. 당장 차기 선거가 유일한 기회라서 무자격 후보와 엉터리 공약들이 난무한다. 따라서 국민이 정치와 정부를 신뢰하지 않고 혐오하고 냉소하고 있다.

남북의 이러한 상황에서 공통된 것은 공권이던 금권이던 권력을 장악한 소수의 무리가 풍요를 누리며 그것을 수호 확대하는 것이다. 이를 위해 국가조직을 이용하고, 돈과 힘으로 각종 불법 수단을 동원한다. 북한에서는 숙청도, 처형도 자주 발생한다. 남한에서도 역대 장관들이 주권재관主權在官이라 실토하며 '망한민국', 'Hell 조선'이라고도 한다. 토지는 상위 계층 5%가 국토의 82.7%를 소유하고, 전체 자산은 상위 10%가 66%, 하위 50%가 1.7%를 점유하여 양극화되어 있다. 이 외 정부, 기업, 가계 각 분야의 부채가 많다. 고소·고발 사건도 많아 무고죄는 인구 비례로 일본보다 약 542배, 위증죄는 427배 더 많다. 자살자도 많다. 청년층의 사망 원인 1위도 자살이다. 그들은 스스로 죽지 않아도 연애, 결혼, 출산을 포기(=3포)하고, 집과 친구도 포기(=5포)하고, 꿈과 희망도 버려야 하는 7포 세대라 한다. 반세기 후 한민족의 멸종이 우려되고 있다.

이렇게 된 근본 이유가 우리 사회에 진리의 빛이 꺼지고 생명의 말씀이 들리지 않는 때문이다. 제도와 법규와 도덕 이전의 '의義와 인仁과 신信이 실종'(마23:23)되었다. 결국 남과 북의 국민 대중은 철저히 소외되어 목자 없이 유리하는 양떼와 같다.

"예수께서 무리를 보시고 민망히 여기시니
이는 저희가 목자 없는 양과 같이 고생하며 유리함이라."(마9:36)

3 짐승 2: 거짓 교회

A. 개인소유의 교회

뿔이 두 개인 새끼 양 같은 짐승은 거짓 교회이다. 남한에서는 종교 자유라는 미명하에 개個 교회주의의 성격이 강하다. 7, 80년대에는 경제발전과 함께 교회에 사람이 모이며 돈과 힘이 생겼다. 이 돈과 힘에 의해 결국 한국 교회도 예수님 당시의 성전처럼 '강도의 소굴'(마21:13; 막11:17)이 되었다. 돈과 힘이 자연스럽게 담임목사에게 집중되며 그의 소유가 된 것이다. 이것이 목사 자신의 의도일 수도 있고, 그의 추종 세력들이 주도할 수도 있다. 현실적으로는 이 두 요인이 함께 작용할 것이다.

이런 교회가 거대한 세력으로 성장하여 사람들 위에 군림하고 있다. 더 이상 예수님과 초대교회 같은 박해의 대상이 아니고, 오히려 사람들을 압도하고 있다. 엄청난 조직과 그 배경이 공산당처럼 공포감도 주고 있다. 소속 종교인들 개인적으로는 얼굴에 겸손한 표정을 지을 수 있겠으나 이미 그들 마음의 오만이 더욱 강하게 작용하고 있다. 그리고 사람들 역시 안 보이는 하나님보다 이렇게 확실하게 '보이는 교회'를 더 두려워하며 추종하고 있다. 그러나 개인소유의 교회에는 필연적으로 치명적인 부작용들이 발생하게 마련이다.

① **대외적 부작용**: 개인소유가 강화될수록 대외적으로는 배타성이 강하게 작용하게 된다. 타 교회는 어찌되든 자기 교회만 안전하면 되고, 나아가 자기 교회는 옳다고 하며 다른 교회들은 인정하지 않는다. 따라서 교회들의 반목과 분쟁이 심화되고 있다. 이것이 교계의 분열로 이어져 현재 한국에 독립된 장로교단만 200개 이상이고, 이단 종파들도 100여 개로 그 정확한 수를 알 수도 없다. 그러나 교회의 분쟁과 분열은 예수님의 이름을 훼손하며 세상 사람들에게 큰 혼란을 주고 있다. 왜냐하면 성경의 말씀과 너무 다르기 때문이다.

“새 계명을 너희에게 주노니 서로 사랑하라! 너희가 서로 사랑하면,
이로써 모든 사람이 너희가 내 제자인 줄 알리라!(요13:34-35)
스스로 분쟁하는 나라는 모두 황폐해질 것이요
스스로 분쟁하는 마을이나 가정도 모두 서지 못하리라!”(마12:25; 막3:24-25; 눅11:17)

“거룩하신 아버지여, 내게 주신 아버지의 이름으로 그들을 보존하사
우리와 같이 그들도 하나가 되게 하옵소서.”(요17:11)

“성령이 하나 되게 하신 것을 힘써 지키라!
주도 하나이요, 믿음도 하나이요, 세례도 하나이요,
너희는 종이나 자유인이나, 남자나 여자 없이 다 그리스도 예수 안에서 하나니라.
다 하나님의 아들을 믿는 것과 아는 일에 하나가 되라!”(갈3:28; 엡4:3-5, 13)

② **대내적 부작용**: 대내적인 부작용도 심각하다. 우선 신도들의 우민화愚民化와 목사의 우상화偶像化가 그것이다. 서로 싸우는 목사들이 자기 신도들에겐 하나 되어 절대 복종하라고 다그치고, 안 그러면 저주를 받는다고 한다. 그 이유가 남을 비판할 자격 있는 사람이 아무도 없다는 것이다. 특히 목사를 비판하면 ‘고라의 저주’(민16:31-35)가 내린다고 협박한다. 사람을 이렇게 인간의 죄의식으로 굴레를 씌워 자기 마음대로 조종하는 것이 마귀의 수법과 동일하다. 겁에 질린 신도들은 두렵고 떨리는 심정에 목사에게 절대 복종만 하면 또 자신이 절대로 구원을 받는다고 절대적인 착각을 하고 있다.

교회는 더 이상 ‘예수 믿는 신도’의 회중이 아니고 ‘목사 믿는 신도’의 조직으로 구원을 빙자한 ‘사망의 덫’이라 할 수 있다. 이 덫에 걸려든 신도들은 평생 몸과 혼과 재물을 수탈당하면서도 목사에게 바치는 숭배가 그 정도를 넘었다. 소위 ‘맹盲신도’들이 ‘목사의 왕국’인 교회에서 ‘교회의 왕’인 목사를 지옥까지 따르는 추종 세력이다.

아첨인지 아니면 이미 광기인지는 몰라도 목사의 지위도 달라진다. 이미 ‘예수

님께서 예고하신'(마24:5; 막13:6; 눅21:8) 대로 '재림 예수'는 많다. 한국에만 100여 명, 자칭 하나님도 20여 명이라 한다. 이 외 '하나님 어머니'도 있고, '재림예수 영접목사'도 있고, '예수님 좌편의 목사(우편은 바울이라 함)'도 있고, '참목자'도 있고, '감람나무'도 있고, 100년에 한 번 나올 똥 말 똥 한다는 '백년 똥 목사'도 있다.

사회적인 감투를 쓰면 '회장님', '감독님' 등 감투가 호칭이 된다. 목사의 힘이 크다 보니 목사가 지은 찬송가는 공용 찬송가에 포함되는 것도 문제가 아니고, 목사를 위한 찬송가를 따로 지어 부르기도 한다. 이런 것들은 모두 본인이 죽은 후에 잊어지지만 살아 있을 때는 아첨의 수단이 된다. 이렇게 사람이 높임 받는 것 역시 예수님의 말씀과 너무 다르다.

> "이방인의 집권자들이 임의로 주관하고 그 고관들이 권세를 부리지만
> 너희 중에는 그렇지 않다!
> 너희 중에 누구든지 크고자 하는 자는 섬기는 자가 되어야 한다."(막10:42-43)

> "사람 중에 높임을 받는 것은 하나님 앞에 미움을 받는 것이니라."(눅16:15)

> "너희는 선생이라 칭함을 받지 말라! 너희 선생은 하나요, 너희는 다 형제니라.
> 또한 지도자라 칭함을 받지 말라!
> 지도자는 한 분이시니, 곧 그리스도시니라."(마23:8,10)

B. 독재하는 교회

개인소유 교회의 행정과 재정은 독선적일 수밖에 없다. 마치 북한의 일당 체제나 조폭의 조직과 흡사한 지배 구조에 짙은 맹신盲信이 추가되어 어쩔 수 없기 때문이다.

세금도 안 내고 외부감사도 없는 교회에서 정관은 그 해석과 집행이 아전인수 격이다. 교인 한 사람의 연年 헌금은 최소 백만 원으로 추산된다. 수천 명이

모이는, 일정 규모 이상의 교회 연간 헌금 수입은 장부에 잡혀, 보이는 것만 수십 억 내지 수백 억 원에 이른다. 수만 명의 교회는 그 이상이다. 또 자기만 잘 봐 달라며 남모르게 찔러주기 좋아하는 한국인들이 정말 남모르게 찔러주는 돈도 많아 받는 본인도 얼만지를 모른다. 이 돈들이 목사와 그 가족들과 교회 중진인 가신들에 의해 자유롭게 은혜롭게 지출된다. 이것을 보고 '헌금을 맹물 마시듯 쓴다'고도 한다. 이런 재력이 가져오는 사회적인 VIP 예우와 상납과 아첨도 자신들의 존재 가치와 자존감을 드높여 준다.

교회가 운영하는 산하 기관들도 많다. 주로 교육, 언론, 출판, 식품, 운수 등등 각종 기업들로 대외적인 명분은 선교와 자선이다. 이들 기관의 운영진은 물론 가신 그룹들이 담당하고 구성원들은 충성 신도로 채워진다. 세월호의 경우도 선장을 필두로 직원의 90%가 구원파 교인들이었다. 그리고 사회의 많은 참여와 후원도 호소한다. 그러나 이것을 외부 사람이 순진하게 액면 그대로 받아들여 정말로 참여한다고 하면, 그저 후원금만 보내라 한다. 왜냐하면 그들의 충성심을 확인할 수 없기 때문이다.

교회 산하 방계 기관들 역시 외부적으로는 이렇게 폐쇄적·배타적일 수밖에 없고, 내부적으로는 경직적으로 운영된다. 내부 구성원들은 '영의 양식과 육의 양식'을 모두 주는 소유주의 은혜에 보답하여 평생 자유와 주권과 양심을 포기하고 오너의 수족이 되어야 한다. 그래야 인정도 받고 승진도 가능해진다.

이러한 상황에서 교회를 비판하는 교인들은 가차 없이 색출되어 응징된다. 이를 간파한 평신도들은 미리 알아서 스스로 교회를 떠날 수 있다. '절이 싫으면 중이 떠나라!'는 격언이 적용된다. 그러나 만일 이 평신도가 교회 산하의 어느 기관에 근무하는 경우라면 그곳에서 추방되어 직업을 잃어야 한다. 이때 진리와 환경 가운데 갈등도 느끼지만 항상 환경이 이길 수밖에 없다. 마음속의 진리는 약하고, 몸 밖의 허위는 너무 강하기 때문이다. 그러므로 보통은 교회의 독재에 절대 복종하지 않을 수가 없게 되어 있다.

그러나 교회 중진인 장로급의 비판자들은 한판의 대결을 감수해야 한다. 이 과정에서 회유 협박을 당하여 '순한 강아지'가 되어 잠잠할 수도 있고, 아니면 끝까지 뜻을 굽히지 않아 제적되어 추방될 수도 있다. 경우에 따라서는 교회와 결탁되어 있는 대형 로펌을 통하여 명예훼손죄로 기소되어 큰 금액의 손해배상을 물기도 한다. 현재 한국에서 이런 식으로 추방된 장로나 교회를 떠난 교인들이 적지 않다. 이들을 차마 '제적 장로'라 부를 수 없어 '전국구 장로' 혹은 '재야 장로', '광야 장로'라고도 한다. 이들의 생활은 참으로 쓸쓸하고 마음속은 더욱 참담하다.

제적되어 추방되어도 신앙을 포기할 수는 없어 다른 교회에 나가면, 이건 새 신자도 아니고 평신도도 아니라서 본인은 물론 그 교회 목사와 장로들의 입장도 난처해진다. 거북하고 어색한 분위기에, 또 솔직히 영혼의 갈증을 해소하는 말씀과 교제가 있을 수가 없다. 그래서 만일 이런 '전국구' 교인들이 함께 모이면 교회에서 받은 마음의 깊은 상처를 서로 위로하며 나아가 한국 교회의 개혁과 부흥에 기여할 수도 있을 것이다. 좌우간 이러한 교회 내 분쟁은 그래도 '작은 싸움'에 해당한다고 할 수 있다. 그러나 독재하는 교회 역시 성경 말씀에 위배된다.

> "수고하고 무거운 짐 진 자들아, 다 내게로 오라! 내가 너희를 쉬게 하리라!
> 나는 마음이 온유하고 겸손하니 나의 멍에를 메고 내게 배우라!
> 그러면 너희 마음이 쉼을 얻으리니"(마11:28-29)

> "나는 선한 목자라, 선한 목자는 양들을 위하여 목숨을 버리노라."(요10:11)

> "예수는 오히려 자기를 비워 종의 형체를 가져 자기를 낮추시고,
> 죽기까지 복종하셨으니 곧 십자가에 죽으심이라."(빌2:7-8)

C. 세습하는 교회

교회의 결정적인 부작용은 오너인 당회장이 늙어 퇴임하며 발생한다. 바로 후계자 문제이다. 오너에게 그럴듯한 아들이 있으면 북한의 경우처럼 세습은 합법적으로 이루어지고, 존엄에 대한 충성도 대를 잇는다. 이것을 대놓고 반대할 사람이 교회 내부에는 있을 수가 없다. 교회 외부에 '교회세습반대운동연대(세바연)' 등 개혁성 단체들의 반대가 있으나 실질적인 힘이 못된다. 왜냐하면 개個교회주의의 풍토에서 힘 있는 다른 교회들은 대부분 동일한 성향이기 때문이다. 그리고 반대하는 목사들의 대다수는 세습할 대상도, 그런 배경도 없으므로 영향력도 적다. 교계에 공의가 아니라 권력이 하수처럼 힘차게 흐르고 있다.

① **교회 세습의 상황과 공방:** 세습은 각종 편법으로 노출되지 않게 우회하기도 한다. 알려진 것만도 직계 세습, 지교회 세습, 교차 세습, 다자간 세습, 징검다리 세습, 분리 세습, 통합 세습, 동서간 세습, 쿠션 세습, 바꿔치기 세습, 떼어주기 세습 등등이 있고, 앞으로도 더욱 많은 창조적인 방법들이 출현할 수 있을 것이다.

세습과 관련해서는 사람을 실소케 하는 공방도 있다. 세습에 대한 잡음이 들려오자 해당 교회는 처음에 점잖게 해명했다. '세습은 교회의 심장수술에서 거부반응을 방지하는 것이다.' 이에 대해 반론이 제기되었다. '심장이 예수님의 것이 아니고 목사의 것이다. 실제는 욕심의 대물림이다. 영적으로는 아버지가 치매, 아들은 미숙아이다. 사회적으로는 페스트 같은 역병이다.' 그러니까 세습 측은 분기충천하여 '존엄에 대한 명예훼손이다. 공개 사죄하라! 아니면 고발한다'고 주먹을 높이 들었다. 그러나 반대 측도 '할 테면 하라!'고 고개를 바짝 쳐들었다. 한국 사회, 특히 한국 교계에서는 이런 반대도 대단히 혁명적이고 굉장한 영웅담에 속한다.

그런데 방약무인, 안하무인이던 세습 측이 사회 여론을 가만히 살펴보니 막상

공론화되면 득 될 것이 없어 보인다. 여론이 나빠지면 언론도, 교회 평판도 나빠지게 된다. 그러니까 분기를 삭이며 일단 주먹을 내렸다. 그렇다고 양측이 화해한 것은 물론 아니다. 세습 측의 충천하던 분기는 가슴속에 지옥불 같은 마그마로 응어리졌고, 반대 측은 이것의 폭발 여부를 예의 주시하며 촉각을 세우고 있다. 한국 교회에는 사랑이 아니라 증오의 얼음이 덮여 있다.

② **성경에 위배되는 교회 세습**: 교회 세습은 이렇게 유치하고 비상식일 뿐 아니라 명백히 반성경적이다. 세습 교회는 반대파가 아니라 하나님에 대한 직접 반역인 것이다. 정말로 '하나님의 교회'를 생각한다면 어찌 '벌레 같은 인간'(사 41:14)이 감히 추하고 더럽고 못나고 못된 제 새끼를 높이겠는가!? 이런 후안무치에 기가 딱 막힐 따름이다. 심신이 늙은 아비 목사는 제사장 엘리처럼 자식 사랑에 눈이 멀었고, 몽매한 젊은 아들 목사는 오늘의 홉니와 비느하스로, 파멸의 후계자로 등장한 것이다.

'벌레 새끼'를 예수님의 사도로 인정하고 떠받드는 신도들은 또 무엇인가!? 참 무지한건지 정신이상인지, 보는 사람이 두렵고 떨릴 뿐이다. 하여간 제정신이라면 참 둔하고 악한 위인들이다. 만약 아직 가능하다면, 평신도들은 세습 목사와 자신의 구원 중 하나를 선택해야 한다. 구원은 세습 목사를 추종해서가 아니라 자신의 신앙을 하나님 앞에서 자신이 실천함으로써 이루어진다. 여기에 세습 목사는 구원의 걸림돌이 된다. 그 이유는 다음과 같다.

첫째, 교회는 하나님의 소유이고 기업처럼 오너의 것이 아니다. 또 교회는 구원받은 자들의 회중이며 구원은 하나님 고유의 주권이고 혈통과는 전혀 관계가 없다.(→ 하나님의 선물, 엡2:8) 그러므로 교회 세습은 ① 하나님 고유 주권에 대한 도발과 침해이다.

둘째, 구원은 믿음에서 비롯되고, 믿음은 철저하게 각 개인의 자유와 인격에서 비롯된다.(→ 자유를 위한 부르심, 갈5:13) 그러므로 교회 세습은 ② 인간의 자유 인격을 부정하는 것이다.

셋째, 자기 자식에게 교회를 물려줌으로써 정의와 공평을 깨트리고 배경도 돈도 힘도 없는 의인들의 앞길을 차단한다.(→ 의인에 대한 박해, 행7:52) 교회 세습은 의인을 억압하고 결국 ③ 천국 문을 폐쇄하는 것이다.

넷째, 세습된 가문은 자신의 안전을 위하여 세상 권력과 결탁하게 된다.(→ 믿지 않는 자와 함께 메는 멍에, 고후6:14) 따라서 필연적으로 반개혁적이 되어 부정부패에도 편승하게 된다. 교회 세습은 ④ 교회 타락의 제도화를 의미한다.

다섯째, 인류의 구원을 이루기 위해 예수님이 오셔서 구약의 세습 체제를 타파하셨다.(→ 혈통으로 하지 않음, 요1:13) 따라서 교회 세습은 ⑤ 구약으로 회귀하며 강림하신 예수님을 부인하는 것으로 신앙 양심뿐 아니라 인간 양심에도 위배됨은 말할 필요가 없다.

여섯째, 하나님은 인류 구원을 위하여 십자가의 공의를 세우셨다. 혈통이나 행위가 아니라 독생자의 피를 믿고 인정하는 것이다.(→ 율법 외의 하나님의 의, 그리스도의 의, 롬3:21; 벧후1:1) 그러므로 교회 세습은 ⑥ 독생자의 피로 세운 십자가의 공의를 파괴하는 것이다.

일곱째, 하나님의 사랑에 대한 배신이다. 하나님은 사랑을 확증하시기 위해 먼저 아브라함에게 독자 이삭을 바치라 하셨고, 아브라함은 하나님에 대한 사랑을 입증하였다. 이 믿음 위에 하나님은 독생자 예수님을 희생하시어 사람에 대한 하나님의 사랑을 확증하신 것이다.(→ 자기의 사랑을 확증, 롬5:8) 그러므로 자기 자식을 내세우는 교회 세습은 ⑦ 하나님 사랑에 대한 정면 배신이다.

세습 교회는 이처럼 행위와 제도로 '아버지와 아들 그리스도를 부인하여 미혹하는 자이고 적그리스도'(요일2:22; 요이1:7)가 된 것이다. 이 시대 교회 안에 마귀가 구축한 굳건한 보루이고, 세습 부자는 오늘 한국에 출현한 안나스와 가야바이다. 예수님 당시에도 적그리스도는 이방 황제나 왕 같은 정치 세력, 또는 강도 같은 죄인들이 아니라 바로 성전을 장악한 제사장들과 그들의 하속들이었다. 세습 부자 역시 하나님보다 자신들을 더 추종하는 맹신도들을 거느리고 있다.

교회 세습은 북한의 세습이 사회주의 이념에 위배되고 단지 정권유지 수단인 것과 동일하다. 이런 집단에게 이제 하늘과 땅에 설 자리가 있을 수가 없다. 그러므로 성경은 이런 사람들과 인사도 하지 말고 상종을 하지 말라고 한다. 왜냐하면 이들과 '인사하는 사람은 그 악한 일에 참여하는 자'(요이1:11)가 되기 때문이다.

③ **교회 세습의 근본 요인:** '목사의 교회'에서 목사들이 자기 가정부터 꾸리는 것이 문제다. 정말 예수님을 따르려면 독신을 유지해야 하고, 결혼 후에 부르심을 받았다면 출가出家해야 한다. 예수님과 제자들이 출가의 본을 보여 준 것은 눈요깃감의 쇼show가 아니다. 원래 안 그래도 되었던 것, 또 형편상 어쩔 수 없어 마지못해 그리했던 것도 아니다. 반드시 그래야 했던 것이다. 왜 그래야 했던 이유를 모른다면 십자가의 구원을 모르는 무지일 뿐이다.

예수님은 입으로만 가르치신 것이 아니라 삶 전체로, 목숨을 던져 천국을 전파하셨다. 제자들도 예수님을 따라 살았고, 또 예수님을 따라 죽었다. 예수님은 제자들 중에서 열둘을 택하여 '사도'(눅6:13)라 칭하셨다. '사도'들은 모두 자기 가정을 떠났고, 예수님 승천 후에도 독신으로 사명 감당하며 목숨까지 바쳤다. 예수님과 사도들이 도와주는 사람이 없어서 가난하게 독신으로 지냈고, 능력이 없어서 무기력하게 잡혀 죽은 것이 아니다.

그런데 한국 목사가 자기 입장에서 예수님의 삶을 재단裁斷하면 안 된다. 예수님의 삶은 그 자체가 진리고 표본이다. 예수님은 오늘 한국에서도 주님을 따르려는 사람들에게 바로 이렇게 십자가를 지고 '밀알이 되어 죽어라!'(요12:24)고 말씀하신다. 당시에도 매우 많은 사람들이 따라왔을 때 예수님은 제자의 엄격한 조건을 제시하셨다. 제자의 양量이 아니라 질質이 관건이기 때문이다.

"무릇 내게 오는 자가 자기 부모와 처자와
형제자매와 자기 목숨까지 미워하지 아니하면
능히 나의 제자가 되지 못하고,
누구든지 자기 십자가를 지고 나를 좇지 않는 자도
능히 나의 제자가 되지 못하리라!"(막10:29-30; 눅14:26-27; 18:29)

"사람마다 이 말을 받지 못하고 오직 타고난 자라야 할지니라.
어머니의 태로부터 된 고자도 있고, 사람이 만든 고자도 있고,
천국을 위하여 스스로 된 고자도 있도다.
이 말을 받을 만한 자는 받을지어다."(마19:11-12)

그리고 예수님은 사도들에게 '가족과 작별하는 것도, 아버지 장례 치르는 일'(눅9:60-62)도 금하신다. 그리고 '망대 건축 전에 먼저 비용을 계산하고, 전쟁 출전 전에 먼저 승전 가능성을 면밀히 검토하는' 것처럼 '누구든지 자기의 모든 소유를 버리지 않으면 제자가 되지 못하고, 단지 맛을 잃은 소금이 될 뿐'(눅14:28-35)이라 하신다.

그런데 만일 어느 제자가 사도로 부름을 받은 후에 다시 가서 혼인하면 '사도'의 기준에서 멀어진 것이다. 예수님과 생사고락을 같이할 수 없기 때문에 주님의 '사도'가 될 수 없고, 그래서 이미 '사도'도 아니다. 베드로는 기혼 상태였으나 부름을 받은 후에는 가정생활을 하지 않고 말씀에만 전념했다. 출가한 것이다. 그리고 예수님께 당당하게 고백하였다.

"보옵소서! 우리가 우리의 것을 다 버리고 주를 따랐나이다."(막10:28; 눅18:28)

바울도 '남자가 여자를 가까이 아니함이 좋으며(고전7:1) 더욱 복이 있다'(고전7:40)고 하면서 '나와 같이 그냥 지내라!'(고전7:8)고 신도들에게도 권하고 있다. 그러므로 평신도 아닌 목사로서 '사도'의 길을 간다면 처음부터 독신을 유지해야

한다. 누구에게나 무조건 '혼인을 금하는'(딤전4:3) 것이 아니다. 최소한 주의 사도가 된다고 결심하였으면 소명을 확인하고 삶과 생명 전체를 올인all-in해야 한다. '사나 죽으나, 언제 어디서나 주님만'을 섬겨야 한다.

아직 미혼인 경우는 그 상태에서, 기혼인 경우는 출가하여 '사도'의 생활을 해야 한다. 출가할 수 없으면 '아굴라와 브리스길라'(행18:2, 18, 26)처럼 '사도들을 보좌하는' 역할을 해야 한다. 종교개혁자 마르틴 루터Martin Luther(1483~1546)는 가톨릭 사제였다가 결혼하고 '만인제사장'(벧전2:9)의 의미를 강조하며 사제의 독점 지위를 부정했다.

출가하여 온전한 사도 생활을 해도 구속 사업은 막중하여 감당하기가 쉽지 않다. 예수님과 사도들은 목숨까지 잃어야 했다. 그런데 한국 목사들은 평강을 길게 유지하며 세습까지 해 주고 하늘 상급까지 받으려는 것 같다. 구원의 개념과 사도의 사명을 이해한다면 그럴 수 없을 것이다. 결혼하면 사도직의 수행이 다음의 세 가지 상황으로 제한될 수밖에 없다.

(a) 시간의 절대적 한계: 우선 시간적으로 제약된다. 하루 24시간, 짧은 인생 대부분이 가정생활로 상실되기 때문이다. 결혼 전 배우자를 찾고 만나는 과정, 결혼 후 부부 생활, 또 자녀 양육과 부모 봉양 모두 많은 시간을 소모하는 일들이다. 이런 일들로 인해 말씀의 깊이 있는 묵상과 체험, 깊이 있는 기도 그리고 폭넓은 전도가 절대적으로 불가능하게 된다. 사도 바울은 말씀을 깊이 묵상하고, 끊임없이 이방인들에게 전도하고, 수많은 신도들을 심방하고, 이들 하나하나를 위해 진지하게 권면하고, 눈물로 기도했다. 이러한 '사도'의 생활이 가정생활로 인해 불가능하게 된다. 시간적 제한도 절대적이지만 심리적인 요인은 더욱 치명적이다. 가정생활이 화목해도, 또 불화해도 마찬가지다.

(b) 화목한 가정: 우선 인간은 화목한 가정을 이룰 수가 없게 되어 있다. 타락한

본성은 차치해도 '화성에서 온 남자와 금성에서 온 여자'가 화목한 것은 지극히 예외적인 경우이다. 그럼에도 불구하고 가정의 화목을 이루려 한다면 엄청난 심리적 투자가 이루어져야 한다. 더구나 목사의 경우는 타인의 이목 때문에도 화목의 겉모습만 보여 주려 해도 가히 살인적인 위선을 연출해야 한다. 어떤 목사, 어떤 신학자는 가정에서 부인이 시어머니와 대립하게 되면 부인 편에 서는 것이 '부모를 떠나 한 몸을 이루라!'(창2:24)는 하나님 말씀이라고 대놓고 가르친다. 이렇게 명백한 불법 상황(출20:12; 신5:16; 마15:4-6; 막7:10-13)에서 진실한 사도직의 수행은 불가능한 것이다.

또 어찌어찌하여 가정이 원만해졌다 하면 가정의 안식에 안주하는 만큼 주님과 멀어지게 된다. 주님의 안식이 가정의 안식으로 대체되기 때문이다. 두 안식이 일치한다고 주장은 할 수 있겠으나 사실은 일치할 수가 없다. 가정이 있으므로 글자 그대로 '오직 주님만' 전폭적으로 의지하는 상황이 아니기 때문이다. 그러므로 교회는 무너지고 백성은 도탄에 빠져 죽어가도 가정의 희락 속에 주님을 위한 고난도 순교도 생각할 수 없게 된다. 현실적으로 '빛난 면류관 받기까지 험한 십자가가' 아니라 '나의 가정을 붙들겠네'가 된다.

이런 상황에서 주인은 불편해서 떠나게 마련이다. 주인은 2천 년 전에도 이렇게 혼자 골고다로 가셨다. 종은 주인이 떠난 것도 모른다. 아니 솔직히 처음부터 자신의 희생과 죽음으로 주인을 섬기는 것이 아니라 주인의 희생과 죽음으로 자신의 행복을 바랄 수 있다. 그래서 입으로만 설교하는 것처럼 입으로만 '주여, 주여' 하며 실제로는 주인이 더 이상 필요하지 않은 것이다. '사나 죽으나, 언제 어디서나 나와 내 식구'가 우선이다. 그리고 사람들 앞에서는 가문과 조직을 거느리며 엄연히 주님의 '사도'로 군림하고 있다. 예수님 당시 종교인들의 판박이라 할 수 있다.

ⓒ 불화한 가정: 가정이 원만치 못한 대부분의 경우에도 사도직 수행이 제약됨

은 말할 필요가 없다. 부부 갈등, 자녀 문제, 생계 문제 등등에 의한 심적인 고통 때문이다. 현실적으로 '십자가를 내가 지고'가 아니라 '처자식을 내가 지고 주를 따라가도다'가 된다. 이 상황에서 목사 자신의 고통도 크겠지만 목사 가족들의 고통은 더 클 수 있다.

근래 경기도 일산에서 어떤 목사 사모는 한 불자(법륜 스님)의 즉문즉설에서 자신의 문제를 공개 질의하여 자신뿐 아니라 동석했던 800명 이상의 모든 기독교인들이 큰 은혜를 받았고, 하나님께 이런 스님을 보내 주신 것에 감사했다. 그리고 그 내용을 다른 교인들뿐 아니라 목사들에게 전달한다고 입을 모았다. 또 어느 목사의 딸은 과거 아버지에게 경험했던 것을 책(『목사의 딸』, 박혜란)으로 써냈다.

이렇게 목사의 가족들이 당하는 고통도 부당하지만, 반대로 그들이 어떤 특권을 누린다면 그 특권은 더욱 부당하고 천지간의 죄악이 된다. 교회에 대한 절도이고, 성도들에 대한 수탈이 되기 때문이다. 양심이 썩은 군 지휘관이 자기 병사들의 껍질을 벗겨 먹는 것과 같다. 목사 자녀들의 돈 유학, 호화 유학, 호화 생활도 그런 경우이다.

결론적으로 이야기해서, 어떤 기혼자가 사도직을 정말 양심적으로 수행하려 한다면 그는 자동적으로 출가의 형태로 나아가지 않을 수 없게 되어 있다. 그러므로 정말로 예수님의 사도가 되려는 사람은 자신의 사명을 확인하고 처음부터 출가를 결심하여 결행해야 한다.

④ **세습 교회의 현재와 미래**: 열두 제자와 사도 바울은 삶으로 예수님의 본을 따랐다. 한국 목사들은 삶으로는 예수님을 안 따르면서 입으로만 말씀을 전하고 있다. 그러면서 자신은 예수님의 종이고 '사도'라고 본인도 신도들도 착각하고 있다. 자식이 생기고 조직이 커지면 이 착각은 더욱 공고해져 회복이 불가능하게 된다. 종교인이 하나님의 대적이 된 것은 예수님 당시만이 아니다.

적그리스도는 뿔 달린 악마의 모습으로 고함치며 외부에서 달려오지 않는다. 먼저 마음속에 부지불식간에 등장한다. 인간의 제일 취약한 부분으로 뱀처럼 소리 없이 들어온다. 그것이 바로 자식 사랑이다. 하나님 아버지가 자녀에게 약하시기 때문이다. 그러므로 하나님은 아브라함에게 자기 목숨도 아닌 바로 아들을 바치라 하셨다. 아브라함은 참으로 위대했다. 독자 아들을 하나님을 위해 그리고 인류를 위해 바친 것이다. 과연 우리 믿음의 조상이고, 그로부터 구원의 역사가 시작되었다.

그러나 제사장 엘리는 '아들 홉니와 비느하스를 하나님보다 더 중히 여기다가'(삼상2:29) 하나님의 궤를 빼앗기고 목이 부러져 죽었고, 사무엘 역시 '아들 요엘과 아비야 때문에 백성들로 하여금 하나님을 떠나 왕을 요구하게'(삼상8:3-5) 했다. 그 결과 포악한 사울 왕이 등장했고, 그의 최후는 비참했다. 한국 목사들 역시 눈먼 자식 사랑으로 하나님의 집을 무너뜨리며 천국 문을 가로막고 있다.

시내 광야에서 이스라엘 백성들이 금송아지 우상을 만들었다. 하나님은 진노하시며 모세에게 '내가 그들을 진멸하고 너를 큰 나라가 되게 하리라'(출32:10)고 말씀하셨다. 이때 만일 모세가 아니라 한국의 세습 목사였다면 무릎을 치며 크게 말했을 것이다.

'오, 하나님, 바로 그겁니다. 세상에는 믿을 놈이 한 놈도 없사옵니다.
그래서 저는 벌써 제 자식들에게 나누어 주었사옵니다.
하나님이 말씀하신 것을 이루어주소서! 아멘, 할렐루야~!'

그러나 가짜가 아닌 진짜 주의 종 모세는 이것과 정반대로 기도했고, 또 그대로 살았다.

"이제 그들의 죄를 사하시옵소서! 그렇지 아니하시오면
원하건대 주의 기록하신 책에서 내 이름을 지워 버려 주소서!"(출32:32)

마음에 등장한 자식 사랑이라는 적그리스도는 이제 실제로 성전 안에서 거룩한 종교인의 모습으로 나타났다. 2천 년 전에는 대제사장의 옷을 입었다. 오늘은 성직자의 가운을 걸친 세습 목사이다. 이러한 교회가 명백한 이단異端으로 변질되며 거대한 재벌 집단으로도 발전한다. 국내외에 막대한 부동산과 각종 사업을 경영하는, 수천억 재산의 재벌 기업이 되는 것이다. 눈먼 맹신도들의 눈먼 헌금이 재정 기반이 된다. 그리고 점차 교회의 모습도 사라지고 이상한 집단이 되기도 한다. 통일교, 천부교, 구원파 등도 이런 예라 할 수 있다. 이렇게 무모한 종교인들에게 닥칠 결과는 생각만 해도 오금이 저린다.

"살아계신 하나님의 손에 빠져 들어가는 것이 무서울진저!"(히10:31)

D. 아부하는 교회

자식에게 직접 이루어지는 목사 세습은 그래도 부자지간 의리가 있는 다행스런(?) 경우라 할 수 있다. 만일 그렇지 못하면 늙은 아비가 셰익스피어의 '리어왕'처럼 쫓겨나게 된다. 근래 한국에서는 아버지 전임목사가 죽기 직전에 목사직의 세습을 공개적으로 참회하기도 했다. 그 목사 자신은 '십자가 위에서 마지막 순간에 구원받은 강도'(눅23:42-43)처럼 참 다행스런 회심이라 할 수 있다. 그러나 목사 아들이 없는 불행한(?) 경우에도 불행한 일들이 발생한다.

① **패권을 위한 쟁탈**: 가신 그룹들 간 패권 쟁탈전이 물밑에서 치열하게 전개된다. 늙은 왕 밑에서 벌어지는 궁중 암투와 유사하다. 전임목사의 퇴임 수년 전부터 각각 자기 사람을 준비시키며 공작에 들어간다. 공작의 목적은 당회장 목사의 낙점을 받는 것이다. 그 결과 득세한 파벌의 젊은 목사가 승계한다. 그 후 이 신임목사가 살아남는 길은 오직 단 하나다.

늙은 전임목사와 그 가족들을 떠받들어 그들의 신임을 잃지 않는 것이다. 왜냐하면 대권 경쟁에 패한 가신 그룹들의 음해 공작으로 언제 낙마할지 모르기 때문이다. 따라서 정말로 전임자를 반드시 하나님 이상으로 모셔야만 한다. 어차피 교회가 하나님의 뜻에 반하여 이미 개인소유가 되었기 때문이다. 북한 정권의 체제 유지와 같이 여기서도 교회 조직의 유지가 최대 명제이고, 조직만 유지되면 모든 것이 정당화될 수 있다. 구성원들에게도 전임자의 업적을 기리며 은혜를 잊지 말라고 거듭거듭 강조하고, 비판자는 배신자가 된다.

이러한 구도에서 전임자에 대한 아부의 농도가 짙어지며 그의 권위와 몸값은 상상을 초월하게 된다. 국내에서는 낯선 사람들의 접근을 차단하여 구중궁궐 속에 모셔진 신성불가침의 산 우상이고, 외국에서는 여행국 정부에게 국빈 예우를 요청한다. 물론 거부되지만 교인들에게는 이런 동작이라도 보여 주어야 한다. 정작 소유주인 전임목사 자신은 심신이 모두 늙어 현실감각이 없다. 그래서 마치 사바세계를 해탈한 돌부처와 흡사하고, 이미 하늘에 오른 황룡黃龍에 비견된다.

② **소유주 가족에 대한 예우**: 소유주의 가족들은 교회 산하 기관들의 장이나 고위 간부로 추대한다. 이것은 근본적으로 초대교회의 아나니아와 삽비라가 교회 재산을 점거한 행위(행5:1-11)에 해당한다. 그럼에도 불구하고, 더군다나 그 자녀들이 무능하고 인품이 조잡하고 생활이 난잡해도 그래야 한다.

이런 소유주의 2, 3세 자신들은 더욱 불행하다. 가끔 저능아의 치기稚氣로 사회 물의를 일으키는 재벌 2, 3세와 유사종이다. 홉니와 비느하스의 현신이라 할 수 있다. 막강한 아버지의 황태자로 성장하며 일찍부터 가신들의 아부에 의존되어 자기 주체성이 형성되지 못했기 때문이다. 바다에 나가지 못한 치어稚魚같아서 조직의 보호가 제거되면 생존하지 못한다. 이 세상의 생존경쟁에서도 그렇고, 하늘의 천국 문에 도달하는 경주에서는 더욱 말할 것도 없다.

하나님이 주신 인간 본연의 자아의식 역시 깨어나지 못해 껍데기만 사람이다. 모태에서 죽어 나온 아이처럼 자기의 생명과 혼이 희박하여 어린이가 동심 속에 사는 것과 같다. 본인 자신은 그러나 사회적 지위와 풍요와 가신들의 아부와 보호 속에 남부러울 것이 있을 수가 없고, 마냥 행복하게 느낄 수도 있다. 한 고귀한 영혼이 이렇게 단세포 아메바 수준의 사산아처럼 된 것의 책임을 묻기보다는 소생의 길을 찾아야 할 것이다.

일정한 기간이 지나 신임목사의 입지가 견고해지면 점차 자신이 교회의 실권을 행사하게 된다. 패권을 확실하게 장악한 후에는 늙은 전임목사를 외부적으로 교회의 바람막이로, 내부적으로는 자신의 입지 강화를 위해서 이용하게 된다. 옛날 무능한 왕이 환관들에게 이용당한 것과도 같다. 그러다 한 세대가 지나면 전임목사의 무능한 후손들이 이런저런 구실로 결국 쫓겨나게 된다. 옛날에는 귀양 보내고 사약을 먹여 저승으로도 보내 주었다.

E. 싸우는 교회

돈과 힘이 축적된 교회에서는 전임목사가 정년과 함께 교회를 깨끗이(?) 떠나는 경우에도 교회 내에서는 싸움이 나게 마련이다. 왜냐하면 늙은 전임목사의 남아 있는 가신 그룹 갑[甲]과 젊은 신임목사의 새로운 가신 그룹 을[乙] 간에 세력 다툼이 불가피한 것이다. 목사 중심의 한국 교회에서 목사의 교체는 기존 교회 운영 전반의 변경 내지 폐기를 의미한다. 이것은 교회 조직을 비롯해서 모든 대내외적인 사업의 단절이기도 하다. 이 두 세력인 갑과 을의 불화가 교회의 '큰 싸움'에 해당하는 것이다.

① **싸움의 직접 원인**: 을은 새 조직, 새 질서를 갖추고, 새 사업을 의욕적으로 추진하려는 중에 과거의 케케묵은 부조리들이 드러나게 마련이다. 을의 눈에는

온통 썩어 냄새나고, 부술 것, 자를 것, 바로잡을 것 등등이 부지기수인 것이다. 이 과정에서 갑의 입장은 매우 불편해진다. 깨끗이 떠난 전임목사도 이런 소식에 뒷맛이 깨끗지 못하고 부아가 치밀 수밖에 없다. 지금까지 보람 있게 이루어 놓은 업적과 보람들을 마구 자르고 버리는 것이다. 이 혁신(?) 과정이 또한 완벽할 수가 없으므로 하나둘씩 불평과 추궁이 터져 나오게 된다.

사실 갑이나 을 모두의 자질이 객관적으로 검증되는 것도 아니고, 다만 목사의 신임만 얻으면 된다. 목사의 신임은 또 임의적일 수밖에 없다. 보통은 친숙도와 충성도와 자기 비밀을 지켜 주는 사적인 의리에 좌우된다. 일단은 교적 번호나 신자 등록 기수가 빠를수록 고참의 권위를 누리며 교회 중진을 이룬다. 그리고 이들 중에 탄탄한 인맥과 집행부가 형성된다. 중진들 간, 또 선후배 간에는 표면상 평화가 깃들고, 특히 신참들은 무슨 일에도 잠잠하고, 또 잠잠해야 한다.

이러한 상황에서 집행부가 교체되었으니 갑과 을의 갈등은 자연스럽게 발생한다. 한 왕국의 세도 가문들이나 재벌 후계 경영자들의 암투와도 유사하다. 여기에 교회만의 특수성이 추가된다. 갑과 을이 각각 자신의 추종 목사를 하나님 대리자로 내세우며 하나님도 내 편이라고 맹신하는 것이다. 쌍방 모두 돈과 체면이 아니라 오직 하나님의 교회를 지키고 바로 세우기 위해 투쟁한다는 것도 동일하다. 그러나 이런 싸움 자체가 처음부터 하나님의 뜻이 아님은 모르는 것 같다.

② **싸움의 진행**: 초반에는 이런저런 예산, 인사 문제 등이 공방되며 대결의 강도가 높아지기 시작한다. 대결에 완급이 있겠으나 대부분 중반의 클라이맥스에는 신임목사의 퇴진이 요구된다. 그리고 쌍방 간 물러설 수 없는, 밀고 당기는 'ΑΩ목장의 결투'가 전개된다. 그리스어 알파벳의 첫 자인 알파Α와 끝 자인 오메가Ω는 '처음과 마지막, 시작과 마침'(계1:8; 21:6; 22:13)의 뜻으로 역사의 주인 되시는 예수님을 의미한다. 'ΑΩ목장'은 그러니까 세상의 예수교회가 된다.

이 결투는 좀처럼 결판이 나지 않는다. 왜냐하면 결투에 나서는 사람들은 모두 관록과 경력이 대단한 맹盲신도와 맹猛신도이기 때문이다. 쌍방이 제사장 가야바와 그 하속들처럼 모두 하나님의 대리자라고 확신하며 '예수님의 얼굴에 침 뱉고 주먹으로 치는'(마26:67; 막14:65) 일을 마다않는다.

예배 시간에 떼를 지어 피켓을 들고 강대상을 점거하면, 상대편은 이에 질세라 대응하여 몸싸움도 벌어진다. 이를 진압하기 위해 자동차 세차용 분사기로 모래를 얼굴에 쏘아대기도 한다. 평소 은혜가 넘치던 장로, 권사님들의 얼굴은 불같은 분노와 철 같은 투지로 강시僵屍처럼 굳는다. 그래서 'ΑΩ목장의 결투'는 「OK목장의 결투」보다 재미가 없고 TV연속극처럼 지지부진하다. 「OK목장의 결투」는 실화를 바탕으로 1957년에 제작된 미국 서부영화로서 지루하지도 않고 주제가도 멋있다.

원래는 교회가 소속 교단의 입법사법기관인 총회, 노회老會 등 대표 기관의 지도 감독을 받고, 교회 분쟁도 이 기관들의 해결 사항이 된다. 그러나 객관적인 중재가 태생적, 기능적, 현실적으로 불가능하다. 왜냐하면 이 기관들이 상인들의 연합 또는 사교클럽처럼 각자의 이익을 위하여 재력과 인맥으로 구성되어 작동되고, 또 그래서 사람들이 이런 기관을 불신하기 때문이다. 이런 면에서 한국의 정당이나 조폭과도 흡사하다. 아니 정당과 조폭들, 또 온갖 잡범들이 목사를 따라하여 교회가 한국의 분열과 분쟁, 부패와 퇴패를 선도한다고 할 수 있다.

③ **싸움의 결과**: 종반에 가서는, '사도 바울이 그렇게 책망'(고전 6:1-2)했건만 십중팔구 국가의 말단 관리들에게 판결을 의뢰한다. 그러면서 점차 우열이 드러나며 일반적으로 약한 쪽이 본교회를 떠나 새 교회를 만들어 나가게 된다. 남는 쪽은 이를 위한 비용을 부담하는데 최소 수억 내지 수십억 원에 이른다. 이 전별금은 자신들의 몸값이기도 하다. 그러므로 이 액수를 최고로 높이기 위해서도 싸우는 동안에 가능한 모든 수단을 강구한다. 외부에서 보면 누가 옳고 그른지를 정말 모르게 되어 있다. 이렇게 예수님의 몸을 또 찢어 쪼개면서 교단은

한국 교회의 성장에 기여한다고 말한다. 그러나 갑과 을은 불공대천의 원수로 남게 된다. 그래서 '형제를 미워하는 모두에게 영생이 없다'(요일3:15)는 말씀도 성경책에만 남게 된다.

이렇게 유치하고 치졸하고 치열하며, 또 참담하고 처절한 결투의 초연硝煙 속에 ΑΩ목장의 양떼는 이리저리 흩어지며 호시탐탐 노리는 곰과 이리의 밥이 된다. 이를 보시는 예수님의 눈에는 눈물이 더욱 흐르고, 절치부심, 와신상담하시는 하나님의 진노는 폭발 직전으로 치닫고 있다.

"예수께서 무리를 보시고 민망히 여기시니,
이는 저희가 목자 없는 양과 같이 고생하며 유리함이라."(마9:36)

"하나님의 진노가 불의로 진리를 막는 사람들의 모든 경건치 않음과
불의에 대하여 하늘로 좇아 나타나,(롬1:18)
멸망이 갑자기 그들에게 이르리니 결코 피하지 못하리라!"(살전5:3)

F. 무너진 교회

땅 위의 교회는 집이나 옷이 낡고 헤지는 것처럼 모두 부패하여 무너지게 되어 있다. 유대교, 가톨릭, 개신교 등의 역사적이고 현실적인 교훈이 그것이다. 한국 교회 역시 예외가 아니다. 돈이 생긴 교회가 사유물로 전락하여 세습되고 싸우는 중에 한국의 교회는 무너졌다. 목사들의 사기, 횡령, 축재, 권세, 사치, 간통, 강간, 폭행, 칼부림, 살인 등등은 개인, 개교회의 문제라 치더라도 공공연히 '교회는 기업, 목회는 사업, 목사는 상인'이라 한다.

① **무너진 상황**: 과연 교회는 종교 서비스와 돈이 교환되는, 더구나 외부 감사도, 조세 의무도 없는 특혜 기업이다. 교회와 교회 기관들은 이해관계에 따라

상호 경쟁도 하고, 외부의 적들에게는 담합하여 공동 대응도 한다. 매관매직되는 교회 직분의 가격 수준은 보통 집사가 3천만 원, 장로는 5천만 원, 목사는 1억 원이라 한다. 교회들의 대표 기관에는 더 큰 이권과 명예가 따르므로 연합회장, 총회장 등에는 수십억 원이다. 그렇다고 돈만으로 되는 것도 아니라서 브로커가 동원되어 흥정과 암투가 난무한다. 어떤 대표 기관의 경우에는 지난 7년간 106건의 사회법적 소송이 있었다.

그래서 어떤 대표 후보자는 돈 선거의 실상을 폭로하며 자진 사퇴도 한다. 이것은 이미 다 아는 사실인데도 함께 타락한 기독교 언론은 '폭탄선언'이라 너스레를 떤다. 어떤 대표는 당선된 후 기염을 토한다. "지난번엔 돈 안 써서 떨어졌고, 이번엔 돈 써서 당선되었다." 재력과 능력을 갖춘 성공 사례로 성공 못한 목사들에게는 선망의 대상이다. 그러나 세상 사람들에게는 경멸과 혐오의 대상이 된 것이 분명하다. 한국 교회가 무너진 것은 불을 보듯 더욱 분명하다

'교회개혁실천연대'에 의하면 여러 교회 문제의 상담이 매년 증가하고 있다. 이와 함께 한국 국민의 기관별 신뢰도에서 의료기관, 시민단체, 금융기관은 모두 20%를 넘어 1~3위를 차지하는데 종교기관은 10%대로 최하위다. 종교기관에서도 개신교가 가장 열악하여 2015년 국민의 종교별 신뢰도에서 천주교 39.8%, 불교 32.8%인데 개신교는 10.2%다. '2017 종교개혁 500주년 성령 대회'(2014.10.30.)도 한국에 제2의 종교개혁이 필요하다고 한다.

한국에서는 목사가 너무 쉽게, 너무 많이 배출되는 것 같다. 각 교단뿐 아니라 국내외의 많은 기관들이 통신을 통해서도 단기 졸속으로 사역자를 양성하고 있다. 많은 교육기관들의 영세성과 폐쇄성 때문에 신학계의 석·박사논문뿐 아니라 신학자와 목사들의 논문 표절과 설교 표절도 심하게 나타나 사회문제가 되고 있다. 어차피 많은 문제에 휩싸여 있는 신학교들이 아무나 들어가 표절과 커닝 등 부정행위로 졸업하는, '개나 소도 가는 곳'으로, '묻지 마 목사 안수'로 익히 알려져 있다. 그래도 다다익선으로 무조건 학생의 수만 많으면 성공적인 학교가

되는 풍토다.

그러므로 신학교들에 대한 사회적 평가가 매우 낮다. 그러니까 한국은 천국을 간다는 교계에서도 학벌이 판을 친다. 국내에서는 국립서울대학교의 연줄이 으뜸이다. 여기에 서양의 학벌이 가세하고, 교수직이라도 받으면 그것이 압도하는 분위기다. 한국 사회는 굴종의 역사에서 사대사상이 철저하게 체질화되어 제도화되었기 때문이다. 이런 풍토이므로 부끄럼도 모르고 국내외의 엉터리 학벌을 무슨 훈장인 양 내밀기도 한다. 그러나 예수님의 구원과 학벌 사이에는 아무런 관계가 없고, 오히려 역비례 효과가 작용한다. 이런 이유에서도 목사에 대한 신뢰도 매우 낮다. 낮은 도를 넘어 마이너스에 머문다.

분명히 요즘 한국의 목사는 존경의 대상이 아니다. 민망스럽기 짝이 없고 부담스럽다. 똥파리같이 귀찮고, 기생충같이(거머리 같다고도 함) 해로운 존재가 된 것이다. 말세 한국에 출몰한 좀비zombie 족이라고도 할 수 있다. 정작 좀비가 달려들면 사람들이 피하기도 하련만 개중에는 간교한 모습으로 다가와 몽매한 백성을 제물로 삼고 있다.

현재 한국엔 기독교 관련 종교인들이 매우 많고, 이단 종파란 것만 수십 개로 정확히 파악도 안 된다. 경제발전에 따른 교회의 융성으로 종교인이란 직업이 매력 만점이 되었기 때문이다. 땀 흘리지 않고 돈을 벌고, 말만으로 존경을 받는다. 부와 명예와 천국의 상급까지 사람이 생각할 수 있는, 금생과 내생의 모든 복이 넝쿨째 굴러들어오는 것이다. 이들이 모두 후에 심판대 앞에서 뻔뻔스럽게 말할 것이다.

> "주여, 주여, 우리가 주의 이름으로 선지자 노릇하며,
> 주의 이름으로 귀신을 쫓아내며,
> 주의 이름으로 많은 권능을 행하지 아니 하였나이까!?"(마7:22)

그러나 예수님의 경고는 이들에게도 여전히 유효하다.

"뱀들아, 독사의 새끼들아! 너희가 어떻게 지옥의 판결을 피하겠느냐!?(마23:33)
내가 너희를 도무지 알지 못하니,
불법을 행하는 자들아, 내게서 떠나가라!"(마7:23)

② **불교 스님들과의 대비**: 이러한 기독교 종교인들에 비하면 성철(1912~1993), 법정(1932~2010) 등 불교 종교인들이 더 양심적인 것 같다. 그들은 출가 후 생활을 통해 참 종교인의 진지한 모습을 보여 주었다. 성철의 경우도 매우 솔직했고 주제도 파악하고 있다. 세상을 떠나며 남긴 그의 「열반송」이 자신의 업적을 자화자찬하지 않고 심정을 그대로 토로하고 있다.

"일생 동안 남녀의 무리를 속여서
하늘을 넘치는 죄업은 수미산을 지나치네.
산 채로 아비지옥에 떨어져 그 한이 만 갈래나 되나니
둥근 수레바퀴 붉음을 내뿜으며 푸른 산에 걸렸도다."(성철 「열반송」)

수미산須彌山은 우주의 중심에 있다는 산이고, 아비지옥阿鼻地獄은 불교의 28개 지옥 중 제일 무거운 죄인들이 가게 되는, 지하 제일 밑에 있는 제일 무서운 지옥이다. 만약 하나님이 자비를 베푸신다면 이렇게 솔직하고 정직한 자들이 그 대상이 될 것 같다. 법륜(1953~)이 스님이 된 것도 기독교 종교인에게 경험한 깊은 실망이라고 한다. 결국 종교인이 그를 실족시켰다고 볼 수 있다.

③ **거짓 종교인의 숙명**: 목사가 되는 것 자체가 신분 상승이나 구원의 보장으로 아는 것 같다. 그러나 실은 인간성의 상실이고, 자신의 구원은 더욱 불투명 내지 불가능해진 것이다. 오히려 타인 구원의 걸림돌이 되고, 나아가 하나님의

대적이 될 확률이 더 높다. 사도의 길에는 박해와 순교와 같은 의로운 행위가 반드시 구체적인 열매로 나타나야 한다. 부유하게 제 명을 다 사는 목사는 예수님의 소명과 무관하다고 보아야 한다. 소명의 깊은 뜻을 모르는 것은 확실하다.

한마디로, 어쩌자고 '감히 목사가 되다니!!!' 생각만 해도 두렵고 떨릴 뿐이다. 이에 비하면 어린애가 전기 배선을 바꾸겠다고 높은 고압 전류의 전신주에 기어 올라간 것이 훨씬 안전할 수 있다. 사회적으로는 돌팔이 의사나 불의한 판사보다 더 해롭다. 이들은 사람 몸에 손상을 주지만 거짓 목사는 혼을 파괴하기 때문이다. 여기에 치명적인 것이 본인 자신이 거짓 목사라는 사실을 모르는 것이다. 그래서 '마귀와 동등하게 동일한 심판'(계19:20)을 받게 된다.

사람이 많이 모이는 교회의 목사는 성공적이고 하늘의 상급도 크다고 한다. 그러나 사람이 모일수록 위험은 더욱 높아진다. 땅 위의 상급이 클 수 있겠으나 하늘의 기준은 그런 것이 아니다. 땅의 상급이 클수록 하늘의 상급은 오히려 작아진다. 실제로는 상급 운운할 처지가 못 된다. 자기 한 목숨 구원만 받아도 참으로 대단한 기적이기 때문이다. 사이비 종파 교주들의 경우도 그들은 인간적으로도 이미 정상인들이 아니다. 희대의 광인狂人들로서 정신의학과 사회심리학의 연구 대상이다.

사람들은 은행에서 대출을 받아도 원금과 이자를 반드시 모두 갚아야 한다. 그래도 외국 어디로 도망가서 20~30년 깊이 숨어 살다 보면 나중에 혹 흐지부지 될 수도 있다. 그러나 종교인들에게는 하나님의 불꽃같으신 눈앞에서 영원히, 온 우주 간에 도망갈 구석이 없다. 평생 예수 이름 팔아 자신과 가족이 먹은 것, 입은 것, 쓴 것 모두 배상해야 한다. 신도들에게 받은 향응은 토색에 해당하므로 4배를 갚아야 한다. 성추행 등 사람 몸에 가한 상해에는 형사책임도 따른다.

목사가 아닌 평신도라면 독생자의 피 공로로 은혜의 법칙이 적용되겠지만, 거짓 종교인들은 마귀와 똑같은 심판을 함께 받게 된다. 모든 행위에 대해서도 소위 동해보복법同害報復法(lex talionis: 눈에는 눈, 이에는 이)이 엄격히 적용된다. 이것은 물질과 행위에 관련되어 그래도 가볍다고 할 수 있다. 더 무거운 것은 독생자까지 희생하신 '하나님의 사랑을 배신'(눅11:42)한 것이다. 오래 참으시는 하나님의 인내도 여기가 임계점이자 발화점이기 때문이다.

'심판은 하나님의 집에서부터 시작'(벧전4:17)된다. 역사적으로 한 민족에게 적용된 예는 유대 민족의 국가 해체, 홀로코스트Holocaust 등이고, 근래 한 교파에 대한 것은 한국의 구원파 사건이라 할 수 있다. 삯군 목자의 참담한 땅 위의 종말보다 사후 형벌에 대해서는 더 할 말이 없다. 사도 요한은 '짐승과 함께 산 채로 유황불 못에 던져진다'(계19:20)고 한다.

"무릇 많이 받은 자에게는 많이 요구할 것이요,
많이 맡은 자에게는 많이 달라 할 것이니라."(눅12:48)

"내 형제들아, 너희는 선생 된 우리가 더 큰 심판을 받을 줄 알고,
선생이 많이 되지 말라!(약3:1)
남에게 전파한 후에 자신이 도리어 버림을 당할까 두려워함이로다."(고전9:27)

④ **한국 교회의 앞날**: 2천 년 전 성령이 사도 바울에게 '아시아에서 말씀을 전하지 못하게'(행16:6-10) 인도하셨다. 그 결과 복음은 서진西進하여 과거 유럽 국가들에서 가톨릭을 포함한 전체 기독교인의 비율은 95% 이상이었고, 20세기 초에도 평균 70%였다. 현재는 20%대로 감소되었다 한다. 그러나 한국의 경우는 최고 수준이 겨우 20%대였다가 한 세대도 지나기 전에 무너지고 있다. 당시 바울이 먼저 한국의 목사들을 만나지 않은 것이 얼마나 다행한 일인가!? 만일 그랬었다면 세상의 교회는 북한처럼, 남한처럼 되어 1~2세기 만에 사라졌을 것이다.

한국의 목사들은 무너진 북한의 교회, 무너지는 남한의 교회 그리고 나머지 인구 80% 불신자의 영혼에 대한 책임을 지고 피값을 치러야 할 것이다. 특히

북한의 ‘평양 대부흥’에도 불구하고 교회를 지키지 않고 도주한 북한 목사들에게는 북한 공산화와 6·25전쟁과 분단, 그리고 모든 전쟁 희생자들과 이산가족들에 대해서도 책임이 추궁될 것이다.

한번 무너진 교회는 복구되지 않는다. 교회의 건물과 조직이 남아 있어도 그저 건물과 사람일 뿐이다. 바람 같은 성령은 이미 개인의 소유가 되어 세습하고 싸우는 교회를 떠났기 때문이다. 하나님의 영이 초대 왕 사울을 떠났고, 예루살렘 성전을 떠난 것과 같다. 이제 남은 것은 악령에 시달리며 죽기까지 처절하게 저항하던 사울과 돌 위에 돌 하나도 남지 않고 무너져 내리는 성전이 있을 뿐이다.

“우리가 진리를 아는 지식을 받은 후
짐짓 죄를 범한즉 다시 속죄하는 제사가 없고,
오직 무서운 마음으로 심판을 기다리는 것과
대적하는 자를 소멸할 맹렬한 불만 있으리라!”(히10:26-27)

세상 사람들은 세 끼 밥을 먹기 위해 밤낮 일터에서, 장터에서 수고와 땀으로 그 대가를 지불하고 있다. 여의치 못한 사람들은 도둑질도 하고 몸도 판다. 그것도 못하는 사람들은 한 가족이 스스로 목숨을 끊기도 한다. ‘헬 조선’에서 3포, 5포, 7포 세대라는 젊은이들의 자살률이 제일 높다. 이러한 상황에서 목사들은 치부하여 비대해져 각종 성인병의 숙주가 되어 있다. 병원체의 숙주가 된 것은 그래도 감지되어 치료를 받을 수 있다. 그러나 옛 뱀, 마귀의 숙주가 된 것이 문제다. 감지가 안 될 뿐 아니라 본인과 그의 맹신도들은 오히려 성령의 임재와 그의 충만으로 확신하는 것이다.

마귀가 숙주로 삼는 그 대상 제1호가 종교인이다. 영향력 행사를 위해 다른 직업에 비해 가장 효과적이기 때문이다. 예수님 초림 때는 성전과 100%의 종교인을 자신의 숙주로 삼았다. 그러므로 예수님도 그토록 통렬하게 당시 종교인을 책망하셨고, 또 그들에게 죽임을 당하셨다. 가야바를 비롯한 당시의 종교인들은 참으로 억울하다고 할 수 있겠다. 자기들은 대대로 율법을 충실히 지키며 로마 군대로부터 백성을 보호하기 위해 무진 고생을 했노라고 항변할 것이다. 오늘 한국의 종교인들도 비슷한 변명을 할 수 있다.

바울은 소명 이후 가정부터 꾸리기커녕 '예수님을 본받아'(고전11:1) 평생 정처 없이 다녔다. 사명의 중차대함은 물론 자신의 영적 위험성을 알았기 때문이다. '남에게 복음을 전한 후 자신이 버림을 당할 수 있는'(고전9:27) 것이다. 그는 손으로 친히 일하며 주리고 매 맞으며 땅끝을 찾아 복음을 전하며 목숨을 바쳤다. 물론 결혼도 하고 복음을 전하는 대가를 받을 수도 있었지만 받지 않았다.(고전9:4-5) '복음에 아무 장애가 없고, 차라리 죽을지언정 내 자랑을 헛되이 되지 않게'(고전9:12, 15)하기 위함이다. 바울이 구하는 것은 '신도의 재물이 아니라 오직 신도'(고후12:14)였다.

한국 목사들은 '그리스도와 함께 십자가에 못 박혀'(갈2:20) '밀알이 되어 죽기는'(요12:24)커녕 세 치 혀만 사용하고 있다. 그러면서 입심과 입담이 좋고 말재간이 있으면 교인들의 추앙을 받아 조직을 거느리며 호화 생활을 한다. 어떤 목사는 설교 중에도 실실 웃으며 농지거리, 반말지거리, 욕지거리를 서슴지 않는다. 자기가 감히 어느 안전에 있는 줄을 전혀 모르고 있다. 전하는 내용도 신도들의 영적 안위가 아니라 물적 안위가 더 걱정이 되어 주로 '복 받아라! 성공하라! 행복하라!'는 것이다. 이것이 자기 자신의 목회 목적이기도 하기 때문이다.

복 받는 비결은 자기에게 복종하고 교회에 충성하여 헌금을 많이 바치는 것이라 한다. 헌금의 종류는 85가지나 되고, 봉헌자들의 이름과 액수를 꼬박꼬박 발표한다. 그러므로 교회뿐 아니라 사회에서도 돈이 최고 가치가 되었다. 학생들의 설문 조사도 같은 결과를 보인다. 2014년 행정고시 합격자의 83%는 '한국에서 가장 큰 힘은 돈'이라고 확신하고 앞으로 돈을 향하여 돈의 힘으로 힘 있게 돌진할 것이다.

한국 목사들은 자신의 족벌로 하나님의 교회를 점령했다. 현재 한국의 교회는 사람들에게도 지탄의 대상으로서 예수님이 몸을 찢고 피를 쏟아 열어 놓으신 천국 문을 막고 있다. 겨우 20%에 이른 교인의 인구 비율을 자화자찬하며 이것도 앞장서 다시 허물고 있다. 한국 목사와 그 추종 세력이 정말 자기희생으로 이웃과 세계 온 인류를 구원하는 집단인가!? 어린아이들이 '사기꾼과 위선자가 어떤 사람들이냐' 물으면 2천 년 전 예수님 시대와 현재 한국의 종교인들이 그 가장 대표적인 본보기라고 말할 수 있다.

정말로 한반도에 새 물결이 필요하다. 남한과 북한의 정치, 외교, 경제, 사회에 새로운 변화가 없으면 내분內紛과 외침外侵으로 과거보다 더욱 큰 불행이 닥침은 불을 보듯 분명하다. 이를 위해 '500주년 성령 대회'가 공시한 것처럼 무엇보다 종교개혁이 선행되어야 한다. 안 그러면 이미 몰락하고 있는 한민족의 앞날은 더욱 절망적이다. 한반도에 난리가 나면 과거 북한 교회를 떠난 것처럼 부유층과 종교인은 또 한국을 떠나 외국으로 피신할 것이다.

개혁은 다른 것이 아니라 예수님의 말씀과 같이 '새 포도주를 새 부대에 넣는'(마9:17; 막2:22; 눅5:37) 것이다. '새 포도주'는 매일 하늘로부터 내리는, '예수님의 피'(요6:55-57)를 의미한다. 그리고 매일 이 피를 받는 사람이 '새 부대'이다. 예수님 당시에는 조직도 건물도 없고, 지위도 명예도 없고, 지식도 자식도 없는 하층 서민들이었다. 오늘 한국의 '새 부대'는 누구인가!?

'예수 그리스도의 심장으로 신도를 사랑하는'(빌1:8) 사도 바울은 '내가 그리스도를 본받는 것같이 나를 본받으라!'(고전4:16; 11:1)면서 '사람의 속임수와 간사한 유혹에 빠져 온갖 교훈의 풍조에 밀려'(엡4:14) 교회 따라, 목사 따라 이리저리 요동하는 신도들에게 오늘도 심장의 피를 토하고 있다.

"어리석도다! 갈라디아 사람들아,
예수 그리스도께서 십자가에 못 박히신 것이

너희 눈앞에 밝히 보이거늘 누가 너희를 꾀더냐!?
너희가 이같이 어리석으냐!?
성령으로 시작하였다가 이제는 육체로 마치겠느냐!?"(갈3:1-3)

"너희는 지혜로운 자로서 어리석은 자들을 기쁘게 용납하는구나.
누가 너희를 종으로 삼거나 포로로 삼거나 착취하거나
너희를 거스르거나 뺨을 칠지라도 너희가 용납하는구나."(고후11:19-20)

"그리스도께서 어찌 나뉘었느냐!?"(고전1:13)
몸이 하나요, 성령도 한 분이시니,
이와 같이 너희도 부르심의 한 소망 안에서,
한 몸으로 부르심을 받았느니라.(엡4:4; 골3:15)
너희는 유대인이나 헬라인이나, 종이나 자유인이나, 남자나 여자나
모두 그리스도 예수 안에서 하나니라!(갈3:2)
만일 서로 물고 먹으면 피차 멸망할까 조심하라!"(갈5:15)

"형제들아, 너희의 부르심을 보라!(고전1:26)
하나님이 우리를 구원하사 거룩하신 소명으로 부르심은(딤후1:9)
하나님이 어머니의 태로부터 택정하시고, 그의 은혜로(갈1:15)
미리 아신 자들을 정하시고, 각각 모든 이름으로(사40:26)
예수 그리스도의 것으로(롬1:6)
화평 중에 너희를 부르셨느니라."(롬8:29-30; 고전7:15)

"형제들아, 너희는 각각 부르심을 받은 그대로 하나님과 함께 거하라!
너희는 값으로 사신 것이니, 믿음의 도를 위하여(유1:3)
믿음의 선한 싸움을 힘써 싸워, 믿음을 지켜라!(딤후4:7; 6:12)
다시는 종의 멍에를 메지 말라!(갈5:1)
사람들의 종이 되지 말라!"(고전7:23-24)

"형제들아, 더욱 힘써 너희 부르심과 택하심을 굳게 하라!"(벧후1:10)
너희가 부르심을 받은 일에 합당하게 행하라!(엡4:1)
두렵고 떨림으로 너희 구원을 이루라!"(빌2:12)

"이를 위하여 너희가 부르심을 받았으니
그리스도도 너희를 위하여 고난을 받으사 너희에게 본을 끼쳐
그 자취를 따라오게 하려 하셨느니라.(벧전2:21)
너희를 부르시는 이는 미쁘시니 그가 또한 이루시리라."(살전5:24)

"보라! 내가 새 하늘과 새 땅을 창조하리니
이전 것은 기억되거나 마음에 생각나지 않을 것이라!"(사65:17)

"우리는 그의 약속대로 의가 거하는 곳,
새 하늘과 새 땅을 바라보도다."(벧후3:13)

참고문헌

I 성경

김재권, 『현대인의 성경』, 생명의 말씀사, 1986.
대한성서공회, 『성경전서(개역개정판)』, 대한성서공회, 2005.
대한성서공회, 『성경전서(개역한글판)』, 대한성서공회, 2001.
King James Version.
Martin Luther, *Die Bibel*, Württembergische Bibelanstalt Stuttgart, 1971.
Word of Life Press, *The NIV BIBLE*, Word of Life Press, 2004.

II 기타

강영안 외, 『한국교회, 개혁의 길을 묻다』, 새물결플러스, 2013.
권오문, 『종교의 미래를 말한다』, 생각하는 백성, 2015.
기독지혜사, 『NEW 호크마주석, 신약, 구약 Ⅰ, Ⅱ』, 기독지혜사, 2013.
김경집, 『눈 먼 종교를 위한 인문학』, 시공사, 2013.
김상구, 『믿음이 왜 돈이 되는가?』, 해피스토리, 2011.
김창영, 『라이프성경사전』, 생명의 말씀사, 2008.
두산백과, 『두산백과』, 네이버 지식백과.
레자 아슬란, 민경식 역, 『ZEALOT, 젤롯』, 미래엔, 2014.
류모세, 『열린다 성경』 시리즈 전7권, 두란노, 2010.

박영돈, 『일그러진 한국교회의 얼굴, 한국교회 무엇이 문제인가?』, 한국기독학생회출판부, 2013.

박혜란, 『목사의 딸』, 아가페북스, 2014.

손규태, 『세계화시대 기독교의 두 얼굴』, 한울, 2007.

시사저널, 「한국 개신교, 어디로 가시나이까?」, 시사저널 No. 1114, 2011.2.12.-3.1. pp. 13-25.

신성남, 『어쩔까나 한국교회』, 아레오바고, 2014.

양희송, 『가나안 성도, 교회 밖 신앙』, 포이에마, 2014.

이상성, 『추락하는 한국교회, 교회의 미래는 한국의 미래다』, 인물과사상, 2007.

이주형, 『교인, 교회, 교단 모두 혁신하라!』, 상상나무, 2014.

정의평화를 위한 기독인연대, 『평신도, 성전을 헐다』, 한울, 2009.

종교학대사전, 『종교학대사전』, 네이버 지식백과.

토머스 E. 슈미트, 윤종석 역, 『사도행전 그 이후』, 아바서원, 2014.

폴 존슨, 김주한 역, 『기독교의 역사』, 포이에마, 2013.

한완상, 『예수 없는 예수교회, 교회힐링 메시지』, 김영사, 2008.

【부록】

간략한 성경 연표

Ⅰ. 인류의 조상		수명(세)	
	1대 아담	930	
	2대 셋	912	
	3대 에노스	905	
	4대 게난	910	
	5대 마할랄렐	895	
	6대 야렛	962	
	7대 에녹	365	
	8대 므두셀라	969	
	9대 라멕	777	
	10대 노아	950	
	11대 셈	600	
	12대 아르박삿	438	
	13대 가이난	460	
	14대 셀라	433	
	15대 에벨	464	
	16대 벨렉	239	
	17대 르우	237	
	18대 스록	230	
	19대 나홀	148	
	20대 데라	203	
Ⅱ. 족장 시대	21대 아브라함	175	기원전 2166~1991
	22대 이삭	180	기원전 2066~1886
	23대 야곱(=이스라엘)	147	기원전 2006~1859
	24대 유다, 요셉 등 이스라엘의 12아들 = 12지파		

Ⅲ. 이스라엘의 역사		
	요셉의 인도로 애굽 이주	기원전 1876
	모세의 인도로 애굽 탈출	기원전 1446
	여호수아의 여리고 정복	기원전 1405
	여호수아 사망 → 사사시대	기원전 1390
	초대 왕 사울의 등극	기원전 1050
	2대 왕 다윗의 등극	기원전 1010
	3대 왕 솔로몬의 등극	기원전 970
	남북 왕국으로 분열	기원전 931
	앗수르의 북왕국 멸망	기원전 722
	바벨론의 남왕국 멸망 바사(=페르시아)의 발흥	기원전 586
	포로귀환, 성전재건	기원전 537
	헬라(=그리스)의 발흥	기원전 331
	로마 제국의 등장	기원전 27
	예수님의 탄생	기원전 4
	예수님의 부활 승천	기원후 30
	유대 왕국의 멸망	기원후 70
	이스라엘 국가의 탄생	기원후 1948

평신도가 쓰고 읽는 성경 이야기
_상권

찾아보기

[ㄱ]

[ㄴ]

[ㅂ]

[ㅅ]

[ㅇ]